S. A. LEE

SKAIDRIDT

DAS ENDE DER ERSTEN WELT

S. A. LEE ist in der Zürcher Gemeinde Dielsdorf aufgewachsen und lebt bis heute dort. Nach einer kaufmännischen Lehre absolvierte sie berufsbegleitend die Berufsmaturitätsschule und anschliessend die Erwachsenenmaturität. Sie studiert an der Universität Zürich im Master Lateinische Philologie und Deutsche Sprach- und Literaturwissenschaft. Bereits im Alter von zehn Jahren schrieb sie kürzere Geschichten. Ihr erster Roman unter Pseudonym Die Chroniken der drei Kriege: Das Drohen der silbernen Sichel war an der grössten Schweizer Comicon, der Fantasy Basel, restlos ausverkauft.

Bibliografische Information durch die Deutsche Nationalbibliothek: Die Deutsche Nationalbibliothek verzeichnet diese Publikation in der Deutschen Nationalbibliografie; detaillierte bibliografische Daten sind im Internet über *http://www.d-nb.de* abrufbar.

Print-ISBN: 978-3-96173-235-7
E-Book-ISBN: 978-3-96173-286-9

Buchsatz: Grit Richter, Eisermann Verlag
Umschlaggestaltung: Grit Richter, Eisermann Verlag
Bilder und Grafiken von www.shutterstock.com und creativemarket.com
Stockfoto-Nummer: 2417212475 und 2242881851
Gestaltung der Landkarte: Lara Zimmermann

Hergestellt in Deutschland (EU)

Eisermann Verlag
ein IMPRINT der EISERMANN MEDIA GMBH
Alte Heerstraße 29 | 27330 Asendorf

FÜR DIE ANDERE HÄLFTE MEINER SEELE

A CLAN OF TWO

Hier, wagemutiger Leser, findest du einen Tribut an H.P. Lovecraft und seine Großen Alten und Stephen Kings 'Dunklen Turm' – möge mein Ka-Tet den Wandel der Welt ebenso überdauern wie seines. Denn dies ist die Geschichte, wie der letzte der Alten, der Großen Dämonen, sein Ende fand und wie das Schwarze Schwert wiedergefunden wurde.

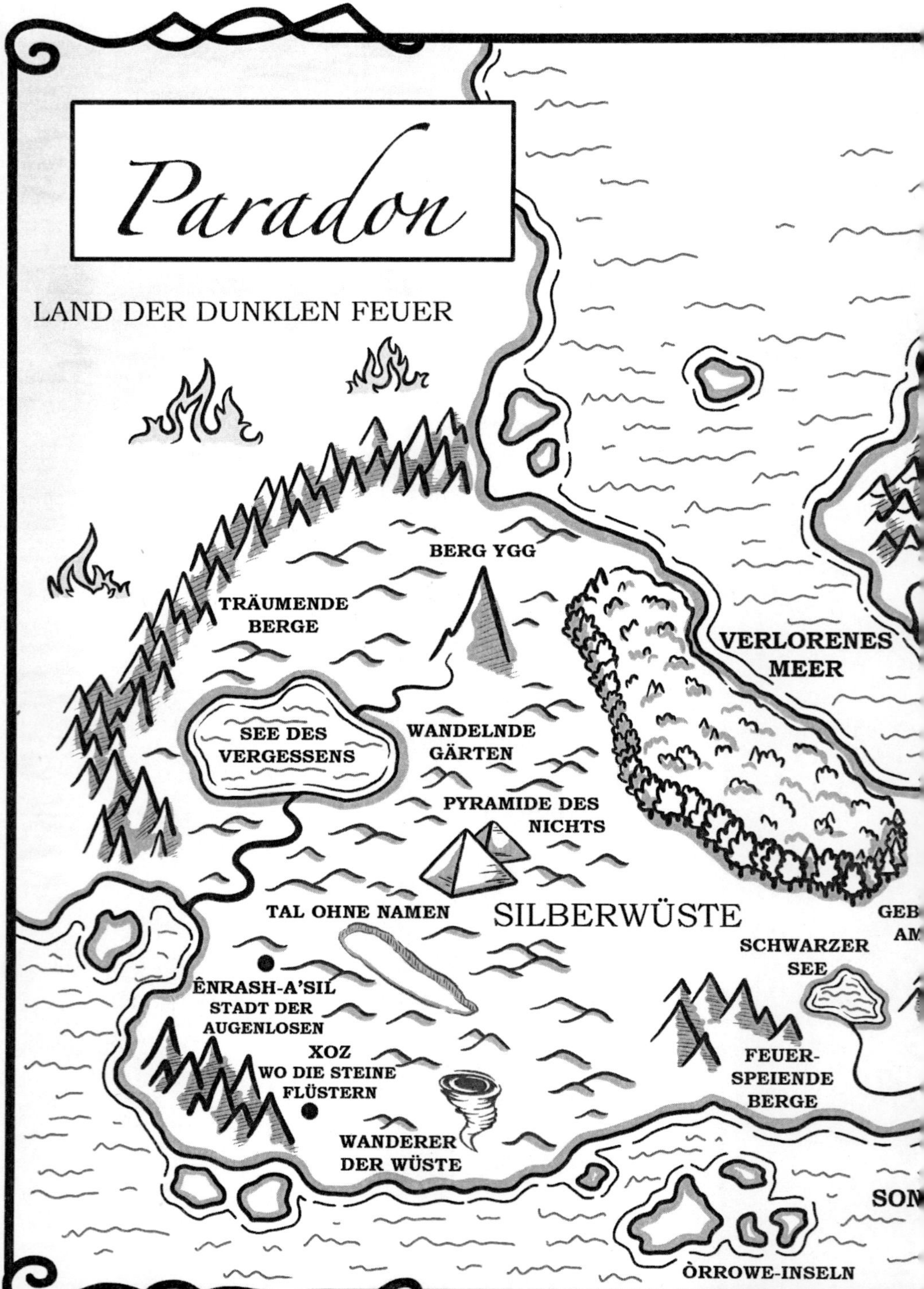

Paradon
LAND DER DUNKLEN FEUER
BERG YGG
TRÄUMENDE BERGE
VERLORENES MEER
SEE DES VERGESSENS
WANDELNDE GÄRTEN
PYRAMIDE DES NICHTS
TAL OHNE NAMEN
SILBERWÜSTE
SCHWARZER SEE
ÊNRASH-A'SIL STADT DER AUGENLOSEN
XOZ WO DIE STEINE FLÜSTERN
FEUER-SPEIENDE BERGE
WANDERER DER WÜSTE
ÒRROWE-INSELN

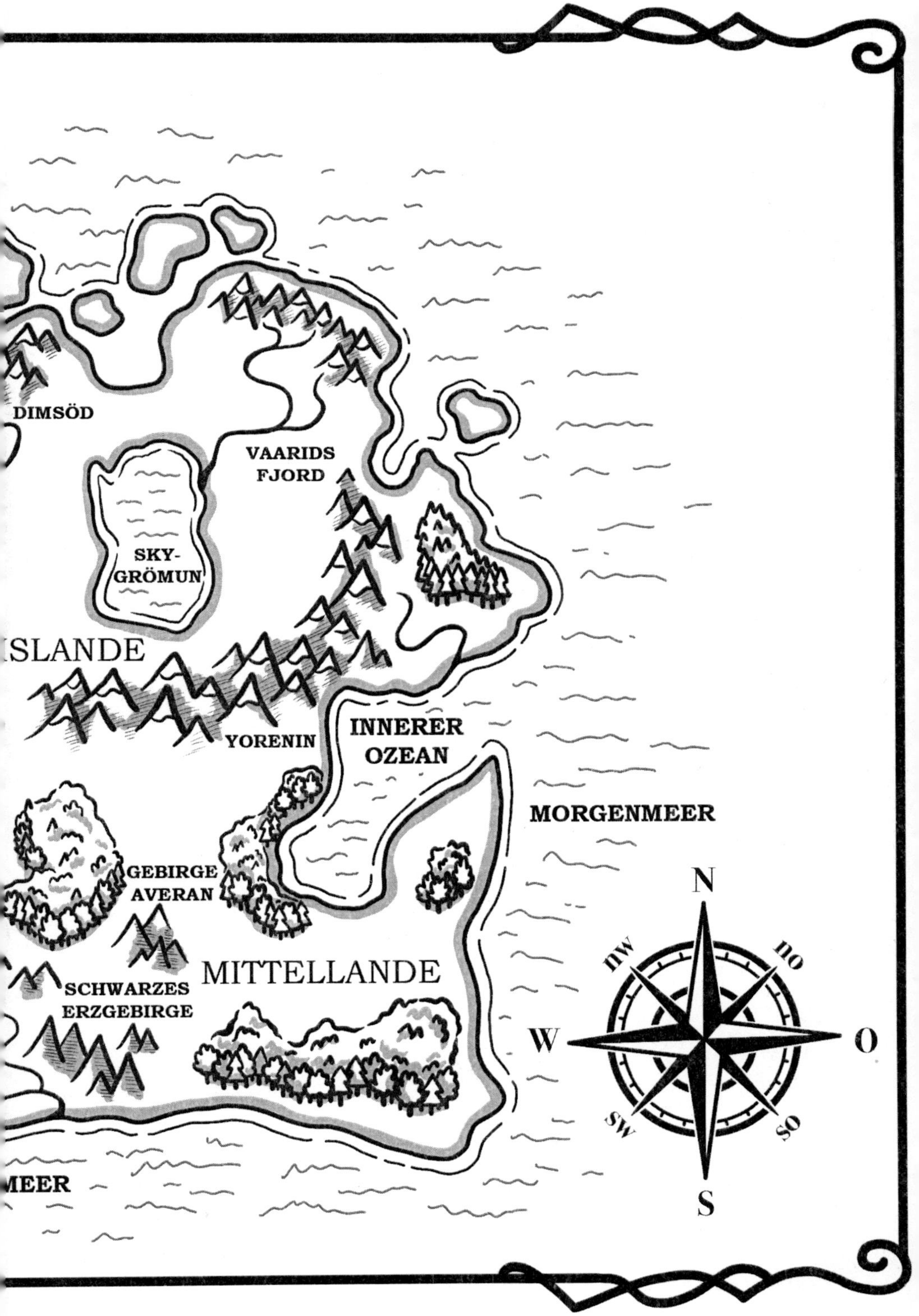
DIMSÖD
VAARIDS
FJORD
SKY-
GRÖMUN
ISLANDE
YORENIN
INNERER
OZEAN
MORGENMEER
GEBIRGE
AVERAN
MITTELLANDE
SCHWARZES
ERZGEBIRGE
MEER
N
nw
no
W
O
sw
so
S

PROLOG

Aus den verbotenen Schriften von Ênrash-A'Sil, der Stadt der Augenlosen

Von all den ungeheuerlichen Kreaturen, die in den verderbtesten Winkeln der Erde hausten, war Er der Schlimmste. Der Dreigehörnte, so nennen ihn manche, Skemmdir ist sein Name in der ältesten Sprache. In den tausend Zungen, die die Dämonen sprechen, steht seine Erwähnung gleichbedeutend mit Tod und Vernichtung. So unermesslich war seine Kraft, dass er die Grundfesten der Erde aus ihren Angeln hob und damit drohte, alles Dagewesene zu zerschmettern. Und da geschah es, dass Skeir, der Blutrünstige, sein Schwert ergriff und es im grausamen Herzen des Dämons versenkte. Sogleich tat die Macht des Untiers ihre verzehrende Wirkung und ließ das Blut in Skeirs Adern vertrocknen, färbte seine Haut schwarz und saugte die Lebenskraft aus seinen Gliedern. Doch der Unverwüstliche hielt weiter fest die Waffe umschlungen und hackte wie von Sinnen auf den sich windenden Feind ein, bis er niedergestreckt und reglos vor ihm lag.

Die Vernichtung Skemmdirs kostete Skeir die Kraft seines Arms; als Asche im Wind fiel er von seinem Körper. Das Schwert jedoch, trunken vom Blut des gewaltigen Feindes und durch das Opfer mit seinem Herrn verbunden, war fortan schwarz wie die Dunkelheit und diente willig nur dem, der den König der Dämonen unterworfen. Und nachdem Skeirs Seele zu den Schatten gefahren war, wurde es dessen Sohn zur Seite gelegt und dessen Söhnen nach ihm, und bis in alle Zeiten wird es nur dieser einen Blutlinie verbunden sein, denn sie allein sind es, die seinen Blutdurst zu stillen vermögen und die ihm zu seiner Macht verholfen haben.

Der Jäger

Die vergangenen drei Wochen hatte Kelsen praktisch nur im Wald gelebt. Das war weiter nichts Besonderes, schließlich verdiente er so seinen Lebensunterhalt: Er jagte Tiere, nahm sie aus, häutete sie und verkaufte seine Ausbeute auf Märkten an den Meistbietenden.

Aber dieses Mal …

Etwas stank, und zwar gewaltig. Angefangen hatte es schon, als er den Fuß zwischen die Bäume gesetzt hatte: Kaum war das freie Land außer Sicht gewesen, war ein Wolkenbruch niedergegangen, wie er ihn in seinem ganzen Leben noch nicht gesehen hatte. Durch die Bäume hindurch hatte ihm der Regen die Kleider bis auf die Haut durchnässt und ihn halb blind durch die Gegend stolpern lassen, während der schlammige Untergrund sich allmählich in eine tückische Mischung aus Sumpf und Treibsand verwandelte. Er war gezwungen gewesen, sich mitten am Nachmittag einen Unterstand für die Nacht zu bauen, und so wie der ihn trocken gehalten hatte, war auch das für den Arsch gewesen. Drei Tage lang hatte es fast ununterbrochen geregnet und dazwischen hatten sich Blitze durch den Wald gejagt, bis sogar ihm angst und bange geworden war. Vor allem, als eins dieser verfluchten Dinger nur zehn Schritte von dort, wo er wider besseres Wissen versucht hatte, ein Feuer zustande zu bringen, in eine Tanne eingeschlagen hatte.

Spätestens da hatte Kelsen gewusst, dass es eine Quälerei werden würde. Aber er war ja selbst schuld. Er hätte sich niemals für diesen Blödsinn anheuern lassen dürfen. Aber, bei den Dämonen, das Angebot war einfach viel zu gut gewesen.

Etwa ein Mond war vergangen, seit er in Pêk in der *Schwarzen Sau* gehockt hatte und auf einmal der Mann bei ihm aufgetaucht war.

Ein parfümierter Pinsel von Edelmann war es gewesen, mit kleinen, tranigen Augen, die seine Umgebung und vor allem Kelsen voller Abscheu gemustert hatten. Kelsen hatte sich im Laufe seines Jäger- und Wildererdaseins daran gewöhnt, Menschen einzuschätzen, und diesen Kerl hatte er von Anfang an nicht gemocht.

»Was?«, meinte er den Mann angeschnauzt zu haben. Er war sich nicht ganz sicher, denn an diesem Abend war er sturzbetrunken gewesen. Wie eigentlich die meiste Zeit seines Lebens.

Aber zumindest konnte er sich noch an die Stimme des Mannes erinnern, ein näselndes Zischen, das klang, als spräche er ständig mit zusammengebissenen Zähnen.

»Ich habe gehört, Ihr sollt der erfahrenste Jäger und beste Spurenleser in ganz Mitland sein«, hatte er erklärt und sich ein seidenbesticktes Tuch vor die Nase gehalten, was sehr zur Verbesserung seines Aussehens beigetragen hatte.

»Das 'Ihr' und 'Euer' könnt Ihr steckenlassen«, hatte Kelsen geantwortet. »Ich war in meinem ganzen Leben noch nicht mal der Bastard eines hohen Herrn.«

Der abfällige Blick über das Taschentuch hinweg hatte nichts am verführerischen Klimpern der Goldmünzen im Beutel des Edelmannes geändert, als dieser ihn tätschelte.

»Das kann ich mir vorstellen. Doch wurde mir gesagt, du besäßest Talente, die für ein Unternehmen, das ich plane, äußerst nützlich sein könnten.«

»Sagt wer?«, hatte Kelsen gefragt.

»Nun, alle, die man so fragt«, war die ausweichende Antwort gewesen. »Um es kurz zu machen, Jäger, wärst du bereit, für mich ein Tier aufzuspüren? Ich jage selber leidenschaftlich gern und an diesem ist mir ganz besonders gelegen.«

»Und wozu braucht Ihr mich da, als Jagdhund? Habt ihr nicht genügend eigene Leute, die Eure Beute vor Euch hertreiben?«

Ein kaltes, berechnendes Lächeln war das erste Zeichen von Intelligenz an dem Edlen gewesen.

»Nun, gewiss. Aber ich habe mich überzeugen lassen, dass für diesen Fall ein Fachmann erforderlich ist.«

Beim Anblick der großen, fetten, satt schimmernden Goldmünze, die der Mann dabei auf die Tischplatte gelegt hatte, war Kelsen schlagartig nüchtern gewesen.

Er hatte sich die Augen gerieben, um seine Gedanken wieder einigermaßen in Gang zu bringen und schließlich gefragt, um was für eine Art Tier es überhaupt ging.

Die Antwort des Mannes hatte ihm ein so schallendes Lachen entlockt, dass das halbe Wirtshaus verstummt war. Als sich Kelsen wieder einigermaßen beruhigt hatte, waren seine Augen feucht gewesen und sein Mund erfüllt vom Geschmack des schalen Biers.

»Unmöglich. Kaum einer hat je so ein Tier *gesehen*, und die wenigen, die das von sich behaupten, sind entweder Träumer oder Verrückte. Ein Mensch wäre niemals schnell oder leise genug, auch nur in die Nähe einer solchen Kreatur zu kommen, geschweige denn sie zu schießen.«

»Ich bezahle dir dreihundert Goldmünzen«, erklärte der Mann. Weder seine Augen noch sein Tonfall verrieten einen Scherz.

Kelsen hatte wieder gegluckst. »Für diese Summe könnt Ihr *mich* durch den Wald jagen.«

Als der Mann darauf noch immer nicht reagiert hatte, war auch Kelsen schließlich ernst geworden.

»Dreihundert Goldmünzen?« Er meinte sich zu erinnern, dass er die Worte geflüstert hatte. »Das ist mehr, als ein Kaufmann in seinem ganzen Leben verdient. Oder in zweien. Wieso bei allen Dämonen seid Ihr bereit, so viel Geld zu opfern, um einem Mythos hinterherzujagen?«

Das Funkeln in den Augen des reichen Mannes, als er antwortete, war kalt und voller Gier gewesen: »Ich will eine Trophäe, die mich unvergesslich macht. Von überallher werden die Leute kommen, um sich den ausgestopften Körper in meiner Halle anzuschauen. Und du bist der Mann, der das Wesen für mich töten wird.«

Nun, soviel dazu.

Kelsen war ebenso weit davon entfernt, dieses sagenumwobene Tier aufzuspüren wie davon, sich Flügel wachsen zu lassen. Ein- oder zweimal mochte er darüber nachgedacht haben, die Sache einfach aufzugeben und zu verschwinden, doch die Erinnerung an die Goldmünzen in den fetten Fingern des Edelmannes stand zu klar und eindrücklich vor seinen Augen.

Also packte er einmal mehr seine tropfnassen Sachen zusammen und wanderte weiter.

Er war auf dem Weg in den ältesten Teil des Waldes, weil er dort am ehesten hoffte, auf seine Beute zu treffen. Sie verabscheuten Veränderung und zogen selten um, das wusste er. Zumindest sagten die Geschichten alle dasselbe.

‚Was noch?‘, grübelte er, während er seine Kapuze tiefer ins Gesicht zog, ohne dass es gegen den Regen half. Klare Teiche, in denen sich die Sterne spiegelten, sollten sie anziehen. Das waren schwache Anhaltspunkte, aber der arrogante Edle hatte richtig bemerkt, dass es nur wenige Menschen gab, die sich besser in den Wäldern auskannten als Kelsen. Er wusste, wo er entsprechende Stellen finden konnte und wie er sich ausrüsten musste, um sie lebend zu erreichen; auf seinem Rücken trug er einen Bogen, um die Hüfte mehrere Jagd- und Fleischermesser. Außerdem hatte er eine rostig aussehende Eisenkette um seinen Oberkörper geschlungen, an deren Ende ein Halseisen baumelte.

»Hätte eine Jungfrau mitnehmen sollen«, brummelte er vor sich hin und wischte sich die Augen. Irgendein Mädchen aus einem der Waisenhäuser in Pêk, da lungerten genügend herum. Aber so ein Gör hätte ihn nur langsam gemacht und abgesehen davon, wer wusste schon, ob die Geschichten überhaupt stimmten?

Es platschte, und mit einem Fluch zog er seinen Fuß zurück; er war mitten in eine Pfütze getreten, die wesentlich tiefer war, als sie aussah, und Stiefel und Hose bis zum Knie durchnässt hatte.

Verärgert schüttelte er das Bein aus, als ob das etwas nützen würde.

Er blieb stehen und blinzelte mühsam durch die Wand aus Regen, um den Weg vor sich zu erkennen; dicke, verschlungene Äste versperrten ihm den Weg, behangen von fahlblauen Blättern und anderem Gesträuch. Dazwischen leuchteten milchige Beeren, die Kelsen nicht gegessen hätte, auch wenn sein Leben davon abgehangen hätte. Er suchte den Boden ab und versuchte einen Weg zwischen Tümpeln und Pfützen auszumachen. Alles war eine einzige aufgeweichte, schlammig-feuchte Masse, tückisch und rutschig, aber Kelsen hatte keine andere Wahl.

Leichtfüßig sprang er über Wurzeln und glitschige Steine hinweg, über Blätter, die trügerisch auf dem Wasser schwammen und ihm einen sicheren Pfad vorgaukelten, über Schlammlöcher und Erdspalten –

»Argh!«

Er war mit dem rechten Fuß auf eine helle Fläche getreten, die ausgesehen hatte, als wäre es fester Boden. Doch kaum hatte sein Stiefel den Sand berührt, sackte er widerstandslos ab und steckte fest.

Fluchend und um sich schlagend rang Kelsen um sein Gleichgewicht, um nicht mit dem Gesicht voran in die weiße, tückische Masse zu fallen.

»Mahlsand!«, heulte er und versuchte sich mit seinem linken Fuß, der unsicher auf den schlackigen Steinen hinter ihm hin und her rutschte, hinauszuwuchten.

Das gelang jedoch nicht, der Mahlsand schloss sich um sein gefangenes Bein wie der Schlund eines Tieres und saugte es gierig weiter nach unten.

Kelsen grabschte nach einem herunterhängenden Ast und hielt sich fest; erschrocken bemerkte er, wie viel von seinem Gewicht bereits daran hing; sein freies Bein ruderte hilflos durch die Luft und er hatte schreckliche Schlagseite.

Wut und purer Überlebenswille kamen ihm zu Hilfe.

»Ich werde hier nicht in irgendeinem verfluchten Tümpel ersaufen«, knurrte er vor sich hin und begann an dem Ast zu zerren – als ein scheußliches Knirschen und Krachen ertönte und das morsche Holz brach.

Aufschreiend stürzte Kelsen der Länge nach in den Mahlsand und schaffte es nur mit äußerster Mühe, den Kopf oben zu behalten. Prustend und keuchend sah er hilflos zu, wie sein linkes Bein wie ein Korken an der Oberfläche trieb.

»Nicht bewegen«, murmelte er vor sich hin, während die schlammige Masse ihm die Ohren verschloss, »Nicht bewegen, sonst versinkst du nur…«

Aber was zum Schatten nützte ihm das? Selbst wenn er nicht weiter versank, er wusste, allein würde er es nie aus diesem Loch rausschaffen.

Er würde jämmerlich erfrieren, verhungern oder verdursten – oder, was schlimmer war, von einem der Wesen gefunden werden, die sich hier herumtrieben.

»Verfluchter, elender, verdammter …«, fluchte er leise vor sich hin, um die aufkeimende Panik zu ersticken. Es half nicht; Bilder von früheren Jagden trieben vor seinen Augen, halbverweste Leichen, die sie in ähnlichen Tümpeln stecken gefunden hatten, und seine Kehle schnürte sich zu.

In einem Dorf, in dem Kelsen für einige Zeit gelebt hatte, hatte es einen ständig betrunkenen Götterdiener gegeben, der jeden Abend durch die Häuser gezogen war und von Habgier und ihren Folgen gewarnt hatte. Kelsen hatte ihn ausgelacht, aber jetzt fragte er sich, ob der Verrückte nicht vielleicht doch Recht gehabt hatte – war das die Strafe dafür, wie er gelebt hatte?

Nein, überlegte er, während er sich versuchsweise zur Seite rollte und noch einmal eine Handbreit einsank, es gab andere Dinge, für die er bestraft gehörte.

Die Drei wussten, welche.

»Also denkst du doch an uns.«

Kelsen schrie auf, als er die Stimme hinter sich hörte – oder hatte er sie sich nur eingebildet? Er verrenkte sich den Hals, um hinter sich zu blicken, doch da war nichts, nur die Dunkelheit des Waldes.

»Es ist kein Zufall. Nichts ist Zufall.«

Die Stimme war überall, um ihn herum im Wind, in ihm *drin* – er versuchte zu antworten, doch seine eigene Stimme gehorchte ihm nicht.

»Willst du, dass ich dir helfe, Jäger? Willst du *leben*?«

Wild schaute er hierhin und dorthin, obwohl er wusste, dass da immer noch niemand war. Es fühlte sich an, als ob direkt neben ihm jemand kauern würde und ihm ins Ohr spräche.

»Ich kann dir helfen.« Ein Gefühl, als ob sich eine eiserne Hand um seinen Oberarm schlösse.

Das war's, ich bin schon verrückt, dachte er. Dabei traten Wahnvorstellungen seines Wissens erst nach einigen Tagen ein.

»Soll ich dir helfen? Oder willst du sterben?«

Der unsichtbare Griff um seinen Arm lockerte sich, und in diesem Augenblick war ihm alles egal.

»Nein!«, schrie er. »Ich ... ich will nicht sterben! Hilf mir! Bitte, hilf mir!«

Nichts geschah. Nur der Wind schien ein wenig aufzufrischen.

Und dann, ohne Vorwarnung, verschwand die Welt vor seinen Augen.

***

Bin ich tot?

Kelsen schüttelte verwirrt den Kopf; kein Sand, kein Schlamm, kein Wasser, das sich wie ein gieriger Schlund um seine Hüfte schlang. Also musste er wohl tot sein.

Ruckartig setzte er sich auf und öffnete im gleichen Moment seine Augen: Er befand sich auf einer kleinen, von einem grünblauen Leuchten erhellten Lichtung. Um ihn herum erhoben sich anmutige Bäume, die ein lichtes, schimmerndes Blätterdach bildeten, und in der Nähe hörte er Wasser rauschen.

‚Ich bin wirklich tot', sagte er sich. Er war erstaunt, wie gelassen er es hinnahm. Vielleicht waren es einfach die Ruhe und der Friede dieses Ortes, das sanfte Licht und das gleichmäßige Plätschern, das als einziges Geräusch die Stille unterbrach. Er hatte sich nie viele Gedanken darüber gemacht, wie es sein würde, wenn er starb, aber wenn das das Jenseits war, dann war es gar nicht so übel. Nur fragte er sich, warum er ganz allein war.

Ein Funkeln am Ende der Lichtung weckte seine Aufmerksamkeit.

Neugierig erhob sich Kelsen und bewegte sich darauf zu; je näher er kam, desto deutlicher konnte er seine Umgebung jetzt wahrnehmen: Das

Rauschen, das er hörte, kam von einem kleinen Wasserfall, etwa fünfzig Schritte von ihm entfernt. Das Funkeln schien von einem kleinen Steintisch zu kommen, der vor dem Wasserfall stand.

Wie im Traum erreichte er das Ende der Lichtung und auf den hellgrauen Marmortisch herab, in den eine ebenfalls marmorne Schale eingelassen war. Das Funkeln, das er gesehen hatte, kam von einer silbernen Flüssigkeit in der Schale, aus der, während Kelsen hinsah, ein einzelner Tropfen aufstieg und dann mit einem leisen Plätschern wieder hineinfiel, immer wieder, in einem hypnotischen Rhythmus.

Kelsen sah dem Ding eine Weile beim Auf- und Abhüpfen zu. Es sah aus wie geschmolzenes Eisen, strahlte aber keine Hitze aus.

Wie es sich wohl anfühlte? Instinktiv streckte er die Hand aus und wollte den Tropfen einfangen.

Ein blendend heller Lichtstrahl zuckte auf und warf Kelsen nach hinten; er schlug auf dem merkwürdig weichen Boden auf und hob die Hand, um seine Augen vor der Helligkeit zu schützen.

»Kelsen der Jäger.«

Eine Stimme donnerte in seine Ohren, tief und allumfassend, dröhnend und doch angenehm.

Kelsen robbte rückwärts fort von der Lichtquelle, eine Hand immer noch über den Augen. Langsam ebbte die Helligkeit ab und er machte die Umrisse einer Frau aus, die, in lange Gewänder gehüllt, unmittelbar vor dem Becken stand.

»Ich bin die Mutter Waage und ich habe dir das Leben gerettet«, erklärte die Frau. Ihr Gesicht konnte er noch immer nicht klar sehen, zu viel Licht ging von ihr aus, aber ihre Stimme klang merkwürdig vertraut, wie Erinnerungen an jemanden, den er vor langer Zeit einmal gekannt hatte. Die Macht, die sie ausstrahlte, drückte Kelsen fest in den Boden, aber zugleich verspürte er auch ein ungeheures Gefühl von Wärme.

»Die Waage?«

Selbstverständlich kannte er alle Geschichten über die drei Götter, den Lichten, der für das Gute in der Welt zuständig war, den Schatten, der die Sünder in der Unterwelt bestrafte, und die Waage, die als Richterin zwischen ihnen stand. Jedes Kind kannte die Sagen und Geschichten über sie und er hatte von mehr als einem Sterblichen gehört, dem die Götter in irgendeiner ihrer Gestalten erschienen waren. Aber ihm? Das war unmöglich.

Er wollte etwas sagen, brachte aber kaum mehr als ein heiseres Krächzen zustande.

Endlich ebbte das Licht ab und er sah sie: Eine Frau mit kurzem, hellbraunem Haar, breitschultrig und fast so groß wie er selbst, mit einem schmalen, knabenhaften Gesicht. Ihre Augen leuchteten unnatürlich hell und zwangen ihn fast sofort, wieder den Blick zu senken.

»Ich habe dich nicht ohne Grund gerettet. Du bist auserwählt, Kelsen«, verkündete die Göttin, ihre Stimme hallte von überall und nirgends. »Auserwählt, eine große Aufgabe zu erfüllen.«

»Auserwählt?« Mühsam kam Kelsen auf die Füße; er hielt Abstand zu der Göttin, denn obwohl sie nicht mehr leuchtete, strahlte sie eine Aura der Macht aus, die ihn fast sofort wieder zu Boden drückte. »Wie meinst du das? Ich bin … ich bin ein Niemand …«

»Du bist unter einem besonderen Stern geboren und mit Fähigkeiten ausgestattet, die dich vor allen anderen auszeichnen. Du bringst den Tod zu Tieren, Jäger. Jetzt sollst du den Tod zu einem Biest bringen, wie es diese Welt schon seit tausenden von Jahren nicht mehr gesehen hat.«

Kelsen gab es auf, in der Gegenwart der Göttin stehen zu wollen; ächzend brach er wieder in die Knie. Sein Herz hämmerte ihm bis zum Hals, und ganz weit hinten in seinem Kopf begriff er, dass er wohl nicht tot war.

»Als die Zweite Welt geschaffen wurde«, fuhr die Waage getragen fort, »wurden die Geschöpfe vernichtet, die zuvor darin umgegangen waren. Doch einige kehrten zurück und leisteten Widerstand. Meine Brüder und ich kämpften gegen sie und zerstörten fast alle von ihnen. Die wenigen, die überlebten, flohen und zogen sich in die Tiefen der Welt zurück, um dort ewig zu schlafen. Skemmdir der Entfesselte war der letzte, der noch übrigblieb, und auch er wurde schließlich von den Menschen zerstört. Für Jahrtausende herrschte Frieden.«

Die Göttin schöpfte Atem und zugleich war es Kelsen, als würde die Luft um ihn herum sich abkühlen.

»Seit einiger Zeit jedoch beginnt einer der Alten sich zu rühren. Skaidridt, der mit den hundert Armen, ist aus seinem Tiefschlaf im Schwarzen See erwacht und beginnt zu träumen. Indem er das tut, brütet er und setzt Kreaturen in die Welt, deren Anblick sie seit Äonen nicht mehr zu ertragen hatte. Es dauert nicht mehr lange, bis der Alte vollständig erwacht und das Angesicht der Erde von Neuem heimsucht.«

Während sie sprach, wurde das Licht um sie herum wieder stärker, bis Kelsen die Augen schließen musste.

»Und … was soll ich da tun?«, fragte er; obwohl es außer dem leisen Rauschen des Wasserfalls still war, hatte er das Gefühl, schreien zu müssen, um gegen die Allgewalt der Göttin anzukommen.

»Du sollst den Tod über den Hundertarmigen und die Seinen bringen«, erwiderte die Waage einfach.

Kelsen stockte. Schließlich brachte er hervor: »Ich? Warum ich?«

Durch die zunehmende Helligkeit meinte Kelsen die Göttin lächeln zu sehen. »Wer könnte ein Untier besser erlegen als ein Jäger? Und du sagst doch selbst, dass es keinen besseren Jäger als dich gibt.«

Einen Moment schwieg Kelsen; er spürte, wie ihm der Schweiß ausbrach. »Warum bringst du das Ding nicht selber um? Du bist doch eine Göttin, oder? Mach es kalt! So wie die anderen damals!«

Die Helligkeit flackerte. Als die Waage erneut sprach, klang sie eher traurig als verärgert. »Die Welt wandelt sich. Die Macht der Götter schwindet. Wir sind uneins und schwächen uns selbst. Die Menschen brauchen uns nicht mehr so sehr wie einst. Eure Gebete, die uns stärken, nehmen ab und mit ihnen unsere Macht. Es ist an der Zeit, das Schicksal in eure Hände zu legen. Wie es vorherbestimmt ist.« Einen Moment schwebten ihre Worte in der Luft, dann fuhr sie sanfter fort. »Der Lauf der

Dinge ist unaufhaltsam. Das Erwachen eines Alten ist nicht vorgesehen und droht, die zarten Fäden, die das Weltgefüge zusammenhalten, zu zerreißen. Er muss vernichtet werden.«

Kelsen schluckte hart. »Aber wie?«

Das Licht begann zu flackern; ihm war, als ob sich die Gestalt langsam von ihm entfernte. »Finde die Waffe, die vor langer Zeit verloren ward. Das Eine Schwert, getränkt mit dem Blut der Alten, das den Tod über sie alle bringt.«

Kelsen begriff kein Wort. »Ein Schwert? Und wo soll ich das finden?«

»Niemand weiß, wo das Eine Schwert verlorenging. Nur das Blut des Erben ist in der Lage, es zu finden. Durch dich wird das Schwert zurückgewonnen werden, und du wirst den Tod zu der Bestie tragen.«

Kelsen schüttelte den Kopf. »Ich … ich verstehe nicht! Und ich kann … ich werde nicht … Such jemand anderen! Jemanden, der weiß … Such dir einen Helden! Ich bin der Falsche für so was!«

Ein seltsames Lächeln umspielte die Lippen der Göttin und für einen Moment konnte er sie wieder glasklar vor sich sehen.

»Ich weiß, wen ich ausgewählt habe. Du musst es tun. Und wenn dir meine Gründe nicht reichen, so sollte dir dieser reichen: Du schuldest mir dein Leben. Du hast eine Schuld zu begleichen.«

Vor Kelsens Augen begann es zu flimmern. Ihm war fürchterlich heiß und einen Augenblick lang schien es ihm, als läge ein Gewicht auf ihm, das ihm den Atem raubte.

Wie oft schon hatte er Geschichten gehört, was mit den Leuten passierte, die Verträge mit Göttern brachen …

Er hatte keine Wahl.

»Aber …«, seine Stimme klang fürchterlich brüchig, also räusperte er sich. »Ich meine: Wie kann ich …«

»Folge dem Pfad, den der grüngefiederte Pfeil dir weist. Vertraue auf die Kraft in den Runen und hüte dich vor dem Herzen unter dem Berg. Vertraue auf das Blut, das du siehst. Nutze die Macht von Rädern und Metall, aber sei auf der Hut vor Verstand, der über Mitleid geht.«

Die Welt um Kelsen wurde dunkler und er konnte den Boden unter sich nicht mehr spüren.

»Deine Reise wird lang sein und voller Gefahren. Gefährten werden sich um dich scharen und sich wieder verlieren, doch du musst dein Ziel erreichen. Finde das Schwert, Kelsen der Jäger. Und rette uns alle.«

***

Regen prasselte auf ihn hinunter und drang unter seine zuckenden Augenlieder. Mit der rechten Wange lag er im Matsch, und als er leise aufstöhnte, sickerte ihm ziemlich viel davon in den Mund. Vorsichtig tastete er mit den Händen über den Boden: Weicher, schlammiger Waldboden, aber keine Spur von Mahlsand.

Wo war die Frau hin?

Er fuhr sich mit der linken Hand über das Gesicht und zwang blinzelnd die Augen auf: Er lag auf einer Lichtung, an der er noch nie vorbeigekommen war und die nichts gemein hatte mit dem Platz, wo er in den Sand eingesunken war. Verwirrt blickte er um sich; der Wasserfall war weg, das Becken und die Person, die zu ihm gesprochen hatte, auch.

Ob er geträumt hatte?

Aber wie war er dann aus dem Mahlsand herausgekommen? Seine Muskeln schmerzten von den Verrenkungen, die er gemacht hatte, um sich zu befreien, und an seiner rechten Seite spürte er eine Prellung da, wo der Ast, an dem er sich festgehalten hatte, auf ihn gefallen war.

Seine Kleider waren vollständig durchnässt und jetzt, da er an sich hinuntersah, bemerkte er, dass er von oben bis unten mit Matsch und Sand beklebt war.

Also auf keinen Fall ein Traum. Aber was dann?

Er spuckte Schlamm aus und gab ein paar Flüche von sich, die selbst die Dämonen der Ersten Welt hätten erröten lassen, dann wuchtete sich in die Höhe. Sein Fuß tat weh, vermutlich hatte er ihn sich bei seinem Sturz verdreht. Das war nicht gut, es würde ihn langsamer machen und auch lauter.

Grübelnd kratzte er sich am Kopf. Er wusste, dass es Dämonen gab, er hatte selbst schon mehr als einen getroffen. Die meisten waren den Menschen nicht wohlgesonnen, aber das war auch das Einzige, was sie gemein hatten: Manche musste man einfach in Ruhe lassen, anderen das Herz herausschneiden, wieder andere verbrennen, einige bannen – Kelsen hatte mittlerweile genügend Übung darin, zu unterscheiden, was für welche galt, wenn er die Dinger schon von weitem sah. Aber die Frau, die ihm erschienen war, hatte nicht wie ein Dämon gewirkt. Wieder dachte er an die Berichte, die sich Wanderer gegenseitig in Wirtshäusern erzählten: Die Götter, die die Welt und alle Menschen darin geschaffen hatten, waren früher häufig in der Welt umgegangen, um Gläubigen beizustehen und Abgefallene zu bestrafen. Mittlerweile jedoch wurden solche Begegnungen immer seltener – vielleicht hatten sie von den Menschen die Nase voll.

Er schüttelte den Kopf wie ein begossener Köter, um Augen und Ohren freizukriegen.

»Am Arsch«, brummte er verstimmt vor sich hin.

Er hatte die Worte der Frau – ob sie nun die Waage gewesen war oder nicht – noch sehr genau im Ohr und sie hatten nichts von ihrer Eindringlichkeit verloren. Aber was sollte das heißen, er sollte sie alle retten. Warum ausgerechnet er? Er war nur irgendein kleiner Furz in der Welt, keiner von den großen Helden in den Liedern. Er hatte keine Rüstung, war kein Magier, ja er besaß noch nicht einmal ein Schwert. Er wollte ja sehen, wie er mit seinen Jagdmessern einen der Alten erlegen sollte.

Unwillkürlich schauderte er.

An die Dämonen der alten Zeit dachte man nicht und man redete auch nicht von ihnen. Das war eins der wenigen Dinge, die er als Kind beigebracht bekommen hatte. In den Weiten der Welt gingen genug alte und unheimliche Dinge um, als dass man auch noch die Aufmerksamkeit eines der Urwesen auf sich lenken wollte. Auch wenn sie angeblich lange tot waren – Kelsen hatte oft genug angeblich Totes wiederauferstehen sehen, um sicher zu gehen.

»Wo zum Schatten bin ich hier eigentlich?«, murmelte er und sah sich um: Der Regen war zu einem kaum wahrnehmbaren Tröpfeln geworden und so konnte er die knorrigen, verworren wachsenden Bäume um sich herum klar erkennen. Die Stämme mancher dieser Riesen waren so dick, dass zehn Männer sie zusammen nicht hätten umfassen können. Ihre Blätter waren dunkel und ihre Rinde so verwittert, dass es aussah, als wären sie aus Stein.

Kelsen legte den Kopf in den Nacken, und als er den Himmel über sich nicht sehen konnte, begriff er, dass er – wie auch immer es zugegangen sein mochte – im ältesten Teil des Waldes angekommen war.

Ob die Frau – Göttin – was auch immer – ihn hierhergebracht hatte? Oder war er fiebrig durch die Gegend gestolpert und von selbst hierhergelangt? Je länger er so im Regen stand, desto leichter fiel es ihm, sich einzureden, dass die zweite Möglichkeit die richtige war.

Du hast eine Schuld zu begleichen.

Wieder erschauderte er, doch diesmal schüttelte er heftig den Kopf und lief los, so, als könnte er durch die Bewegung auch seine Erinnerungen hinter sich lassen.

»Der grüngefiederte Pfeil«, sagte er langsam, während er ging, ohne es richtig zu bemerken. Und was hatte sie noch gesagt? Er sollte das Eine Schwert finden, was auch immer das war. Dann schüttelte er noch einmal den Kopf.

»Was für ein Schwachsinn!«

Selbst wenn es wirklich die Göttin gewesen war, die zu ihm gesprochen hatte, und nicht irgendein verfluchter, unirdischer Wechselbalg, der ihm einen Streich gespielt hatte, wieso sollte sie von allen Menschen ausgerechnet ihn auswählen? In den mehr als dreißig Jahren seines Lebens hatte er nichts getan, was eine solche Entscheidung rechtfertigen würde. Vorhin, als er im Mahlsand gelegen hatte, waren ihm all die Dinge eingefallen, die er getan hatte: Er hatte getrunken, gestohlen, sich geprügelt, einmal im Suff sogar einen Mann totgeschlagen, er glaubte nicht, dass die Götter sich für so jemanden interessierten.

Ganz zu schweigen von diesem einen Tag … Kelsen presste die Hände auf die Augen und fluchte noch einmal laut. Er hatte sich geschworen, nicht mehr daran zu denken, und viele Jahre gepaart mit noch viel mehr Alkohol hatten ihn bei diesem Schwur unterstützt. Und doch war ihm in diesem Moment, als hörte er noch einmal das Brechen eines morschen Astes, als röche er feuchtes Laub, vermischt mit dem metallenen Geruch von Blut …

Unwillkürlich schlug er die Faust gegen den nächsten Baum.

Der Schmerz half: Selbst wenn, sagte er sich.

Er hatte keine Zeit für so etwas.

Er musste seine Beute finden.

***

Das Blätterdach über ihm war so dicht, dass er die Tageszeit nicht abschätzen konnte, aber die zunehmende Dunkelheit sagte ihm, dass es allmählich Abend wurde. Seine klammen Kleider klebten ihm am Körper und allein die ständige Bewegung verhinderte, dass er zu zittern anfing.

Das Gras, das zunächst nur vereinzelt zwischen Matsch, Blättern und Gesträuch hervorgeblinzelt hatte, wucherte jetzt quer über den ganzen Waldboden und reichte ihm bis über die Knie. Die Luft war erfüllt von feuchtem Nebel und unirdischem Schimmern, das von den gewaltigen Glühwürmchen herrührte, die Kelsen um den Kopf schwirrten. Über ihm krächzten andere, verborgene Kreaturen durch die Nacht und Kelsen hoffte nur, dass sie blieben, wo sie waren.

Kleine Dinge wuselten vor ihm durch das Gras und ihm war, als folgten ihm Augen aus dem Zwielicht, Augen voller Bosheit und Spott, die verschwanden, sobald er sich nach ihnen umdrehte.

Schon früh hatte er gelernt, keine Angst zu haben, denn vieles von dem, was in den Wäldern herumgeisterte, wurde erst gefährlich, wenn es Furcht roch. Trotzdem wäre ihm im Moment lieber gewesen, er hätte dem fetten Lord einfach eine reingehauen, anstatt sich auf seinen Blödsinn einzulassen.

Vor ihm glitzerte etwas.

So leise es ihm sein verletzter Fuß gestattete, pirschte er sich näher heran und löste den Bogen von seiner Schulter.

Dann, ohne Vorwarnung, lichteten sich die Bäume und gaben den Blick frei auf einen kleinen Waldweiher, in dem sich der Mond kräuselnd spiegelte. In einem fast perfekten Kreis umstanden ihn die Bäume und öffneten sich in einen wolkenlosen, sternenübersäten Himmel.

Kelsen hatte schon viel gesehen, doch auch er konnte in diesem Moment nicht anders als stehenzubleiben und mit leicht geöffnetem Mund die Ruhe und Schönheit der Szenerie zu bewundern. Ein leises Rascheln ließ ihn aufhorchen; durch das Unterholz am gegenüberliegenden Ufer huschten Geschöpfe, Rehe, dem Geräusch nach zu urteilen, aber sie wagten sich nicht hinaus. Kelsen überlegte, ob er sich anpirschen sollte, aber er konnte ohnehin kaum mehr etwas sehen, und wenn er danebenschoss oder seine Beute im Dunkeln nicht fand, würde sie irgendwo sinnlos verenden und sein leerer Magen wäre immer noch nicht gefüllt.

Also grub er in seinem durchnässten Beutel und holte ein Stück Dörrfleisch hervor.

Während er es kaute, erstarben die Dämmerungsgeräusche um ihn herum und machten allmählich den Geschöpfen der Nacht Platz; es wurde stiller, nur hin und wieder raschelte ein Vogel oder eine Fledermaus vorbei.

Die Luft war schwer und süß vom Regen und erfüllte Kelsen mit einem merkwürdigen, tiefen Frieden.

Obwohl er ungeschützt und völlig allein im Dunkeln saß, mitten auf einer Lichtung, an einem Wasserloch, wo er von allen Seiten leicht zu sehen und noch leichter anzupirschen sein würde, spürte Kelsen, wie seine Augen immer schwerer wurden. Er war so müde, seine Beine so schwer, und im hohen Gras fuhr der Wind nicht so stechend durch seine feuchten Kleider, dass er beschloss, noch einen Augenblick sitzen zu bleiben. Nur noch einen Moment, dann würde er aufstehen und sich einen Unterschlupf für die Nacht bauen.

Nur noch einen Augenblick …

***

Als er erwachte, sangen die ersten Morgenvögel in den Bäumen.

Die Welt um ihn war grau, durchzogen von Rosa, und es lag so dichter Nebel, dass er kaum bis ans andere Ufer des Teichs sehen konnte.

Verwirrt rieb er sich den Schlaf aus den Augen.

»Verdammter Dreck«, fluchte er leise und setzte sich auf; sein Haar und sein Gesicht waren voller Tau und während er geschlafen hatte, war ihm auch sein Bogen aus den Händen gerutscht; harmlos lag er einen guten Schritt von ihm entfernt und hatte sich wahrscheinlich in der Nässe verzogen. An die spröde gewordene Sehne wollte er gar nicht erst denken.

So etwas war ihm noch nie passiert, und er ärgerte sich über sich selbst.

Am Ufer des Teichs sammelten sich ganze Rotten kleiner Tiere, Hasen, Vögel und so weiter, um zu trinken. Es musste das einzige Wasserloch weit und breit sein.

»Na immerhin«, brummte Kelsen und nahm den Bogen auf. »Frühstück.«

In diesem Augenblick … *geschah* etwas.

Es war, als ginge ein Rascheln durch die Luft, nur um gleich darauf von einer vollkommenen Stille abgelöst zu werden. Sämtliche Tiere auf der Lichtung verharrten und drehten die Köpfe in Richtung des Waldes, der am anderen Ufer lag.

Sofort war jegliche Müdigkeit verflogen; Kelsens Instinkte erwachten, seine Finger ergriffen einen Pfeil und legten ihn auf die Sehne. Was immer dort im Wald verborgen war, ob ein Dämon oder ein natürliches Untier, es würde sehr bald bereuen, dass es sich gerade diesen Platz für seinen Morgenspaziergang ausgesucht hatte.

Ein sanftes Licht schimmerte durch die Bäume, ähnlich dem Mondlicht, das Kelsen gestern Abend sich im Wasser hatte spiegeln sehen. Er fragte sich, ob die Sonne schon aufging – und dann trat etwas aus den Bäumen hervor und es war, als hielten sämtliche Kreaturen auf der Lichtung den Atem an.

Kelsen klappte der Mund auf, und ohne dass er etwas dagegen tun konnte, fiel ihm zum zweiten Mal der Bogen aus den erschlafften Händen.

Das Licht verblasste und das *Tier* trat ganz hinaus auf die Lichtung. Doch die anderen Lebewesen kamen nicht auf es zu, sondern wichen zurück, manche neigten sogar die Köpfe, als ob sie sich vor ihm verbeugten.

Kelsen starrte es an.

Er wusste, was es war, obwohl er noch nie eines gesehen hatte und obwohl keine Beschreibung, die davon existierte, zutraf.

Es hatte keine Ähnlichkeit mit einem Pferd. Eher glich es einem hochgewachsenen, anmutigen Reh mit gespaltenen, schimmernden Hufen. Es hatte keinen Schweif, sondern eine Art schlanken, eleganten Schwanz, an dem silberne Haare wuchsen, fast wie bei der Rute eines Wolfs. Sein Kopf auf dem anmutigen Hals war klein und schmal, mit einem seltsam spitz zulaufenden Gesicht. Das Horn auf seiner Stirn schraubte sich spiralförmig empor und strahlte noch heller als der ganze restliche Körper. Einen kurzen Moment war Kelsen von der puren Helligkeit und Schönheit geblendet und gleichzeitig verstört von dem unerwartet bedrohlichen Aussehen der einzigen Waffe des Wesens.

Verwirrt beobachtete er, wie das Einhorn einen Fuß vor den anderen setzte, mit langsamen, präzisen Bewegungen, als hätte es schon seit Jahrhunderten vorgehabt, genau auf diese Weise genau diesen Weg entlangzugehen. Seine dichte Mähne fiel ihm bis fast zu den Fesseln und wallte und wogte dabei, obwohl es absolut windstill war. Fast war es, als wehte von irgendwoher eine einzelne Brise, nur dazu da, die Schönheit des Geschöpfes zu unterstreichen. Mit jeder Bewegung seines Kopfes, jeder Drehung des schlanken Halses, jedem Heben und Senken der schimmernden Hufe, wurde Kelsen seine eigene Hässlichkeit und Unvollkommenheit bewusst, und plötzlich traf ihn die Erkenntnis, dass er sterblich war, mit voller, schockierender Wucht. Er konnte nur hilflos dasitzen und das Geschöpf anstarren.

Das Einhorn schlenderte seelenruhig weiter über die Wiese am Teich, senkte hin und wieder andeutungsweise den Kopf, nur um dann doch zu entscheiden, dass die Gräser für seinen feinen Gaumen nicht gut genug waren. Irgendwann schien es jedoch eine Stelle gefunden zu haben: Mit einer Geste unbeschreiblicher Anmut blieb es stehen und neigte den Hals, um vornehm einige Blumen abzurupfen.

Wie ein durchnässter Hund schüttelte Kelsen den Kopf: Jetzt war der Augenblick gekommen, von dem er nicht geglaubt hatte, dass er ihn je erleben würde. Jetzt war es an ihm, das Tier zu schießen, das der fette Lord von ihm gefordert hatte und das Kelsen für den Rest seines Lebens reich machen würde. Langsam tastete er nach seinem Bogen, ohne das Einhorn aus den Augen zu lassen. Das Tier ließ sich von ihm nicht stören; hin und wieder ließ es seine schönen, uralten Augen über die Umgebung gleiten, aber mit einer solchen Herablassung, als wisse es schon längst, dass Kelsen da war, ohne ihn jedoch als Gefahr anzusehen.

Nun, das würde es bereuen.

Kelsen legte den Pfeil auf die Sehne und zielte, bemerkte jedoch verärgert, dass seine Hände zitterten.

Das ist die Kälte, dachte er bei sich. *Mir ist kalt und ich bin müde, das ist alles!*

Er blinzelte heftig und zielte erneut.

Da, mitten ins Herz musste er es treffen. Jetzt, da er genauer darüber nachdachte, hatte er keine Ahnung, ob ein Einhorn ein Herz und überhaupt dieselben Organe hatte wie Hirsche oder andere Tiere, aber er würde es darauf ankommen lassen.

Vorausgesetzt er war schnell genug dafür; er wusste nicht, wie schnell Einhörner rennen konnten. Und überhaupt, hieß es nicht immer, dass die Tiere unsterblich waren?

Er war verwirrt, sein Kopf voller Zweifel und Gedanken, die da nicht hingehörten und die ihn noch nie bei der Jagd gestört hatten.

Verflucht noch mal, reiß dich zusammen!, herrschte er sich in Gedanken selbst an.

Das Einhorn graste ungestört weiter, die Mähne floss wie Seide aus Silber über den Boden, ein Bild der Vollkommenheit und Unschuld.

Gold, wütete es in Kelsens Kopf, *Gold ist das, was es bedeutet, unermesslich viel davon! Und sonst gar nichts!*

Erneut hob er den Bogen, doch seine Hände waren so unruhig, dass er gleich wieder abbrach. Schweiß lief ihm in Strömen übers Gesicht und stach in den Augen, also schloss er sie.

‚Einhörner sind die Hüter des Waldes, den sie bewohnen', kamen ihm die Worte wieder in den Sinn, die er sich für die Suche nach dem Wesen aus dem Gedächtnis zusammengekratzt hatte. ‚Ohne sie sterben die Wälder und die Tiere, die darin wohnen.'

Kelsen hatte schon in vielen Wäldern gejagt, in denen hatte es von Bäumen und Tieren nur so gewimmelt und da hatte es ganz sicher keine Einhörner gegeben!

Sie sterben sowieso aus, ermahnte er sich, *es gibt nur noch so wenige von ihnen. Auf eins mehr oder weniger kommt es nicht mehr an.*

Kelsen atmete schwer und fuhr sich mit den Händen übers Gesicht.

Wenn du das tust, sagte er sich, *kannst du dich für den Rest deines Lebens auf die faule Haut legen. Ein Haus kaufen, irgendwo wo es fettes, grünes Gras gibt und Hügel und keine widerlichen Lords, die deine Dienste kaufen und dich dabei ansehen wie einen räudigen Köter. Keine Nächte auf dem harten Boden mehr, du kannst abends die Augen schließen, ohne dich zu fragen, ob du am nächsten Morgen wieder aufwachst ...*

Das gab den Ausschlag; er fasste den Pfeilbogen fester und öffnete die Augen.

Fast hatte er gehofft, das Tier wäre in der Zwischenzeit verschwunden, doch es war immer noch da, es war sogar nähergekommen, schritt erhaben das Ufer ab – die anderen Tiere hatten sich respektvoll zurückgezogen – und neigte endlich seinen makellosen Kopf, um zu trinken.

Kelsen legte an, die Hände vollkommen sicher diesmal.

Er atmete tief aus und spannte die Sehne, die Augen unverwandt auf die schneeweiße Flanke gerichtet –

Mit einem dumpfen *Tschack* sauste ein Pfeil eine Handbreit an seinem Gesicht vorbei und bohrte sich vor ihm in den Boden.

Das Einhorn fuhr zusammen, riss den Kopf hoch und jagte schnell wie ein Sturmwind ins Geäst davon.

Kelsen fluchte scheußlich und drehte sich mit erhobenem Bogen um, um dem Übeltäter seinerseits einen Pfeil in den Kopf zu jagen.

Dann sah er, dass er bereits ins Visier genommen worden war: Vor ihm in den Büschen stand eine Frau, etwas kleiner als er, aber von kräftigem, muskulösem Wuchs, als ob sie täglich harte Arbeit verrichtete. Sie trug unauffällige, farblose Kleider aus grobem Tuch und hatte ihr braunes Haar in einem strengen Knoten zusammengebunden. Ausdruckslos starrte sie auf ihn hinunter, einen weiteren Pfeil im Anschlag.

Kelsen glotzte sie an, völlig verdutzt.

»Was machst du hier?«, blaffte er.

»Dasselbe könnte ich dich fragen«, erwiderte sie. »Das hier ist mein Teil des Waldes, du hast hier nichts zu suchen.«

»Dein Teil des Waldes? Sagt wer?«

Die Frau zog die Sehne straff. »Sage ich.«

Ihre Stimme klang vollkommen ruhig, doch ihr Blick war erbarmungslos und sagte ihm, dass sie keinen Moment zögern würde, ihn an Ort und Stelle niederzustrecken, sollte er eine Dummheit versuchen. Also ließ Kelsen langsam seine eigene Waffe sinken und hob die Hände. Einen Moment sagte keiner von ihnen ein Wort. Kelsen musterte sie und versuchte ihr Alter abzuschätzen: Ihr Gesicht mit der rosigen Haut und der zierlichen Nase wirkte kindlich, doch um die stahlblauen Augen herum zeichneten sich winzige Fältchen ab, die höchstwahrscheinlich vom jahrelangen Blinzeln durch das Zwielicht herrührten. Zwischen achtzehn und dreißig hätte sie jedes Alter haben können.

»Du wolltest das Einhorn schießen«, stellte sie fest.

»Sieht wohl so aus«, entgegnete Kelsen.

Der Gesichtsausdruck der Frau veränderte sich nur minim, doch genug, dass Kelsen wusste, dass seine Situation sich zusehends verschlechterte.

»Ich habe den Auftrag dazu bekommen«, führte er etwas weiter aus. »Ich selbst habe kein Interesse daran, aber ich werde bezahlt dafür, dass ich das Einhorn finde und es töte. Das hat mit deinen Angelegenheiten nichts zu tun.«

»Dennoch solltest du mir in diesem Fall danken.«

Kelsen zog die Augenbrauen hoch.

»Danken, wofür? Dass du mir die Beute verjagt und mich um ein Haar umgebracht hast?«

Wieder diese winzige Veränderung im Gesicht, die diesmal deutliche Verachtung ausdrückte. »Dafür, dass ich dich davon abgehalten habe zu schießen. Hätte ich es nicht getan, hättest du nicht viel Zeit gehabt, dich an deiner Beute zu erfreuen: Einhörner sind die unschuldigsten und reinsten Geschöpfe, die es gibt. Sie zu töten bedeutet, ein furchtbares Verbrechen zu begehen. Die Götter hätten dich verflucht, ebenso wie alle anderen Kreaturen dieser Welt. Wahnsinn und Tod wären die Folge gewesen, ein ziemlich schlimmer Tod, soweit ich das beurteilen kann. Ich habe einmal dabei zugesehen, wie jemand starb, der eins erlegt hatte. Sehr unschön.«

Unwillkürlich zog sich Kelsens Magen zusammen, doch er zeigte keine Regung.

»Dumme Geschichten. Es gibt keine Flüche.«

»Genau so wenig wie es Einhörner und Kobolde gibt.«

Kelsen fühlte sich allmählich in die Enge getrieben, ganz besonders, weil dieses Weib noch immer keine Anstalten machte, den Bogen von seinem Gesicht zu nehmen.

»Und du bist einer von den Kobolden, ja? Oder was treibst du sonst hier?«

»Ich lebe hier. Und ich sage dir nur noch einmal, dass du von hier verschwinden sollst. Ich will in diesem Wald keine Wilderer.«

Langsam stand Kelsen auf. »Ich bin kein Wilderer.«

Das war nur halb gelogen; er hatte in seinem Leben schon sehr oft gewildert, aber dieser Wald gehörte seines Wissens niemandem. »Ich bin Jäger, und ich kann mir nicht vorstellen, dass der Bogen in deiner Hand da nur dazu da ist, den Boden zu durchlöchern.«

Die Frau ließ langsam die Waffe sinken, ohne ihn jedoch aus den Augen zu lassen. »Sei froh, dass ich nicht dich damit durchlöchert habe.«

Kelsen schnaubte und sammelte seine Habseligkeiten ein. Er hatte gesehen, in welche Richtung das Einhorn gelaufen war, und unauffällig begann er, den Boden nach seinen Spuren abzusuchen.

»Bemüh dich nicht«, unterbrach die Frau seine Gedanken. »Du wirst es nicht erwischen. Einhörner laufen so leicht, dass ihre Füße den Boden kaum berühren. Außerdem sind sie schneller als ein Gedanke, selbst wenn du ein Jahr danach suchst, wirst du es nicht wiederfinden.«

Kelsen funkelte sie wütend an, aber gleichzeitig war ihm, als würde sich ein kleiner, unangenehmer Knoten in seiner Brust lösen.

»Wer hat dich dazu angehalten, das Einhorn zu jagen?«, fragte sie und sah ihm dabei so eindringlich ins Gesicht, als wollte sie sich vergewissern, dass in seinen Augen eine Seele flackerte.

»Ein Edler«, erwiderte Kelsen knapp. »Er tötet gern, aber dieses eine Tier war selbst ihm zu schwierig zu fangen. Also hat er mich geschickt.«

Die Frau musterte ihn nachdenklich. »Erstaunlich, dass du es gefunden hast. Wesen, die so alt sind wie dieses, haben ihre eigenen Wege, Feinden aus dem Weg zu gehen.«

Es klang, als ob noch weitere Worte folgen sollten, doch dann schien sie es sich anders zu überlegen.

Also schulterte Kelsen sein Zeug, wobei er darauf achtete, den Bogen griffbereit zu haben; auch wenn der der Frau scheinbar harmlos an ihrer Seite herabhing, traute er ihr keinesfalls über den Weg.

»Ich kann dir den Weg zurück zeigen«, bot sie an.

Kelsen grummelte etwas Unverständliches und folgte ihr.

»Warte«, unterbrach sie und kehrte noch einmal an die Stelle zurück, wo Kelsen gekniet hatte. Mit geübten Fingern zog sie ihren Pfeil aus der Erde und reinigte die Spitze, bevor sie ihn wieder im Köcher verstaute.

Erst jetzt bemerkte sie Kelsens Blick. »Was ist?«

Kelsen sagte nichts, doch seine Augen hingen noch immer wie gebannt an dem Pfeil: Der Schaft war aus leichter Fichte und die Befiederung schimmerte in einem hellen, durchdringenden Grün.

DER GRÜNGEFIEDERTE PFEIL

»Was sind das für Federn?«, fragte er.

»Wieso«, erwiderte die Frau, »Willst du diese Tiere auch schießen?«

Kelsen erwiderte nichts; verwirrt fuhr er sich mit der Hand übers Gesicht und versuchte erfolglos, die Bilder niederzukämpfen, die beim Anblick des Pfeils wieder in ihm aufgestiegen waren.

Die Waage, ihr Befehl, der Auftrag …

»Olàntu-Vögel«, beantwortete sie Kelsens Frage. »Von denen gibt es viele in den jüngeren Teilen des Waldes. Sie reißen sich ihre Federn aus, um ihre Nester auszupolstern. Manchmal jage ich sie auch.«

»Du tötest sie? Wie schrecklich«, meinte Kelsen voller Spott.

Die Augen der Frau verengten sich. »Ich gebe dem Wald und der Wald gibt mir etwas zurück. So funktioniert das Gleichgewicht.«

»Und was gibst du dem Wald? Außer dass du herumpatrouillierst und darauf wartest, alle hundert Jahre einen zu erwischen, der gerade dabei ist, einen Mythos zu erschießen?«

»Ich hüte ihn. Indem er mich toleriert, verhindert er das Eindringen dutzender anderer Jäger und Fallensteller, Holzfäller und Abenteurer, die darauf aus sind, sich mit Ywìths und Dunkelelfen und Wurzeltrollen zu messen. Ich sorge dafür, dass die Natur und das Zwielicht ihre Ruhe haben. Und die Dummköpfe, die sich mit ihnen anlegen wollten, am Leben bleiben.«

»Also willst du sagen, du lebst … du lebst wirklich hier? Hier im Wald?«

»Ja.«

»Aber du bist nicht hier geboren.« Kelsen kannte einige Waldmenschen, Marschbewohner und sonstige Wildlinge, und sie gehörte ganz bestimmt nicht dazu; abgesehen davon, dass sie noch alle Zähne hatte und man ihre ursprüngliche Hautfarbe sehen konnte, stank sie nicht ansatzweise genug.

»Nein«, bestätigte die Frau und schob einen herunterhängenden Ast aus dem Weg, wobei sie sich nicht darum scherte, ob Kelsen, der hinter ihr ging, ebenfalls ausweichen konnte. »Ich bin in einem Dorf in den Heidelanden aufgewachsen. Und irgendwann habe ich erkannt, dass Tiere mir weitaus lieber sind als Menschen. Sie lügen nicht, betrügen nicht und sind nicht grausam. Also bin ich hierhergekommen, um über sie zu wachen. Sie zu behüten vor Leuten wie dir.«

»Wie lange ist das her?«

Die Frau zog die Nase kraus, als überlegte sie. »Ich weiß es nicht genau. Sechs oder sieben Jahre vielleicht.«

Kelsen konnte nicht anders, als widerwillig beeindruckt zu sein. »Ein Wunder, dass du so lange überlebt hast.«

»Wenn du den Wald und seine Bewohner respektierst, respektieren sie auch dich«, erwiderte die Frau mit einem Anflug von Hochmut.

Kelsen schnaubte verächtlich. »Wenn ein Nrêk deine Augen fressen will, interessiert es ihn nicht, ob du ihn respektierst.«

»Nun ja«, erwiderte die Frau leichthin und tätschelte dabei das Messer an ihrer Seite, »Meinen eigenen Tod nehme ich nur für den Schutz des Waldes in Kauf, nicht für den vollen Magen einer Ausgeburt des Zwielichts. Es haben schon einige bereut, mich für einen hilflosen Ausreißer gehalten zu haben. Ich schätze, das hat sich herumgesprochen – ich erlebe immer seltener Belästigungen dieser Art.«

Während sie marschierten, erkannte Kelsen einige Landmarken wieder, die er sich auf seinem gestrigen Weg hierher gemerkt hatte.

»Wie heißt du eigentlich?«, fragte er.

»Riona. Aber alle nennen mich Rìa.«

»Alle«, wiederholte Kelsen.

Rìa ruckte unwirsch mit dem Kopf. »Naja, alle, die ich früher einmal gekannt habe.«

Eine Weile wanderten sie schweigend weiter, während der sich immer wieder ungebeten die Erinnerungen an die fremdartige Lichtung in Kelsens Kopf drängten.

»Was ist mit deinem Bein passiert?«

Kelsen schreckte hoch; seit gestern Abend war der Schmerz in seinem Fuß etwas abgeklungen, sodass er das Humpeln nur noch als lästige Nebensächlichkeit ansah. Er hätte nicht gedacht, dass sie es überhaupt bemerkte.

»Bin hingefallen«, brummte er; eben war ihm aufgefallen, dass sie ihn nicht nach seinem Namen gefragt hatte. Vermutlich hielt sie sich für feiner als ihn, der ein wertloser Wilderer war wie alle anderen, die ihren kostbaren Wald ruinieren wollten.

Als ob das verfluchte Ding ihr gehörte.

»Das ist eine Lüge«, erklärte Rìa gelassen und kletterte ihm voran über eine gewaltige Baumwurzel.

»Was geht es dich denn an?«, fauchte Kelsen, doppelt verärgert, weil er mit seinem Humpelbein zwei Anläufe brauchte, um die Wurzel zu überwinden.

»Es ist nur, dass ich in der Zeit, in der ich hier bin, gelernt habe, die Menschen zu durchschauen, die sich hier herumtreiben. Einige sind hochmütig und überschätzen sich, andere hartherzig und kalt, manche sogar grausam. Du bist nichts von alledem.«

»Du weißt ja verflucht viel über mich, in den zwei Herzschlägen, in denen du mich kennst.«

Er taumelte; sie war so ruckartig stehengeblieben, dass er beinahe in sie hineingelaufen wäre. Ohne zu blinzeln schaute sie aus ihren stählernen Augen zu ihm hoch und sagte leise: »Ich weiß sogar noch etwas über dich.«

»Ach ja?« Es entging ihm nicht, wie feindselig seine eigene Stimme klang.

»Ja.« Und dann, das erste Anzeichen von etwas, das mit ein wenig Mühe vielleicht als Anflug eines Lächelns gedeutet werden konnte: »Du hättest nicht geschossen.«

Damit drehte sie sich um und marschierte weiter.

Kelsen versuchte irgendetwas zu erwidern, aber ihm fiel nichts ein. Er erinnerte sich zu gut an die seltsame Unsicherheit, die Schweißausbrüche, die Zweifel, die er gehabt hatte, als er das Einhorn fixierte. War er so leicht zu durchschauen gewesen?

»Natürlich hätte ich geschossen«, log er viel zu spät.

»Nein, hättest du nicht. Ich war mir sicher, als ich deine Augen sah.«

Kelsen schwieg.

»Du bist kein Mörder. Du tötest, wenn du musst, um zu überleben, aber nicht aus Gier und auch nicht aus Freude am Tod.«

Ihre Stimme klang freundlicher als zuvor, aber seltsamerweise ärgerte das Kelsen noch mehr; sie redete mit ihm wie mit einem dieser weichlichen Stadtbewohner, die schon in Ohnmacht fielen, wenn sie einen Nachtmahr von weitem sahen.

»Ich lasse mich anheuern«, erklärte er, während er mit seinem Jagdmesser auf herunterhängende Zweige einhieb. »Ich werde bezahlt, Tiere, Dämonen und Biester zu jagen und sie anzubringen, damit verdiene ich mein Geld. Aber diesmal werde ich dank dir leer ausgehen. Ist wohl besser, ich gehe gar nicht erst zurück; wenn man mich für tot hält, wird man mir wenigstens nicht den Arsch aufreißen, weil ich das Vieh nicht getötet habe. Obwohl«, fügte er mit einem halben Lachen hinzu, »ich habe ja schon einen neuen, noch größeren Auftrag bekommen. Wenn ich für das Einhorn dreihundert Goldstücke bekommen sollte, frage ich mich, was ich erst dafür kriege.«

Rìa sah ihn interessiert an; sie ging aufrecht und sicher neben ihm her, die Hand nie weit von ihrem Jagddolch entfernt. »Was für ein Auftrag?«

»Ach«, winkte Kelsen ab und wischte sich Schweiß aus dem Nacken, »Nichts weiter. Gestern bin ich irgendwo hingefallen und muss mir den Schädel angehauen haben … ein komischer Traum, von der Waage und einem Wasserfall und …«

Rìa blieb wie angewurzelt stehen.

»Was hast du gesagt?«

Kelsen brummte verärgert; er wusste nicht, warum er es überhaupt erwähnt hatte, er hatte nicht vorgehabt, diesem Weib irgendetwas zu erzählen. Was war nur los mit ihm?

»Nichts«, wiederholte er, ohne sie anzusehen. »Ich verbringe zu viel Zeit im Wald, das ist es.« Als sie ihn weiterhin unverwandt ansah, fügte er widerwillig hinzu: »Ich bin im Mahlsand eingesunken, in Ordnung? Irgendwie hab' ich mich befreien können, aber ich muss wohl kurz vor dem Ersticken gewesen sein, jedenfalls habe ich eine Lichtung gesehen und einen Wasserfall. Und die Göttin Waage ist auch vorgekommen und so eine komische Schale mit …«

»Du warst dort?«, unterbrach ihn Rìa, ihre Stimme nicht mehr als ein Flüstern. »Am Teich der Götter?«

Kelsen erwiderte ihren Blick verunsichert. Von einem Augenblick auf den anderen strahlten ihre Augen wie von einem inneren Feuer erleuchtet.

»Du kennst diesen Ort?«

»Ich habe davon gehört«, erwiderte Rìa, deren Gesicht sich aufhellte, als ob ein Sonnenstrahl es getroffen hätte. »Es ist ein verborgener Platz, nicht ganz hier und nicht ganz dort. Man kommt nur hin, wenn man gerufen wird, und es heißt, es sei so schön dort, dass alle, die dort sind, lieber sterben, als zurückzukehren. Die Götter wohnen dort«, schloss sie etwas matt.

Bei ihren Worten kam Kelsen der Wasserfall in den Sinn, und er fragte sich, was er wohl zu sehen bekommen hätte, hätte er einen Blick dahinter werfen können.

»Und du warst wirklich dort?« Es fehlte nicht viel, und sie hätte sich an seinem Kragen festgeklammert.

»Ich … keine Ahnung. Ich dachte, es wäre eine Täuschung gewesen. Eine Vision, ein Dämonenstreich, so etwas.«

»Was hast du gesehen?«

Kelsen hatte eigentlich keine Lust, ihr noch mehr zu erzählen, dennoch tat er es. Es fühlte sich überraschend gut an, jemandem davon zu berichten, vor allem, weil sie ihn offenbar nicht für verflucht oder verrückt hielt.

Als er geendet hatte, schaute sie ihn aus ihren unergründlichen Augen an.

»Das Blut des Erben … was ist damit gemeint? Was für ein Erbe?«

Kelsen zuckte die Schultern. »Keine Ahnung.«

»Dann musst du es herausfinden. Du musst tun, was die Göttin dir aufgetragen hat«, sagte sie in einem Tonfall, als könne sie nicht verstehen, warum Kelsen sich nicht schon längst auf den Weg gemacht hatte.

»Tun? Was? Mir ein Schwert holen und einen Mythos damit erstechen?«

Rìa sah ihn todernst an. »Du hast einen Auftrag bekommen. Du bist auserwählt. Die wenigsten Menschen erfahren jemals eine solche Ehre.«

Kelsen schnaubte. »Eine Ehre? Hingehen und einen der alten Dämonen erlegen? Schau mich doch mal an! Wer bin ich denn? Ein Magier? Ein Held? Wohl kaum!«

»Und doch musst du es tun«, sagte Rìa einfach.

Kelsen antwortete nicht; seit er aus dem Mahlsand aufgetaucht war, lag ein beklemmendes Gewicht auf ihm, das sich einfach nicht abschütteln lassen wollte. Er hatte vorgehabt, die Weisung zu ignorieren, aber irgendwie war das jetzt, da er sie ausgesprochen hatte, bei weitem nicht mehr so einfach.

»Aber wie? Ich weiß ja nicht mal, wo das Ding sich überhaupt herumtreibt. Wo es 'träumt', wie sie sagt. Und dann die Sache mit dem 'Einen Schwert'. Was beim Schatten bedeutet das?«

Ein leichtes Rumpeln ging durch den Boden unter ihnen und Rìa legte ihm die Hand auf den Mund.

»Sei vorsichtig«, warnte sie ihn leise. »In den älteren Teilen der Welt spricht man solche Namen nicht leichtfertig aus.«

Einen Moment lang standen sie schweigend und mit klopfendem Herzen da und horchten. Nichts war zu hören außer dem zunehmenden Zwitschern der Vögel, und irgendwann atmeten beide erleichtert aus.

»Also gut«, murrte Kelsen, »Ich bin ja bereit, an Götter und Weisungen und Dämonen zu glauben, es gibt mehr als genug Geschichten über sie. Aber das sagt mir immer noch nicht, wo ich überhaupt mit der Suche anfangen soll.«

»Zuerst einmal«, sagte Rìa und setzte sich erneut in Bewegung, »sollten wir aus dem Wald herauskommen. Vom Waldrand aus gesehen gibt es eine kleine Stadt, zwei Tagesmärsche in östlicher Richtung. Dort werden wir uns erkundigen können.«

Kelsen blieb stehen. »Moment mal! 'Wir'? Ich habe nie gesagt, dass ich dich mitnehme!«

Rìa hielt nicht inne, sondern wandte ihm im Gehen ihr Profil zu. »Ich habe auch nie gesagt, dass ich dich um Erlaubnis frage.«

Einige Herzschläge lang starrte ihr Kelsen mit offenem Mund nach, während ihre Gestalt auf dem Weg vor ihm immer kleiner wurde. Irgendwann raffte er sich auf, fluchte lauthals und beeilte sich, wieder zu ihr aufzuschließen.

***

Rìa hatte Kelsen erklärt, dass sie vor ihrem Aufbruch erst noch ein paar Sachen abholen müsse. Kelsen mochte kurz überlegt haben, ob er nicht einfach abhauen sollte, sobald sie ihm den Rücken zudrehte, aber irgendetwas hielt ihn zurück. War es die Tatsache, dass sie als Jägerin und Fährtenleserin vermutlich nicht weniger begabt war als er selbst? Sie würde keine Mühe haben, ihn wiederzufinden, nicht mit seinem verstauchten Knöchel.

Nein, wenn er ehrlich war, wusste Kelsen, warum er sich schwertat, sie zurückzulassen: Die Worte der Göttin, er solle dem grüngefiederten Pfeil folgen, hatten sich tief in ihm festgesetzt und ließen sich nicht verdrängen. Bis dahin mochte er sich eingeredet haben, dass das Ganze nur ein Traum gewesen war, aber seit er Rìas Pfeile gesehen hatte, wusste er, dass es nicht stimmte.

Es war wirklich gewesen. Er war an diesem Ort gewesen, den die Waldläuferin 'Teich der Götter' genannt hatte.

Also schlurfte er ihr missvergnügt hinterher, als sie ihn zu ihrem Versteck lotste. Er überlegte, ob sie sich ein Erdloch gegraben oder eine andere Höhle als Wohnsitz gefunden hatte und war daher sehr überrascht, als sie nach längerer Zeit zu einer Art Baumhaus kamen, so gut im Blätterwerk einer Buche versteckt, dass selbst Kelsens scharfe Jägeraugen es auf den ersten Blick nicht entdeckten. Die unteren Äste waren abgeholzt worden, um zu verhindern, dass sich jemand allzu leicht Zugang verschaffte. Dafür hing eine dünne Schnur herab, die mit einem raffinierten Mechanismus mit einer Strickleiter verbunden war. Sobald Rìa daran zog, rollte die Leiter sich ab und erlaubte Kelsen, der Waldbewohnerin in ihre Behausung zu folgen.

Das Haus war erstaunlich groß und stabil gebaut und soweit Kelsen im Dämmerlicht erkennen konnte, beinhaltete es alles, was man für ein längeres Überleben im Wald brauchte. Sie hatte mehrere Röhren aus hohlem Gehölz angebracht, die Regenwasser auffingen und in kleine Töpfe leiteten und daneben entdeckte er Ansammlungen von Gewürzen und Kräutern, Waffen und Nähzeug, alles, um sich selbst am Leben und die eigenen Sachen in Schuss zu halten.

»Und du willst das alles hier einfach zurücklassen?«, fragte Kelsen, während er ihr zusah, wie sie einen ledernen Rucksack mit Habseligkeiten füllte.

»Ich komme ja wieder«, erklärte Rìa voller Zuversicht. »Und sollte sich in der Zwischenzeit jemand oder etwas hier einquartieren, werde ich ihn oder es schon wieder hinausbefördern.«

Kelsen schob die Daumen in seinen Gürtel; er kam sich ein wenig unbehaglich vor, in ihrem Haus zu stehen und all ihre persönlichen Sachen zu sehen.

Mehr um etwas zu tun zu haben, bemerkte er: »Erstaunlich, dass du hier oben in den Bäumen überlebt hast. Ich habe auf dem Weg Àdral gesehen …«

Rìa hastete an ihm vorbei und raffte einige Decken zusammen. Dabei deutete sie fahrig auf das kleine Fenster an der Seite des Baumhauses, wo an Lederschnüren metallene Anhänger pendelten.

»Ich habe Amulette aufgehängt. Man würde es nicht glauben, aber die meisten dieser Viecher haben tatsächlich Angst vor ihnen. Und wen das nicht aufhält, für den gibt es die althergebrachten Mittel.«

Sie deutete auf das Fensterbrett, auf dem sie in säuberlichen Reihen Salz ausgestreut hatte. »Wenn der Wind zu sehr bläst, muss ich das erneuern… aber es wird wohl gehen, bis ich zurück bin.«

Einen Moment lang sah sie sich um, einen Anflug von Besorgnis in den blauen Augen, dann schien sie dieses Gefühl abzuschütteln.

»Also los«, meinte sie und schulterte ihre Tasche. »Gehen wir.«

***

Mit Rìa zu reisen war seltsam; obwohl er sie nicht kannte und sie ihn noch immer nicht nach seinem Namen gefragt hatte, bemerkte Kelsen bald ein Gefühl von Vertrautheit zwischen ihnen. Sie waren beide Jäger, beide daran gewöhnt, das harte und entbehrungsreiche Leben unter Bäumen und dem offenen Himmel zu führen und sie beide wussten, dass hinter jeder Biegung der Tod lauern konnte.

Er hatte ein paar halbherzige Versuche unternommen, mehr über ihre Lebensgeschichte zu erfahren, jedoch rasch damit aufgehört; die Antworten waren so ausweichend, dass ihm schnell klar geworden war, dass er wohl nie mehr über ihre Vergangenheit wissen würde als das, was sie ihm kurz nach ihrem Zusammentreffen erzählt hatte. Teilweise verzichtete sie ganz auf eine Antwort. Sie selbst fragte ihn nie etwas, weshalb es eine ziemlich schweigsame Wanderung wurde.

Aber Kelsen war das nur Recht: Er war nie ein guter Gesprächspartner gewesen, das hatte ihm jeder, den er über längere Zeit gekannt hatte, versichert. Also war es nur gut, wenn er den Mund hielt. So sprachen sie nur miteinander, wenn sie über den bestmöglichen Lagerplatz für die Nacht berieten oder sich gegenseitig auf tückische Tümpel oder herabhängende Äste aufmerksam machten. Einmal meinte Kelsen in der Ferne Trollschreie gehört zu haben, doch genau wie Rìa ihm versichert hatte, kamen die Trolle nicht in ihre Nähe.

Obwohl es Kelsens Fuß zusehends besser ging, brauchten sie fast drei Tage, um die östliche Waldgrenze zu erreichen. Unterwegs erlegten sie eine Bache, die sich von ihrer Rotte entfernt hatte, und Kelsen musste zugeben, dass Rìas Fähigkeiten als Jägerin durchaus zu gebrauchen waren.

Nicht, dass er ihr das gesagt hätte.

Er bezweifelte allerdings, dass sie überhaupt Wert auf seine Meinung legte. Kelsen vermutete, dass er nicht gerade dem entsprach, was sie sich unter einem, der – wie sie sich ausgedrückt hatte – 'auserwählt' war, vorgestellt hatte. Sie hatte ihn nicht noch einmal auf seine Vision, oder was es auch gewesen war, angesprochen, aber zwischendurch meinte er ihre Augen in seine Richtung blitzen zu sehen, und stets lag etwas Forschendes in ihrem Blick, das manchmal beinahe neidisch geriet. Als ob es etwas gegeben hätte, worauf man hätte neidisch sein können. Wenn es nach Kelsen gegangen wäre, hätte sie gerne in diesen vermaledeiten Mahlsand einsacken können, wenn sie es so unbedingt wollte. Aber da sie nun einmal nicht so viel Glück gehabt hatte, hängte sie sich eben an ihn dran.

Was für eine Enttäuschung das sein musste.

Es war später Nachmittag, als sie die letzten Bäume hinter sich ließen und hinaus ins Freie traten. Vor ihnen lag eine weite, verdorrt aussehende Ebene voll trockenem, abgefressenem Gras. In der Ferne erhoben sich einige kleinere Hügel am Horizont und direkt über ihnen kreiste etwas, das wie eine Mischung aus Geier und Riesenechse aussah.

Kelsen ignorierte es.

Rìa hob die Hand an die Augen und spähte in Richtung der blutroten Sonne, die sich langsam und träge über den Himmel schleppte.

»Die Stadt liegt in dieser Richtung«, erklärte sie und deutete geradeaus. »Wenn wir dem Lauf der Sonne folgen, erreichen wir sie in zwei Tagen.«

»Schön«, brummte Kelsen.

Sie machten sich auf den Weg. Ununterbrochen wehte ihnen ein scharfer Wind ins Gesicht und riss ihnen die Haut auf, und außer dem gelegentlichen, entfernten Krächzen einer fliegenden Kreatur war nichts zu hören. Der Boden krachte und knirschte, wenn sich in der trockenen Erde neue Risse auftaten, und die Sonne brannte unablässig und unverändert blutig auf sie hinunter. Es war eine sterbende Welt, durch die sie wanderten, oder eine neugeborene, aber das machte für Kelsen keinen Unterschied. Das Land war leer oder von fauligen Dingen bewohnt, und Kelsen fragte sich nicht zum ersten Mal in seinem Leben, wozu der ganze Dreck eigentlich gut war.

Stundenlang wanderten sie, ohne dass die Sonne an Erbarmungslosigkeit verlor, bis sie irgendwann scheinbar ganz plötzlich unterging.

»Lass uns hier Rast machen«, schlug Rìa vor und sah sich um; der Platz unterschied sich nicht von der übrigen Gegend, außer dass es vielleicht ein paar stachelige Grasbüschel weniger gab.

Kelsen zog die Nase hoch. »Ich hatte eigentlich gehofft, dass wir irgendwo eine geschütztere Stelle finden. In so einer Ebene kann man nie sicher sein, nicht aufzufallen.«

Rìa nickte, nicht glücklicher als Kelsen. »Uns bleibt aber nichts anderes übrig.«

»Scheint wohl so.«

Sie machten Feuer und breiteten dann ihre Decken zum Schlafen aus. Kelsen wollte gerade vorschlagen, die erste Wache zu übernehmen, als Rìa plötzlich aufstand.

»Sieh mal«, sagte sie, die Augen zusammengekniffen.

Kelsen folgte ihrem Blick. Nicht allzu weit von ihnen, in nordöstlicher Richtung, flackerte ein winziges Licht. Es schien zu erlöschen, dann war es wieder zu sehen.

»Ob das Reisende sind?«, fragte Rìa leise, hatte dabei aber bereits die Hand an ihrem Dolch.

Kelsen legte den Kopf schief. »Könnten auch Trolle sein oder Wegelagerer.«

Einen Moment lang sahen sie sich schweigend in die Augen, dann spuckte er aus. »Was immer es ist, sie werden unser Feuer früher oder später auch sehen und mir ist es lieber, wenn ich dann schon nah genug bin, um ihnen meinen Dolch in den Schädel zu stecken, bevor sie auf denselben Gedanken kommen.«

Rìa nickte knapp, dann folgte sie ihm lautlos in die Dunkelheit.

***

Sie brauchten nicht so lange zu gehen, wie Kelsen erwartet hatte; je näher sie dem Licht kamen, desto deutlicher hörten sie Gelächter und

Stimmengewirr, Essensdüfte wehten ihnen entgegen und irgendwann ertönte sogar Musik.

»Was ist das, ein Dorf?«, fragte Rìa, die Stirn gerunzelt. »Ein Lager? Ich kann mich nicht erinnern, dass so nahe beim Wald eine Siedlung war.«

»Vielleicht gebaut worden, während du weg warst«, warf Kelsen gleichgültig ein.

Es dauerte jedoch noch einige Minuten, bis sie nahe genug heran waren und sehen konnten, womit sie es zu tun hatten: Mitten in der Ebene waren dutzende von Zelten aufgeschlagen worden, eines farbenprächtiger als das andere, unzählige Feuerstellen waren zu sehen, um die Leute jeder Hautfarbe, jeden Alters und beider Geschlechter herumsaßen, tranken, aßen und lachten.

In der Mitte einiger Lagergruppen standen einzelne Leute und jonglierten mit brennenden Stöcken, machten Musik oder verrenkten ihre Körper auf so abenteuerliche Weise, dass Kelsen beinahe vom Hinsehen schlecht wurde.

»Was ist das?«, fragte Rìa erneut, den Mund halb geöffnet.

»Ein Jahrmarkt«, erklärte Kelsen. »Eine Truppe von Schaustellern, die herumziehen und den Leuten das Geld aus den Taschen ziehen. Ich habe so was schon mal gesehen, als ich auf Großwildjagd war.«

»Ein Jahrmarkt?«, erwiderte Rìa ungläubig. »Hier draußen?«

»In der Tat«, sagte eine tiefe Stimme hinter ihnen.

Beide fuhren herum; wie aus dem Boden gewachsen stand ein großer, fülliger Mann hinter ihnen, dessen langes Haar und Bart in allen möglichen Farben um seinen Kopf herumwucherten. Er trug weite Gewänder aus fließendem Stoff und Schuhe, die sich an der Spitze rollten und schnörkelten. Er grinste über ihre erschrockenen Gesichter und schien sich kein bisschen daran zu stören, dass jeder von ihnen ein äußerst todbringendes Messer in der Hand hielt.

»Wir hätten nicht geglaubt, hier in dieser Einöde auf Interessierte zu stoßen. Eigentlich sind wir nicht auf Gäste eingerichtet, aber bitte: Kommt und nehmt Platz, staunt und erzählt euren Freunden später davon, was ihr hier gesehen habt!«

»Ich habe keine Freunde«, murmelte Rìa und rieb sich die Brust; Kelsen überlegte, dass es ihr – wie ihm selbst – schon lange nicht mehr passiert war, dass sich jemand unbemerkt an sie hatte heranschleichen können.

»Bitte«, sagte der dicke Mann, ohne auf ihre Bemerkung einzugehen. »Folgt mir, Freunde. Nehmt alles, was ihr esst und trinkt, als Geschenk und fühlt euch wie zu Hause.«

»Ich habe kein zu Hause«, bemerkte Kelsen, folgte aber der ausgestreckten Hand und betrat vor Rìa und dem Dicken die Zeltstadt.

Als sie ins Licht des nächsten Feuers traten, drehten sich einige neugierige Gesichter in ihre Richtung und Kelsen sah, wie ein paar jüngere Leute sofort aufsprangen, um ihnen Platz zu machen und Getränke zu holen.

»Herzlich willkommen«, wiederholte der Mann, »in den Wandernden Dörfern.«

Die wandernden Dörfer

»Setzt euch, setzt euch«, winkte sie ihr Gastgeber auf zwei Plätze um die nächste und größte Feuerstelle. Warme Decken waren auf dem Boden ausgebreitet, und kaum hatten sie ihre Hintern darauf platziert, als schon Leute herbeikamen und ihnen Krüge und Teller in die Hand drückten.

»Nicht übel«, schmatzte Kelsen, dem das gebratene Fleisch nach einer Woche Trockennahrung mehr als willkommen war.

Rìa schnüffelte skeptisch an ihrer Schüssel.

»Was ist das für Fleisch?«, zischelte sie Kelsen zu.

Dieser gluckste. »Ich glaube, das willst du nicht wissen. Mir ist es jedenfalls egal, Hauptsache warm und umsonst.«

Rìa verzog angewidert das Gesicht, doch wie Kelsen hatte sie offenbar gelernt, dass wählerisch zu sein ein Luxus war, den man sich in den Wäldern nicht leisten konnte. Sie zögerte noch kurz, dann nahm sie einen vorsichtigen Bissen.

Die anderen gewöhnten sich erstaunlich rasch an ihre Anwesenheit; kaum hatten sie sich hingesetzt und waren versorgt, unterhielten sie sich wie vorher miteinander und musizierten. Kaum einer gönnte ihnen mehr als einen Blick. Dabei war die Stimmung nicht unfreundlich, im Gegenteil; es war, als wären Rìa und Kelsen schon seit jeher ein Teil ihrer Gruppe gewesen.

Als die beiden fertig gegessen hatten, trat ihr Gastgeber erneut auf sie zu und verbeugte sich vor ihnen. »Ich hoffe, es hat euch gemundet?«

Sie bestätigten das, was dem Alten ein breites Lächeln aufs Gesicht zauberte. »Dann erlaubt mir, dass ich mich euch vorstelle«, sagte er, indem er sich mit einem leisen Stöhnen neben ihnen niederließ. »Man nennt mich Kerzenmacher, ich bin der Besitzer dieses Jahrmarkts. Darf ich fragen, wem wir die Ehre haben, Obdach zu geben?«

»Ich bin Kelsen«, sagte Kelsen und ruckte leicht mit dem Kopf.

Rìa, soviel sah er aus dem Augenwinkel, nahm diese Information zur Kenntnis, ohne jedoch groß darauf zu reagieren.

»Man nennt mich Jägerin«, sagte sie stattdessen und verneigte sich ein wenig tiefer, als Kelsen es getan hatte.

Dennoch entging Kelsen nicht der Ausdruck, der über das Gesicht des Kerzenmachers gehuscht war, und ihm war klar, warum: In Namen, so viel wusste jeder, lag eine gewisse Macht, und jemandem seinen Namen zu nennen hieß, ein Zeichen des Vertrauens zu geben. Dass Rìa sich weigerte, dem alten Mann den ihren zu verraten, konnte durchaus als Beleidigung verstanden werden. Andererseits, überlegte Kelsen, hatten seine Eltern den Mann wohl kaum 'Kerzenmacher' getauft, also war es nur ausgleichende Gerechtigkeit. Kelsen selbst hatte noch nie einen Nachteil daraus gezogen, jemandem seinen Namen zu nennen, dazu – zumindest darin waren sich alle, die er kannte, einig – war er bei weitem zu unwichtig.

»Seid herzlich willkommen«, sagte der alte Mann, der sich rasch von seinem Stutzen erholt hatte. »Es ist immer eine Freude, in den verlassenen Weiten der Welt Reisende zu treffen. Erlaubt mir, euch herumzuführen und mein bescheidenes Zuhause zu zeigen.«

Rìa und Kelsen stimmten zu.

Sie ließen sich vom Kerzenmacher von Feuerstelle zu Feuerstelle führen, von denen es erstaunlich viele gab. Sie lernten Akrobaten kennen, Zauberer, Seiltänzer, Geschichtenerzähler und Sänger und sahen sich mit großem Interesse die Käfige an, in denen der Tierbändiger seine Geschöpfe aufbewahrte.

»Eine Chimära«, flüsterte Rìa, als sie vor dem größten der Käfige stehenblieben, in dessen eiserne Gitter fremdartige Symbole eingraviert waren.

Das Biest hatte sich in den hintersten Winkel seines Gefängnisses zurückgezogen, wohin das Flackern der Feuer nicht mehr reichte.

Kelsen sah kaum mehr als drei paar glühende Augen, die ihn hasserfüllt anfunkelten, und einen schuppigen, peitschenden Schwanz, der sich in die Schatten zurückzog, sobald sie näherkamen.

»Keine Angst«, lächelte der Kerzenmacher, als er sah, wie beide instinktiv nach ihren Waffen griffen. »Auf ihren Gittern liegt ein Fluch. Sie kann sich euch nicht nähern, ohne schreckliche Qualen zu erleiden. Sie dient einzig dazu, unsere Besucher zu belustigen.«

In diesem Augenblick stieß die Chimära ein fürchterliches Fauchen aus, das den Käfigboden erzittern ließ.

»Lasst uns weitergehen«, schlug der Kerzenmacher in beinahe gelangweiltem Tonfall vor und führte sie weiter an den Reihen und Reihen von Käfigen vorbei. In vielen saßen seltsame Mischwesen, Kreaturen des Zwielichts oder sonstiges Gelichter, es gab aber auch einige, die normale Tiere beherbergten: Löwen, Ziegen und Vögel unterschiedlichster Art.

Als sie die letzte Käfigreihe passierten, trat ihnen ein junges Mädchen in den Weg, das zwei schwere Kübel mit Tierfutter bei sich trug.

»Hast du meinen Vogel schon gefüttert?«, fragte der Kerzenmacher weit weniger herzlich, als er mit Kelsen und Rìa sprach.

Das Mädchen nickte mit verkniffenem Mund.

Kelsen schätzte sie auf siebzehn oder achtzehn; sie hatte feines, spinnwebartiges Haar von graublonder Farbe und ein blasses, herzförmiges Gesicht mit dunkelblauen Augen. Ihre Kleider umwehten sie ebenso luftig wie ihre Haare und hatten eigentümlicherweise sogar dieselbe Farbe. Um ihren linken Unterarm trug sie einen schmalen goldenen Ring.

»Gut. Dann beeil dich und steh meinen Gästen nicht im Weg.«

Das Mädchen sagte nichts, sondern eilte rasch und mit gerecktem Kinn an ihnen vorbei.

Der Kerzenmacher folgte ihr mit strafenden Blicken.

»Dieses Kind macht mir nichts als Ärger«, erklärte er, als sie weitergingen. »Sie hat vor einigen Monden hier ihre Lehre angetreten, aber mögen die Unsäglichen mir helfen, ich habe noch nie ein so störrisches, starrköpfiges Gemüt erlebt. Jede Anweisung will sie als Bitte bekommen und jede Ermahnung sollte am besten mit Kniefall erfolgen. Anstrengendes Ding. Vielleicht werde ich sie fortschicken.« Einen Augenblick später wurde sein Ärger von einer Trauermiene abgelöst, die selbst Kelsen als gespielt erkannte. »Ach, aber ich werde es wohl nicht übers Herz bringen. Schließlich ist es die Pflicht eines Vaters, auch und gerade die schwierigsten seiner Kinder zu lieben und zu fördern.«

»Ihr betrachtet euch als ihr Vater?«, fragte Rìa mit einem Hauch von Spott in der Stimme.

Der Kerzenmacher bedachte sie mit einem listigen Blick aus dem Augenwinkel, als verstünde er genau, was sie sagen wollte.

»Jeder, der sich meinem Jahrmarkt anschließt, wird automatisch Mitglied meiner Familie. Ich überlege mir gut, wen ich aufnehme, und wenn ich es tue, bin ich verantwortlich für sie alle. Genau wie sie zu unserem gemeinsamen Überleben beitragen.«

»Und ihr bildet die Leute aus? Ich meine, ihr bringt ihnen bei, diese Kunststückchen zu machen?«

Der Blick, der Kelsen traf, war nahe an dem, den das Mädchen zuvor kassiert hatte. »Die Wandernden Dörfer führen keine 'Kunststückchen' auf. Wir bezaubern, faszinieren, begeistern, entsetzen. Die Menschen strömen von weither herbei, um uns zu sehen.«

»Wohin seid ihr unterwegs?«, fragte Rìa hastig, um das Thema zu wechseln.

»Nach Osten, auf der üblichen Handelsroute«, erwiderte der Kerzenmacher wieder in seinem normalen, freundlichen Tonfall. »Unser endgültiges Ziel ist die Seestadt am Ostende der Welt, aber wer weiß, ob wir nicht noch weiter fahren, zu den Inseln hinter der Morgenröte oder darüber hinaus.«

Kelsen verzog das Gesicht; allein der Gedanke, einen Fuß auf ein Schiff zu setzen, war ihm zuwider. Er hatte genug Geschichten darüber gehört, was dort draußen in den Tiefen der Meere lauerte, um für den Rest seines Lebens auf festem Boden bleiben zu wollen.

Mittlerweile hatten sie einen dunkleren, ruhigeren Teil des Jahrmarkts erreicht, wo die Zelte kleiner und weniger bunt waren und offenbar als private Wohnungen der Schausteller dienten.

»Bitte sehr«, lächelte der Kerzenmacher und zog die Eingangsplane des größten Zeltes zurück. »Willkommen in meinem bescheidenen Heim.«

Sie betraten das Zelt und Kelsen, der Düsternis erwartet hatte, wurde geblendet von einer plötzlichen Helligkeit, und Hitze ließ ihn nach Luft schnappen.

Als er sich ein wenig an all das Licht gewöhnt hatte, erkannte er, dass praktisch das gesamte Zelt vollgestellt war mit schmalen braunen Wachskerzen von unterschiedlichster Größe. Nur in der Mitte des Zeltes war ein kreisrunder Platz mit Matten und Kissen freigelassen worden, vermutlich die Schlafstelle des Alten.

»Nun?«, strahlte der Kerzenmacher und musterte gespannt ihre Gesichter. »Was sagt ihr?«

»Das … sind viele Kerzen«, sagte Kelsen, unsicher, was der Alte erwartete.

»Habt Ihr keine Angst, dass Euch das Zelt niederbrennt?«, fragte Rìa, die entsetzt schien bei dem Gedanken, dass all dieses Feuer die ganze Zeit über unbeaufsichtigt war.

Der Alte winkte gelassen ab. »Das ist Êldelin-Wachs. Es verhindert, dass die Kerzen niederbrennen und sprüht keine Funken. Außerdem verlöschen die Flammen niemals.«

Mit beinahe andächtiger Miene trat er an die nächstbeste Gruppe von Kerzen heran und fuhr spielerisch mit den Fingern durch die Flammen. »Kleine magische Kunstwerke, die für immer in der Dunkelheit leuchten.«

Kelsen rümpfte die Nase; beim Anblick seiner Schöpfungen hatte die Stimme des alten Mannes einen fast zärtlichen Tonfall angenommen, der Kelsen einen merkwürdigen Schauer über den Rücken jagte.

»Ist das Euer Vogel?«

Dankbar wandte er sich vom Anblick des versunkenen Kerzenmachers ab und folgte Rìas Blick. In der entferntesten Ecke des Zeltes hing zwischen zwei Kerzenleuchtern ein Vogelkäfig. Darin saß ein prachtvoller Mäusebussard, der ihre Blicke über seinen scharfen Schnabel hinweg erwiderte. Als Kelsen ihn ansah, schrie er laut und vorwurfsvoll auf.

Kelsen fiel auf, dass auch die Stäbe seines Käfigs mit Runen verziert und beschriftet waren, so dicht, dass es kaum eine freie Stelle mehr gab.

Sofern es möglich war, wurde der Ausdruck in den Augen des Kerzenmachers noch verklärter.

»Ja«, hauchte er, »Ich habe ihn gefangen. Ist er nicht ein Prachtstück?«

Kelsen, der es gewohnt war, Tiere nur für die Menge an Fleisch, die sie ihm lieferten, zu bewundern, zuckte die Schultern.

»Richtet Ihr ihn für die Jagd ab?«

Der Kerzenmacher lächelte und streichelte mit dem Zeigefinger eine der Käfigstangen. »Nein. Die Gefahr ist zu groß, dass ihm dabei etwas passiert oder er entwischt. Ich behalte ihn nur hübsch und sicher hier drin. Nicht wahr, mein Liebling?«, flötete er dem Vogel zu, der seinen Kopf herumwarf, als hätte er dem Mann am liebsten die Augen ausgehackt.

Der Kerzenmacher lachte leise.

»Nun denn, meine lieben Gäste, ich fürchte, mehr hat mein bescheidener kleiner Jahrmarkt heute nicht zu bieten. Ihr könnt gerne in einem unserer Zelte schlafen, wenn ihr wollt. Wir können euch nicht viel anbieten, aber besser als auf dem harten Wüstenboden zu schlafen, ist es allemal.«

Kelsen nickte nur; die Vorstellung, wieder einmal in einem richtigen Bett oder wenigstens auf einer Strohmatte zu schlafen, erfüllte ihn mit Sehnsucht. Außerdem hatte ihm der Wein, den man hier austeilte, ausgezeichnet geschmeckt, und er hoffte innerlich, irgendwo auf einen weiteren Krug davon zu stoßen.

Die frische Luft draußen war nach der Hitze der Kerzen eine Wohltat. Während der Kerzenmacher sie zwischen die übrigen Wohnzelte führte, fragte er sie einige Dinge: Woher sie kämen, was sie machten, was sie zusammengeführt habe.

Weder Rìa noch Kelsen gaben ausführliche Antworten, und vielleicht spürte der alte Mann, dass er nicht mehr aus ihnen herausholen würde, denn er gab es bald auf.

»Nun, unser Weg führt uns morgen in die Flussstadt«, erklärte er gelassen. »Sollte das auf eurem Weg liegen, seid ihr herzlich eingeladen, uns zu begleiten.«

Kelsen tauschte einen Blick mit Rìa; die öden Weiten waren nicht ungefährlich für einsame Wanderer, auch wenn sie sich verteidigen konnten. Manchmal brauchte es nicht mehr als einen Moment der Unaufmerksamkeit und eine Horde Kobolde, um einen Kopf kürzer zu werden.

»Ist das die Stadt, die du gemeint hast?«, fragte Kelsen leise.

Rìa nickte, wirkte jedoch nicht begeistert.

»Nun«, befand der Kerzenmacher, der Rìas Zögern offenbar bemerkte, »ihr könnt es euch überlegen. Aber es wäre schade, wenn ihr uns verlassen würdet, ohne die Wandernden Dörfer in all ihrer Pracht gesehen zu haben.«

»In all ihrer Pracht?«

»Seht ihr«, lächelte der Kerzenmacher stolz, »wir sind wie gesagt nicht auf Besucher eingestellt. Im Moment bereiten wir uns nur vor – aber wenn wir die Stadt erreichen, werden unsere Zelte geschmückt und geputzt und die Feuer geschürt. Stellt euch vor, wie es hier aussieht, wenn meine Magier und Feuerschlucker, die Sänger und Tänzerinnen erst einmal richtig loslegen!«

Sie beide ließen die Blicke schweifen, und Kelsen musste gestehen, dass es nicht viel Fantasie brauchte, um sich vorzustellen, was der alte Mann da beschrieb. Selbst jetzt, in einem, wie der Kerzenmacher sagen mochte, 'armseligen' Zustand, wohnte dem Jahrmarkt eine ganz eigene Magie inne, die sich rasch übertrug.

Der Kerzenmacher schien ihre stille Zustimmung zu spüren; zufrieden führte er sie weiter, bis sie ein weiteres, unscheinbares Wohnzelt erreichten. Dort blieb er stehen.

»Das hier ist euer Quartier für heute Nacht. Fühlt euch frei, euch überall zu bewegen, nur passt auf, wenn ihr zu den purpurnen Zelten gelangt; dort wohnen unsere Magier, und wenn sie sich streiten, was nicht selten vorkommt, sollte man nicht unbedingt in der Nähe sein.«

Damit wünschte er ihnen eine gute Nacht und verschwand in Richtung der Feuerstellen.

Kelsen taxierte Rìa, was in der Dunkelheit nicht ganz einfach war. »Was ist?«

Rìa zuckte die Schultern. »Ich war so lange nicht mehr mit Menschen zusammen … und dann gleich so viele von ihnen … ich fühle mich nicht wohl hier.«

»Willst du lieber allein von einer Rotte Trolle angegriffen werden?«, herrschte Kelsen sie an.

Rìa verzog das Gesicht. »Bisher sind wir niemandem begegnet.«

Kelsen erwiderte ihren Blick lange und hart, bis sie endlich wegschaute. »Du warst schon sehr lange nicht mehr draußen in der Welt. In deinem Wald magst du ja sicher sein, aber in offenem Gelände bist du für jedes sich anschleichende Ding ein gefundenes Fressen. Und denk mal nur, wenn wir unterwegs auf Prügeltrupps oder Ausgestoßene treffen. Ich habe keine Lust, bei lebendigem Leib gevierteilt zu werden, und du kannst dir sicher auch Angenehmeres vorstellen, als dass man dich …«

»Jaja, schon gut!«, würgte Rìa ihn ab; ihre Stimme klang mit einem Mal ungewöhnlich gehetzt. »Dann bleiben wir eben hier. Aber auf deine Verantwortung!«

»Ist gut, wenn sie uns in der Nacht meucheln und essen, ist es auf meine Verantwortung«, murrte Kelsen und spuckte aus; er hatte noch immer den talgigen Geruch der Kerzen in Nase und Mund.

»Ich bin hundemüde«, fügte er hinzu. »Ich weiß nicht, was du machst, aber ich gehe jetzt schlafen. Seit drei Monden habe ich nicht mehr in einem anständigen Bett gelegen, wird eine schön Abwechslung sein.«

Ohne weiter auf Rìa zu achten, duckte sich Kelsen durch den Zelteingang und trat ins Innere. Er seufzte leise, als er zwei schmale, aber sehr bequem aussehende Feldbetten erblickte, die an einander gegenüberliegenden Zeltwänden aufgestellt worden waren. Mit einem Gefühl, als wäre es das erste Mal seit vielen Jahren, streifte er sich die Stiefel von den Füßen und warf sich in eines davon. Noch bevor er sich richtig zugedeckt hatte, driftete er weg.

Er bemerkte nur noch am Rande, wie Rìa hereinkam und unter ihre eigene Decke kroch. Er hörte das Geräusch von Kleidern, die auf den

Boden geworfen wurden, und war kurz versucht hinzuschauen, konnte aber die Lider nicht mehr heben.

Dann schlief er ein.

***

Er wusste nicht, was ihn zuerst weckte: Der scharfe, stechende Geruch in der Luft oder Rìa, die ihn heftig an der Schulter rüttelte.

»Wach auf!«, zischte sie und sprang gerade noch rechtzeitig zur Seite, um seinem Dolch zu entgehen.

»'tschuldigung«, murrte Kelsen verwirrt und setzte sich auf, »Alter Reflex.«

Er rieb sich die Augen und versuchte im Halbdunkel ihre Gestalt auszumachen.

»Riechst du das?«, flüsterte sie.

Kelsen knurrte. »Rauch.«

»Es brennt irgendwo«, sagte Rìa und deutete auf die Zeltplane hinter Kelsen; durch den dicken Stoff konnte man Helligkeit aufflackern sehen und je wacher Kelsen wurde, desto deutlicher hörte er jetzt Stimmen rufen und schreien.

»Nichts wie raus hier!«

Er schlüpfte in seine Stiefel und griff sich seinen Rucksack, während Rìa bereits aus dem Zelt stürmte.

Als Kelsen heraustrat, war ihm, als würde er in eine Wand hineinlaufen, so dicht hing die Hitze in der Luft. Das Feuer war offenbar im Zentrum des Jahrmarktes ausgebrochen und fraß sich ringförmig nach außen; die Flammen loderten und brüllten, sodass Kelsen sich fragte, warum er nicht längst von dem Lärm aufgewacht war.

»Bei den Dreien«, murmelte Rìa.

Sie deutete in die Ferne, wo jetzt immer mehr Figuren zusammenliefen, viele mit Decken und Wasserkübeln beladen, um das Feuer zu löschen.

Kelsen sah zu, wie die ersten Ladungen Wasser in die Flammen gegossen wurden, doch das schien es nur schlimmer zu machen: Bei jeder Berührung mit dem Nass züngelten die Flammen hoch und verfärbten sich für einen Herzschlag dunkelrot, ehe sie sich noch gieriger und wütender weiter durch die Zeltstadt fraßen.

»Was ist das?«, wisperte Kelsen, dem der Schweiß in Strömen über das Gesicht lief; die Hitze wurde von Augenblick zu Augenblick unerträglicher.

»Ich weiß es nicht«, sagte Rìa, die, die Augen starr auf das Flammeninferno gerichtet, langsam zurückwich. »Aber irgendetwas ist mit diesem Feuer nicht in Ordnung. Das ist kein gewöhnlicher Brand.«

»Wir sollten verschwinden!«, befand Kelsen.

»Und was ist mit den anderen?«

In diesem Augenblick ertönte ein ohrenbetäubendes Krachen, gefolgt von einem Geheul, das Kelsen das Blut in den Adern gefrieren ließ; offenbar hatte das Feuer die Tierkäfige erreicht.

»Wir können nichts tun!« Mit heftig klopfendem Herzen verfolgte er, wie die Flammen seitwärts ausscherten und innerhalb kürzester Zeit drei Zelte in Asche verwandelten. »Wir werden eingeschlossen! Wir müssen hier weg!«

Ein kokelndes Zeltgerüst brach unter lautem Getöse zusammen und krachte nur wenige Schritte von Rìa entfernt auf den Boden; Funken sprühten lebensgefährlich durch die Luft und versengten ihren Rucksack.

Ohne ein Wort schüttelte Rìa die Funken ab und rannte los, Kelsen an ihrer Seite.

Unterwegs kamen ihnen immer mehr Menschen entgegen, gehetzt auf die Flammen deutend und rufend. So bestürzt waren sie darüber, was mit ihrem Zuhause passierte, dass keiner sie bemerkte, viele sogar in sie hineinliefen und sie beinahe umwarfen.

Wieder ertönte ein unirdisches Heulen und Kreischen hinter ihnen und in Kelsen keimte der Verdacht auf, dass die Chimära sich gerade daran machte, sich aus ihrem Gefängnis zu befreien. Er rannte schneller; diesem Vieh wollte er auf keinen Fall zu nahe kommen. Hoffentlich verreckte es in den Flammen, bevor es die Gitter durchbrechen konnte.

»Wo sind wir?«, keuchte Rìa, deren Augen panisch über die endlos scheinenden Zeltreihen huschten. Kelsen hatte keine Ahnung; irgendwie war ihm der Jahrmarkt bei ihrer Ankunft viel kleiner vorgekommen.

Sie tauchten zwischen zwei bedenklich windschief stehenden Zelten hindurch, das Lodern der Flammen immer lauter in den Ohren. Dann stolperte Kelsen über irgendetwas, das vor ihm am Boden lag, und fiel hin; Rìa, die sein Straucheln gesehen hatte, schaffte es, über das Hindernis hinwegzuspringen, und rollte sich elegant ab.

Kelsen fuhr herum, den Dolch, den er nicht aus der Hand gelegt hatte, erhoben.

Hinter ihm, halb hinter einem Stapel Brennholz verborgen, kauerte das spinnenhaarige Mädchen, einen rostigen Nagel in der Hand, mit dem sie offenbar an ihrem Oberarm herumgekratzt hatte; Kelsen registrierte am Rande, dass sie blutete.

Ihre Augen sprühten vor Hass, und als er aufstand, richtete sie ihren Nagel auf ihn.

»Kommt mir bloß nicht zu nahe!«, schrie sie über den Lärm des herannahenden Feuers hinweg. »Haut ab oder ich bringe euch um!«

Für Kelsen wäre es kein Problem gewesen, ihr den Nagel aus der Hand zu reißen und ins Auge zu stoßen. Allerdings hatte er im Moment wesentlich dringendere Sorgen.

»Los, weiter«, herrschte er Rìa an; sollte die Verrückte eben hier verbrennen, wenn sie wollte.

Rìa bewegte sich nicht.

»Was ist mit deinem Arm?«, fragte sie das Mädchen.

Dieses kniff die Augen zusammen, die Hand mit dem Nagel zitterte. »Das geht dich nichts an, hau ab!«

Kelsen hatte es erst für die Reflektion des Feuers gehalten; jetzt jedoch erkannte er, dass um den schmalen Goldreif am Arm des Mädchens ein sanftes rosa Licht waberte, als ob er von innen heraus leuchtete.

»Lasst mich in Ruhe! Ich mache keine Witze, ich bringe euch um!«

Tränen der Wut rannen über das schmale Gesicht des Mädchens, und auf einmal spürte Kelsen ein schmerzhaftes Ziehen in seinen Schläfen.

»Lass uns gehen!«, wiederholte er drängend, doch Rìa ignorierte ihn.

»Der Armreif«, sagte sie nur.

Im Schein des Feuers sah er die winzigen Runen, die in den Reif eingraviert waren, genau wie in die Käfigstangen der gefangenen Kreaturen.

Kelsen begriff; auf dem Armreif musste eine Art Fluch liegen, der das Mädchen festhielt. Daher hatte sie versucht, ihn mit ihrem Nagel aufzubrechen.

»Damit kriegst du das Ding nicht auf.« Er hob seinen Dolch. »Ich kann es versuchen.«

Das Mädchen hatte nur einen giftigen Blick für ihn übrig. »Das ist gewöhnliches Metall, es wird schmelzen, wenn du den Ring damit berührst. Ich weiß schon, was ich tue«, fügte sie hinzu, im selben Moment, als vier Schritte weiter die Zelte Feuer fingen.

Das Mädchen warf einen hektischen Blick zurück und fing wieder an, mit dem Nagel an dem Verschluss des Reifens herumzufingern.

Kelsen warf Rìa einen unsicheren Blick zu; einerseits wollte er helfen, andererseits schrien ihm sämtliche Überlebensinstinkte zu, seinen Arsch so schnell wie möglich hier rauszuschaffen. Außerdem sah es nicht so aus, als könnten sie viel tun.

»ACHTUNG!«

Er sah Rìas Körper zucken, noch bevor sie den Schrei ausstieß; er warf sich nach vorne und riss das Mädchen aus dem Weg, einen Herzschlag, bevor das benachbarte Zelt herunterkrachte und seine glühenden Einzelteile in alle Richtungen schickte.

Kelsen spürte, wie der Nagel über seinen Arm kratzte und fluchte unwillkürlich, landete aber erstaunlich sanft und rollte das Mädchen von sich herunter.

Keuchend und mit riesigen Augen richtete sie sich auf.

»Du hast mich gerettet«, flüsterte sie. Dann schaute sie zu Rìa, als könnte sie ihre Gesichter zum ersten Mal klar erkennen. »Ihr gehört nicht zu den Wandernden Dörfern.«

»Bald gehört gar nichts mehr zu den Wandernden Dörfern, denn dann sind sie nichts weiter als Schutt und Asche!« Ungeduldig packte Kelsen sie am Arm und riss sie hoch. »Mach das Ding ab und nichts wie raus hier!«

»Ich kann nicht«, jammerte das Mädchen und zeigte ihm den Verschluss des Rings: Sie hatte ihn bis zu einem gewissen Grad geöffnet, doch so viel Kelsen in der Hektik erkennen konnte, war eines der Scharniere verklemmt.

»Mit diesem Ring kann ich nur bis zum Rand des Jahrmarkts, aber nicht darüber hinaus!«

Rìa sah Kelsen eindringlich an. »Wir müssen ihr helfen.«

»Verdammte Scheiße!«, fluchte dieser, dann packte er das Mädchen an der Hand und zerrte sie hinter sich her; das Feuer breitete sich immer schneller aus und der Weg, den sie ursprünglich eingeschlagen hatten, war bereits voller Rauch.

Hustend und würgend kämpften sie sich durch Umrisse von Zelten und hastenden Menschen, wobei Kelsen nur hoffen konnte, dass Rìa ihnen weiterhin folgte; er hatte völlig die Orientierung verloren.

Endlich brachen sie aus der Qualmwolke heraus und standen auf einem der freien Plätze, wo noch wenige Stunden zuvor die Jongleure und Sänger ihre Künste vorgeführt hatten.

Er war verlassen.

»Wir sind ganz nahe beim Ausgang«, keuchte das Mädchen mit heiserer Stimme; ihre Augen tränten, dennoch machte sie sich sofort wieder daran, den Verschluss ihres Armreifs zu öffnen.

»Gib das her«, befahl Kelsen.

Er riss dem Mädchen den Nagel aus der Hand und bugsierte sie hinüber zum Rost, der über der erkalteten Feuerstelle hing. Er ließ sie ihren Arm darauf legen und zog seinen Dolch.

»Ich habe dir gesagt, das wird nicht …«, begann sie, schrie jedoch einen Moment später erschrocken auf, als Kelsen den rostigen Nagel grob ins Scharnier steckte und mit dem Dolchgriff heftig darauf einschlug.

Es gab ein leises, hässliches Knirschen, dann brach der Armreif auseinander. Das Glühen, das ihn bis dahin umgeben hatte, erlosch.

Fassungslos starrte das Mädchen auf ihren Arm, einen weißen Abdruck dort, wo das Metall gewesen war.

»Du … du hast es geschafft!«

Kelsen warf einen Blick über die Schulter zurück; dunkle Rauchschwaden krochen auf die Lichtung. »Nichts wie weg hier«, befand er.

»Hier lang!« Das Mädchen winkte sie mit sich und sie folgten ihr.

***

Je länger sie unterwegs waren, desto schwieriger fanden sie es zu atmen, und jeder von ihnen war schweißüberströmt. Kelsen hatte das Gefühl, dass sie im Kreis liefen, und konnte nur hoffen, dass dieses Mädchen wusste, was es tat.

»Achtung!«, zischte die Blonde mit einem Mal und tauchte zwischen zwei Zelten in Deckung. Kelsen und Rìa folgten ihr, einen Lidschlag, bevor der Kerzenmacher an ihnen vorbeirannte, in weite Schlafgewänder gekleidet und zwei seiner Gefolgsleute im Schlepptau. Der alte Mann keuchte und wirkte völlig aufgelöst.

Obwohl Kelsen den Alten nicht sonderlich mochte, tat er ihm in diesem Moment leid; immerhin hatte er sie aufgenommen, in einem Bett schlafen und von seinen Vorräten essen lassen, mehr, als Kelsen von den meisten Menschen sagen konnte, die er in seinem Leben getroffen hatte.

»Bleib unten und beweg dich nicht«, zischelte das blonde Mädchen ihm zu, als hätte sie seine Gedanken gelesen.

Aus dem Augenwinkel sah er Rìa besorgt die Stirn runzeln, doch auch sie verharrte reglos, bis die Männer an ihnen vorbei waren.

»Wir sollten ihm vielleicht doch helfen«, schlug Rìa leise vor, doch das Mädchen schnaubte verächtlich.

»Er braucht deine Hilfe nicht. Sie werden das Feuer in den Griff bekommen, auch wenn ich hoffe, dass vorher so viel wie möglich kaputtgeht.«

Ihre Augen glühten manisch, als sie sie weiterführte, und mit einem Mal hatte Kelsen ein merkwürdiges Gefühl in der Magengrube.

»Da vorne ist der Ausgang«, lächelte das Mädchen nur wenig später und beschleunigte ihre Schritte, als die Zelte sich lichteten.

»Das ist nicht da, wo wir heute reingekommen sind«, hustete Rìa; obwohl sie das Feuer offenbar hinter sich gelassen hatten, hing der Rauch schwer in der Luft und brannte in ihren Lungen.

»Es gibt mehrere Ausgänge«, erwiderte das Mädchen, wobei Kelsen sich fragte, wovon sie redete; das hier war ein verfluchtes *Zeltlager*, man konnte raus und rein, wo man wollte.

In diesem Augenblick ging das Zelt zu ihrer Linken in Flammen auf und sie alle warfen sich zur Seite; unbemerkt und unnatürlich leise hatte sich der Brand hinter ihnen durch das Zeltdorf gefressen und drohte jetzt, ihnen den Weg zu versperren.

»LAUFT«, schrie das Mädchen, aber sie brauchten ihre Ermahnung nicht; wie vom Schatten gehetzt, rannten sie los, wichen herabstürzenden Planen und Zeltstangen aus, sprangen über kokelnden Hausrat hinweg und versuchten dabei, möglichst auf Kurs zu bleiben.

Sie waren nicht mehr weit vom Ausgang des Dorfes entfernt, als aus einem der Zelte ein schrecklicher Schrei zu vernehmen war.

Gegen seinen Willen blieb Kelsen stehen, und auch Rìa und das Mädchen verharrten wie angefroren. Der Schrei wiederholte sich, lauter und eindringlicher. Es war der Ruf eines Vogels im Todeskampf, nur viel lauter, viel – *menschlicher*.

»Das ist der Vogel des Kerzenmachers«, sagte Rìa leise, die Augen auf das ihnen am nächsten stehende Zelt gerichtet; die Flammen tobten nur einige Armlängen davon entfernt, das Tier musste seinen nahenden Tod kommen fühlen.

»Los, weiter«, knurrte Kelsen und führte Rìa fort – aber das Mädchen blieb stehen.

»Was machst du?«, schrie Kelsen auf, als sie einen Augenblick zögerte und dann entschlossenen Schrittes auf das Zelt zuging.

»Ich kann ihn nicht hierlassen.«

»Vergiss den verdammten Vogel, nichts wie raus!«

Sie blickte nicht zurück, sondern rannte noch schneller.

»Verfluchte Irre«, murmelte Kelsen und wollte sich abwenden.

Ohne Vorwarnung sprintete Rìa los, dem Mädchen hinterher und in das Zelt, um dessen Pflöcke das Gras bereits kokelte.

Kelsen stieß einen Schrei der Wut und Frustration aus. Er fuhr herum, bereit, sich eben allein davonzumachen, doch nach nur wenigen Schritten blieb er stehen.

In seinem Körper brannte das Blut, er wollte nichts weiter als fort, weit weg von diesem Feuer und den verrückten Weibern, die sich darin herumtrieben und offenbar unbedingt sterben wollten, aber irgendetwas hielt ihn zurück.

»Verflucht«, stieß er hervor und fuhr sich dabei so heftig durch die Haare, dass er sich ganze Büschel davon ausriss. »Verflucht noch mal!«

Dann drehte er sich auf dem Absatz um und rannte Rìa hinterher.

***

Er platzte eben herein, als das Mädchen den Käfig von seiner Stange nahm und wieder ihren Nagel hob, um das Schloss zu öffnen.

Der Vogel kreischte und flatterte so aufgeregt in seinem Gefängnis, dass sie das Ding kaum halten konnte, und obwohl draußen das Feuer tobte, schien es hier drin immer dunkler zu werden.

»Lass den Blödsinn! Nimm den Käfig und *komm*!«

Das Mädchen schien zu demselben Schluss gekommen zu sein; sie packte den heftig bebenden Käfig mit beiden Armen und stürzte Rìa voran aus dem Zelt, Kelsen direkt hinterher.

Als sie um die Ecke bogen und auf den Ausgang zuhielten, züngelten die ersten Flammen an der Zeltplane hoch.

»Jetzt aber nichts wie weg hier! Wenn wir wegen diesem blöden Viech draufgehen …«

»HALT! Stehenbleiben! Kommt sofort zurück!«

Alle drei wirbelten unwillkürlich herum; durch die dichter werdenden Flammen sahen sie den Kerzenmacher auf sich zukommen, diesmal begleitet von einer ganzen Schar seiner Gefolgsleute. Seine Augen waren weit aufgerissen und seine feiste Hand fuchtelte drohend in der Luft herum.

»Lauft!«, keuchte das blonde Mädchen, die Arme um den Käfig geklammert und mit einem Mal mit einer schrecklichen Angst auf dem Gesicht, »Lauft, wenn euch euer Leben lieb ist!«

Kelsen gehorchte nur zu gern; innerhalb weniger Lidschläge hatte er das Mädchen und Rìa beide überholt und streckte die Hände nach ihnen aus, um ihnen Beine zu machen.

Dann brachen vor ihnen vier weitere Jahrmarktsleute zwischen den Zelten hervor, und zwei von ihnen trugen die purpurroten Togen von Magiern.

Kelsen sah die Luft um ihre Hände herum flimmern und hörte das Mädchen aufschreien.

Dann ertönte hinter ihnen ein Gebrüll, das lauter und schrecklicher war als das Prasseln des Feuers. Die Magier ließen die Hände sinken und starrten voller Entsetzen auf das, was hinter Kelsen passierte und er konnte nicht anders: Auch er drehte sich um.

Zwischen den brennenden Zelten hindurch walzte etwas auf den Weg, ließ seinen langen, schimmernden Schwanz durch die Luft peitschen und stieß ein Fauchen aus, das Kelsen in den Ohren dröhnte.

Es war die Chimära.

Sie war größer als sie im Käfig gewirkt hatte und versperrte ihren Verfolgern den Weg, den Kopf dem Kerzenmacher zugewandt. Kelsen konnte gegen die Helligkeit der Flammen nur ihre Umrisse sehen und war den Göttern dankbar dafür.

Noch während Kelsen hinsah, schlug das Vieh erneut mit dem Schwanz auf den Boden, wodurch mehrere kokelnde Zelte in sich zusammenstürzten, und begann langsam, auf den Kerzenmacher und seine Gefolgsleute zuzukriechen.

»WEG HIER!«

Kelsen und die anderen rannten los, stießen die Jahrmarktsmagier, die noch immer völlig gebannt die Chimära anstarrten, beiseite und sprinteten den Weg entlang zum Ausgang. Links und rechts von ihnen stürzten Zelte ein und schraubten sich Flammen in die Höhe, hinter ihnen ertönten schreckliche Schreie, doch keiner von ihnen blickte zurück.

Rìa war die Erste, die die Zeltreihen hinter sich ließ, dann folgte Kelsen, dann das Mädchen. In dem Moment, als sie ins freie Grasland hinaustrat, glühten die Käfigstäbe des Vogels in ihren Armen auf und das Tier schrie markerschütternd.

Sie rannten weiter, weg von dem flammenden Inferno und hinaus ins finstere Flachland. Kelsen hatte keine Ahnung, wohin sie rannten; wenn irgendetwas oder irgendjemand da draußen war und sie angreifen wollte, hatten sie keine Chance, es kommen zu sehen, aber im Moment war die Gefahr, der sie davonrannten, noch zu präsent, um sich darum Sorgen zu machen.

***

Stumm hetzten sie weiter, nur ihre keuchenden Atemzüge verrieten Kelsen, dass die anderen noch da waren und mit ihm Schritt hielten. Irgendwann, als der Horizont sich im Osten schon aufzuhellen begann, wurde das blonde Mädchen langsamer und blieb schließlich stehen. Völlig erschöpft setzte sie den Vogelkäfig ab und stützte sich auf ihre Knie.

Rìa warf einen besorgten Blick über die Ebene zurück. »Ob sie uns verfolgen?«

»Wenn die Chimära sie nicht gefressen hat«, erwiderte Kelsen; seine Haare und Kleider waren schweißnass und er war völlig verrußt.

»Sie werden eine Weile brauchen, um dieses Feuer zu löschen. Dann müssen sie alle Tiere und Kreaturen wieder einfangen, die ihnen entwischt sind, und den Jahrmarkt wieder aufbauen. Sie haben dringendere Sorgen, als euch zu jagen.«

Das Lächeln, das über das Gesicht des Mädchens huschte, war von derselben Art wie das, das Kelsen schon vorher beunruhigt hatte. Sie wandte den Kopf und blickte mit boshaft blitzenden Augen zurück, und ein schrecklicher Verdacht keimte in ihm auf.

»*Du* hast dieses Feuer gelegt, nicht wahr?«

Sie erstarrte, dann, ganz langsam, wie eine Eule, drehte sie den Kopf und schaute ihn an.

Rìa, die sich gerade mit dem Ärmel die Stirn abgewischt hatte, hielt in ihrer Bewegung inne.

Das Mädchen hielt ihren Blicken stand, reckte sogar das Kinn. Dann sagte sie: »Wenn ihr wüsstet, was dieser Jahrmarkt war, würdet ihr mich nicht so ansehen. Ihr solltet mir dankbar sein, dass ich ihn niedergebrannt habe.«

»Tatsächlich? Wieso?«

Sie schnaubte voller Wut und Verachtung. Einen langen Moment betrachtete sie den Vogel, der in dem Käfig zu ihren Füßen ruhte. Ihre wilde Flucht schien ihn nur gelinde aufgeregt zu haben; tatsächlich putzte er sein Gefieder und wirkte beinahe, als ob ihm die ganze Sache Spaß gemacht hätte.

Als das Mädchen wieder aufblickte, waren ihre Augen von wilder Entschlossenheit erfüllt. »Mein Name ist Lylth«, sagte sie. »Ich wurde von einem Jünger des Lichten aufgezogen. Er brachte mich in eine Siedlung aus Götterdienern in den Bergen. Dort bin ich aufgewachsen und wollte mich nach meinem Gelübde den Magiern anschließen. Meine Erzieher meinten aber, meine Absichten seien nicht ‘rein’ genug, um die Magie zu erlernen. Ich würde aus selbstsüchtigen Motiven handeln. Also wurde ich ausgestoßen. Sie haben mich ganz allein irgendwo ausgesetzt, und ich musste stehlen, um zu überleben. Vor nicht ganz einem Jahr dann hat mich in einer kleinen Stadt im Norden eine Frau angesprochen. Sie fragte mich, ob ich noch immer Magie lernen wollte – sie war eine Gedankenleserin, aber das wusste ich damals noch nicht. Jedenfalls ging ich mit ihr mit und kam so zu den Wandernden Dörfern. Es hieß, ich könnte dort Magie lernen. Der Mann, der sich Kerzenmacher nennt, ließ mich einen Vertrag unterschreiben und gab mir den Armreif. Als Zeichen meiner Zugehörigkeit, meinte er.« Wieder ließ sie ein verächtliches Schnauben hören. »Als ich erkannte, was wirklich passiert war, war es zu spät.«

»Was war denn wirklich passiert?«, fragte Rìa, die das Mädchen namens Lylth mit zunehmender Skepsis betrachtete.

Lylth schloss für einen Moment die Augen. Als sie sie wieder öffnete, wirkte sie traurig. »Ihr habt es nicht bemerkt, nicht wahr? Wie solltet ihr auch. Aber die Wandernden Dörfer sind nicht, was sie zu sein scheinen.«

»Ich dachte, es wäre ein Jahrmarkt?«, warf Kelsen ein. »Die fahren von Stadt zu Stadt und von Dorf zu Dorf und führen dort ihre Kunststücke auf?«

»Das tun sie auch. Nur ist der Preis, den die Leute dafür bezahlen, viel höher, als sie denken.« Sie blickte von einem Gesicht zum anderen. »Habt ihr die Kerzen in seinem Zelt gesehen?«

Sie nickten.

»Das sind nicht einfach nur Kerzen. Es sind Seelen. Seelen derer, die sich dem Jahrmarkt verschrieben haben, um ihre Wünsche erfüllt zu bekommen.«

Einen langen Moment herrschte Totenstille, nichts war zu hören als ein erster leichter Morgenwind, der die dürren Gräser ringsum zerzauste.

»Ich weiß nicht genau, wie lange die Wandernden Dörfer schon ihr Unwesen treiben«, fuhr Lylth fort und wischte sich die spinnwebengleichen Haare aus den Augen, »Aber sicher schon mehr als hundert Jahre. Im Laufe der Zeit haben sie immer wieder ihren Namen und ihre Gestalt verändert, wenn sie zu bekannt wurden. Sie fahren herum, bezaubern die Leute mit ihren Spielereien und Tricks, den Tieren und Kreaturen, die sie beherbergen, lesen ihnen aus den Händen und machen ihnen vor, dass ihre Lebensträume nur noch einen Griff entfernt sind – alles, was man dafür tun muss, ist, einen Kontrakt mit dem Kerzenmacher zu unterschreiben.«

Rìa schien sich wieder gefasst zu haben. Fast sachlich fragte sie: »Also ist er ein Seelenhändler?«

»Ein Sammler«, korrigierte Lylth. »Tauschen oder verkaufen tut er sie nur, wenn er nicht anders kann. Er behält sie gerne, das steigert seine Macht und die Macht des Jahrmarkts gleichermaßen. Es sorgt dafür, dass die Leute immer argloser werden, keinen Verdacht schöpfen, bis es zu spät ist. Ihr habt den Jahrmarkt nicht in seinem vollen Glanz erlebt, wie er ist, wenn er sich für eine Vorführung bereitmacht: Die Magie des Jahrmarkts gaukelt seinen Besuchern die größten Wunder, die fantastischsten Dinge vor, verführt und bezaubert sie, bis sie alles glauben. Dann beginnen der Kerzenmacher und seine Leute zu sammeln.«

»Und was ist mit dir? Warum bist du keine Kerze geworden?«

Lylth schoss einen wütenden Blick auf Kelsen ab, vielleicht, weil sie mit Mitgefühl gerechnet hatte. Dann fuhr sie fort: »Der Kerzenmacher muss gedacht haben, dass ich nützlich sein könnte. Jedenfalls versprach er mir, ich würde die Magie erlernen können, wenn ich mich dem Jahrmarkt anschließe. Ich war einverstanden. Von da an ließ er mich Sklavendienste verrichten, mich um seine Tiere kümmern. Aber ich lernte auch. Die Magier, die er bei sich hat, sind hauptsächlich Angeber und Scharlatane, aber einige von ihnen beherrschen wirklich Magie, zumindest bis zu einem gewissen Grad. Wahrscheinlich hat der Kerzenmacher nicht damit gerechnet, dass ich jemals Fortschritte mache – den heutigen Abend hat er jedenfalls nicht kommen sehen.« Ein hässlicher, abgründiger Ausdruck huschte über ihr Gesicht. »Ich wusste, ich würde niemals freikommen und niemals das erreichen, was ich mir immer erträumt hatte. Ich musste fort. Also übte ich heimlich. Das Feuer, das ihr heute gesehen habt, war magisch verstärkt. Es lässt sich nicht mit Wasser löschen und verbrennt alles bis auf fließendes Wasser und Eisen, die alten Schutzschilde gegen Magie.«

»Ich wusste, dass damit irgendwas nicht stimmt«, nickte Rìa, wobei sie Kelsen einen Blick zuwarf, der an Selbstgefälligkeit grenzte.

»Ich habe das Feuer gelegt, als alle schlafen gegangen waren. Dann wollte ich fliehen.«

»Aber dieser Ring, den du hattest …«, warf Rìa ein.

Lylth nickte. »Der Armreif verhindert, dass ein Angehöriger der Wandernden Dörfer den Jahrmarkt verlässt, ohne dass der Kerzenmacher es erlaubt. Deswegen hatte ich das hier«, sie hielt den rostigen Nagel in die Höhe. »Das ist ein Runendorn, ein Schlüssel, der für magische Schlösser aller Art verwendet wird. Ich habe ihn aus dem Vorrat des Kerzenmachers gestohlen, als er euch den Jahrmarkt zeigte. Ich bin eine geschicktere Diebin, als er mir zutraute und ich wusste, wenn er dabei ist, weitere Seelen zu sammeln, würde er sich nicht groß darum scheren, ob seine Sachen noch alle da sind. Ich dachte, ihr hättet euch bereits den Wandernden Dörfern angeschlossen«, fügte sie beinahe schuldbewusst hinzu. »Ich dachte, er hätte euch geschickt, um mich aufzuhalten.«

Kelsen und Rìa tauschten einen Blick. Sie beide, das wusste Kelsen, fragten sich gerade dasselbe: Wie lange hätte es gedauert, bis der alte Mann versucht hätte, sie einzuwickeln?

»Ich hätte mich niemals darauf eingelassen«, befand Kelsen, wobei ihm sehr wohl bewusst war, dass er viel eher als Rìa bereit gewesen war, sich die Annehmlichkeiten des Jahrmarkts gefallen zu lassen.

Die Jägerin schien dasselbe zu denken, sagte aber nichts; stattdessen wandte sie sich mit erhobenen Augenbrauen wieder Lylth zu, die erneut den Runendorn zur Hand nahm.

»Was liegt dir an diesem Vogel?«, fragte sie.

Lylth hielt inne und kaute auf ihrer Unterlippe. »Er ist etwas Besonderes. Wenn ich in das Zelt ging, um ihn zu füttern, dann sah er immer so traurig aus. Ich konnte fast fühlen, wie sehr er sich nach der Freiheit sehnte. Wenn ich ihn ansah … habe ich mich selbst gesehen.«

Vorsichtig führte sie den Dorn in das Schloss ein. Der Vogel beobachtete sie dabei; er hielt ganz still, als begriffe er, dass man ihm helfen wollte.

»Niemand sollte jemals eingesperrt werden. Auch kein Tier«, fügte Lylth verbissen hinzu und bewegte den Dorn leicht hin und her.

»Aber die anderen Tiere sterben zu lassen, das war kein Problem für dich«, kommentierte Rìa. »Und die Menschen, die so versklavt sind wie du es warst.«

Lylth funkelte sie über den Käfig hinweg an. »Ich konnte nicht alle retten!«

»Nein. Die Hauptsache war, dass du dich selbst gerettet hast«, bestätigte Rìa. Dann ging sie einige Schritte davon, legte ihren Rucksack auf den Boden und begann, ihnen den Rücken zugewandt, eine Scheibe Trockenbrot zu essen.

Kelsen hatte lange Zeit ohne die Gesellschaft einer Frau verbracht, geschweige denn von mehreren. In diesem Moment wusste er wieder, wieso er sich dazu entschlossen hatte.

»Wie auch immer, wir müssen weiter. Gehab dich wohl und viel Glück bei was auch immer du mit deinem Leben anfangen willst.«

Lylth hielt in ihrem Werk inne; der Vogel stieß einen klagenden Schrei aus, als ob er sie dazu anhalten wollte, sich zu beeilen. »Wenn du denkst, dass ich euch jetzt anflehe, mich mitzunehmen, täuschst du dich gewaltig. Ich war in meinem Leben fast immer alleine unterwegs. Ich brauche niemanden.«

»Sehr gut«, nickte Kelsen und schulterte seinen Rucksack. »Dann wirst du ja keine Probleme damit haben, es weiterhin so zu machen. Rìa, komm. Beweg deinen Hintern, wir müssen herausfinden, wo wir hier sind, ich habe nämlich keine Ahnung.«

In diesem Augenblick ertönte von dem Käfigschloss her ein leises *Klick* – und dann fiel die Welt auseinander.

Die Hexe

Das Nächste, was Kelsen bewusst wahrnahm, war ein eigentümlicher, silberner Dunst, der sich über alles gelegt hatte.

Ria lag unmittelbar neben ihm auf der Seite, den Arm unter ihrem Kopf, als schliefe sie. Lylth hingegen kauerte wenige Schritte von ihm entfernt, die mageren Arme erhoben und die Hände zu Fäusten geballt; ein seltsamer Schimmer umgab sie, ähnlich dem, der um ihren Armreif gelegen hatte.

Vor ihr – Kelsen hatte Mühe, es mit den Augen zu erfassen – hing eine Art glitzernder Schlieren in der Luft, ähnlich dem flüssigen Silber, das manche Heiler aus Zinnober gewannen, um Kranke zu kurieren. Er bewegte sich unablässig und veränderte seine Form, dazu flimmerte er so heftig, dass es Kelsen blendete.

»Was, bei allen unnennbaren Dingen dieser Welt …«, murrte er.

»*Weiche*«, zischte Lylth mit einer Stimme, die viel tiefer war als gewöhnlich und viel lauter; sie dröhnte Kelsen in den Ohren und ließ ihn unwillkürlich zusammenzuckte.

Das Ding in der Luft kräuselte sich, als würde es sich über Lylth lustig machen.

»*WEICHE*«, wiederholte sie und fuhr dabei mit ihren langen Fingern durch die Luft, als wollte sie unsichtbare Haut zerkratzen.

Dann gab es einen gewaltigen Knall, und Lylth wurde nach hinten geschleudert. Kelsen riss die Arme hoch, um sein Gesicht vor der Druckwelle zu schützen, spürte aber, wie auch er hilflos über den Boden rutschte und keinen Halt fand.

Endlich ließ der Wind nach, und er blinzelte durch das Zwielicht aus aufgewirbeltem Staub, um zu erkennen, was passiert war.

An der Stelle, wo das silberne Ding in der Luft geschwebt war, stand eine schmale Gestalt mit zerzaustem weißen, ins Violett gehenden Haar, das in alle Richtungen abstand und unter dem gerade noch ein Ansatz spitzer Ohren zu erkennen war. Das Wesen hatte ein schmales Gesicht und mandelförmige, goldene Augen mit schlitzartigen Pupillen. Es war etwas kleiner als Kelsen und viel schlanker, beinahe zierlich.

Ein Dunkelelf.

Zumindest tat er so, als wäre er einer. Aber Kelsen hatte in seinem Leben schon genug von diesem Gelichter gesehen, um zu erkennen, dass er getäuscht wurde. Was immer das war, was da vor ihm stand und in einer Art spöttischer Belustigung auf ihn herabgrinste, es war viel älter und viel, viel gefährlicher.

»Keine Angst«, höhnte das Wesen mit einer Stimme, die so leise und rau war wie die der Spezies, deren Aussehen es nachahmte, »Ich werde euch nichts tun. Es fühlte sich nur so großartig an, sich nach all den Jahren wieder ausstrecken zu können, da konnte ich nicht widerstehen.«

Kelsen kam langsam auf die Füße, den Jagddolch in der Hand, auch wenn er wusste, dass er dieser Kreatur mit solchen Waffen wohl nicht beikommen konnte.

Auch Lylth rappelte sich hoch, am ganzen Körper zitternd und mit vor Furcht und Trotz funkelnden Augen.

»Wer bist du?«, herrschte sie das Wesen an, auch wenn ihr Selbstbewusstsein auf Kelsen nicht überzeugend wirkte.

Das Wesen lächelte. »Ich bin Ambaryalàryakteyan«, sagte es mit zungenbrecherischer Geschwindigkeit. »Aber macht euch nicht die Mühe, meinen Namen aussprechen zu wollen. Erstens ist es viel zu schwierig und zweitens werden Menschen in der Regel zu Stein, wenn sie ihn sagen.«

Kelsen und Lylth verharrten beide reglos; Kelsen versuchte, aus den Augenwinkeln nachzusehen, was mit Rìa los war, doch sie lag zu weit von ihm weg und er wagte nicht, den Blick von der Kreatur abzuwenden.

»Du … du bist ein Dämon«, stellte Lylth fest, wobei ihr der Mund aufklappte, als verstünde sie plötzlich etwas. »Deshalb hat dich der Kerzenmacher ganz allein gehalten! Und deshalb waren alle diese Runen am Käfig! Ich dachte, du wärst einfach eine Art … eine Art Naturgeist oder so etwas in der Art.«

Der Dämon lächelte sie mitleidig an. »Du musst noch viel lernen, kleine Frau. Noch lange wirst du nicht das sein, was du eigentlich willst, und wenn es soweit ist, wirst du erkennen, dass alles gar nicht so ist, wie du es dir vorgestellt hast. Glaub mir«, fügte er hinzu, da sich über Lylths Augenbrauen empörte Runzeln bildeten. »Du gehörst zu dieser Art von Mensch. Ich habe schon zu viele von euch gesehen.«

Erschöpft seufzte der Dämon auf, dann schüttelte er sich das Haar aus der Stirn, als wollte er zum Geschäftlichen kommen. »Trotzdem. Du hast mich aus den Händen dieses anmaßenden Möchtegernmagiers befreit, und solche Dinge vergessen auch wir nicht einfach. Ich schulde dir Dank, kleine Menschenfrau. Als Zeichen dafür schenke ich dir dies.«

Er griff in die Tasche seiner Kluft, die aus einer Art Tierhaut geschneidert war, die Kelsen unmöglich zuordnen konnte, und zog einen kleinen, glänzenden Gegenstand heraus.

Kelsen, die Finger so fest um seinen Dolch geschlungen, dass die Knöchel weiß hervortraten, warf Lylth einen warnenden Blick zu.

Die junge Frau machte einen vorsichtigen Schritt auf den Dämon zu und musterte das Ding in seiner Hand mit zusammengekniffenen Augen.

Für Kelsen, der etwas weiter weg stand, sah es aus wie ein dickes, bronzenes Amulett, das an einer grobgliedrigen Kette hing.

»Das ist ein Gegenstand, vor undenkbaren Zeiten gefertigt von den Bewohnern der Vergessenen Lande fern von hier, jenseits der silbernen Wüste und weit hinter den Träumenden Bergen dahinter. Er hat die Äonen der Welten überdauert und gehört jetzt dir.«

Zögernd streckte Lylth die Hand aus, und obwohl Kelsen sie innerlich anschrie, konnte er weder den Mund öffnen noch sich von der Stelle rühren.

Lylths Finger berührten den Anhänger, zuckten einen Moment, als wollte sie sie wieder zurückziehen, dann ergriff sie das Ding und schloss es fest in ihre Faust. Dabei streiften ihre Fingerspitzen für den Bruchteil eines Herzschlags die Hand des Dämons und Kelsen hätte schwören können, dass sich in diesem Moment die Sonne ein wenig verdunkelte.

Zitternd, als wäre sie gerade viele Wegstunden gerannt, öffnete Lylth die Finger und schaute herab auf den Gegenstand in ihrer Hand. Es war tatsächlich eine Art Anhänger, kreisrund und schimmernd, aber der Deckel war in regelmäßigen Abständen ausgestanzt worden, sodass man ins Innere sehen konnte. Im Inneren befand sich eine glatte, dunkle Fläche, in die jemand kreisförmig Ziffern eingraviert hatte. Zwei kleine, goldene Stäbchen, die Kelsen an Finger erinnerten, waren in der Mitte befestigt und rotierten in unendlich langsamen Bewegungen um die Ziffern herum.

»Was ist das?«, fragte Lylth, ebenso ratlos wie Kelsen.

»Die alten Völker jenseits der Berge und Meere nennen es Zeitzeiger«, erklärte der Dämon. »Oder auch Uhr. Seine Aufgabe ist es, die Stunden zu messen, die vergehen.«

Lylth sog scharf Luft ein. »Der Kerzenmacher hatte eine Vorrichtung, mit der man anhand der Sonne sehen konnte, wie spät es war«, nickte sie eifrig und packte Kelsen an der Schulter, als ob sie ihm deutlich machen wollte, wie gewaltig diese Erkenntnis war.

»Ungefähr so«, stimmte der Dämon gelangweilt zu. »Nur dass dieses kleine Wunderwerk keine Sonne braucht, um zu funktionieren. Sie benötigt keine Kohlen, kein Feuer, gar nichts. Sie läuft einfach weiter, bis ihre Lebensjahre aufgebraucht sind.«

Bei diesen Worten funkelten seine Augen kurz auf, aber Lylth bemerkte es nicht; zu sehr war sie mit dem glänzenden Ding in ihrer Hand beschäftigt, sie drehte und untersuchte es von oben bis unten.

»Und was macht man jetzt damit?«, fragte Kelsen.

»Eine gute Frage«, lächelte der Dämon, wobei er Kelsen seine golden umrandeten Augen zuwandte. Kurz hatte dieser das Gefühl, dass ein eiskalter Windstoß sein Herz streifte. »Die kleine Frau hat mich gerettet – also rette ich sie. Diese Uhr wird euch aus jeder Gefahr befreien. Drücke diesen Knopf«, fügte er hinzu und deutete auf einen kleinen bronzenen

Knubbel unterhalb des Rings, an dem die Kette befestigt war, »und sie wird dafür sorgen, dass dir nichts passieren kann.«

»Wie?«, fragte Lylth, deren Gesichtsausdruck mit jedem Wort des Dämons begieriger geworden war.

»Sie bringt dich in Sicherheit«, erwiderte der Dämon einfach. »Dich und alle, die du berührst.«

Mit weit offenem Mund beugte sich Lylth über die Uhr, als könnte sie nicht glauben, was für ein Schatz ihr anvertraut worden war. Sie schluckte ein paar Mal hastig, dann drückte sie mit fahrigen Fingern den Knopf.

Kelsen trat instinktiv einen Schritt zurück, den Arm halb vors Gesicht gehoben, um sich vor eventuellen Funken, Windstößen oder sonstigen Nebenwirkungen von Magie zu schützen. Sein Herz klopfte in heftiger Erwartung, sein Körper war angespannt, bereit, sich in Sicherheit zu bringen oder auf den Boden zu werfen –

Nichts passierte.

Lylth stand einfach nur da, drei Lidschläge lang, vier … Sie drückte nochmal und dann noch einmal, bis Kelsen nicht mehr an sich halten konnte und hämisch auflachte.

»Wie gesagt«, erklärte der Dämon träge, als Lylth ihn aus wutsprühenden Augen ansah, »sie hilft dir, wenn du in Not bist. Sonst nicht.«

Ja, sicher, dachte Kelsen, hütete sich aber, etwas zu sagen. Zum einen wollte er den Dämon nicht provozieren, zum anderen vermutete er, dass Lylth, so wie sie gerade aussah, ihm eine runtergehauen hätte.

Ein leises Stöhnen zeigte an, dass Rìa aus ihrer Bewusstlosigkeit erwachte. Kelsen warf einen raschen Blick zu ihr, nur um sich sofort wieder dem Dämon zuzuwenden. Dieser jedoch hatte sich nicht von der Stelle gerührt; mit seltsam verschlossenem Blick musterte er die Gruppe, erst Rìa, dann Kelsen und schließlich Lylth, deren Blick noch immer an der Uhr hing.

»Ihr habt einen schwierigen Weg gewählt«, sagte er leise und beinahe menschlich. »Schwierig und lang und anders, als ihr euch vorgestellt habt. An seinem Ende erwarten euch Alter und Dunkelheit.«

Von einem Moment auf den anderen schlug Kelsens Herz wieder sehr schnell; was wusste der Dämon von ihm und seiner Aufgabe?

Als ob er seine Gedanken gelesen hätte, erwiderte der Dämon Kelsens Blick. »Du musst tun, was du tun musst, Jäger. Aber du musst mehr sein, als du es jetzt bist. Sonst wird es dir niemals gelingen.«

Noch einmal wandte er sich Lylth zu, die wie aus einem Traum erwacht den Blick hob und den Dämon ansah. »Auch du wirst mehr als einmal über dich hinauswachsen müssen. Und selbst dann ist euer aller Schicksal mehr als ungewiss.«

Urplötzlich und ohne jede Vorwarnung teilte ein Lächeln das Gesicht des Dämons und scharfe Zähne, wie sie Dunkelelfen hatten, kamen zum Vorschein. »Lebt wohl. Und vielleicht auf bald.«

Ein Zischen und Krachen ertönte, als ob die Rinde von tausend Bäumen gleichzeitig aufrisse, ein Licht blitzte auf, und der Dämon war verschwunden.

***

Rìa stöhnte erneut.

Wie ein begossener Pudel schüttelte Kelsen den Kopf und drehte sich zu ihr um; auf ihre Unterarme gestützt, waren ihre Augen weit aufgerissen und auf den Punkt gerichtet, wo nur Herzschläge zuvor der Dämon gestanden hatte.

»Was ist passiert?«, fragte sie.

»Kann ich dir nicht genau sagen«, erwiderte Kelsen, packte sie unter der Schulter und zog sie hoch. Er wandte sich Lylth zu. »Wie war das? Du befreist den Vogel, der zu einem jahrtausendealten Dämon wird, der dir eine magische … wie heißt das Ding … Uhr schenkt, die dich rettet, aber nur, wenn du gerettet werden musst, was vielleicht aber auch einfach ein Scherz ist, wie man sie von Dämonen kennt. Das ganze Drumherum mit Blitzen und Knallen und so weiter erspare ich dir.«

Rìa, sichtlich immer noch nicht ganz bei sich, drehte sich mit halb geöffnetem Mund zu Lylth um. Diese kniff zornig die Lippen zusammen und stopfte sich die Uhr in die Tasche.

»Ich habe ihn gerettet«, erklärte sie, wobei sie eher so klang, als wollte sie sich selbst überzeugen. »Das ist ein bindender magischer Vertrag. Es gibt Handlungen, die sind … heilig. Man darf sie nicht einfach missachten.«

Kelsen sagte nichts; auch er wusste das, aber er war in seinem Leben so vielen unehrlichen Menschen und noch viel mehr unehrlichen Nichtmenschen begegnet, dass er sich angewöhnt hatte, niemandem außer sich selbst zu vertrauen.

»Geht es dir gut?«, fragte er stattdessen Rìa, die noch immer recht wacklig auf den Beinen aussah und sich den Schädel rieb.

»Geht schon«, murmelte sie; wenn Kelsen genau hinsah, erkannte er, dass ihre Augen in verschiedene Richtungen schauten.

Kelsen brummte; wenn sie unterwegs ohnmächtig wurde oder kotzen musste, würde er sie tragen müssen, und das war bei dieser Hitze kein Vergnügen.

»Wie auch immer«, befand er, als wäre ihr Gespräch von vorhin nicht unterbrochen worden, »Wir müssen weiter und herausfinden, wo wir sind. Viel Spaß mit deiner Uhr, die nicht funktioniert.«

Mit einer Handbewegung bot er Rìa an, sie zu stützen, was sie mit einem verächtlichen Naserümpfen quittierte. Trotzdem wehrte sie sich nicht, als er den Rucksack für sie aufhob und dann zusammen mit dem seinen schulterte.

»Was meinte der Dämon damit?«, fragte Lylth und trat Kelsen in den Weg.

Kelsen, der allmählich mehr als ungeduldig wurde, schob sie zur Seite. »Dass die Uhr funktioniert, wenn sie soll, vermute ich, woher soll ich das wissen.«

Hastige Schritte waren zu hören, und wieder erschien Lylth in seinem Blickfeld. Diesmal jedoch blieb sie nicht stehen, sondern lief rückwärts weiter, damit er sie nicht wegstoßen konnte. »Was meinte er mit 'euer aller Schicksal'? Was habe ich mit euch zu tun?«

»Was mich betrifft, gar nichts«, versuchte Kelsen sie abzuwimmeln.

Lylth reckte das Kinn. »Ich kenne mich genug mit Dämonen aus, um zu wissen, dass das kein einfaches Geschöpf des Zwielichts war. Du hast seine Macht gespürt. Viele der älteren Dämonen können in die Zukunft sehen. Was, wenn er etwas gesehen hat, was wir nicht wissen?«

Kelsen blieb stehen; Rìa an seiner Seite stolperte und fiel fast hin, weil ihre Augen nicht auf den Weg, sondern auf einen Punkt weit weg am Horizont gerichtet waren. Sie musste wirklich ziemlich angeschlagen sein.

»Vorhin warst du doch noch ganz scharf darauf zu verschwinden. Ich weiß nicht, wieso das Gebrabbel eines Dämons, der uns nicht einmal sein wahres Gesicht gezeigt hat, dich dazu gebracht hat, es dir anders zu überlegen. Ich jedenfalls sehe nicht ein, warum ich dich auch noch an der Backe haben sollte.«

»Kelsen«, warf Rìa leise ein, doch er wollte nichts hören; schon in der Nacht hatte ihr Mitleid für diese Göre sie alle beinahe das Leben gekostet, wer wusste, was passieren konnte, wenn sie sich jetzt einmischte.

»Hör zu«, unterbrach er sie und deutete mit der freien Hand auf Lylth, die noch immer trotzig vor ihm stand und keine Anstalten machte, aus dem Weg zu gehen, »Nimm dein Dämonenspielzeug und scher dich damit, wohin du willst. Wahrscheinlich ist das verdammte Ding verflucht, und ich habe keine Lust, mich damit herumzuschlagen.«

»Du hast doch keine Ahnung«, zischte Lylth, die Augen zu so winzigen Schlitzen verengt, dass ihre Farbe nicht mehr zu erkennen war. »Du hast die Verbindung zwischen uns nicht gespürt. Ich schon. Ich konnte ihn *sehen*, seine Gedanken, seine Seele, alles. Er hat mich nicht angelogen, was das Geschenk anging und er hat auch nicht gelogen, als er davon sprach, dass unser Schicksal zusammenhängt.«

»Kelsen.« Etwas in Rìas Stimme ließ Kelsen seine Antwort hinunterschlucken. Er wandte sich ihr zu und sah, dass sie noch immer unverwandt den südlichen Horizont anstarrte. Ihr ganzer Körper war angespannt, die Augen, vor wenigen Minuten noch schläfrig, blickten hellwach. Der Anblick löste eine Erinnerung in Kelsen aus, die er beinahe vergessen hatte; in seiner Kindheit hatten Hunde in ihrem Dorf gelebt, die sie vor anschleichenden Wölfen und Zwielichtwesen warnen sollten. Die hatten genau so ausgesehen, an dem einen Tag, als Kelsen acht Jahre alt gewesen war. Als sie das Erdbeben gewittert hatten.

Kelsen folgte Rìas Blick, zunächst, ohne etwas zu erkennen.

Dann sah er, unendlich weit entfernt, etwas in der herabbrennenden Sonne glitzern. Ein Hauch von Staub, so konnte man meinen, der in der Luft schwebte und das Licht widerspiegelte.

Ein leichter Wind zerzauste Kelsen die Haare, und selbst im Vergleich zu den Temperaturen in den offenen Landen war er unnatürlich warm.

Kelsen war, als würde ein schrecklich schweres Gewicht in seinen Magen sacken. Die Härchen auf seinen Armen stellten sich auf und unwillkürlich griff er nach Rìas Arm.

»Nichts wie weg hier«, flüsterte er heiser.

»Was ist? He, wartet! Wartet auf mich!«, begehrte Lylth auf, völlig überrumpelt, als Kelsen und Rìa sich im selben Moment umdrehten und zu rennen begannen.

»Was ist los?«, keuchte sie, nur mühsam mit ihnen Schritt haltend, während sie immer wieder über ihre Schulter zurückblickte, als hoffte sie zu sehen, was Kelsen und Rìa gesehen hatten.

»Glutschlund«, gab Kelsen zurück; die Luft wurde bereits trocken und das Atmen fiel ihm schwerer. Bildete er es sich ein oder hörte er es weit hinter sich knistern?

Aus dem Augenwinkel sah er, wie aus Lylths Gesicht jede Farbe wich. Sie hatte verstanden.

»Aber … aber«, keuchte sie, »Hier gibt es nichts, wo wir uns verstecken können! Kein Wasser, keine Brunnen, nichts!«

»Nach Osten!«, rief Rìa zurück und wedelte wild mit der Hand durch die Luft. »Ich habe viele Felsen dort gesehen, als wir vorhin vorbeigekommen sind. Wenn wir Glück haben, finden wir dort einen Unterstand!«

»Und wenn wir kein Glück haben?« Lylth konnte kaum mehr sprechen und Kelsen, der sich nach ihr umdrehte, sah deutlich, wie ihr der Schweiß aus den Poren gedrückt wurde. Nicht anders als bei ihm.

Weder er noch Rìa antworteten auf die Frage. Dafür rannten sie alle noch schneller.

***

Hätte ein Fremdling aus einer anderen Welt einen Einheimischen gefragt, was ein Glutschlund war, so hätte dieser vermutlich nicht gewusst, was er sagen sollte. Die einfachste Antwort wäre vermutlich 'ein Sturm' gewesen, auch wenn das der Wahrheit nicht ansatzweise nahe kam. Glutschlunde verhielten sich nämlich keineswegs wie Stürme: Sie sprangen hin und her, verschwanden an einem Ort, nur um völlig unerwartet Herzschläge – oder auch Stunden – später an einem anderen wieder aufzutauchen. Manchmal machte es auch den Anschein, als ob sie einen geraden Weg verfolgten, doch sobald sich ein Lebewesen in ihrem Umkreis befand und vor ihnen flüchtete, schienen sie vom Kurs abzuweichen und der bedauernswerten Kreatur zu folgen, bis sie sie erwischt und sich einverleibt hatten. Manchmal vergingen Jahrzehnte, Jahrhunderte, ohne dass von einem Glutschlund berichtet worden wäre, in anderen Jahren gab es mehrere innerhalb weniger Monde. Niemand wusste, wie sie entstanden oder woher sie kamen, man erinnerte sich auch nicht, ob es jemals eine Zeit ohne sie gegeben hatte. Manche sagten, sie erschienen besonders oft in heißen und trockenen Ebenen wie jener, die Kelsen und seine Gefährten gerade durchreisten, aber es gab Berichte, dass auch schon in den weiten Wäldern des Ostens und sogar in den eisigen Wüsten des Nordlandes welche gesichtet worden waren.

Das Aussehen eines Glutschlundes zu beschreiben, war nicht weniger schwierig. Man bemerkte sie hauptsächlich durch den Wind, der ihnen vorausging, gewaltige, fürchterliche Böen, die alles mit sich rissen, was nicht schnell genug war. Je näher sie kamen, desto heißer wurde es. Die wenigen Wagemutigen – oder besser Verrückten – die geblieben waren, um das Zentrum eines Glutschlundes zu sehen, waren verbrannt worden, bevor das Herz des Sturmes auch nur in ihrer Nähe gewesen war. Manche berichteten auch davon, dass es an Tagen, bevor ein Glutschlund auftauchte, oft unnatürlich kalt wurde, als ob der Sturm alle Wärme aus der Luft saugte, um sich zu stärken.

Wer von einem solchen Phänomen im Freien und ungeschützt überrascht wurde, hatte kaum Überlebenschancen. Das Beste war, sich hinter meterdicken Steinmauern oder tief in einem Brunnenschacht zu verschanzen, bis es vorbei war. Andere berichteten auch davon, überlebt zu haben, indem sie eine Nacht lang in einem Flussbett ausharrten, auch wenn besonders starke Glutschlünde schon ganze Seen ausgetrocknet hatten.

***

Kelsen und die anderen für ihren Teil hatten nichts von alledem.

Sie rannten durch das offene Gelände, während die Hitze immer unerträglicher wurde und der Horizont im Süden sich zunehmend verfinsterte. Vertrocknete Büsche wehten an ihnen vorbei und der Sand, den der Sturm aufwirbelte, peitschte ihnen ins Gesicht und verhinderte bald, dass sie weiter als eine Armlänge sehen konnten.

Blind und durch das Tosen des Windes fast taub taumelten sie durch die Weiten des Steppenlandes, während Kelsen verzweifelt durch die Finsternis blinzelte und entgegen besseren Wissens versuchte, irgendwo die Umrisse von Felsen auszumachen.

»Da vorne!«

Rìas Stimme wurde von den brüllenden Windstößen in Fetzen gerissen, aber Kelsen hörte sie. Schwieriger war es, sie zu sehen, obwohl sie nur zwei Schritte von ihm entfernt war; sie deutete mit der rechten Hand in die Ferne, nach Südosten. Kelsen musste ihr einfach glauben, dass sie etwas gesehen hatte, denn er selbst konnte dort nichts erkennen.

»Haltet euch aneinander fest!«, schrie Rìa und stapfte, die Arme über dem Kopf, durch den Wind weiter.

Kelsen packte mit einer Hand den Zipfel ihres Kittels, mit der anderen griff er sich Lylths Handgelenk. Es grenzte an ein Wunder, dass das

Mädchen noch da war; so zerbrechlich wie sie wirkte, hätte Kelsen damit gerechnet, dass der Wind sie einfach mit sich reißen würde.

»Hier!«

Kelsen stieß gegen eine feste, felsige Wand und presste sich dagegen, so fest er konnte; der Wind nahm von Herzschlag zu Herzschlag zu und war mittlerweile so heiß, dass er kaum mehr die Augen offenhalten konnte.

Gemeinsam tasteten sie sich an dem Felsen entlang, umrundeten ihn und gelangten in den Windschatten dahinter. Auf diese Art geschützt, klärte sich ihre Sicht etwas: Sie befanden sich in der Mitte eines Steinkreises, und jeder der Steine überragte Kelsen um das Doppelte. Fast sah es so aus, als ob jemand die Felsen mit Absicht dorthin gestellt hatte, doch Kelsen wollte sich weder ausmalen, wer dieser Jemand gewesen war, noch zu welchem Zweck sie gedient haben mochten.

»Vielleicht können wir uns hier irgendwo in Sicherheit bringen«, hustete Rìa mit tränenden Augen.

Sich aneinander festhaltend, tasteten sie sich weiter vor. Überall lagen Geröllhaufen herum, die Überreste weiterer Steinmonumente, doch nirgends gab es einen Platz, der einen Zufluchtsort versprach.

»Der Glutschlund ist sehr nahe«, erklärte Kelsen unnötigerweise.

»Was machen wir?«, fragte Lylth, die sich an sein Handgelenk klammerte; trotz der Hitze war sie kreidebleich und ihre Augen waren weit aufgerissen.

Kelsen wollte antworten, konnte aber nicht; eine heiße Böe jagte ihm mit voller Wucht ins Gesicht und verbrannte jedes bisschen Spucke, das er noch übrighatte. Er blinzelte heftig, um das Brennen aus seinen Augen zu bekommen, jedoch ohne Erfolg.

Rìa für ihren Teil schritt mit hektischen Bewegungen vor ihnen her und suchte jeden Winkel, den sie in dem wieder dichter fliegenden Staub sehen konnte, mit den Augen ab.

»Da.« Kelsen hatte sich vornübergebeugt, um sein Gesicht vor dem Wind zu schützen, und in diesem Augenblick sah er es: Einen Spalt zwischen zwei Felsen, offenbar vor Äonen zusammengestürzt und von Trümmern und

Schutt umgeben, kaum groß genug, um hindurchzukriechen. Er war keineswegs sicher, ob das ihre Rettung war; es konnte auch eine optische Täuschung sein, aber bei allen Dämonen, eine andere Chance hatten sie nicht.

Mühsam kämpften sie sich aus ihrer geschützten Position heraus und wurden sofort von den alles umtosenden Winden erfasst. Von vorne und von hinten, von unten und oben schienen die Böen alle gleichzeitig zu kommen, und diesmal hob es Lylth tatsächlich in die Luft. Nur Rìas beherztem Zupacken war es zu verdanken, dass das Mädchen nicht gegen die nächste Felswand geschleudert wurde. Sie brauchten lange – zu lange, dachte Kelsen –, um den Trümmerhaufen zu erreichen. Der Spalt war tatsächlich da und größer, als Kelsen auf den ersten Blick angenommen hatte. Steine und Geröll bedeckten die Rückseite der beiden Felsen, sodass von dort keine Gefahr zu erwarten war. Trotzdem, er wusste nicht, ob Platz genug für sie alle sein würde.

»Du zuerst«, befahl er Rìa.

Die Waldläuferin warf ihm einen besorgten Blick zu, dann krabbelte sie auf Händen und Knien in die Höhle.

Nach einigen Herzschlägen hörte er sie rufen, doch er konnte nicht verstehen, was sie sagte; der Glutschlund war nun so nahe herangekommen, dass Kelsen erste Funken in der Luft sehen konnte, und wenn er sich nicht irrte, stieg von seinen Kleidern Rauch auf. Die Steine um den Höhleneingang herum knisterten vor Hitze, aber sie hatten keine andere Wahl.

»Los, beeil dich!«

Lylth zögerte noch einen winzigen Moment, dann ließ auch sie sich auf die Knie nieder und kroch in die Dunkelheit davon.

Ein scharfer, stechender Schmerz traf Kelsen im Rücken und ließ ihn einknicken; hektisch tastete er mit den Händen zwischen seinen Schulterblättern herum und stellte fest, dass sein Rucksack Feuer gefangen hatte. Fluchend streifte er ihn ab und wälzte ihn im Sand, bis die Flammen erstickt waren. Dann hörte er es: Ein gewaltiges Brüllen und Fauchen unmittelbar hinter dem Steinkreis, und er wusste, der Sturm war nur noch Lidschläge von ihm entfernt.

Er warf seinen Rucksack in den Höhleneingang und duckte sich zwischen die Felsen. Der Eingang war winzig, aber wenn er ihn nicht abdeckte, würde es reichen, dass der Wind eindrang und sie im Glutschlund geröstet wurden. Mit zitternden und schweißnassen Armen griff er sich den nächstliegenden Felsen. Er war ungeheuer schwer und außerdem glühend heiß, sodass Kelsen sich die Finger verbrannte. Er schrie auf, ließ aber nicht los; mit letzter Kraft zerrte er den Stein hinter sich her und platzierte ihn vor dem Eingang, gerade, als eine fürchterliche Druckwelle Kelsen erfasste und nach hinten schleuderte. Mit ungeheurer Geschwindigkeit schoss er durch den engen Gang und scheuerte sich an den rauen Steinen Gesicht und Arme auf. Ungebremst erreichte er das Ende der Höhle und prallte mit Lylth und Rìa zusammen, die beide ängstlich nach draußen gespäht hatten, ob er zu ihnen aufschloss.

Eine Weile blieben die drei benommen und ineinander verknäuelt im Dunkeln liegen, dann rappelte sich Rìa als Erste hoch.

»Hört ihr das?«, fragte sie leise.

Um sie herum knackte und knisterte es; das Heulen des Sturms dröhnte ihnen allen in den Ohren und von Lidschlag zu Lidschlag wurde es heißer in der Höhle.

»Glaubt ihr, die Steine halten das aus?« Rìas Stimme klang zittrig.

»Natürlich«, erwiderte Kelsen, während er selbst auszurechnen versuchte, wie dick die Steinschichten um sie herum waren und ob das ausreichte, sie vor dem Glutschlund zu schützen. Und selbst wenn – es hatte Stürme dieser Art gegeben, die tage-, ja wochenlang gewütet hatten. Wie lange würde dieser hier dauern? Und wie stark war er? Auf Kelsen hatte er verflucht heftig gewirkt, und selbst wenn sie nicht unmittelbar verbrannten, würde sich das Gestein über die Stunden hinweg zu einem Glutofen aufheizen und sie früher oder später kochen.

»Wartet mal«, sagte Lylth, als wäre sie plötzlich aus einem Traum aufgeschreckt. »Wartet mal.«

»Was machst du denn da?«, rief Kelsen sie zurück, als sie sich erneut auf alle Viere niederließ und Richtung Höhleneingang kroch. Lylth reagierte nicht; trotz seiner Todesangst wallte Ärger in Kelsen auf über dieses sture, arrogante Gör, das lieber sterben als auf jemanden hören wollte. Dann sah er – seine Augen gewöhnten sich allmählich an das Halbdunkel – wie sie sich wenige Schritte von ihnen entfernt auf ihre Knie setzte und die Hände hob. Trotz des infernalischen Geknisters rings um sie herum hörte Kelsen, wie sie leise einige Worte murmelte.

»Was macht sie?«, flüsterte Rìa ihm zu.

»Keine Ahnung«, erwiderte Kelsen, dem das Atmen zunehmend schwerfiel. »Was immer es ist, ich hoffe, es hilft uns.«

Wie aufs Stichwort glühten Lylths Hände auf, ein leichter, rosenfarbener Schimmer legte sich um sie. Hätte Kelsen das nicht schon in der Nacht gesehen, er hätte gedacht, dass sich die Flammen des Glutschlundes auf ihr spiegelten.

Unentwegt vor sich hinmurmelnd, streckte Lylth die Hände aus und legte sie auf die sie umgebenden Felsen. Kelsen erwartete, dass sie vor Schmerz aufschrie – die Hitze, die die Steine ausstrahlte, war bis zu ihm zu spüren –, doch Lylth tat nichts dergleichen. Von einem Herzschlag auf den anderen breitete sich das sanfte Licht über die Felsen aus, wie Wasser, das über eine Treppe herabrinnt, und mit einem Mal wurde es angenehm kühl in der Höhle.

Schwer atmend wandte sich Lylth zu ihnen um. »Das sollte reichen«, erklärte sie, während sie mit einer Mischung aus Stolz und Besorgnis die Wände musterte. »Das ist ein Zauber, der auch gegen das Feuer hilft, das ich … das die Wandernden Dörfer vernichtet hat. Er ist nicht sehr bekannt und kaum belegt, außerdem recht schwierig, aber ich denke, ich habe ihn gut hinbekommen.«

»Du denkst?«, fragte Rìa zweifelnd, aber auch sie wirkte erleichtert.

»Warum hast du das nicht vorhin schon gemacht?«, wollte Kelsen wissen, als Lylth wieder ihren Platz zwischen ihnen eingenommen hatte; der Hohlraum zwischen den Felsen bot gerade so viel Platz, dass sie alle drei im Kreis sitzen konnten, ohne dass sich ihre Knie berührten. Das Feuer von draußen und das unirdische, magische Licht boten genug Helligkeit, dass sie gegenseitig ihre Gesichter sahen.

Lylth kratzte sich am Unterarm, offenbar verlegen. »Es … es funktioniert nur, wenn ich mich konzentriere. Aufgepeitschte Gefühle und Angst sind Gift für alle magischen Vorgänge, deshalb … wenn ich Angst habe … Es geht dann nicht immer.«

»Sehr nützlich«, nickte Kelsen, doch Lylth fügte rasch hinzu: »Das ist nur am Anfang so! Irgendwann, wenn ich genügend Übung habe, passieren solche Zauber ganz von selbst.«

Rìa beugte sich vor und untersuchte die leuchtende Sphäre von Nahem. »Unglaublich«, flüsterte sie. Dann wandte sie sich Lylth zu. »Vielen Dank«, sagte sie todernst, »Für unser Leben.«

Lylth lächelte, das erste wirkliche Lächeln, das Kelsen an ihr gesehen hatte.

In der Stille, die daraufhin eintrat, war das Tosen und Knistern des Glutschlundes draußen überdeutlich zu hören. Vielleicht um es zu übertönen fragte Rìa: »Wie genau funktioniert eigentlich Magie? Ich dachte immer, man müsste als Magier geboren werden, um sie zu beherrschen. Dass jemand sie lernt, davon hat man mir nie erzählt.«

Endlich ließ Lylth ihren Unterarm zufrieden und begann stattdessen, ihr spinnwebenartiges Haar zu zwirbeln. »Das ist das Prinzip, ja. Wenn man mit der Veranlagung geboren wird, gelangt man viel schneller zum Ziel und man … Nun, die meisten wirklich mächtigen Hexer und Magier waren Naturgeborene. So nennt man Menschen mit der instinktiven Veranlagung zur Magie. Aber man kann sie auch erlernen. Nur ist das ziemlich kompliziert, es hat mit den Elementen – also Feuer, Luft und so weiter – zu tun, man muss ihre innersten Eigenschaften verstehen und sie in allen Lebewesen oder Dingen wiederfinden, an denen man Magie wirken möchte. Ich bin noch nicht über die Stufe der Feuerzauber hinaus – auch wenn das für den Kerzenmacher gereicht hat. Und für das hier«, fügte sie voller Stolz hinzu.

»Zum Glück für uns«, stimmte Rìa zu.

»Natürlich gibt es viele, denen das Lernen zu anstrengend ist«, fuhr Lylth fort. »Sie versuchen, sich zu mehr Macht zu verhelfen, indem sie Substanzen zu sich nehmen, die von sich aus schon Magie in sich tragen, oder indem sie verbotene Künste ausüben wie die Seelen- und Totenzauberei.«

»So wie der Kerzenmacher?«, hakte Kelsen nach.

Lylth nickte finster. »Diese Künste verhelfen einem dazu, Macht über andere zu gewinnen. Sie tarnen die bösen Absichten, die man hegt und sorgen dafür, dass andere einen mögen oder sogar lieben, bis einem keine Bitte mehr abgeschlagen werden kann.«

In Kelsen flackerte die Erinnerung auf, wie er den alten Mann bemitleidet hatte, als sie sich im brennenden Jahrmarkt begegnet waren.

»Je mächtiger ein solcher Magier wird, desto größer wird auch sein Einfluss auf andere. Beim Kerzenmacher reichte er soweit, dass die, die sich ihm verschrieben hatten, den Jahrmarkt nicht mehr verlassen konnten.«

»Wenn er so mächtig ist, warum hat er dann deinen Brand nicht einfach …«, Rìa schnippte mit den Fingern, »erstickt, ausgelöscht, wie auch immer man es nennen will?«

Lylth lächelte böse. »Sein Gebiet sind die menschlichen Seelen. Für die Magie der Elemente hat er seine Puppenmagier, die für ihn tanzen. Sie waren es auch, die den Jahrmarkt mit magischem Schutz umgeben haben, sodass niemand – kein Mensch und kein Dämon – ihn ungesehen betreten konnte. Der Jahrmarkt hatte nur zwei wirkliche Ein- und Ausgänge, der Rest war ein Schild aus Magie.«

Rìa nickte, offensichtlich fasziniert, aber Kelsen brummte nur; es hatte ihn nie groß gekümmert, warum die Dinge so waren, wie sie waren oder wie sie funktionierten. Wenn ein Troll hinter einem her war, um einem das Rückgrat zu brechen und die Flüssigkeit daraus zu trinken, war es hilfreicher, schnell rennen zu können, als zu verstehen, warum das Viech das wollte.

***

Die Stunden vergingen, und noch immer brodelte der Glutschlund um sie herum. Lylth prüfte hin und wieder, ob ihr Schutz noch intakt war, und zeigte sich zufrieden.

Irgendwann sackte Rìa an Kelsens Seite weg, und auch Kelsen merkte, wie er zunehmend müde wurde. Seiner Einschätzung nach musste es kurz nach Sonnenuntergang sein. Behutsam legte er Rìa auf den Höhlenboden.

Lylth, die schläfrig gegen die gegenüberliegende Wand lehnte, sah ihm dabei zu und lächelte. »Ist sie deine Frau?«

Kelsens Hände zuckten so ruckartig von Rìa zurück, dass diese erschrocken die Augen aufriss. Als sie jedoch merkte, dass alles in Ordnung war, schloss sie sie wieder und atmete fast im selben Augenblick wieder gleichmäßig.

»Nein«, hustete Kelsen, der sich an seiner eigenen Spucke verschluckt hatte, »Nein, ganz bestimmt nicht. Ich habe keine Frau und brauche keine.«

Lylth musterte ihn, die Müdigkeit mit einem Mal wie fortgewischt. »Warum seid ihr dann zusammen?«

Kelsen zog die Decke aus Rìas Rucksack und deckte sie zu. »Das nennt sich Reisegesellschaft. Schon mal etwas davon gehört?«

»Und wohin reist ihr?«

»Was geht dich das denn an, das möchte ich wissen!«

Lylth lächelte boshaft. »Ich habe euch das Leben gerettet. Ich kann auch einfach gehen und euch hier in dieser Höhle verschmoren lassen.«

Hätte Rìa etwas Derartiges gesagt, hätte Kelsen es nicht ernst genommen. Doch er erinnerte sich deutlich an das unheimliche Funkeln in Lylths Augen, als sie von dem Feuer in den Wandernden Dörfern erzählte, und beschloss, es nicht darauf ankommen zu lassen. »Wir sind auf einer Mission«, erklärte er.

Lylth beugte sich vor und stützte sich auf ihre Knie. »Eine Mission? Was für eine Mission?«

»Wir müssen etwas finden«, erwiderte Kelsen ausweichend. »Ein Schwert. Ein besonderes Schwert, das Eine Schwert, genauer gesagt. Ich nehme nicht an, dass dir der Name etwas sagt?«

Lylth zog nachdenklich die Augenbrauen zusammen. »Nein«, sagte sie langsam, »Nein, leider nicht. Wozu braucht ihr denn das Schwert?«

Kelsen knurrte; in den langen Jahren, die er nun allein lebte, hatte er es sich zur Gewohnheit gemacht, seine Angelegenheiten für sich zu behalten. Er verließ sich auf sein eigenes Urteil, auf niemanden sonst. Es war schon seltsam genug, sich Rìa anzuvertrauen, aber sie ließ ihn zumindest die meiste Zeit zufrieden und löcherte ihn nicht. Dieses Mädchen hingegen …

»Wir wollen ein Ungeheuer vernichten. Eines, das nicht mehr in diese Welt gehört. Im Moment schläft es, wird aber bald erwachen, uns bleibt also nicht mehr viel Zeit. Sobald der Glutschlund vorüber ist, werden wir weiterziehen.«

Das Blut des Erben, murmelte eine Stimme in Kelsens Kopf. Er wusste noch immer nicht, was zum Schatten das bedeuten sollte.

»Wohin?«

»Tja …«, schnaubte Kelsen und hackte mit seinem Fleischermesser in den sandigen Boden. »Das ist die Frage. Wir müssen jemanden finden, der schon einmal von diesem Einen Schwert gehört hat und der uns sagen kann, wo es zu finden ist. Wir wollten das in der Stadt tun, in die dein Jahrmarkt ziehen wollte, aber jetzt …«

Lylth stützte das Kinn auf die Faust, offenbar in tiefste Nachdenklichkeit versunken. »Ich weiß zwar nicht, ob euch das zu diesem Einen Schwert führen wird«, murmelte sie nach einer Weile, »Aber vielleicht habe ich eine Idee.« Sie biss sich auf die Lippen, die Augen verengt, als versuchte sie verzweifelt, ein Bild von etwas heraufzubeschwören, was sie schon lange vergessen hatte. »Es gibt einen Ort im Schwarzen Erzgebirge … Es heißt, dass dort die besten Schwerter gefertigt werden, die es gibt.«

»Woher weißt du das?«, fragte Kelsen zwischen Zweifel und Hoffnung; er war sicher, dass Lylth alles tun würde, um sich hervorzutun, andererseits war die kleine Hexe viel herumgekommen und wusste vielleicht wirklich, wovon sie sprach.

Lylth zuckte die Schultern. »Die Wandernden Dörfer benötigen Eisen für die Gitterstäbe, besonderes Eisen, das die magischen Runen, die sie fertigen, gut aufnimmt, ohne dass es zerbirst. Eisen, aus dem sie die Runendornen machen. Der Kerzenmacher bezieht all sein Erz von dort

– oder hat es zumindest getan«, fügte sie mit einem abgründigen Lächeln hinzu. »Viele gehen dorthin, um sich Waffen oder magische Artefakte fertigen zu lassen. Es heißt, bessere als dort gibt es nicht. Wenn es einen Ort gibt, wo ich mit der Suche anfangen würde, dann dort.«

Kelsen nickte langsam; das Schwarze Erzgebirge, er hatte davon gehört. Es lag weit entfernt von hier im Südosten, der Richtung, in die sie ursprünglich gegangen waren. Tiefe Wälder umgaben diesen Ort, Wälder, die dunkel und alt waren und in denen es Pfade gab, die für Menschen nicht sicher waren.

Lylth unterbrach seinen Gedankengang, indem sie laut gähnte und sich an den Felsen lehnte. An ihrem Gürtel sah Kelsen etwas aufblitzen.

»Das Ding da hat dir ja viel genützt«, befand er, indem er mit dem Finger darauf zeigte.

Verwirrt folgte Lylth seinem Blick und zog das glänzende Ding hervor: Es war die Uhr. Einen langen Herzschlag starrte sie sie an, dann lachte sie auf. »Ich hatte sie ganz vergessen!«

Versuchsweise drückte sie erneut den Knopf, doch nichts geschah. »Nun, zumindest funktioniert mein Schutz. Die Uhr sagt, wir sind nicht in Gefahr.«

»Oder sie funktioniert nicht«, murmelte er, was ihm einen bösen Blick einbrachte.

Während Kelsen vor sich hinbrütete, drifteten seine Gedanken langsam ab, seine Sorgen schmolzen dahin und gaben den Weg frei für Träume, dunkle, feuchtkalte Träume voller Wind und Grauen und Tränen, während ein Teil von ihm immer noch wach war und darauf wartete, dass der Glutschlund sich seinen Weg durch die Felsen brach und sie alle zerschmetterte …

***

Als Kelsen erwachte, saß Rìa aufrecht neben ihm. Sie hatte das Ohr an den Felsen gelegt und horchte. Auch Kelsen spitzte die Ohren: Nichts. Nur das gelegentliche Aufheulen eines weit entfernten Windes.

»Es ist schon vor drei Stunden ruhiger geworden«, erklärte Rìa, als sie sah, dass Kelsen wach war. »Lylth und ich haben uns gerade gefragt, ob wir es riskieren sollen, nachzusehen.«

»Ich habe den Magieschutz reduziert«, fügte Lylth hinzu, die Hand auf den Stein gelegt. »Es ist heiß, aber ich glaube nicht, dass draußen noch etwas brennt.«

Kelsen sagte nichts; gedankenverloren betrachtete er die Uhr, die in hypnotischem Rhythmus an Lylths Gürtel baumelte.

‚Metall und Räder', dachte er. Die Waage hatte ihm gesagt, er sollte Metall und Räder nutzen. War es das, was sie gemeint hatte? Die Uhr? Sollte er Lylth mitnehmen? Undeutlich strichen Stimmen durch seinen Kopf, wobei er nicht sicher war, was davon Erinnerungen an die Weisung der Göttin waren und was nur spukhafte Traumgestalten.

Ruckartig setzte er sich auf und fuhr sich mit der Hand über das Gesicht. »Ich werde nachsehen«, befand er nach einigen Augenblicken, dann kroch er den anderen voran ins Freie.

***

Der Stein, den er als Tür verwendet hatte, war glühend heiß, als er ihn wegschob, doch schon nach dem ersten Fingerbreit konnte Kelsen sehen, dass draußen die Sonne schien. Der Glutschlund war weitergezogen.

»Unglaublich«, flüsterte Rìa, als alle drei aus der Höhle gekrochen waren und sich umsahen. Innerhalb weniger Stunden hatte sich das gesamte Land um sie herum verwandelt: Das dürre Gras, das in weiten Teilen den Boden bedeckt hatte, war verschwunden. Dafür erstreckte sich nun schwarzes, vertrocknetes Ödland, soweit das Auge reichte. Die Felsen, die den Steinkreis bildeten, waren ebenfalls dunkel, manche davon glühten noch. Kelsen sah, dass ein paar der kleineren Trümmerhaufen tatsächlich geschmolzen waren. Einige der Felsriesen waren durch die Wucht des Sturms auch umgeworfen worden und hatten andere zertrümmert.

»Ein Glück, dass das nicht mit den Felsen passiert ist, unter denen wir gesessen haben«, meinte Lylth leise, als sie daran vorbeigingen. »Ich weiß nicht, ob meine Magie dagegen etwas hätte ausrichten können.«

Sie ließen den Steinkreis hinter sich und zogen nach Südosten. Rìa warf Kelsen ein paar Mal einen fragenden Seitenblick zu, als er Lylths Gegenwart so kommentarlos hinnahm, sagte aber nichts. Nach einigen Wegstunden stießen sie auf eine freie Fläche, wo tiefschwarze Schemen in den Boden gebrannt worden waren.

»Eine Herde Steppenrehe«, erkannte Kelsen, nachdem er sich hingekniet und die Umrisse untersucht hatte. »Sie müssen vom Glutschlund überrascht worden sein. Nicht mal die Kadaver sind übrig. Schande. Das wäre was gewesen, wir hätten das Fleisch nicht mal braten müssen.«

Lylth sagte nichts dazu; ihre Augen hingen wie gebannt an den schattenhaften Abdrücken am Boden und ihr war anzusehen, dass sie darüber nachdachte, wie es ihnen ergangen wäre, hätten sie den Unterstand nicht gefunden.

»Es ist ein Marsch von mehreren Wochen, vielleicht Monden, ins schwarze Erzgebirge«, sagte Kelsen und stand auf. »Bist du sicher, dass du mit deiner Magie nicht irgendwie nachhelfen kannst? Ich habe gehört, es gibt Magier, die fliegen durch die Luft oder können durch Mauern gehen.«

Lylth machte ein verkniffenes Gesicht. »Ich fürchte nicht. Wie gesagt, ich bin erst Lehrling und fange gerade an, die Elemente zu verstehen.«

Kelsen schnalzte mit der Zunge, ließ es aber dabei bewenden.

Rìa sah Kelsen offen an. »Also ist es wahr, was sie mir gestern Abend gesagt hat? Du bist einverstanden, dass sie mit uns kommt?«

Kelsen vergrub die Hände in seinen Taschen. »Sie kann nützlich sein, denke ich, vor allem, weil … Moment mal, ich habe *dir* nie gesagt, dass ich dich mitnehme!«, fügte er, aus allen Wolken gefallen, hinzu und fuhr zu Lylth herum. »Ich habe es eben erst für mich entschieden!«

Lylth lächelte selbstzufrieden. »Aber andere haben es schon vorher für dich entschieden. Da ist die Prophezeiung, von der mir Rìa erzählt hat: Dass du Gefährten um dich scharst.«

Kelsen warf Rìa einen vernichtenden Blick zu und sagte rasch: »Aber es hieß auch, dass ich sie wieder verlieren würde. Und das habe ich vor: Sobald wir das Erzgebirge erreichen, setze ich dich im erstbesten Dorf ab. Du hast auf dieser Mission nichts verloren, du bist … sieh dich nur an, ein halbes Kind bist du! Und auch wenn du deine Zaubertricks gut beherrschst …«

»Magie«, korrigierte Lylth lächelnd. »Und wir werden sehen, wie weit ich euch begleite. Denk daran, was der Dämon gesagt hat: Unser Schicksal hängt zusammen.« Sie hielt einen Moment inne, in dem sie sowohl Kelsen als auch Rìa ernst musterte. »Ich glaube, es war kein Zufall, dass ihr zu den Wandernden Dörfern gestoßen seid. Ich glaube, wir haben eine Aufgabe zu erfüllen.«

Kelsen unterdrückte ein entnervtes Seufzen. Mit Daumen und Zeigefingern fuhr er sich über die schmerzende Stirn, dann sagte er: »Von mir aus. Aber nur bis zum Erzgebirge!«

Lylth zuckte die Achseln. »Wir werden sehen.«

Brummelnd und Verwünschungen ausstoßend, schulterte Kelsen seinen Rucksack. »Mir nach. Aber seid still – wer weiß, ob der Glutschlund nicht vielleicht doch nochmal die Richtung wechselt.«

Kelsen war schon zehn Schritte gegangen, als Lylths Stimme hinter ihm herkrähte: »Ach, übrigens: gern geschehen.«

Kelsen blieb stehen und drehte sich zu ihr um.

»Dafür, dass ich dir das Leben gerettet habe und so weiter.« Lylth lächelte zuckersüß.

Kelsen starrte sie einen Moment lang an, dann schaute er zu Rìa hinüber. Diese zog nur die Augenbrauen hoch.

»Tja«, stammelte er, während Lylth unentwegt seinen Blick suchte, »Nun. Ich meine … Gut gemacht. Das … das da mit dem … mit dem Magiekram.«

Er holte tief Luft, fuhr dann rasch auf dem Absatz herum und stapfte weiter, zügiger als zuvor. Trotzdem konnte er Lylth fünf Schritte hinter sich überdeutlich flüstern hören: »Ob das ein Danke war?«

»Vermutlich«, kam Rìas trockene Antwort.

Sie gab sich keine Mühe zu flüstern.

***

So zogen sie nach Südosten, und die Welt wurde dunkler.

Die Hitze der Steppe, die sie nach einigen Tagen hinter sich ließen, wich rasch und machte der feuchten, klammen Kühle der Marschlande Platz. Mehrere Male waren sie gezwungen, Flussläufe und breite Bäche zu überqueren, wobei Rìa stets darauf achtete, dass sie das schwarze, zähfließende Wasser nicht berührten. Als Lylth sie nach dem Grund fragte, deutete sie wortlos auf eine Kreuzung aus Frosch und übergroßem Molch, die an einem nahen Ufer hockte und sie beobachtete. Drei Augen starrten ihnen aus seinem deformierten Schädel entgegen, und an seinem Unterleib versteckten sich Gliedmaßen, die da gewiss nicht hingehörten.

»Etwas Faules ist in diesen Wassern«, sagte Rìa nur.

Auch Kelsen spürte es; je weiter sie gingen, desto älter schien die Erde um sie herum zu werden, und viel von dem, was es hier einst gegeben hatte, hatte aufgehört zu sein.

Außer dem entarteten Froschtier begegneten sie noch einigen anderen Kreaturen, bleichen Spinnenwesen, deren Herzen man durch ihre Panzerung schlagen sehen konnte, bis Kelsen sie erschoss, viel zu kleine, kränklich aussehende Nagetiere, die keiner von ihnen essen wollte, und Vögel, von denen manche zu viele Beine aufwiesen und die meisten nicht mehr fliegen konnten.

»Alles hier stirbt«, flüsterte Lylth am dritten Tag ihrer Wanderung durch die Marschen. »Es ist, als ob sich alles Leben aus den alten Tagen hierher geflüchtet hätte. Als ob es spüren würde, dass seine Zeit zu Ende geht und sich hier versammelt, um zu sterben.«

Weder Kelsen noch Rìa widersprachen.

Die Bäume, von denen es in diesen feuchten, sumpfigen Gegenden viele gab, wirkten alle krank und verdreht und kaum einer von ihnen trug Blätter. Nur einige Farnbäume ließen ihre bräunlichen, lederartigen Blätter ins Wasser hinabhängen, aber auch sie sahen aus, als wären sie die letzten, tödlich verwundeten Streiter einer verlorenen Schlacht.

Keiner von ihnen fühlte sich wohl, zwischen den verkrüppelten Wurzeln dieser Gewächse zu rasten, vor allem, da die meisten in der Nähe von Tümpeln wucherten und sich in ihre trüben, modrigen Tiefen bohrten. Man wusste nie, ob das Moos daneben festes Land war oder bloß auf dem Wasser trieb, und vor allem Kelsen bestand darauf, ihr Lager so weit wie möglich von ihnen weg aufzuschlagen.

Sie machten Feuer, um die Mücken fernzuhalten, was aber nur halbwegs gelang; die Biester waren so groß wie eine Hand und ihre Stiche hinterließen Beulen – dick wie Taubeneier –, die höllisch juckten. Um sich davon abzulenken, schlug Lylth vor, dass sie einander Geschichten erzählten. Sie selbst machte in der Regel den Anfang und hörte dann meist nicht mehr auf, bis Rìa oder Kelsen einschliefen. Selten war Kelsen einem so geschwätzigen Weibsbild begegnet, und das Schlimmste war, dass sie außerdem ungeheuer neugierig war. Oft unterbrach sie sich selbst während einer ihrer Erzählungen, die meistens davon handelten, wie ungerecht sie als Kind von den Götterdienern behandelt worden war, und fragte die anderen nach ähnlichen Erlebnissen in ihrer Vergangenheit.

»Seid ihr auch in Truhen eingesperrt worden, weil ihr Widerworte gegeben habt?«, fragte sie zum Beispiel und in einem empörten Tonfall, als hätte sie noch nie zuvor von einer solchen Ungerechtigkeit gehört. »Hat man euch auch das Essen weggenommen? Hat man euch auch mit der bloßen Hand ins Gesicht geschlagen, nur weil ihr den Abendsegen nicht sprechen wolltet?«

Kelsen hätte gern erwidert, dass ihm die bloße Hand eine willkommene Abwechslung zum üblichen Ledergürtel oder Stock gewesen wäre, mit dem sein Onkel am liebsten auf ihn eingedroschen hatte, ließ es aber bleiben. Das hätte nur zu einer weiteren endlosen Diskussion geführt, auf die er keine Lust hatte. Rìa, schon vor ihrem Zusammentreffen mit Lylth schweigsam, sagte mittlerweile kaum mehr etwas. Dabei hatte Kelsen nicht das Gefühl, dass sie das blonde Mädchen nicht mochte; es war eher, als ob sie Lylth beobachtete und anhand ihres Verhaltens einzuschätzen versuchte.

Kelsen brauchte sie dafür nicht weiter zu beobachten: Seiner Meinung nach war sie ein endlos plappernder, nervtötender, selbstverliebter Derwisch, den er sich niemals hätte breitschlagen lassen dürfen mitzunehmen.

Hübsch mochte sie sein, zumindest meldete ihm das sein Körper hin und wieder, wenn er aus dem Augenwinkel sah, wie sie sich für die Nacht oder zum Waschen auszog, aber das machte die Geschichte nicht besser.

Er würde sie einfach bei der nächstbesten Gelegenheit absetzen, wenn sie in bewohntere Gegenden kämen. Aber, so fragte er sich nicht zum ersten Mal, würde es solche Gegenden geben? In den Mitlanden, wo er herkam, stieß man alle paar Tage auf Siedlungen oder Gutshöfe, es gab sogar größere Städte und Herrensitze. Aber hier, in diesem von den Göttern verlassenen Teil der Welt … Wer wusste, ob außer ihnen dreien noch jemand hier herumirrte, geschweige denn lebte? Was, wenn andere Menschen klüger gewesen waren als sie und diese Lande verlassen hatten, als sie das Sterben spürten, das Kelsen und seine Begleiterinnen jetzt so unübersehbar umgab? Kurz überkam Kelsen die Vorstellung, ganz allein auf dem Grund des Ozeans zu sitzen, umgeben von Tonnen und Tonnen von Leere und es gab nichts, was ihn jemals wieder zurück in die bewohnte Welt bringen würde.

Er schauderte.

»Ist dir kalt?«, fragte Rìa, das erste Mal seit Stunden, dass sie sprach.

Obwohl Kelsen den Kopf schüttelte, legte sie ein bisschen Brennholz nach und schaute danach wieder hinauf in den endlos weit entfernten, sternenübersäten Himmel.

»Als ich klein war, hat man mir erzählt, dass der Lichte und seine Diener dort oben sind. Jeder Stern ist ein Licht, das einer von ihnen hält und das den Sterblichen den Weg weisen soll«, erzählte Lylth in einem gelangweilten Nebenher-Tonfall, der Kelsen klarmachte, wieso sie ausgestoßen worden war.

»Das hat man mir auch erzählt«, nickte Rìa gedankenverloren. »Aber ich glaube nicht daran.«

»Sondern?«, hakte Lylth neugierig nach.

Rìa ließ sich einen langen Moment Zeit, ehe sie antwortete. »Manche sagen, es seien die Seelen der Verstorbenen, die da oben herumwandern und sehen wollen, was die machen, die sie zurückgelassen haben.«

Lylth verzog kurz das Gesicht und warf einen raschen, beunruhigten Blick nach oben. »Lieber nicht. Es ist gruslig, sich vorzustellen, dass die Toten da über unseren Köpfen dahinziehen.«

»Oder tröstlich«, warf Rìa ein und zuckte leicht die Schultern.

»Kelsen, was meinst du?«

Kelsen fuhr hoch. Er hatte nicht gemerkt, dass sich beide Frauen ihm zugewandt hatten und ihn erwartungsvoll anschauten. Mit Gewalt riss er seine Gedanken über Jahre und Jahre hinweg zurück in die Gegenwart.

»Keine Ahnung«, murrte er und stocherte so heftig im Feuer herum, dass Funken aufstoben. »Ist auch völlig egal. Achtet lieber darauf, was hinter den Bäumen lauert, anstatt etwas darauf zu geben, was irgendwo tausend Wegstunden über euren Köpfen passieren könnte.«

Doch er vergaß kein Wort von dem, was Lylth gesagt hatte.

Kein einziges.

***

Lylth beobachtete Kelsen aus den Augenwinkeln: Sein Gesicht war wettergegerbt und voller Schmutz, der sich so tief in die Falten neben seiner Nase und an der Stirn eingegraben hatte, dass man ihn wohl auch mit der gründlichsten Wäsche nicht mehr wegbekommen hätte. Es war ihr nicht möglich, sein Alter zu bestimmen, aber sie vermutete, dass ein entbehrungsreiches Leben ihn vorzeitig hatte altern lassen. Seine Augen hatten die Farbe von getrocknetem Schlamm, konnten aber erbarmungslose Blicke schleudern, und sein schmaler Mund sah aus, als ob er noch nie gelächelt hätte. In seinem leicht vorstehenden Kinn hatte er ein Grübchen, und sie fragte sich, ob er vielleicht – vor vielen Jahren und vielen Dingen, die er gesehen hatte – einmal hübsch gewesen war. Er war unglaublich schwer zu durchschauen, redete fast nichts, wirkte unentwegt mürrisch und abweisend. Und doch … Er hatte sie gerettet. Widerwillig zwar, aber er hatte es getan und dabei sein Leben und das von Rìa aufs Spiel gesetzt.

Wer war er?

Was bewog ihn dazu, dieses Abenteuer auf sich zu nehmen?

Er wirkte auf sie nicht wie jemand, der sich besonders viel aus den Göttern machte. Aber wenn es stimmte, was Rìa ihr erzählt hatte – und sie hatte keinen Grund, davon auszugehen, dass es nicht so war – war Kelsen der Göttin Waage selbst begegnet. Und irgendetwas sagte Lylth, dass Kelsen den Auftrag der Göttin nicht aus Angst vor Bestrafung akzeptiert hatte. Ganz egal, wie ruppig und unfreundlich und gleichgültig er tun mochte, auch er glaubte – ob er wollte oder nicht – an die Macht der Bestimmung.

So wie Lylth.

Schon als sie sehr jung gewesen war, hatte sie in sich diesen Drang gespürt, den Drang, Großes zu tun. Dinge zu bewirken.

Ihre Eltern, so hatte man ihr erzählt, waren gestorben, als sie ein Kleinkind gewesen war. Daraufhin hatte ein fahrender Diener des Lichten sie aufgenommen und als Ziehkind aufgezogen. Als sie acht Jahre alt gewesen war, hatte er sie in die Singenden Berge gebracht, wo sich, versteckt zwischen Schluchten und Felsplateaus, eine Gruppe Männer und Frauen zusammengefunden hatte, um ein göttergefälliges, einfaches Leben zu führen. Niemand, den sie dort gekannt hatte, hatte gefühlt, was sie fühlte oder sie auch nur ansatzweise verstehen können. Deswegen war sie während ihrer ganzen Ausbildungszeit mehr oder weniger allein gewesen. Das hatte ihr nicht viel ausgemacht; die anderen hatten instinktiv gespürt, dass sie sich von ihnen unterschied und sie gemieden, und Lylth hatte es ihnen gleichgetan. Ihre Mitschüler waren zufrieden damit gewesen, ihren alltäglichen Geschäften nachzugehen, zu beten, zu singen, zu arbeiten und, wenn sie Talent dafür bewiesen, sich der Magie zu widmen, die der Lichte sie lehrte. Aber nur die Wenigsten von ihnen hatten jemals weiter gedacht. Keiner von ihnen wollte Dinge wissen. Und keiner von ihnen hatte den Wunsch, mehr zu erreichen. Seit dem Moment, als sie zum ersten Mal einen der ausgebildeten Ordensmänner hatte Magie wirken sehen, hatte Lylth dieses Verlangen in sich gespürt und gewusst, sie würde nicht eher ruhen, bis auch sie diese geheimnisvollen Kräfte besaß und verstand. Sie erinnerte sich, wie die anderen, die mit ihr gemeinsam in den Grundkenntnissen der Magie unterrichtet worden waren, niemals nachgefragt, blind akzeptiert hatten, was ihnen ihre Lehrmeister erzählten. Als es darum ging, den eigenen Herzschlag zu kontrollieren, hatte Lylth nach dem Warum gefragt. Ihr Lehrmeister hatte ihr daraufhin mit tadelndem Blick erklärt, dass nur derjenige, der seinen Geist und seine Gefühle absolut unter Kontrolle hatte und innerlich ruhte, in der Lage war, optimale Resultate hervorzubringen, ebenso wie ein Läufer. Lylth hatte dagegengehalten, dass sie viel schneller und ausdauernder rennen konnte, wenn sie wütend war. Daraufhin hatte der Mann erklärt, Wut sei eine Sünde, worauf Lylth gefragt hatte, wie das sein konnte, da doch alle Gefühle vom Lichten selbst geschaffen wurden. Daraufhin hatte der alte Mann sie des Unterrichts verwiesen.

Wegen solcher und ähnlicher Situationen war Lylth öfter in Schwierigkeiten geraten. Sie selbst nannte sich scharfsinnig, ihre Lehrmeister bezeichneten sie als starrköpfig. Sie fand sich neugierig, die Unterweiser nannten sie vorlaut. Sie wollte die Magie und ihre Zusammenhänge im Innersten begreifen, was von den Obersten ihrer Gemeinschaft als Machtdurst ausgelegt wurde. Inzwischen wusste sie nicht mehr, wer Recht gehabt haben mochte – nicht einmal ihr selbst war klar, ob sie das Angebot der Magierin damals nur angenommen hatte, um nicht zu verhungern, wie sie es Kelsen und Rìa erzählt hatte, oder weil doch ein kleiner Teil in ihr steckte, der – wie hatten die Oberen es genannt – 'unrein' war. Aber was hätte sie dagegen tun sollen? Dieses aufregende Kribbeln, wenn die Magie in ihr zu wirken begann, wenn sie die Verbindung zu den Elementen spürte, die Vorfreude, dass gleich etwas geschah, das nur sie allein verursacht hatte

– wie sollte es ihr möglich sein, das nicht zu genießen? Sich nicht darauf zu freuen? Nicht zu wünschen, mehr zu lernen und exaktere Kontrolle auszuüben? Vielleicht war das alles falsch. Vielleicht war sie verdorben. Aber tief in ihr saß ein kleines, hartnäckiges Etwas, das sich weigerte, das zu akzeptieren. Sie war nicht böse, ihr Leben war kein dummer Zufall, und sie würde es beweisen. Dass Kelsen und Rìa zu den Wandernden Dörfern gestoßen waren, war Vorsehung, da war sie ganz sicher. Sie waren dorthin gekommen, um sie zu befreien, damit sie mit ihnen gehen und helfen konnte, etwas zu *tun*. Dass ihre Macht wuchs, dass sie Leben damit retten konnte, hatte sie bereits bewiesen. Sie würde nicht bedeutungslos im Nichts verschwinden und darauf hoffen, von den Göttern gnädig aufgenommen zu werden. Sie würde etwas erreichen. Sie würde mit Kelsen gehen und helfen, das letzte Monster auf Erden zu vernichten.

»Was starrst du denn so?«, fuhr Kelsen sie an. Lylth blinzelte ertappt; sie hatte gar nicht bemerkt, dass sie, verloren in ihren Erinnerungen, unaufhörlich zu Kelsen hinübergeschaut hatte.

»Warum machst du es?«, hörte sie sich selbst fragen.

Kelsen starrte sie an, so ausdruckslos wie immer.

»Warum gehorchst du der Weisung? Du hättest dich auch weigern können.«

Lange Zeit erwiderte Kelsen ihren Blick, so lange, bis sie glaubte, er würde nicht mehr antworten.

»Ich muss«, sagte er dann.

Lylth spürte Rìas Blick und bemerkte, dass auch sie gespannt zuhörte.

Kelsens Augen wanderten von einer zur anderen, dann spuckte er ins Feuer. »Die Dinge, die die Waage gesagt hat, werden wahr. Ich habe Rìa getroffen, den grüngefiederten Pfeil. Und dich und deinen Ring mit den Runen. Ich glaube … ich glaube, es geht nicht anders.«

Lylth erlaubte sich ein Lächeln; sie hatte ihn richtig eingeschätzt.

»Du spürst es auch.« Rìa, die fast den ganzen Abend über geschwiegen hatte, nickte langsam.

Kelsen blickte auf, wie vom Donner gerührt.

»Du hast keine Wahl.« Rìa legte sich die Hand auf die Brust. »Ich spüre es. Von dem Moment an, als wir ein gemeinsames Ziel hatten, war es da und ist nicht mehr abzuschütteln. Dieses Gefühl, dass wir es tun müssen. Wir sind entsandt worden und müssen unseren Weg bis zum Ende gehen. Es gibt keine andere Möglichkeit.«

Lylth sah an sich hinunter, tastete versuchsweise nach der Stelle, wo ihr Herz lag. Sie spürte nichts Derartiges, aber vielleicht würde es noch kommen?

Oder vielleicht auch nicht.

Sie musterte Kelsen, der nachdenklich in die Tiefen der Flammen starrte und ohne ein Wort zu sagen verriet, dass Rìas Worte auch auf ihn zutrafen. Von einem Moment auf den anderen fühlte sie sich schrecklich allein, ausgestoßen, und eine fürchterliche Angst stieg in ihr auf, die ihr fast die Kehle zuschnürte: Die Angst, nicht auch auserwählt zu sein.

Unwichtig zu sein.

Instinktiv schloss sich ihre freie Hand um etwas in ihrer Tasche; einen kühlen, glatten, runden Gegenstand, und als sie hinschaute, förderten ihre Finger die Uhr zutage.

Die Uhr, die sie fortbringen würde, wenn sie ihn Gefahr war.

Sie blickte auf, musterte Rìas und Kelsens stumme, entschlossene Gesichter. Für sie gab es keinen Ausweg. Sie würden ihrer Bestimmung folgen, ganz gleich, in welche Gefahren sie auch führte.

Lylth nahm einen tiefen Atemzug, dann steckte sie die Uhr in die Tasche. »Ich werde mit euch kommen«, verkündete sie laut und erntete einen weiteren finsteren Blick von Kelsen. »Ich weiß nicht, was vor uns liegt, aber ich komme mit euch. Das meine ich ganz ernst. Ich will mit euch gehen und zu euch gehören. Ich werde euch helfen, was immer kommen mag. Und ich werde nicht fortgehen. Ich werde euch nicht im Stich lassen. Das heißt, wenn ihr … wenn ihr mich wollt«, schloss sie wesentlich matter, als sie geplant hatte. Sie senkte den Kopf, ihre Wangen brannten vor Scham. Wo war ihre Selbstsicherheit hin, die sie gefühlt hatte, als der Glutschlund vorbeigezogen war? Wo die Selbstverständlichkeit, mit der sie sich ihnen angeschlossen hatte? Vielleicht am selben Ort, überlegte Lylth, an den auch ihre unausgesprochene Möglichkeit verschwunden war, einfach wieder umzudrehen.

Sie spürte eine Hand auf ihrem Knie und als sie aufblickte, sah sie Rìa ins Gesicht. »Du bist uns sehr willkommen«, lächelte sie. Sie alle wussten, dass viel mehr hinter diesem Einverständnis steckte als an jenem Tag nach dem Glutschlund.

Viel mehr.

Aber noch war die Sache nicht ausgestanden; einen langen, bangen Herzschlag herrschte Schweigen, dann hörte sie Kelsen murmeln: »Bis zum Erzgebirge. Nicht weiter.«

Jetzt lächelte auch Lylth; beide, sie und Rìa, verstanden das als Zustimmung.

Lylth war ein Teil der Aufgabe.

***

Später, viel später in dieser Nacht, kauerte Kelsen an seinem Schlafplatz und betrachtete die beiden Frauen an seiner Seite.

Wie war es dazu gekommen, fragte er sich.

Beide waren sie plötzlich dagewesen und hatten sich nicht mehr abschütteln lassen, und das Schlimmste war, dass er sich allmählich an ihre Gesellschaft gewöhnte, selbst an Lylths. Auch wenn ihm Lylths endloses Geplapper unsäglich auf die Nerven ging und er sich oft bei dem Tagtraum erwischte, wie er sie packte und mit einer Liane knebelte – auch wenn er sich immer wieder sagte, dass er es kaum erwarten konnte, sie loszuwerden – so wurde er das Gefühl nicht los, dass er sich selbst etwas vormachte. Er stützte das Kinn auf seine Knie und starrte gedankenverloren in die sterbenden Flammen. Rìa hatte Recht gehabt: Meist verdrängte er es erfolgreich, doch in den Momenten kurz bevor er einschlief, bemerkte auch er es immer wieder. Dieses Gefühl. Das Gefühl, als wäre da ein Seil hinter seinem Nabel und zöge ihn unwiderstehlich vorwärts.

Lylth nannte es Bestimmung.

Rìa sagte, es bliebe keine Wahl.

Er wusste nicht, wie er es nennen sollte, aber dass es da war, daran gab es keinen Zweifel. Er wusste nicht, ob die kleine Hexe es auch spüren konnte und ob ihre Rede vom Abend nur dazu dienen sollte, ihre Angst zu verstecken.

Aber wenn auch sie es bemerkt hatte …

Die Haare in Kelsens Nacken richteten sich auf und mit einem einzigen Satz war er auf den Beinen: Irgendetwas lauerte hinter ihm.

Dunkelelfen, Kobolde, Nebelgeister oder sonstiges Gelichter.

Langsam zog er seinen Dolch, drehte ihn in der Hand, sodass das Feuer sich in der Klinge spiegelte. »Am besten kommst du raus. Es sei denn, du willst, dass ich dir mein Messer ins Maul hineinschiebe und unten aus deinem Arschloch wieder heraus!«

Ein paar Blätter raschelten, sonst blieb alles ruhig.

»Es heißt, Trollhäute bewahren Wärme«, sprach er weiterhin laut in die Nacht. »Vielleicht kann ich mir aus deiner einen Wandteppich machen! Oder eine Verkleidung für meinen Schafstall, ihr sollt ja so mörderisch stinken, dass sogar Bären und Wölfe Reißaus nehmen.«

Aus den Augenwinkeln registrierte er eine Bewegung und drehte sich gerade noch rechtzeitig um, um eine schmale Gestalt auf die Lichtung treten zu sehen.

Der Dämon sah noch genauso aus wie an dem Tag, als Lylth ihn aus seinem Käfig befreit hatte. Er grinste sogar genauso dämlich, nur hatte er diesmal die Hände erhoben, als wollte er zeigen, dass er unbewaffnet war.

Kelsen warf einen raschen Blick zu Lylth und Rìa hinüber, doch keine von beiden regte sich.

»Sie hören nichts«, erklärte der Dämon sanft, den Kopf leicht zur Seite gelegt. »Sie werden nichts bemerken, bis alles vorbei ist.«

»Bis was vorbei ist?« Kelsens sämtliche Sinnen waren in Alarmbereitschaft; die Härchen auf seinen Armen standen senkrecht nach oben und fühlten sich an, als würden sie ihm gleich mit der Wurzel ausgerissen.

»Nur eine kleine Unterhaltung«, erklärte der Dämon gemütlich und setzte sich Kelsen gegenüber, die Beine überkreuzt.

»Schon wieder? Hast du denn nicht schon genug palavert?«

Die Augen des Dämons glitten zu Lylth hinüber. Die junge Frau lag auf der Seite und hatte im Schlaf den Mund leicht geöffnet. Kelsen meinte, sie leise schnarchen zu hören.

»Ich habe *ihr* alles gesagt, was sie wissen musste«, nickte der Dämon langsam. »Da ihr euch aber zu verbrüdern scheint, ist es auch nötig, dass ich dir etwas sage.«

»Hast du uns etwa verfolgt?« Der Gedanke machte Kelsen nervös; wenn dieses Ding ihnen unbemerkt überallhin folgen und sie ausspionieren konnte, ohne dass einer von ihnen etwas mitkriegte, was mochte sich sonst noch alles an ihre Fersen heften?

»Keine Angst, Jäger«, sagte der Dämon freundlich. »Wie ich schon sagte, ich habe nicht vor, euch ein Leid anzutun. Ich weiß, was du von meiner Art hältst, aber es soll dir gesagt sein, nicht alle vom Zwielichtvolk sind den Menschen feindlich gesinnt.«

»Da kenne ich manche, die etwas dagegen sagen würden«, befand Kelsen und ließ sich langsam, aber noch immer argwöhnisch, zu Boden sinken.

Ein kurzes Aufblitzen in den unmenschlichen Augen, dann sagte der Dämon: »Du sprichst von jenem, den zu vernichten ihr auszieht.«

Dieses Mal fragte Kelsen gar nicht, woher der Dämon das wusste.

»Dieser gehört den Alten an, den Ersten, den Großen Dämonen, die die Erde bevölkert und beherrscht haben, lange bevor es euch gab. Bevor es die Götter gab, auf deren Weisung hin du handelst.« Der Dämon seufzte leise und fuhr dann fort: »Diejenigen, die du Dämonen nennst, die Angehörigen des Zwielichts, der Dämmerungsvölker, die Ungeheuer und Kreaturen, Geister und Gespinste, die euch Menschen so eine fürchterliche Angst machen – wir alle sind geschaffen worden in der Zeit nach dem Ende der Alten. Viele von den Alten sind nicht vernichtet, auch wenn man euch das glauben machen mag. Die meisten schlafen nur, sie träumen, und aus diesen Träumen sind wir entstanden.« Er hob beide Daumen und deutete damit auf sich. »Wir sind nicht einmal Schatten dessen, wogegen du ausziehst. Und doch spürst du, dass du nicht den Hauch einer Chance hättest, würde ich den Wunsch hegen, dich zu töten.« Der Blick des Dämons war so intensiv geworden, dass Kelsen nicht hätte wegschauen können, auch wenn er gewollt hätte. Seine Stimme drang sonor und hypnotisch in seinen Verstand, ohne dass es ihm möglich gewesen wäre, sie auszusperren. »Für einen der Namenlosen wird es keine Anstrengung bedeuten, dich zu vernichten. Er wird dich ausradieren, und dazu muss er nicht viel mehr tun als seinen Willen auf dich zu richten. Du wirst sterben und mit dir alle diejenigen, die du um dich geschart hast und noch scharen wirst.«

Was beim Schatten wusste der Dämon, was Kelsen nicht wusste, fragte sich ein Teil von ihm, ein Teil ganz weit weg, weit hinten in den äußersten Winkeln seiner Gedanken. Der weitaus größere Teil von ihm war gefesselt von den Worten des Dämons und hatte keine andere Wahl als zuzuhören.

»Es wird nicht gelingen, Jäger«, sagte der Dämon so freundlich, dass Kelsen ihn beinahe lächeln sah. »Du und deine Freunde, ihr werdet scheitern. Kehr um, solange noch die Möglichkeit besteht.«

Er warf einen langen, nachdenklichen Blick in den Himmel. »Wenn ihr morgen aufwacht, werdet ihr alle zu einer Gemeinschaft geworden sein. Dann ist euer Schicksal untrennbar miteinander verbunden, bis eure Aufgabe vorüber ist – und glaub mir, ich habe die Träume des Alten gesehen – sie kann nur auf eine Weise enden. Willst du wirklich, dass ihr alle miteinander sterbt?«

Kelsen schluckte, die Kehle mit einem Mal fürchterlich trocken. Er spürte, dass er antworten sollte, aber alles, was ihm in den Sinn kam, war: »Es gibt keinen anderen Weg.«

Er erwartete Widerspruch von dem Dämon, aber es kam keiner. Er schaute Kelsen nur lange und betrübt an, dann seufzte er erneut. Langsam wanderte sein Blick zu Lylth hinüber und blieb an ihr hängen. In ihren Fingern, die sie im Schlaf zur Faust geballt hatte, sah Kelsen die Uhr blitzen.

»Wenn ihr es so wollt«, sagte der Dämon leise. »Schade, dass du nicht auf mich hören willst. Ihr habt mir die Freiheit wiedergegeben, sie«, er nickte zu Lylth, »gab mir schon davor ihr Mitleid und stärkte mich damit. Als Dank habe ich ihr alles mitgegeben, was ich an Schutz und Warnung aufbieten kann. Möge euch das helfen. Aber ich bezweifle es.«

Ein leichter Wind kam auf und ließ die Flammen fast bis auf die Glut ausgehen. Als der Wind abflaute und das Feuer wieder aufflackerte, war der Dämon verschwunden.

DER GEBIETER UNTER DEM BERG

Die Worte des Dämons hingen noch schwer über ihm, als sie zwei Tage später eine kleine Siedlung erreichten und dort ihre Vorräte aufstockten.

Trotz der grauen Umgebung wirkten die Menschen hier seltsam friedlich, als ob nichts von all dem, was um sie herumgeisterte, ihnen etwas anhaben könnte.

»Wir halten die Götter in Ehren, unsere Hütten und Ställe bewacht und unsere Nasen aus fremden Angelegenheiten heraus«, erklärte der Bauer, von dem sie Trockenfrüchte und Hartbrot kauften, auf die Frage.

Zu Kelsens Überraschung hörte er Rìa hinter sich leise schnauben.

»Was ist?«, fragte er, als sie sich in eine Scheune zurückzogen, die ihnen eine alte Frau zum Übernachten angeboten hatte.

Rìas Stahlaugen wanderten über die Hütten, die engen Wege dazwischen, die lachenden Kinder, die sie bevölkerten und die Eltern, die ihnen Ermahnungen zuriefen.

»Dieser Ort … er erinnert mich an das Dorf, in dem ich aufgewachsen bin. Dieser scheinheilige Friede. Nichts davon ist wirklich.«

Lylth sah sie fragend an, doch die Waldläuferin schien nicht in der Stimmung, noch mehr zu sagen.

Kelsen für seinen Teil wollte es gar nicht so genau wissen; ächzend streckte er sich im Stroh aus, mit einem Gefühl, als ob das für lange Zeit die letzte ruhige Nacht für sie werden würde.

***

Das eintönige Grau, das den Himmel und die Marschlande ausmachte, wich, ohne dass sie es richtig merkten. Die Erde, die Sümpfe um sie herum, ja sogar die Rinde der Bäume wurden dunkler und dunkler, bis nichts als Schwärze sie umgab. Bäume mit schwarzen Nadeln, die Tannen ähnlich sahen, bildeten jetzt den Hauptteil der Vegetation, allerdings wirkten sie irgendwie verzerrt, als wären es Trugbilder. Auf vielen von ihnen wuchsen Pilzgewächse, die aufplatzten und einen scheußlich stinkenden Rauch ausstießen, der einen schwummrig im Kopf machte, wenn man zu nahe kam. Der Boden wurde trockener, dafür waren die Tümpel, die es vereinzelt noch gab, umso tückischer und tiefer. Das schwarze Wasser darin sah nicht so aus, als ob jemand, der darin versank, jemals wieder auftauchen würde. In dieser Übergangszone sahen sie zunächst so gut wie keine Lebewesen mehr, und die, die sie schließlich sahen, waren kein erfreulicher Anblick.

»Besser wäre es, wenn die auch aussterben würden«, murmelte Rìa, als eine Rotte drahtiger schwarzer Nager, die entfernt wie Eichhörnchen aussahen, an ihnen vorbeihetzte, die Überreste von etwas tragend, das ein junger Bär gewesen sein mochte.

»Haltet auf jeden Fall eure Waffen bereit«, erwiderte Kelsen, ohne die Viecher aus den Augen zu lassen.

Entgegen besseren Wissens hatte er Lylth auch eines seiner Messer gegeben, und obwohl sie sich wahrscheinlich nur selbst damit verletzen würde, umklammerte sie es jetzt mit aller Kraft und hielt es vor sich ausgestreckt, als ob sie die fleischfressenden Nager damit einschüchtern wollte.

Kelsen schüttelte bei diesem Anblick den Kopf, sagte aber nichts. Er hatte ihr und Rìa nichts von seinem nächtlichen Besuch erzählt und würde es auch weiterhin nicht tun. Am Ende würden sie sich ängstigen oder, noch schlimmer, auf die Idee kommen, unnötig gefährliche Dinge zu tun, um dem Dämon zu beweisen, dass sie sehr wohl in der Lage waren, es mit einem der Alten aufzunehmen. Darauf konnte er verzichten.

Am Abend kamen sie zu einer kleinen Quelle, die einigermaßen klar aussah und aus der auch Vögel tranken. Sowohl Rìa als auch Kelsen stuften sie als 'normal' ein und Lylth entschloss sich außerdem, das Wasser mithilfe ihrer Magie zu prüfen. Kelsen konnte nicht nachvollziehen, was genau sie machte, aber als sie mit ihrem unverständlichen Gemurmel und dem rosa Leuchten fertig war, nickte sie zufrieden.

»Das Wasser ist trinkbar«, befand sie, »und es lebt, soweit ich das beurteilen kann, nichts darin, was ungesund oder abartig ist.«

Rìa lächelte über die Formulierung und machte sich daran, Wasser in ihren Trinkschlauch zu füllen.

Sie hatten nur eine grobe Ahnung, wohin sie gingen, aber da die Wälder immer dichter und das Gelände zusehends steiler wurden, mussten sie mehr oder weniger auf dem richtigen Weg sein. Von den Marschlanden aus hatten sie die Bergketten im Südosten gesehen und darauf zugehalten, und nun erreichten sie die ersten Ausläufer.

»Von jetzt an geht's nur noch steil bergauf«, bemerkte Kelsen nach einem langen Moment des Schweigens.

»Schade«, meinte Lylth fröhlich, während sie an ihrem Becher nippte, »Es war so gemütlich bisher.«

Rìa sagte nichts, wie so oft – Kelsen fragte sich, wie unendlich tief und verworren es in ihrem Kopf aussehen mochte. Wahrscheinlich schlimmer als in seinem eigenen.

Am nächsten Morgen füllten sie noch einmal ihre Trinkschläuche, denn keiner von ihnen wusste, wann sie das nächste Mal an einer sauberen Quelle vorbeikommen würden. Dann begann das Klettern.

***

Obwohl die Wälder um sie herum finster und drohend wirkten, waren sie doch sonderbar schön. Je höher sie stiegen, desto häufiger sahen sie kleine Wasserfälle, die über das dunkle Gestein und Gehölz ins Tal sprangen und die Welt mit ihrem gleichbleibenden Rauschen erfüllten. Hin und wieder schien sogar die Sonne durch die Bäume hinab, auch wenn sie viel zu dicht standen, als dass Kelsen und die anderen den Himmel hätten sehen können.

Anhand der Übergänge von Hell zu Dunkel schätzte Kelsen, dass sie etwas mehr als neun Tage in den Wäldern unterwegs waren, aber ganz sicher war er sich nicht. Es war ein seltsamer, gespenstischer Ort, dem doch ein ganz eigener Zauber innewohnte.

Als Rìa Lylth darauf hinwies, meinte diese: »Hier wirkt Magie. Aber nicht die Art von Magie, die ich kenne. Sie ist nicht in den Bäumen und Blättern und in der Erde. Dieser Ort … besteht aus ihr.«

Trotz der fremdartigen Aura, die die Wälder umgab, stießen sie zwei Tage später auf Zeichen menschlicher Bewohner: Rìa sah Baumstümpfe, die darauf hindeuteten, dass hier geholzt worden war.

»Wer hier wohnen mag?«, fragte sich Lylth laut.

»Köhler vielleicht oder Holzfäller«, erwiderte Kelsen, wobei er sein sich selbst auferlegtes Gebot völlig vergaß, niemals auf Fragen der kleinen Göre zu antworten, weil sich daraus sofort endlose Dialoge entspannen. »Sie werden Brennstoff brauchen.«

Rìa nickte, und für einen Augenblick sahen ihre Augen besorgt aus. »Wir nähern uns dem Erzgebirge.«

Bald schon stießen sie tatsächlich auf eine Hütte, allerdings machte sie den Eindruck, als wäre sie schon vor Jahren verlassen worden.

Vorsichtig erkundeten sie den verstaubten und von allen möglichen Kriechtieren bewohnten Raum, der zugleich als Schlaf-, Wohn- und Esszimmer gedient hatte. Rìa blieb neben einem kleinen, von einer fingerbreiten Staubschicht bedeckten Tisch stehen und deutete auf ein Glas und einen Teller. Kalk- und andere Überreste klebten daran, als wären Getränk und Nahrung buchstäblich darin vertrocknet. »Da hatte es wohl jemand eilig, wegzugehen.«

»Allerdings«, stimmte Lylth zu und stellte einen Stuhl auf, der aussah, als wäre er in aller Hast umgestoßen worden, vielleicht, weil jemand ruckartig aufgesprungen war.

Das gefiel keinem von ihnen, dennoch übernachteten sie in der heruntergekommenen Hütte und setzten am nächsten Tag ihren Weg fort.

Immer öfter trafen sie nun auf Hütten oder Hochstände, einmal sogar auf eine Lichtung, wo mehrere kleine Gebäude zusammenstanden. Aber überall war es dasselbe: die Häuser verfallen und offenbar seit Jahren unbewohnt, und in fast jedem von ihnen sah es aus, als hätten die Menschen sie mehr oder weniger fluchtartig verlassen. Vielerorts war die Natur bereits daran gegangen, ein Gutteil der Lichtung, die man gerodet hatte, wieder für sich zu beanspruchen.

»Wo sind sie denn nur?«, fragte Rìa, als sie von der Lichtung aufbrachen. Ihre Stirn war leicht gerunzelt, was vermutlich ihre Art war, in Panik zu geraten.

»Wo auch immer sie sind, Kelsen hat Pech«, befand Lylth, die mit einem Mal unverschämt gutgelaunt wirkte. »Kein Mensch wohnt hier, also kannst du mich auch nirgendwo abladen. Die Götter haben dafür gesorgt, dass es so ist, das weißt du. Damit auch du sturer Ochse einsiehst, dass du keine andere Wahl hast, als mich mitzunehmen.«

Kelsen sagte kein Wort; eine seltsame Kälte rieselte sein Rückgrat hinab und machte ihn frösteln. Etwas war falsch hier, aber er konnte nicht sagen, was es war, und das beunruhigte ihn mehr, als wenn sich urplötzlich ein Trollnest vor ihnen aufgetan hätte. Er warf Rìa einen unmerklichen Blick zu, und sie nickte. Kelsen sah, wie ihre Hand zu ihrem Köcher wanderte, als prüfte sie, ob sie noch genügend Pfeile übrighatte, um … ja, wofür?

Kelsen hatte gewusst, dass das schwarze Erzgebirge kein freundlicher Ort für Reisende war, aber in der Regel roch er Gefahren von weitem.

»Wir müssen die Minen finden, wo sie graben«, befand er nach einer Weile. »Vielleicht kann man uns dort was sagen.«

Ganz abgesehen davon, dass diese ständige Abwesenheit von Menschen in einem Teil der Welt, wo das beste Erz überhaupt gefördert wurde, mehr als unheimlich war, würde ihnen der ganze Marsch nichts bringen, wenn sie niemanden fänden, den sie nach dem sogenannt 'Einen Schwert' fragen konnten.

Also zogen sie weiter, mussten teilweise über nackten Fels klettern, an den sich trotzige, einzeln stehende Bäume klammerten, und sich einmal sogar mit einem Seil ein Stück Bergwand hinaufhangeln. Wie von Kelsen vorausgesehen, war Lylth dabei mehr Hindernis als Hilfe, und so war es schon fast dunkel, als sie am oberen Rand der Steilwand ankamen.

»Seht mal da.« Rìa klang genauso außer Atem wie Kelsen sich fühlte, dennoch war ihre Hand, als sie sie ausstreckte, um auf etwas in der Ferne zu deuten, völlig ruhig. Kelsen und Lylth folgten ihrem Blick. Zuerst begriff Kelsen nicht, was sie meinte; er sah endlose, von schwarzem Nadelholz bewucherte, felsige Bergketten, die sich nach allen Seiten ausbreiteten und in den dunkler werdenden Himmel schraubten. Dann bemerkte er es: Auf dem höchsten der Gipfel, der aussah, als wäre er in eine besonders tiefliegende Wolke gehüllt, erhob sich ein dunkler Fleck. Im ersten Moment erinnerte er Kelsen an eine besonders gewaltige Felsformation.

»Das ist ein Haus«, bemerkte Lylth. Sie hob die Hand über die Augen, als gäbe es Sonnenschein, vor dem sie sich schützen müsste. »Nein, das stimmt nicht.«

»Ein Schloss«, korrigierte Kelsen. »Und seht mal da.«

Sie sahen es: Das, was Kelsen im ersten Moment für eine Wolke gehalten hatte, waren in Wahrheit gewaltige Rauchschwaden, die ununterbrochen aus dem Berg selbst zu kommen schienen. Unterhalb des Schlosses waren gewaltige Löcher in den Berg gegraben worden, sodass es aussah, als würde er von hausgroßen Wühlmäusen bewohnt. Oder anderen Dingen.

»Da ist Licht!«, rief Lylth, und sie hatte Recht: Selbst aus dieser Entfernung konnten sie in den obersten Turmzimmern winzige rote Lichter flackern sehen.

»Da wohnt wer.« Kelsen brauchte nicht weiter zu sprechen, damit sie alle wussten, was zu tun war.

»Das wird ein ziemlich langer und ziemlich komplizierter Weg«, befand Rìa, die das Land unter ihnen mit den Augen abmaß. »Wir werden wieder klettern müssen.«

Lylth stöhnte leise, sagte aber sonst nichts.

»Sechs Tage, vielleicht sieben, bis wir da sind?«, brummte Kelsen vor sich hin.

»Acht. Wenn das mal reicht«, verbesserte Rìa mit einem Seitenblick auf Lylth.

Rasch prüften sie ihre Vorräte und befanden, dass sie unterwegs jagen mussten, um über die Runden zu kommen.

»Ich habe damit gerechnet, dass es hier Dörfer gibt, bewohnte Orte, wo man kaufen und tauschen kann«, fluchte Kelsen mehr in Eigenanklage, als um sich zu rechtfertigen.

Lylth musterte ihn neugierig, während ihr flauschiges Haar auf- und abhüpfte; die Flanke des Berges, die sie nun hinabstiegen, war flacher als die vorige, aber dennoch mussten sie sich mit ihrem ganzen Gewicht gegen die Anziehungskraft der Erde stemmen, um nicht kopfüber den Hang hinunterzufallen. »Hast du denn Geld?«

Kelsen sah sie nicht an, als er gleichgültig erwiderte: »Ein bisschen. Und wenn das nicht gereicht hätte, hätte ich dich eingetauscht.«

Eine Weile schwiegen sie. Dann: »Was glaubst du, wer es gebaut hat? Dieses Schloss? Und wann? Und warum?«

Kelsen zuckte die Schultern.

Nach einem weiteren Moment der Stille sagte Rìa: »Mich interessiert vor allem, wer da wohnt. Wenn die Weiler und Hütten ringsum verlassen sind, wieso nicht dieser so entlegene Ort? Alle anderen sind ja offenbar vor irgendetwas geflüchtet.«

»Vielleicht wurden sie angegriffen und haben Zuflucht in dem Schloss gesucht?«, versuchte es Lylth.

Weder Kelsen noch Rìa antworteten ihr.

***

Als sie den Berg etwa zur Hälfte hinabgestiegen waren, war die Dunkelheit endgültig hereingebrochen und Kelsen befahl, ein Nachtlager aufzuschlagen.

Lylth war nach der Anstrengung der Kletterpartie offenbar so erschöpft, dass sie einschlief, kaum dass ihr Kopf die Decke berührte.

Die anderen beiden hingegen blieben wach, schürten das Feuer, hängten aber wohlweislich ihre Umhänge zwischen die Bäume, die in Richtung des Berggipfels lagen. Ein spärlicher Sichtschutz war besser als nichts.

Fast eine Stunde saßen sie so da, ohne ein Wort zu reden.

Dann drehte sich Rìa zu ihm um.

»Kelsen«, sagte sie völlig ruhig.

»Hm.«

»Ich will nicht dorthin.«

Er ließ den Zweig sinken, mit dem er im Feuer herumgestochert hatte, und sah sie an. »Denkst du vielleicht, ich? Aber wir haben keine Wahl, oder? Wenn wir irgendwas über dieses Schwert herausfinden wollen.«

Rìa stützte ihr Kinn auf die Fäuste. »Etwas Seltsames liegt auf diesem Ort. Und auf dem Wald, der ihn umgibt.«

»Ja«, sagte Kelsen. Mehr gab es dazu nicht zu bemerken. Sie wussten beide, dass ihnen keine andere Möglichkeit blieb.

***

Ihr Plan, sich am nächsten Tag ihr Mittagessen zu erjagen, schlug fehl; kein Tier ließ sich blicken, weder Kaninchen noch Reh, nicht einmal eines der entarteten Eichhörnchen.

»Hört ihr das?«, fragte Lylth, als die Mittagsstunde verstrichen war, ohne dass sie ihre Mägen hätten füllen können. Sie legte den Kopf auf die Seite und lauschte. »Da sind keine Vögel mehr. Es ist so still!«

Kelsen und Rìa, die es beide schon lange bemerkt hatten, nickten bloß.

Lylth rieb sich Oberarme. »Ich habe ein komisches Gefühl. Etwas stimmt mit dem Wald hier nicht. Ich meine, noch weniger als mit dem Wald, durch den wir schon gekommen sind.« Sie ließ die Hände sinken. »Ich habe Gänsehaut, überall! Das gefällt mir nicht.«

»Das ist nur wunde Haut, weil du beim Klettern andauernd an der Felswand entlangschrammst«, hielt Kelsen kalt und wahrheitswidrig dagegen. Die kleine Hexe hatte sich beim Abstieg, soweit das möglich war, noch ungeschickter angestellt als beim Aufstieg gestern Abend und war über und über mit Schürfwunden bedeckt.

Lylth warf ihm einen bösen Blick zu. »Du kannst mir nicht sagen, dass du nicht auch etwas spürst! Rìa?«

Die Jägerin zuckte nur kurz die Achseln; Kelsen hatte bemerkt, dass sie ihren Bogen griffbereit hielt.

Lylth schaute von einem zum anderen und wirkte zunehmend beunruhigt. »Was sagt ihr mir nicht?«

»Es ist besser, wenn wir diesen Wald so schnell wie möglich hinter uns lassen«, befand Kelsen lediglich und beschleunigte seine Schritte.

Lylth beeilte sich, zu ihm aufzuschließen, den Kopf zwischen die schmalen Schultern gezogen. »Es ist, als ob dieser Teil des Waldes tot wäre«, flüsterte sie.

Kelsen konnte sie verstehen; es fühlte sich an, als würde jedes laute Wort Aufmerksamkeit auf sich ziehen. Wessen Aufmerksamkeit, das konnte er nicht sagen.

Ein eisiges Kribbeln in seinem Nacken war seine einzige Warnung; dann fuhr er auch schon herum, den Pfeilbogen erhoben, und feuerte, ohne nachzudenken, auf das Ding, das wie aus dem Erdboden gewachsen hinter ihm stand. Es wich aus, hämisch kichernd, und war innerhalb von Lidschlägen wieder verschwunden.

»Was war das?«, keuchte Lylth, die vor Schreck hingefallen war.

»Dunkelelf«, knurrte Kelsen und zerrte sie auf die Füße, während Rìa mit ihrem eigenen Bogen die Umgebung absicherte. »Und sicher nicht allein. Lauft!«

In dem Moment, als sie zu rennen anfingen, gaben ihre Verfolger es auf, sich zu verstecken: Von einem Herzschlag auf den anderen zogen sich die Schatten der Bäume in die Länge, dehnten sich aus zu enormen Ausmaßen und verschluckten jeden Rest von Tageslicht. Eine dunkle, rauchartige Substanz stieg vom Boden auf und kam aus den Bäumen, senkte sich auf sie herab wie eine erstickende Decke und raubte ihnen innerhalb von Lidschlägen die Sicht. Es war, als bewegten sie sich durch ein Meer aus Gewitterwolken und in diesen Wolken lauerten Wesen, boshaft kichernde Wesen, die sie beobachteten und ihre kalten, dürren Finger nach ihnen ausstreckten.

»Lauft nur, Menschen, lauft nur!«, höhnte eine Stimme wie zerbröckelnde Kiesel direkt neben Kelsens Ohr. »Ihr könnt nirgendwohin!«

Kelsen befürchtete, dass die Stimme Recht hatte; vor und neben ihnen tauchten immer mehr von den schattenhaften Gestalten auf, und als er im Laufen über die Schulter zurückblickte, war auch der Rückweg versperrt.

»Stopp!«

Rìa gehorchte sofort und blieb stehen, Lylth kam ein wenig ins Straucheln. Augenblicklich schloss sich der Kreis aus Dunkelelfen um sie, die rauchige Substanz waberte und wogte um sie herum, doch mittlerweile konnte Kelsen einzelne Umrisse der Wesen darin erkennen.

»SCHIEß!«, brüllte er, doch Rìa brauchte seine Aufforderung nicht: Noch während das Wort von den umstehenden Bäumen widerhallte, hatte sie den ersten Pfeil von der Sehne geschossen. Mit einem zischenden Laut sauste der Pfeil mitten in die Schar aus Dunkelelfen, und einen Moment später erklang ein schmerzerfüllter Schrei aus dem Nebel.

Kelsen tat es Rìa gleich und feuerte Pfeil um Pfeil in die Schar, und er war sicher, dass jeder von ihnen sein Ziel traf. Trotzdem reichte es bei weitem nicht: Für einen Elfen, den er außer Gefecht setzte, traten drei neue an seine Stelle, wusste der Schatten, wo die verfluchten Dinger herkamen.

Auf einmal ertönte hinter Kelsen ein unheimliches Knistern, und einen Lidschlag später brauste ein Strahl aus reinen Flammen an ihm vorbei. Das Feuer fraß sich durch die wogenden Schatten, und dort, wo es auftraf, sah Kelsen die Elfen auseinanderstieben.

»LOS!«, schrie er und preschte als Erster durch die Lücke, dicht gefolgt von Rìa. Als er einen Blick zurückwarf, sah er wie in einem bizarren Traum Lylth, die, umgeben von rotzüngelnden Flammen, die Barriere aus Schatten und Dunkelelfen hinter sich ließ. Sobald sie hindurch war, drehte sie sich um, die ausgestreckten Hände erhoben, um die weitere Flammen loderten.

»Lauft!«, rief das Mädchen ihnen über ihre Schulter hinweg zu. »Lauft, ich halte sie auf!«

Aber Rìa war bereits stehengeblieben und schoss weiter Pfeile in die Schar aus Dunkelelfen, und Kelsen schien es, als würden die Wesen langsam zurückweichen.

Er tastete auf seinem Rücken nach seinem eigenen Köcher – und stellte zu seinem Entsetzen fest, dass er nicht mehr da war.

Ein scheußlich keckerndes Lachen brach hinter ihm aus, und als er sich umdrehte, sah er verschwommene schwarze Schlieren, die von ihm weghuschten und einen Gegenstand bei sich trugen, der Kelsen beunruhigend bekannt vorkam.

»Gebt das sofort wieder her, ihr arschfickenden Bastarde!«, brüllte er und sprang ihnen nach. Noch während er die Dunkelelfen zu erreichen versuchte, spürte er eine unangenehme Kälte an der Hüfte und einen Lidschlag später Finger, die nach seinen Jagdmessern fummelten.

»Zum Schatten mit euch!«, schrie er auf und schlug so heftig nach dem Elfen, dass es diesen vom Erdboden hob und in die Schatten zu seinen Gefährten schleuderte.

Kelsen zückte sein Jagd- und das Fleischermesser, doch als er einen Blick rundum warf, sah er, dass sie schon wieder von einer erdrückenden Übermacht aus Dunkelelfen eingeschlossen waren. Rìas Köcher leerte sich bedenklich rasch, und obwohl Lylth sich nach Kräften bemühte, die Zwielichtwesen auf Abstand zu halten, standen ihr die Schweißtropfen auf der Stirn und Kelsen sah, wie ihre Knie zitterten.

‚Scheiße‘, dachte Kelsen. ‚Scheiße, Scheiße!‘

Er musste sie hier rausbringen, aber es gab keinen Ausweg.

»Einen Kreis bilden!«, schrie er Rìa und Lylth zu, und sie gehorchten beide. Kelsen rammte seine Beine fest in den Boden, die Knie angewinkelt für den Fall, dass einer der Elfen versuchte, ihn zu Fall zu bringen. Rìa und Lylth scharten sich Rücken an Rücken um ihn, den Dunkelelfen entgegen, die jetzt in einem undurchdringlichen Ring um sie herumstanden.

Obwohl sie sich jetzt nicht mehr bewegten, brodelte es in den Schatten, und Kelsen sah unzählige gelbe Augenpaare aufblitzen und dicht darunter rasiermesserscharfe Zähne.

‚Du bist erledigt‘, sagte eine Stimme in seinem Kopf. ‚Tot. Du und die anderen. Die fressen euch bei lebendigem Leibe auf und lassen nicht mal eure Knochen zurück.‘

Er spürte Lylths panischen Atem an seiner Wange, als sie den Kopf wild hin- und herdrehte in einem hoffnungslosen Versuch, ihre Angreifer zu überschauen.

Rìa stand völlig still, ihren letzten Pfeil auf der Sehne, und hatte das Kinn leicht gereckt. Sie sah aus, als hätte sie sich entschlossen, mutig und heldenhaft zu sterben. Kelsen, der schon einmal gesehen hatte, was Dunkelelfen mit Leuten machten, die sie wirklich geärgert hatten, wusste es besser.

Jetzt zogen die Dunkelelfen ihren Kreis enger, doch gleichzeitig begannen sich die Schatten zu lichten. ‚Die wollen wohl, dass wir sehen, wer uns den Todesstoß versetzt', überlegte Kelsen bitter.

»Ihr habt hier nichts verloren, Menschen«, sagte eine der knirschenden Stimmen. »Dieser Wald gehört uns. Es ist der Wald der Nachtdämmerung. Der Wald der Dunkelelfen. Der Wald des Gebieters unter dem Berg. Hier könnt ihr nicht bleiben.«

»Gut, dann gehen wir wieder«, erwiderte Rìa sehr kontrolliert. »Gebt uns den Weg frei und wir gehen wieder dahin, woher wir gekommen sind, und belästigen euch nie wieder.«

Hohngelächter folgte auf diese Worte.

»Ihr geht nirgendwohin.« Einer der Elfen trat vor, und endlich wichen die Schatten. Jetzt konnte Kelsen ihre Angreifer klar erkennen: Hundert Elfen, vielleicht ein paar mehr, vielleicht weniger, umstanden sie in einem dichten Kreis, ihre goldenen Augen voller Bosheit auf sie gerichtet.

Kelsen betrachtete die schmalen Gesichter und versuchte, in ihren Mienen den Moment abzulesen, in dem sie angreifen würden. Durch ihre graublasse Haut hindurch konnte man Adern sehen, dicke, purpurne Striemen, die sich wie schreckliche Spinnweben über ihre Gesichter, Hälse und Arme zogen.

Kein Dunkelelf, dem Kelsen jemals begegnet war, hatte so ausgesehen. Etwas wirkte in diesen Elfen hier. Waren sie krank? Wenn ja, schwächte sie diese Krankheit genug, damit Kelsen und die anderen sich den Weg freikämpfen konnten?

‚Niemals', gestand Kelsen sich ein.

Ein paar Augenblicke vergingen, in denen niemand sich bewegte oder ein Geräusch machte; Kelsen wusste, ihr Tod war nur noch Bruchteile von Lidschlägen entfernt, und er spannte sich an, bereit, wenigstens einen oder zwei dieser verpesteten Bastarde mit sich in den Tod zu nehmen.

Dann geschah etwas Merkwürdiges: Wie ein Schwarm Vögel, der auf einen unhörbaren Befehl hin auffliegt, hoben sämtliche Dunkelelfen die Köpfe und schauten nach Westen.

Es sah seltsam aus, beinahe komisch, aber Kelsen war nicht nach Lachen zumute; eher, als ob er auf eine feindliche Armee starrte, die gerade den Angriffsbefehl bekommen hatte.

»Versuchen wir es?«, wisperte Rìa in sein Ohr; ihre Augen huschten über die abgewandten Gesichter der Dunkelelfen.

Kelsen drehte den Kopf unmerklich zur Seite, sodass er Lylths Profil sehen konnte. »Kleine Hexe, schaffst du diese Flammensache nochmal?«

Lylth presste die Lippen zusammen. »Ich bin sicher, dass ich etwa fünf von ihnen erwische, wenn wir sie jetzt überraschen …«

Mit einem einzigen, gewaltigen Rauschen drehten sich sämtliche Elfenköpfe zurück und fixierten sie wieder.

Der Elf, der vorher zu ihnen gesprochen hatte, schnitt eine Grimasse, die irgendwo zwischen Bedauern und boshafter Vorfreude lag. »Unser Gebieter verlangt euch zu sprechen«, erklärte er mit einem hellen Klingeln in der Stimme. »Wir wollen ihn nicht warten lassen. Und ihr schon gar nicht.«

Wieder dieses fürchterliche Kichern, als ob sich in einem Steinbruch eine Lawine löste.

Die Elfen rückten näher, einige von ihnen hoben die langfingrigen Hände, wie um sie zu packen.

»Ihr werdet eure Waffen abgeben«, lächelte eine Elfe, die Kelsen vielleicht bis zur Schulter reichte, an deren Kraft er aber keine Zweifel hatte.

Obwohl alles in Kelsen sich dagegen sträubte, reichte er dem Zwielichtwesen seine Messer. Er sah, wie Rìas Fingerknöchel über ihrem Bogen weiß wurden, dann ließ sie ihn los und reichte ihn einem anderen Elfen.

»Hier entlang«, sagte der Hauptsprecher und winkte sie ins Unterholz.

Angewidert spürte Kelsen die tastenden Finger dutzender Elfen in seinem Rücken und auf seinem Körper; rasch folgte er dem Weg, den sie ihm wiesen, doch sie schoben ihn trotzdem vorwärts, als ob sie seinen Ekel spürten und genossen.

»Fass mich an und ich verbrenne dich zu Asche!«, hörte er Lylth in seinem Rücken fauchen.

Als Antwort erklang das bereits vertraute, widerwärtige Gelächter. »Versuch das und ich esse dein Gesicht«, knirschte ein Elf.

Daraufhin herrschte Stille.

***

Kelsen schätzte, dass sie mehrere Stunden marschiert sein mussten, denn der spärliche Rest an Tageslicht, der in dem immerwährenden Zwielicht zwischen den Bäumen geherrscht hatte, wich und verschwand schließlich ganz.

»Au!« Kelsen stolperte über eine Wurzel und fiel beinahe hin.

»Pass auf, wo du hintrittst, Mensch«, höhnte einer der Elfen und seine Gefährten lachten. Kelsen und seine Begleiterinnen waren in die Mitte genommen worden und so dicht umdrängt von kichernden, tuschelnden Elfen, dass sie einander nicht sehen, geschweige denn miteinander reden konnten.

Dafür war die Nähe der Dunkelelfen erdrückend, ihr modriger Geruch, ihre knirschenden, schnarrenden, zischelnden Stimmen und ihre Zähne, die einem das Fleisch in Streifen aus dem Körper reißen konnten. Und das war noch nicht alles: Aus der Nähe betrachtet, sahen sie noch kränker aus, als Kelsen zunächst gedacht hatte. Die Adern unter ihrer Haut pulsierten und der Speichel, der bei mehr als einem von ihnen aus dem Mund und über das Kinn lief, war dunkelrot.

‚Nicht krank', dachte Kelsen. ‚Verseucht.'

Aber wovon und wie? Und, noch viel wichtiger, war das Zeug ansteckend?

Ein- oder zweimal hörte er gedämpft, wie Lylth versuchte, den Elfen Fragen zu stellen, doch sie erhielt keine Antwort.

Der Weg, den sie gingen, war steinig und steil, aber bei Weitem nicht so anstrengend, wie Kelsen erwartet hätte. Er glaubte zu wissen, warum: Die rauchartigen Schwaden, die die Elfen begleiteten, waberten über den Boden und unter ihren Sohlen hindurch, hüllten jedoch die Füße nicht ein. Während sie unter ihm dahinglitten, hatte er das Gefühl, dass er mit jedem Schritt, den er tat, mindestens drei zurücklegte, als ob die Schatten ihn auf einer Art Teppich über den Untergrund hinwegtrügen. Kein Wunder, hatten die Ungeheuer sie so schnell eingeholt.

Völlig abrupt endeten die Bäume und gaben die Sicht frei auf einen breiten, steil ansteigenden Bergpfad, der sich an der nackten Wand des Berges hinaufschlängelte. Am Ende des Weges, auf der Spitze des Felsens, ragte das Schloss über ihnen auf, das sie am vergangenen Abend von Weitem gesehen hatten. Kelsen stockte der Atem; er hatte schon vermutet, dass es gewaltig sein musste, wenn man es aus solcher Entfernung sehen konnte, aber die abnormen Ausmaße des Kolosses, der sich jetzt vor ihnen auftürmte, hatte er nicht erwartet. Das Ding war hunderte von Schritten hoch und breit, und je näher sie kamen, desto größer schien es zu werden. Dabei waren seine Umrisse eher grob, wie von unsicherer Kinderhand mit einem gewaltigen Meißel herausgekratzt. Links und rechts des Weges fiel das Gelände ab und war durchsetzt von den gewaltigen Löchern, die ihnen schon aufgefallen waren. Wie monströse Schlünde gähnten sie aus der Erde hervor, bereit, jeden, der einen falschen Schritt tat, auf immer zu verschlingen.

Kelsen war, als hörte er von unendlich weit entfernt Geräusche aus diesen Löchern, das Klopfen von Metall auf Metall und andere, unerfreulichere Töne, aber er war sich nicht sicher. In regelmäßigen Abständen waren Schächte in die Erde eingelassen, aus denen schwarzer, stinkender Rauch quoll und einen schrecklichen Hustenreiz in Kelsens Kehle verursachte. Der Qualm umwehte den Fuß des Schlosses wie die Schatten die Dunkelelfen, und Kelsen, der während des Marsches ruhiger geworden war, packte erneut das nackte Grausen.

»Unser Gebieter wartet schon«, erklärte ein Dunkelelf zu Kelsens Rechten und deutete hoch zum Schloss. Dunkelrotes Licht pulsierte hinter den Löchern, die die Fenster bildeten, und Kelsen war, als ahmten sie den Rhythmus seines eigenen Herzschlags nach.

‚Das', sagte eine beunruhigend kühle Stimme in seinem Kopf, ‚ist nicht gut.'

***

Die absurd gewaltigen Dimensionen des Schlosses hörten auch nicht auf, nachdem sie das Eingangstor passiert hatten; es war etwa fünfmal so hoch wie alle Stadttore, die Kelsen bisher gesehen hatte, und so breit, dass es schon fast unsinnig schien. Dann führte man sie durch aus rohem Stein gehauene Gänge, breit und hoch genug, dass bequem fünfzehn Personen nebeneinander hergehen konnten, ohne die Wände zu berühren.

Die Quelle des unheimlichen, kränklich-roten Lichtes waren Eisentöpfe, die an Halterungen im Mauerwerk befestigt waren und in denen scheinbar nie erlöschende Kohlen glühten.

»Kelsen.«

In der Stille des Schlosses und über die geräuschlosen Schritte der Dunkelelfen hinweg hörte er Rìas Flüstern von den Wänden widerhallen. Er sah sie aus den Augenwinkeln, eingeklemmt zwischen zwei Dunkelelfen, wie sie den Kopf in den Nacken gelegt dahinstolperte, die Augen weit aufgerissen. Kelsen folgte ihrem Blick, und sein Mund wurde trocken; obwohl die Decke fast zu hoch war, um sie zu erkennen, sah Kelsen – von dem rötlichen Licht unschön beleuchtet –Dutzende Schädel, die ins Mauerwerk eingelassen worden waren und boshaft grinsend auf ihn herabstarrten. Manche davon waren Tierschädel, andere sahen aus, als könnten sie von Trollen stammen, doch die meisten waren unverkennbar menschlichen Ursprungs.

»Ooh«, hörte er Lylth murmeln, »Das ist nicht gut. Das ist gar nicht gut.« Offenbar hatte auch sie den Wandschmuck entdeckt.

»Unser Herr speist gerade«, säuselte ein Elf, der zu Kelsens Linken ging. »Er wird sich freuen, Euch als Gäste dabeizuhaben.«

Wieder dieses Übelkeit erregende Kichern.

»Wer ist euer Herr?«, fragte Lylth mit höherer Stimme als sonst.

Der Elf drehte den Kopf in ihre Richtung; auch sein Hals war von dicken roten Adern durchzogen. »Der Gebieter unter dem Berg. Er, dem wir alle dienen. Du wirst ihn gleich kennenlernen.«

Lylth warf einen ängstlichen Blick zu Kelsen. Wie er hätte sie bestimmt zu gerne auf diese Begegnung verzichtet.

»Hier entlang«, bedeutete ihnen eine Elfe geschätzte tausend Treppen, Biegungen und Durchgänge später. »Unser Gebieter erwartet euch.«

Sie deutete auf eine weitere titanische Tür am Ende des Ganges, von schweren dunklen Balken gehalten, in die Nägel geschlagen worden waren, die aussahen, als wären sie aus Knochen gemacht. Noch ehe einer der Elfen einen Schritt darauf zugemacht hatte, ertönte ein Quietschen, das einem die Eingeweide zusammenzog, dann schwang die Tür auf.

»Nur herein«, lächelte der Elf, der sie angeführt hatte, doch mit einem Mal meinte Kelsen, Unsicherheit aus seiner Stimme herauszuhören.

Keiner ihrer Wächter schien gewillt, sie weiter als bis zur Türschwelle zu führen, sie versperrten ihnen aber in einer soliden Wand aus Leibern den Rückweg. Ihnen blieb keine Wahl.

Kelsen nickte Rìa zu. Die Jägerin ergriff Lylths Hand, und Seite an Seite traten sie durch die Tür.

***

Der Speisesaal, der sich dahinter befand, war nicht weniger gigantisch als alles andere, was sie bisher von dem Schloss gesehen hatten. Vermutlich befanden sie sich in einem Turm, denn die verschnörkelten und in Kaskaden verlaufenden Wände schraubten sich hoch in die Dunkelheit und verschwanden aus ihrer Sicht. An der gegenüberliegenden Seite des Raums prasselte ein Feuer von den Ausmaßen eines Hausbrandes in einem Kamin, der ebenfalls mit menschlichen und unmenschlichen Überresten verziert worden war. Das übrige Licht stammte von weiteren dieser dunkelrot glühenden Kohlebecken, die überall an den Wänden angebracht waren. Das einzige Fenster befand sich fast sechs Meter über ihnen und schimmerte rötlich im unsteten Rhythmus der Kohlen, als ob es über und über mit Blut verschmiert wäre.

Kelsen begriff, dass es dieses Fenster war, das sie am Abend zuvor gesehen hatten.

Lylth sog schockiert Luft ein, und Kelsen brauchte nicht zu fragen, warum: Er hatte den Kopf gewandt und den gewaltigen, mit schwerem Leinen behangenen Tisch gesehen, der fast den ganzen Raum einnahm und über und über mit den köstlichsten und exotischsten Leckereien vollgestellt war, die man sich vorstellen konnte.

Am Kopfende des Tisches, auf einem monströsen, aus tiefschwarzem Holz geschnitzten Stuhl, saß der Schlossherr.

Endlich war Kelsen klar, warum das Schloss dermaßen übertriebene Ausmaße besaß: Der Mann – das Ding –, das dort saß und sie mit boshafter Belustigung betrachtete, war mindestens vier Meter groß und fast zwei Meter breit. Er war in eine dunkelbraune Lederkluft gehüllt, für die vermutlich eine ganze Rinderherde geschlachtet worden war – ‚oder ein ganzes Dorf', dachte Kelsen mit einem schalen Geschmack im Mund. Seine Füße steckten in Stiefeln, so lang wie ein Pony, und um seine baumstammdicken Arme schlangen sich goldene Schienen. Sein gewaltiger, kahlköpfiger Schädel wurde beherrscht von einem schwarzen Schnurr- und Kinnbart, aus dem Fett herabtropfte, und in seiner platten Nase schimmerten goldene Ringe, die durch Ketten mit weiteren Ringen in seinen durchlöcherten und angeschnittenen Ohren verbunden waren.

Als er lächelte, sah Kelsen, dass zwei seiner handtellergroßen Zähne aus Gold waren, ein weiterer funkelte von unzähligen Diamanten, die irgendwie daran befestigt worden waren.

»Ah, meine neuesten Gäste«, dröhnte er mit einer Stimme wie ein Donnergrollen. Sie hallte von den Wänden wider und ließ das Feuer flackern. »Nur zu, tretet näher! Ich hatte schon so lange keinen Besuch mehr!«

Sie taten wie geheißen, wobei Kelsen der Koloss mit jedem Schritt noch größer vorkam. Ein einziger Faustschlag, und sein Schädel wäre nicht mehr als Brei.

Als sie vor ihm standen – in Reichweite der gewaltigen Pranken, wie Kelsen mit Bedauern feststellte – lehnte der Titan sich zurück und musterte sie mit einer Art entspannter Neugier.

»Ein Riese«, flüsterte Rìa, offenbar ohne es zu bemerken. »Ich dachte, es gäbe keine Riesen mehr.«

»Sind alle tot«, bestätigte der Gigant mit einem zufriedenen Nicken. »Ich bin der Letzte.«

Er streckte die Hand aus und nahm einen Schluck aus einem Kelch, der einem Menschenkind als Badewanne hätte dienen können.

»Warum sind alle anderen tot?«, fragte Lylth, die den Mund vor lauter Staunen kaum zubrachte.

Der Riese überlegte einen Moment, wobei er seinen Kelch hin- und herschwenkte wie ein Weinkenner einen edlen Tropfen. Dann sagte er: »Viele sind durch Menschen getötet worden oder durch andere Wesen der Dämmerung. Die meisten habe ich umgebracht.« Er lächelte böse und nahm einen weiteren Schluck.

»Warum?«

Kelsen hätte Lylth gerne eine geklebt; warum musste dieses Weib andauernd Fragen stellen? Wusste sie nicht, dass eine Frage an manchen Orten und von manchen Wesen als Gefallen angesehen wurde? Als Gefallen, den man erwidern musste.

Der Riese zuckte die gewaltigen Schultern. »Ganz einfach: Ein Riese auf der Welt ist mehr als genug. Und jetzt gibt es keinen mehr, der sich mit mir messen kann.«

Er gluckste über seinen eigenen Scherz und trank den Kelch in einem weiteren Schluck völlig leer. Seine Augen, die sie über den Rand des Kelchs hinweg musterten, spiegelten den blutroten Schein der Kohlen wider – oder war das ihre natürliche Farbe?

»Nun zu euch: Ich habe gehört, ihr treibt euch in meinen Wäldern herum. Die meisten Menschen meiden meine Wälder. Was sucht ihr hier?«

Die drei tauschten einen raschen Blick; war es klug, dem Ungeheuer zu erzählen, was sie ins Erzgebirge geführt hatte? Wohl kaum.

»Wir haben uns verlaufen«, erklärte Kelsen und spürte fast im selben Augenblick Rìas Blick; er war nie ein guter Lügner gewesen.

Der Riese lachte laut und dröhnend auf, dass die Grundmauern des Schlosses erzitterten. »Verlaufen! Ausgezeichnet! Was noch?«

Er schwang seinen Kelch durch die Luft und schüttete Kelsen – absichtlich oder nicht – den Rest Flüssigkeit, der darin gewesen war, ins Gesicht. Jeder Teil von Kelsens Veranlagung wollte dem fetten Mistkerl ins Gesicht springen und ihm die geschwollene Zunge rausreißen, doch er blieb stocksteif stehen und ließ die letzten Tropfen an sich herabrieseln. Er roch Bier, sehr starkes sogar. Aber für einen Hünen wie diesen durfte es nicht stärker sein als Schaumwein.

»Wir sind auf der Suche nach neuen Waffen«, erklärte Rìa, das Kinn erhoben und die stahlblauen Augen unverwandt auf den Riesen gerichtet. »Wir haben gehört, dass im Schwarzen Erzgebirge die besten gemacht werden.«

Der Riese gluckste wieder und schenkte sich aus einem gewaltigen Krug nach. »Das ist wahr. Es gibt nirgends besseres Eisen als das, was wir aus dem Berg holen.«

»Wir?« Lylth starrte den Riesen mit ungebrochener Faszination an.

»Meine Pächter und ich«, lächelte der Hüne.

‚Pächter', dachte Kelsen. Etwas an der Art, wie der Riese das Wort aussprach, ließ ihm das Knochenmark gefrieren.

»Sie graben für mich nach Erz, und meine Schmiede verarbeiten es zum besten Eisen, das sich in der ganzen Welt finden lässt«, erzählte der Koloss stolz und ließ seine Juwelenzähne aufblitzen. »Es ist auch das teuerste Eisen, das sich finden lässt«, fuhr er fort und musterte ihre Gestalten mit seinen seltsam rötlichen Augen. »Ich bezweifle, dass heruntergekommene Figuren wie ihr genügend Gold mit euch führt, um angemessen zu bezahlen.«

»Wen nennst du hier …«, fuhr Lylth auf, doch Rìa hielt sie am Arm zurück. Das Mädchen verstummte, aber ihre Brust hob und senkte sich rasch, die dunkelblauen Augen blitzten wutentbrannt zu dem Riesen.

Dass sie nicht einmal halb so groß und kaum einen Viertel so schwer war wie der Koloss, schien ihr in diesem Moment völlig egal zu sein.

Der Riese musterte sie lediglich herablassend, als würde er eine Fliege anschauen und sich überlegen, ob er sie zerdrücken sollte oder nicht.

»Früher waren die ganzen Wälder hier voller Abbaugebiete«, sagte Rìa langsam und ohne den Blick vom Gesicht des Giganten zu nehmen. »Aber als wir herkamen, fanden wir alle Köhler- und Schürferhütten verlassen vor.«

Der Riese streckte sich und seine Gelenke knackten wie brechende Bäume. »Es gab immer weniger Erz hier. Mittlerweile gibt es nur noch diesen Berg. Wer von den *Menschen*«, er betonte das Wort voller Verachtung, »nicht verhungern wollte, musste fortziehen. Oder für mich arbeiten.«

»Für den Gebieter unter dem Berg«, schloss Rìa.

Der Riese lächelte sie an. »In der Tat. Das bin ich. Und wer seid ihr?«

Diesmal ließ es sich nicht leugnen; ein rotes Feuer flackerte in den Augen des Kolosses auf, und Kelsen sah die Gier, die hinter diesen Augen lauerte.

»Ich bin der Jäger«, erwiderte er, bevor eine der anderen etwas sagen konnte, »Das ist die Jägerin. Sie«, er deutete auf Lylth, »Ist die aus dem Feuer. Wir sind hergekommen, weil wir gehört haben, dass es im Schwarzen Erzgebirge noch etwas gibt, das viel wertvoller ist als nur Eisen.«

Der Riese zuckte zurück, sichtlich überrascht. Einen langen Moment lang starrte er Kelsen an, als sei er sich nicht sicher, was er da vor sich hatte. Dann legte sich die Überraschung wieder und wich einem wissenden Grinsen.

»In der Tat, Mensch, du sprichst wahr. Ich habe Schätze hier in meinem Schloss und in den Tiefen meines Berges, die weit jenseits all dessen liegen, was normale Sterbliche sich vorstellen können.«

Lylth atmete noch immer heftig, aber ihr Gesichtsausdruck hatte sich verändert; die Wut war einem anderen Gefühl gewichen, das offenbar immer und unermüdlich in ihrem Geist herumspukte: Grenzenlose Neugier.

Der Riese zeigte jedoch kein Interesse, mehr dazu zu sagen; entspannt lehnte er sich in seinem Stuhl zurück, der, wie Kelsen jetzt feststellte, nicht aus Holz, sondern aus irgendeiner Art tiefschwarzem Bein bestand, und deutete auf die übrigen Stühle um den Tisch.

»Es gibt nicht viele Menschen, die um diese Dinge wissen. Verzeiht, wenn der Empfang durch meine Diener etwas grob war. Nur zu, setzt euch und esst, ihr müsst hungrig sein nach eurem langen Marsch.«

Keiner der drei rührte sich; die Meisterwerke, die sich auf der Tafel des Riesen stapelten, hätten jedem den Mund wässrig gemacht, von drei Leuten, die seit fast zwei Tagen kaum mehr als einen Bissen altes Brot zu sich genommen hatten, ganz zu schweigen. Aber Kelsen wäre eher nackt über einen Marktplatz voller Pestkranker gelaufen als auch nur einen Krümel von diesem Zeug zu sich zu nehmen.

Als der Riese ihre Gesichter sah, lachte er hämisch auf. »Wenn ich euch hätte töten wollen, glaubt ihr wirklich, ich hätte dazu keine anderen Möglichkeiten als Gift?«

Das war ein Argument, aber keines, dem Kelsen sich gebeugt hätte. Dafür hatte das nächste, das der Riese ihnen aufzeigte, etwas für sich: »Esst«, wiederholte er mit fürchterlich tiefer, tonloser Stimme, »Oder ich nehme die da«, er zeigte auf Lylth, »und schlage die andere mit ihr zu einem Klumpen Knochen, Hirn und Gedärm.«

Keiner von ihnen hatte Zweifel daran, dass der Riese zu seinem Wort stand; umständlich erklommen sie drei der viel zu hohen Stühle und stellten sich darauf, um über den Rand der Tischplatte zu schauen.

»Greift zu!«, rief der Riese aus, ganz der herzliche Gastgeber.

Kelsens Magen knurrte hungrig seinen Beifall, doch Kelsen rührte sich nicht; seine Finger umklammerten die Tischkante, als wollte er sich daran hindern, die trügerisch duftenden, herrlich aussehenden und ohne Zweifel tödlichen Leckereien zu berühren.

Zu seinem Erstaunen war es Rìa, die, unter dem bohrenden Blick des Riesen, als Erste die Hand ausstreckte und ein Stück Brot aus einem Korb nahm, in dem sie bequem hätte sitzen können. Das Brot, obwohl nur ein Brocken im Vergleich zum Rest, hatte etwa Größe und Form von Rìas Schädel und verströmte den herrlichsten Duft, den Kelsen seit Jahren gerochen hatte. Die Kruste war goldbraun und knusprig, das Innere so leicht und luftig wie ein Lammfell. Rìa zögerte noch einen Moment, dann – unter den entsetzten Augen von Lylth und Kelsen – biss sie hinein.

Mit angehaltenem Atem beobachteten Kelsen und Lylth, wie Rìa lange und gründlich kaute, dann schluckte sie den ersten Bissen geräuschvoll hinunter.

Mehrere Herzschläge lang rührte sich keiner von ihnen, während alle angespannt Rìa beobachteten, nach Zuckungen oder ersten Anzeichen von Schmerzen Ausschau hielten – *KNALL* donnerte die Hand des Riesens auf die Tischplatte und alle drei zuckten zusammen.

Der Gigant brach in schallendes Gelächter aus, warf sich in seinem Stuhl zurück und hielt sich den Bauch.

Schließlich rieb er sich die Augen. »Hach, ihr hättet eure Gesichter sehen sollen! Nun, was ist, immer noch keinen Hunger?«

Zögerlich griffen auch Kelsen und Lylth nach Früchten, Fleisch und Käse, und als Kelsen den ersten Bissen warmen, knusprigen Brotes im Mund hatte, kamen ihm beinahe die Tränen.

»Nun, aber was ist das?«, brummte der Riese, der die Karaffe in den Händen hielt und ihnen offenbar hatte einschenken wollen. »Was soll denn das hier? MEHR WEIN!«, brüllte er so laut, dass Kelsen beinahe vom Stuhl gefallen wäre.

Fast unmittelbar darauf öffnete sich eine unauffällige Tür im Rücken des Riesen, viel zu klein, als dass das Ungeheuer dort hindurchgepasst hätte. Kelsen hörte leichte Schritte, und einen Augenblick später kam hinter der Stuhllehne seines Herrn ein Junge in Sicht, der erste Mensch, den Kelsen außer seinen beiden Begleiterinnen seit ihrer Flucht aus den Wandernden Dörfern gesehen hatte.

Er war schmal und blass, was Kelsen nicht verwunderte, wenn er an diesem nebligen, feuchten Ort aufgewachsen war. Sein schwarzes Haar hing ihm lang und dicht in die Augen und mit seinen schmalen Zügen hätte man ihn fast ebenfalls für einen Dunkelelfen halten können. Seine Kleidung war fein, feiner als alles, was Kelsen je in seinem Leben besessen hatte. Mit geübten, geschmeidigen Bewegungen erklomm der Junge den Tisch und goss ihnen allen frischen Wein ein. Die Karaffe, die er dabei balancierte, war halb so groß wie er selbst.

»Wird auch Zeit«, herrschte der Riese das Kind an. »Was sollen meine Gäste von mir denken, wenn sie hier so lange mit trockenen Kehlen sitzen müssen?«

Der Junge sagte nichts, sondern verbeugte sich nur und eilte dann weiter, um Lylth und Rìa einzuschenken.

»Danke«, sagte Lylth und lächelte den Jungen mit ehrlicher Zuneigung an.

Der Junge warf ihr nur einen raschen Blick zu und verneigte sich dann.

»Das Kind eines Eurer Pächter?«, fragte Rìa, die weit weniger fröhlich wirkte.

»Mein Ziehsohn«, erklärte der Riese nachlässig und winkte den Knaben zu sich. »Manchmal ein wenig säumig, wie es eurer Art eigen ist, aber im Ganzen ein guter Junge.« Mit einem gewaltigen Finger streichelte er den dunklen Schopf. »Ich nenne ihn Ard, weil der Name, den ihm seine Eltern gegeben haben, lächerlich war. Nicht nur deshalb hatten sie es verdient, dass ich sie gefressen habe, nicht wahr, Sohn?«

Unbeirrt sein Haar streichelnd, grinste er auf den Jungen hinab. Dieser verzog keine Miene; mit heiterer, glockenheller Kinderstimme erwiderte er: »Ja, Herr.«

»Das ist mein Junge«, brummte der Gigant und entließ Ard mit einem beiläufigen Nicken. Ohne noch ein weiteres Wort zu sagen, kletterte der Junge vom Tisch und verschwand ebenso rasch und lautlos, wie er gekommen war.

»Du … hast seine Eltern getötet?«, fragte Lylth tonlos.

»Sicher«, nickte der Riese; wie von der Erinnerung ermuntert, griff er sich eine Lammkeule, die in seinen Händen wie ein Hühnerbein wirkte, und biss geräuschvoll hinein.

Lylth schloss die Augen und wandte sich ab, doch Kelsen rührte sich nicht; seine Augen waren weiterhin starr auf die Tür geheftet, durch die der Junge verschwunden war, unfähig, sich abzuwenden.

In seinem Kopf ertönte das Knacken eines Astes, ein Schrei, das Auffliegen von Vögeln – und dann Stille.

»Kelsen?« Rìas Stimme übertönte kaum das Schmatzen des Riesen und das scheußliche Knirschen des Knochens unter seinen Fingern.

Kelsen konnte nicht antworten, doch zum Glück fragte Rìa nicht weiter; sie betrachtete ihrerseits die Tür und nickte, als ob sie sich eine eigene Interpretation von Kelsens Gedanken zusammengereimt hätte.

»Freunde«, unterbrach der Riese ihre Gedanken und warf dabei den halb aufgegessenen Lammschlegel achtlos über die Schulter, »Ich habe das Gefühl, dass ihr diese kleine Geselligkeit hier nicht richtig genießt. Und vielleicht habt ihr Recht – ihr seid ja schließlich nicht hier, um zu tafeln, nicht wahr? Ihr seid hier, um meine *Kostbarkeit* zu sehen.«

»In der Tat«, nickte Rìa, und auch Kelsen gelang es endlich, den Blick loszureißen. Sie hatten einen heiklen Moment erreicht, aber sie würden nicht darum herumkommen. Dieser Klotz spielte offenbar gerne Spiele – wieso nicht ihr Glück versuchen?

»Und nicht nur das; wir wollen sie kaufen, wenn das geht«, fügte er daher hinzu.

Der Riese starrte ihn einen Moment lang an, dann brach er in so schallendes Gelächter aus, dass die Flammen im Kamin gefährlich flackerten.

»Sie kaufen? Jäger, kein Angehöriger eurer Art hat jemals so viele Reichtümer besessen, als dass er sich auch nur hätte vermessen können, mich das zu fragen! Selbst wenn alle Menschen aus allen Winkeln dieser Welt ihr ganzes Hab und Gut zusammenlegten, wäre es nicht genug, um sie mir abzukaufen!«

Kelsen umklammerte mit den Fingern die Tischplatte. »Ich spreche nicht von Gold. Ein Mann wie du gibt sich nicht mit so etwas Gewöhnlichen zufrieden, nehme ich an.«

Der Riese schnaubte spöttisch auf; dennoch sah Kelsen, wie er interessiert eine Augenbraue hob.

»Es gibt andere Dienste, die wir anbieten könnten«, nahm Lylth den Faden auf, was ihr einen entsetzten Seitenblick von Rìa bescherte.

Langsam lehnte der Riese sich nach vorne, seine gewaltigen Daumen umkreisten einander.

»Dienste, sagst du? *Dienste*?« Er lachte leise auf, was unheimlicher klang als sein Gebrüll und Gezeter zuvor. »Ich will euch etwas zeigen, kleine Menschen. Kommt mit mir.«

Er erhob sich, wobei sein Schatten den ganzen Raum auszufüllen schien, dann stapfte er zur Tür und riss sie auf. Wie er da so neben der Tür aufragte, die rechte Faust spielerisch hin- und herpendelnd, hatte keiner besondere Lust, an ihm vorbeizugehen.

Wieder lachte der Riese. »Nur keine Furcht! Auch wir hier respektieren die Gesetze der Gastfreundlichkeit! Auf, auf! Nur zu!«

Damit marschierte er ihnen voraus, wobei Kelsen bei jedem der gigantischen Schritte das Gefühl hatte, dass das ganze Schloss unter ihnen erbebte.

***

Alle drei mussten sie rennen, um mit dem Koloss Schritt zu halten, der sie durch gewaltige steinerne Korridore führte und Treppen hinab, deren Stufen so hoch waren, dass Kelsen und seine Gefährtinnen teilweise klettern mussten, um sie zu meistern. Immer tiefer und tiefer hinab in die Eingeweide des Schlosses führte der Riese sie.

Kelsen sah, wie Rìas Lippen sich lautlos bewegten, und glaubte zu wissen, was sie machte: Sie merkte sich den Weg für den Fall, dass sie fliehen mussten. Doch Kelsen machte sich keine Hoffnungen; einen solchen Weg über dermaßen unzugängliche Treppen würden sie niemals schaffen, ohne dass der Koloss, für den das alles gebaut worden war, sie einholte.

Noch tiefer hinab ging es, in die Dunkelheit und die Eingeweide des Berges. Zunächst wurde es immer kälter, dann wärmer, bis sie eine letzte, finstere Treppe hinabstiegen und sich plötzlich völlig unerwartet in gleißend hellem Licht wiederfanden.

Noch während Kelsen sich hektisch blinzelnd an die unerwartete Helligkeit gewöhnte, nahm er die Geräusche wahr, die wie eine Flut über ihn hinwegstürzten: Hämmern, Klirren, Zischen, Schleifen und über allem das endlose Stöhnen und Keuchen von Menschen, die eine ungeheure Anstrengung zu bewältigen hatten.

»Seht nur!«, dröhnte die Stimme des Riesen über all den Lärm hinweg. »Dies sind meine Pächter – oder zumindest eine kleine Zahl von ihnen.«

Endlich hatten sich Kelsens Augen an das Licht gewöhnt und er sah, was sich vor ihm abspielte. Eiskaltes Entsetzen packte ihn, dennoch konnte er nichts tun als dazustehen und weiter zu starren: Er stand auf einem kleinen Felsvorsprung, in den mehrere steinerne Stufen eingelassen waren. Sie führten hinab auf einen schmalen Steg und unter diesem breitete sich die Schattenwelt aus. In endlosen Gängen, aus dem groben Felsen herausgehauen, drängten sich Leiber: Unzählige Menschen hackten, gruben und schaufelten Erzbrocken aus dem Gestein und wuchteten sie in Loren, die sie auf finster glitzernden Schienen kreuz und quer durch den Berg zogen. Essen waren zu sehen, an denen weitere Leute – ob Männer oder Frauen, war nicht zu erkennen, so heruntergekommen und schmutzig waren sie alle – schufteten. Immer wieder ertönte das Knallen von Peitschen, aber erst, als sein Kopf sich allmählich daran gewöhnte, dieses verstörende, wuselnde Inferno zu überschauen, erkannte er zwischen den unzähligen Arbeitern Dunkelelfen, die herumliefen und diejenigen zur Arbeit antrieben, die ihnen zu langsam schienen. Sie alle hielten neunschwänzige Katzen in den Händen und schrien und höhnten, sodass sich ihr Gekeife mit dem übrigen Dröhnen vermischte und zu einem unglaublichen, albtraumhaften Getöse wurde, das Kelsen beinahe betäubte.

»Sieh sie dir an, Mädchen«, grollte der Riese und sah mit gönnerhafter Miene auf Lylth hinab. »Sie alle sind meine treuen Diener, und wie ich sagte, dies ist nur ein kleiner Bruchteil all derer, die hier in meinem Berg wohnen. Sag an, welchen Dienst willst du mir anbieten, den sie alle nicht schon längst für mich tun?«

Lylth schienen für einmal die Worte zu fehlen; mit weit offenem Mund und feuchten Augen starrte sie auf das grauenvolle Schauspiel vor ihnen und erwiderte nichts.

»Siehst du«, lächelte der Riese selbstzufrieden. »Das dachte ich mir.«

Kelsen spürte, wie etwas sein Handgelenk streifte, und wandte den Kopf; Rìa schaute ihm mit weit aufgerissenen Augen ins Gesicht, und er wusste, dass sie beide dasselbe dachten: Der Riese würde sie töten.

Dass er das wollte, war Kelsen schon von dem Moment an klargewesen, als er ihn gesehen hatte, aber in diesem Moment schien ihm die Möglichkeit, aus der Sache herauszukommen, so verschwindend gering, dass ihm beinahe die Luft wegblieb. Er hatte dem Tod schon sehr oft ins Auge geblickt, aber nie hatte er dabei Zeit gehabt, groß darüber nachzudenken. Dazustehen und auf den Moment zu warten, in dem es endlich passierte. Abzuwarten, bis sein Henker genug mit ihm gespielt hatte.

»Nein«, knurrte er.

»Was sagst du, mein Freund?«, wandte sich der Riese gespielt freundlich nach ihm um, wobei er darauf achtete, Kelsen den Blick auf die Tausenden von 'Pächtern' nicht zu versperren.

»Ich sagte, das ist wirklich sehr beeindruckend«, räusperte sich Kelsen, so rasch nachdenkend wie noch nie zuvor in seinem Leben.

»Ja, nicht wahr?«, stimmte der Riese selbstgefällig zu. »Und keiner, kein einziger von ihnen ist in Ketten.« Dabei machte er eine triumphale, allumfassende Geste mit der Hand. »Ihnen allen steht es jederzeit frei zu gehen.« Dabei lächelte er jedoch auf eine Weise, dass Kelsen instinktiv die Zähne zusammenbiss.

»Man sieht, du bist ein Meister, der sich Respekt zu verschaffen weiß«, lobte dieser und hoffte, dass er dieses eine Mal eine glaubwürdige Lüge zustande brachte. »Aber wolltest du uns nicht eigentlich etwas anderes zeigen?«

Die Zähne des Riesen blitzten im Schein der unzähligen Schmelzöfen. »Du gefällst mir, Jäger. Andere deiner Art würden zu heulen anfangen, wenn ich ihnen meine Minen zeigte.« Er warf einen kurzen, verächtlichen Seitenblick auf Lylth, deren Lippen verdächtig zitterten. »Aber du hast Recht: Ihr sollt das Schwarze Gebirge nicht verlassen, ohne den größten Schatz gesehen zu haben, den es auf dieser Welt gibt. ARD!«

Wie der Junge seinen Meister gehört hatte, wie er innerhalb so kurzer Zeit in die Bergwerksstollen gelangt war, Kelsen wusste es nicht. Tatsache war jedoch, dass nur Lidschläge, nachdem der Riese seinen Namen gebrüllt hatte, eine kleine, dunkelhaarige Gestalt aus dem Dunkel auftauchte und sich vor ihm verneigte. Das grauenvolle Getöse und Gewusel der unzähligen versklavten Arbeiter schien ihn nicht zu berühren; er lächelte ungerührt und kindlich-heiter vor sich hin.

»Bring meinen Gästen etwas Licht. Sie fürchten sich sonst am Ende noch in meinem Berg.«

Wieder verbeugte sich der Junge, dann verschwand er. Nur fünf Herzschläge später kehrte er zurück, eine dunkelrot glühende Hornlampe in den Händen.

»Kommt«, forderte der Riese sie spöttisch auf und bedeutete ihnen mit seiner gewaltigen Hand, ihm zu folgen. »Ich zeige euch meinen Liebling.«

***

»Was hast du vor?«, zischelte Lylth, als sie in die Dunkelheit eines weiteren Ganges eintauchten. Der Koloss schritt vor ihnen her und summte vergnügt vor sich hin, was, von den Wänden zurückgeworfen und verstärkt, wie das wütende Summen eines Bienenschwarms klang.

»Wir sind hier, um dieses Schwert zu finden«, murmelte Kelsen zurück. »Einfacher als so kommen wir nie mehr da dran.«

»Und wenn er es uns gezeigt hat, was dann?« Lylths Stimme klang unnatürlich hoch. »Willst du ihn damit erstechen und abhauen? Ein Schwertstich ist für dieses Monstrum doch nicht mehr als ein Piekser! Und was ist mit seinen Dunkelelfen?«

Darauf wusste Kelsen keine Antwort. Im Moment war all seine Hoffnung darauf gerichtet, das Eine Schwert zu erreichen und es irgendwie in die Finger zu bekommen. Weiter zu denken, unterließ er im Moment, denn davon wurde ihm schlecht.

Nach Stunden, so kam es ihnen allen vor, erreichten sie eine letzte Treppe, steiler und dunkler als alle vorherigen.

Ohne zu zögern stapfte der Riese voran und noch ehe Kelsen und die anderen den Fuß der Treppe erreicht hatten, hörten sie ein Rasseln und dann das Quietschen unsäglich schwerer, eiserner Türflügel.

»Nur herein!«, begrüßte der Gigant sie zufrieden, als sie alle unten angekommen waren. »Kommt und seht euch meinen wertvollsten Schatz an!«

Modrige, kalte Luft wehte ihnen entgegen, doch noch während sie sich blind in den unbekannten Raum hineintasteten, flackerten Lichter auf und sie sahen Ard, der mit der Hornlampe eifrig weiter in die Finsternis huschte, um weitere, an den Wänden angebrachte Fackeln zu entzünden.

»Na?«, dröhnte der Riese, kaum dass die letzte Fackel entzündet war und sie das, was in der Mitte des Raumes auf einem Altar ausgestellt lag, sehen konnten. »Ist das nichts? Sagt selbst, ist das nicht der schönste Anblick, der euch armseligen Sterblichen je untergekommen ist?«

Das ließ sich nicht leugnen; auf dem gewaltigen Steintisch steckte in einer goldenen, wunderbar verzierten Halterung der gewaltigste Edelstein, den Kelsen jemals in seinem Leben gesehen hatte. Etwas kleiner als ein Hühnerei, funkelte er in den herrlichsten Schattierungen von Rot, die man sich nur vorstellen konnte. Während Kelsen hinsah, schien er die Farbe zu wechseln von Taubenblutrot zu Purpur, von Feuerrot bis hin zu fast Schwarz. Die Fackeln spiegelten sich in seinem meisterhaften Schliff und ließen es aussehen, als ob er pulsierte.

»Das Herz unter dem Berg«, lächelte der Riese mit funkelnden Augen. »Einer von einst sieben Blutrubinen und der letzte, der von ihnen noch übrig ist.«

Ohne nachzudenken trat Lylth vor, näherte sich dem Stein, Mund und Augen weit aufgerissen und offenbar nicht mehr an die Schrecken denkend, die sie gesehen hatte und die sie immer noch umgaben.

Auch Rìa wirkte gefangen; Kelsen jedoch, nachdem vor seinen Augen kurz all die Schätze, Häuser und Speisen vorbeigewandert waren, die man mit diesem Juwel hätte kaufen können, fasste sich wieder. So schön dieses verfluchte Ding auch war, es war nicht das Schwert.

Er räusperte sich daher. »Hast du noch andere Schätze?«

Jetzt wirkte der Riese ernsthaft beleidigt. »Genügt euch mein Augenstern nicht? Verlangt ihr noch mehr zu sehen? Was hättet ihr denn gern? Das Auge des Einen? Die Krallen von Skemmdir dem Entfesselten? Was verlangt ihr noch?«

Mit jedem Wort wurde seine Stimme lauter, und Kelsen erinnerte sich lebhaft an die Drohung, dass der Koloss Lylth nehmen und Rìa mit ihr totschlagen würde.

»Wir suchen das Eine Schwert«, erklärte Lylth ohne zu zögern.

Rìa sog scharf Luft ein und Kelsen ballte die Hände zu Fäusten.

Der Riese starrte sie einen Moment lang an, als wollte er nichts lieber als ihren Kopf mit seinen gewaltigen Fingern zerquetschen. Dann: »Das Eine Schwert, sagt ihr? Ihr meint das Schwarze Schwert? Den Zahn der Nacht? Nàrdarell?«

»Natürlich«, erwiderte Lylth ohne mit der Wimper zu zucken und genauso wenig wissend wie Kelsen, ob das alles überhaupt stimmte.

»Das Eine Schwert«, wiederholte der Riese und klang auf einmal fast ehrfürchtig. »Hier ist es nicht. Genau so selten und kostbar wie mein Augenstern«, fügte er hinzu und strich mit dem Zeigefinger über den Rubin, sodass er Kelsen auf abstruse Weise an den Kerzenmacher und seinen Dämonenvogel erinnerte. »Selbstverständlich kenne ich die Legenden. Geschmiedet aus dem ersten Erz, das je gefördert wurde, gebadet im Blut des Entfesselten, des größten der Alten Dämonen. Die mächtigste und tödlichste Waffe, die es je gegeben hat. Ja, ich würde vieles darum geben, es meinen Schätzen hinzuzufügen.«

»Du meinst … du hast es gar nicht?« Kelsen tauschte mit den anderen einen Blick; wenn das stimmte …

Der Riese lächelte abgründig. »Nennst du mich einen Lügner, Jäger?«

»Nun«, warf Lylth rasch ein, »als wir dich – gewissermaßen selbst eine Art Legende – sahen, dachten wir, wenn jemand das Schwert tatsächlich in seinen Besitz gebracht haben *könnte* …«

Kelsen hatte keine Ahnung, ob der Koloss auf die Schmeicheleien hereinfiel, aber zumindest schien er nicht unmittelbar den Wunsch zu verspüren, sie alle zu fressen.

»Nun, ich habe es nicht. Soweit ich weiß, ist es schon seit tausenden von Jahren verschollen. Sagt, warum suchen drei Menschlein wie ihr danach? Was wollt ihr mit dem Schwarzen Schwert?«

Kelsen sah zu dem höhnisch grinsenden Riesen auf und stellte sich vor – auch wenn er keine Ahnung hatte, wie das Schwarze Schwert aussehen mochte – wie er selbst es schwang und ihm den Kopf abschlug.

»Es ist, wie du gesagt hast«, sagte er und zwang sich, das Grinsen zu erwidern. »Das Schwert ist die mächtigste Waffe der Welt. Würde ziemlich viel einbringen, die zu haben.«

Wieder verging ein Moment, in dem der Koloss Kelsen aufmerksam musterte, dann lachte er leise und grollend. »Du gefällst mir wirklich! Ich hätte große Lust, dir einen Posten als Vorarbeiter bei mir anzubieten. Was würdest du davon halten? Und deine Weiber können in der Küche arbeiten – der Mensch, den ich jetzt dort beschäftige, wird langweilig. Er kocht immer dasselbe. Ich töte ihn und setze euch an seiner Stelle ein. Na, wie hört sich das an?«

Kelsen spürte, dass jetzt der Moment gekommen war, in dem sich ihr weiteres Überleben entschied. Lylth an seiner Seite vibrierte vor Zorn, aber ein Blick zu ihr genügte; sie biss sich auf die Zunge und schwieg.

»Und was würdest du uns als Bezahlung anbieten?«, fragte Kelsen.

»Bezahlung?« Der Riese lachte dröhnend. »Etwas so Kostbares, wie du es sonst nirgends findest, mein Junge.«

»So kostbar wie dein Rubin?«

Ein gefährliches, eifersüchtiges Glitzern erschien in den Augen des Riesen. »Sei vorsichtig, Jägerlein. Ich kenne die gierigen Gedanken der Menschen. Wenn auch nur einer deiner schmutzigen Finger meinen Liebling berührt, lasse ich dich sie alle zehn aufessen, ehe ich dich töte.« Wieder dieses fürchterliche leise Lachen. »Nein, meinen Augenstern bekommst du nicht, aber ich verspreche dir, ich kann euch ein Angebot machen, bei dem ihr nie wieder von hier wegwollt.«

Kelsen wusste mit Bestimmtheit, dass er dieses Angebot nicht hören wollte. Er wollte nichts anderes als Lylth und Rìa hier rausbringen und wenn möglich seinen eigenen Arsch noch dazu, aber in diesem Augenblick klirrte etwas und alle drei zuckten zusammen; ohne dass einer von ihnen es bemerkt hatte, war der kleine Ard aus dem Raum gegangen und wieder zurückgekommen. In seinen Händen hielt er ein Tablett mit vier Kelchen, von denen drei Normalgröße hatten, der Dritte hingegen etwa drei Gallonen fasste.

Wie aufs Stichwort fühlte Kelsen brennenden Durst; die Hitze in den Gängen war unerträglich und ihm war, als würde die Nähe des glimmenden, flimmernden Rubins sie noch steigern.

»Vortrefflich, Sohn, Verhandlungen führt man am besten bei einem Gläschen Wein«, lächelte der Riese gönnerhaft und krallte sich seinen eigenen, eimergroßen Becher. Er setzte ihn an und leerte die Hälfte in sich hinein, ehe die anderen ihre Kelche überhaupt in den Händen hielten.

Kelsens Kehle biss und brannte; er hatte doch eben erst getrunken, aber es war, als ob das ganze Essen, das er dazu genossen hatte, aus purem Salz bestanden hätte; gierig griff er sich einen Becher.

Es geschah in dem Bruchteil eines Augenblicks, bevor Kelsen den Kelch an die Lippen setzte; er sah hinunter auf den Jungen, der ihn bediente, und dieser blickte zurück. Seine Augen waren dunkelgrau und viel eindringlicher, als sich das für ein Kind gehörte. Einen winzigen Herzschlag lang fixierte der Junge ihn und Kelsen war, als hörte er seine Stimme in seinem Kopf: *Nicht.*

Dann wandte Ard sich ab und es war, als wäre nie etwas geschehen.

»Was ist los?«, dröhnte der Riese, der Kelsen neugierig musterte. »Warum trinkst du nicht?«

Rìa und Lylth fixierten ihn ebenfalls und Kelsen betete, dass noch keine von ihnen einen Schluck genommen hatte. Er hatte zwar keine Ahnung, was passieren würde, wenn sie das täten, aber das Funkeln in den roten Augen des Riesen sagte ihm, dass das ‚Kelsen-frisst-seine-Finger'-Szenario ein Witz dagegen war.

»Oh, es ist nichts weiter«, sagte Kelsen leichthin und setzte den Kelch an den Mund. Er presste seine Lippen so fest zusammen, wie es möglich war und tat so, als würde er einen Schluck nehmen. Am Kelchrand vorbei sah er, wie Lylth und Rìa seine Geste imitierten. Er hoffte bei der Waage, dass sie nicht wirklich tranken.

Langsam setzte er den Becher ab und der Koloss lachte auf.

Mit dem winzigen Teil seines Bewusstseins, der nicht damit beschäftigt war, den Riesen im Auge zu behalten, nahm Kelsen wahr, wie Ard hinter dessen Rücken die Augen schloss und so tat, als würde er seitlich wegkippen.

Kelsen begriff, aber nicht so rasch wie Rìa; mit einem leisen Seufzen brach sie zusammen und verschüttete den Inhalt ihres Kelchs. Auch Kelsen erlaubte seinen Knien nachzugeben und stürzte zu Boden. Auf dem unangenehm warmen Stein liegend, hörte er, wie Lylth einen dramatischen kleinen Schrei ausstieß, direkt darauf folgte ein dumpfer Aufprall. Ein weiterer Kelch rollte klappernd über den Boden davon.

Erneut hörte Kelsen den Riesen lachen, gefolgt von erderschütternden Schritten, die in seine Nähe kamen. Er musste gegen all seine Instinkte ankämpfen, um nicht die Augen zu öffnen und aufzuspringen.

»Wundervoll«, hörte er den Riesen sagen, viel sanfter als er bisher gesprochen hatte. »Oh, Er wird sehr zufrieden sein. Er hat schon lange gehungert. Er war schon fast unzufrieden mit uns … hat uns nicht so viel von der Flüssigkeit geschickt wie sonst. Mir sind schon Arbeiter zugrunde gegangen. Aber heute Nacht kann ich wieder einmal meinen Teil der Abmachung einhalten. Ard!«

Kelsen hörte leichte Schritte, die sich ihm näherten; vor seinem geistigen Auge sah er, wie der Knabe und der Koloss Seite an Seite standen und auf ihn herabschauten.

»Hol ein paar von den Elfen und lass die drei hier vorbereiten. Sie sollen sie in den Saal bringen. Ich werde Ihn rufen. Er wird sehr erfreut sein.«

Wieder ertönte das gewaltige Stampfen; es entfernte sich aus dem Raum und verklang nach endlos langen Herzschlägen draußen in den Gängen.

Kelsen schlug die Augen auf.

»Was … was hat er uns da gegeben?« Lylth hatte sich bereits aufgesetzt und stierte Ard aus unnatürlich geweiteten Augen an.

»Du hast doch nicht etwa davon getrunken?« Rìa sprang auf und wischte sich mit zitternden Händen den Dreck von den Kleidern.

»Nein, ich … Kelsen meinte …«

»Es hätte euch nicht getötet«, erklärte Ard mit unheimlich ruhiger Stimme. »Nur in Trance versetzt. Was euch wirklich töten wird, folgt erst noch. Das heißt, wenn ihr nicht ganz schnell verschwindet.«

»Aber wohin?« Lylth blickte sich gehetzt um. »Hier sind überall Wachen und wir sind tief im Berg …«

»Ich kenne einen Weg«, unterbrach Ard. »Folgt mir.«

Er machte einen Schritt, doch Kelsen hielt ihn an der Schulter fest. »Warum hilfst du uns? Er wird dich umbringen, wenn er dich erwischt!«

Einen kurzen, aber intensiven Moment erwiderte der Junge seinen Blick. »Besser tot als das, was auf mich wartet«, sagte er.

Kelsen ließ ihn los und der Knabe eilte auf die Tür zu. Lylth und Rìa folgten ihm.

»Wartet!« Kelsen brauchte nur einen Moment, um sich zu entscheiden; mit raschen Schritten durchquerte er den Kerker und stürzte auf den Altar zu.

»Ist er irgendwie geschützt?«, fragte er Ard, auf den Blutrubin deutend. »Liegt ein Fluch darauf oder so was?«

Ard schüttelte den Kopf. »Niemand überlebt lange genug, um einen Diebstahl zu versuchen.« Sein Blick verharrte kurz auf dem Stein. »Nichts auf der Welt bedeutet ihm etwas außer das da. Er kann es nicht ertragen, ohne den Stein zu sein. Wenn du aus dem Schloss entkommst, wird er dich hassen. Aber wenn du ihm den Rubin nimmst, wird er nicht eher ruhen, bis er dich wieder zurückgeholt hat. Und er wird dich nicht töten. Auch nicht, wenn du flehst.«

Kelsen löste den Stein aus der Halterung und steckte ihn sich in die Tasche.

***

Als Lylth dem Jungen hinterher in die Dunkelheit floh, war ihr, als könnte jedes Lebewesen im Umkreis von Wegstunden ihr Herz hämmern hören.

Der Berg um sie herum pulsierte vor Bosheit und sie wusste, dass es nicht lange dauern würde, bis sie entdeckt wurden.

»Was hat er mit uns vor?«, wollte Rìa wissen, während sie alle im Laufschritt hinter Ard herrannten.

»Dasselbe wie mit allen Reisenden, die von ihm gefangen werden«, erwiderte der Junge, ohne zurückzublicken. »Er will euch dem Schattengott opfern. Schnell, hier rein!«

Er blieb vor einem unscheinbaren Stück dunkler Mauer stehen und erst, als er mit seiner kleinen Hand dagegen drückte, erkannte Lylth die Tür, die darin verborgen war.

»Schnell!« Eilig winkte Ard sie alle nacheinander herein, dann schlüpfte er ihnen nach und schloss die Tür hinter sich. Keinen Augenblick zu früh; die Ohren gegen den Stein gepresst, hörten sie, wie plötzlich zahlreiche Schritte den Korridor erfüllten, und selbst durch die Mauer erkannte Lylth die Stimmen von Dunkelelfen.

Wortlos winkte Ard sie weiter; sie folgten ihm durch enge, verwinkelte Gänge, die so stockfinster waren, dass Lylth sich fragte, wie der Junge seinen Weg fand. Halb blind tastete sie im Düstern nach Rìas Kittel und hielt sich daran fest, bevor sie sie verlieren konnte.

»Was hat der Riese mit dem Schatten zu tun?«, konnte sie Kelsen irgendwo vor sich keuchen hören.

»Von ihm bezieht er seine Macht. Aber im Gegenzug dafür verlangt der Gott Opfer. Menschen, die ihm dargebracht werden und deren Seelen er sich nimmt.«

Lylth schauderte.

»Deswegen hat er uns nicht gleich umgebracht«, hörte sie Rìa sagen. Der Kittel, an dem Lylth sich festhielt, rutschte nach links weg aus ihrer Hand und sie folgte hastig, aber nicht schnell genug, um zu verhindern, dass sie sich an einer Steinmauer das Gesicht aufschürfte.

»Die Menschen werden dem Dunklen lebendig geopfert«, erklang Ards Stimme so emotionslos, als würde er über die Zubereitung einer Mahlzeit sprechen. »Der Riese macht sie mit Schattenblut gefügig und überlässt sie dann seinem Gott.«

»Schattenblut«, wiederholte Kelsen, und im Dunkeln hörte Lylth deutlich das Entsetzen heraus.

Auch ihre eigenen Gedanken überschlugen sich; wie viele Legenden hatte sie schon über das Blut des Schattengottes gehört, wie viele Geschichten, und eine war schrecklicher als die andere. Nur wenigen ausgewählten Sterblichen, so hieß es, die auf die eine oder andere Art seine Gunst erlangt hatten, gewährte der Schattengott eine ganz besondere Auszeichnung: Er ließ sie von seinem eigenen Blut trinken, wodurch sie ungeheure Macht erlangten. Angeblich konnte man Gedanken lesen, war übermenschlich stark, beherrschte Magie, gewaltiger als alles, was sich menschliche Zauberer vorstellen konnten. Aber, so erzählte man sich weiter, das Geschenk des Gottes erlangte man nur zu einem sehr hohen Preis. Denn wer von dem Blut trank, konnte nie wieder davon loskommen. Schlimmer als jedes Rauschgift, machte es süchtig und so wurde jeder, der sich dadurch übermächtig glaubte, zum Sklaven des dunklen Gottes.

»Warum hat er uns das nicht schon vorher gegeben? Als wir ankamen?« Kelsen schien diese grauenerregende Vorstellung rascher zu verarbeiten als Lylth. »Er hat uns damit gedroht, uns zu töten, wir hätten es getrunken!«

»Er wollte sehen, wer ihr seid«, erklärte Ard etwas außer Atem; der Gang wurde mit jedem Schritt steiler. »Und warum ihr von seinen Schätzen wisst. Das tun nur die wenigsten. Er wollte euer Vertrauen gewinnen, damit er mehr über euch herausfindet. Außerdem«, Ard stockte kurz, »wirkt das Blut umso stärker, wenn man es freiwillig trinkt. Wer gezwungen wird, erholt sich irgendwann wieder davon. Aber wer es von sich aus trinkt, schließt einen magischen Pakt mit dem Dunkel darin und kommt nie wieder davon los. Nicht, dass es für euch eine Rolle gespielt hätte.«

»Wo bringst du uns eigentlich hin?« Rias Atem ging stoßweise, aber das war immer noch besser, als Lylth sich fühlte: Vor ihren Augen tanzten rote Punkte und ihr ungewohnt voller Magen rumorte bei jedem Schritt, den sie sich den steilen, engen Gang emporkämpfte.

»An der Seite des Schlosses gibt es eine Pforte, die wir nur benutzen, um den Abfall hinauszuwerfen. Ihr müsst dort warten, bis die Sonne aufgeht und könnt dann die Bergwand hinabklettern, sie werden nicht erwarten, dass ihr diesen Weg nehmt.«

Lylth erinnerte sich lebhaft an die schrecklichen Stunden, als sie sich hinter Kelsen und Rìa her an den Felshängen in den Wäldern hochgeangelt hatte, und bezweifelte, dass sie auch nur einen Steinwurf weit käme. Bevor sie jedoch etwas einwerfen konnte, blieb Rìa abrupt stehen und sie stieß mit ihr zusammen.

»Wir müssen den Gang wechseln«, erklärte Ard sehr leise; ein schwacher Lichtschimmer drang durch etwas, das wie ein Türspalt aussah, und beleuchtete sein angespanntes Gesicht. »Aber wir müssen uns beeilen; wenn sie entdecken, dass ihr fort seid, wird der Gebieter sofort wissen, dass ich euch geholfen habe. Er wird seine Diener in die Geheimgänge schicken, damit sie uns den Weg abschneiden.«

Lylth sah, wie der Junge sein Ohr an die Tür legte. »Ich höre nichts«, flüsterte er. »Los, gehen wir!« Sie traten hinaus in einen der gewaltigen, rot erleuchteten Korridore des Schlosses. Er war wie ausgestorben.

Ard winkte sie ungeduldig hinter sich her, um die Ecke und zu einer weiteren winzigen Tür, die Lylth nie aufgefallen wäre, hätte Ard nicht darauf gezeigt. »Dieser hier führt an den Küchen vorbei und hinaus zur Flanke des Bergs. Beeilt euch!«

»Was ist mit dir?«, fragte Rìa, sobald die Tür sich hinter ihnen geschlossen hatte und wieder Dunkelheit sie umfing. »Du kannst nicht hierbleiben!«

»Erst müsst ihr von hier weg«, erwiderte Ard ernst, und obwohl auch Lylth sich um den Jungen sorgte, pflichtete sie ihm innerlich eifrig bei. »Sie werden ausschwärmen und euch suchen, dann nutze ich die Zeit und fliehe durch die Stollen. Es gibt Nebengänge im Berg, die die Arbeiter noch nicht entdeckt haben, ich aber schon. Dort werde ich mich verbergen und im geeigneten Moment durch die Dienstbotengänge entkommen.«

Lylth erkannte, dass der Junge seine Flucht schon länger geplant haben musste. Sie hätte gern mehr davon gehört, aber in diesem Augenblick erbebte der Berg und ein schreckliches Gebrüll erfüllte den Korridor. Staub rieselte von der Decke und sie alle erstarrten.

»Er hat von eurer Flucht erfahren«, sagte Ard lakonisch. »Wir haben nicht mehr viel Zeit.«

»Selbst wenn wir es hinaus schaffen, dieses Monster hat uns doch in ein paar Herzschlägen eingeholt«, befand Kelsen, der neben dem Jungen hertrabte; das Licht in diesem Gang war besser und Lylth konnte seinen Pferdeschwanz hinter ihm auf- und abhüpfen sehen.

»Der Gebieter kann das Schloss nicht verlassen«, erklärte Ard noch immer mit dieser unheimlichen Gleichgültigkeit. »Das ist der Preis für seine Macht und die Reichtümer. Darum benötigt er so viele Diener.«

»Und die Dunkelelfen?«, fragte Kelsen, während sie um eine scharfe Linkskurve bogen. »Wie hat er die dazu gekriegt, ihm zu helfen? Soweit ich weiß, halten sie nicht viel von anderen Wesen des Zwielichts.«

Ard holte Luft, um zu antworten, doch er kam nicht mehr dazu; urplötzlich ertönte weiter vorne im Gang ein fürchterliches Gewusel, als ob hunderttausend Insekten gleichzeitig in den Gang hinein und auf sie zu krabbelten.

»Nichts wie raus hier!«, zischte Kelsen, doch Ard hatte bereits kehrt gemacht; im Laufschritt folgten sie dem Jungen den Weg zurück und dann hinein in eine Abzweigung, die Lylth zuvor überhaupt nicht wahrgenommen hatte. Trotz ihrer Angst spürte sie einen Anflug von Bewunderung dafür, wie gut er sich in diesem Labyrinth zurechtfand.

»Wo gehen wir hin?«, rief Rìa ihm über den zunehmenden Lärm hinweg zu; knirschendes Gelächter und die perlenden Stimmen von Dunkelelfen schallten durch den Gang und übertönten ihre Schritte.

»Im Moment? Weg von hier!«, schrie Ard zurück und rannte schneller.

Ab diesem Zeitpunkt erlebte Lylth alles nur noch in einer unnatürlich raschen Abfolge von Eindrücken: Licht und Dunkel wechselten sich ab, während sie durch den Gang hetzten, das Getöse hinter ihnen wurde immer lauter, und Kelsen fluchte ununterbrochen, weil man ihm seine Messer und seinen Bogen abgenommen hatte. Dann gelangten sie zu einer weiteren Tür und Ard stieß sie hektisch auf. »Schneller, schneller!«, rief er, die Kinderstimme ungewöhnlich hoch. Er sprang ihnen voran durch die Tür. Lylth rannte ihm hinterher – und bremste einen Lidschlag, bevor der Boden unter ihr aufhörte. Heftig mit den Armen rudernd taumelte sie zurück und wurde von Kelsen aufgefangen, der als Letzter durch die Tür getreten war. Vor ihnen tat sich ein gewaltiger Abgrund auf; sie waren an der Seite des Berges hinausgekommen und bis auf den winzigen Felsvorsprung, auf dem sie sich alle drängten, gab es nichts um sie herum. Weit im Osten ging langsam die Sonne auf und begann den Wald hunderte Fuß unter ihnen zu erhellen.

Mit hämmerndem Herzen wich Lylth von der Felskante zurück, nur um im nächsten Augenblick wieder nach vorne zu springen: Die Tür in ihrem Rücken war zwar von Ard geschlossen worden, doch von innen knallten in rascher Folge Gegenstände dagegen und sie sah deutlich, wie das Holz sich unter dem Druck zu biegen begann.

Es krachte und splitterte, ein Loch erschien in der Tür und jetzt sah Lylth graue, langfingrige Hände, die sich hindurchschlängelten und versuchten, den Riegel zu finden.

Kelsen warf sich mit der Schulter gegen die Tür und drinnen schrie einer der Elfen auf; hastig wurden die Finger zurückgezogen.

»Wir müssen klettern!«, erklärte Ard und deutete auf die raue, von Furchen und Einkerbungen durchzogene Felswand.

Lylth warf einen weiteren Blick hinunter ins Tal und ihr wurde schlecht. Niemals, nicht in hundert Jahren, würde sie das schaffen!

Wieder donnerte es von innen gegen die demolierte Tür.

»Beeilt euch!«, rief Ard und stieg vom Vorsprung aus in die Wand ein, so mühelos, als springe er in einem Bach von einem Stein auf den anderen. Lylth sah ihm zu, wie er geschickt seine Hände und Füße in Kerben und Ritzen schob, die ihren Augen verborgen waren. Wie gerne wäre sie wieder so furchtlos, wie man es nur als Kind war.

Ein fürchterlicher Ruck um ihren Bauch ließ sie zusammenfahren; da war Kelsen und schnürte ihr seinen Lederriemen um die Taille.

»Wehe, du fällst runter«, raunzte er sie an, war aber kreideweiß im Gesicht.

Mit dem nächsten Stoß riss es die Tür halb aus den Angeln und Rìa folgte Ard die Bergwand entlang. Kelsen war der Nächste und unter Aufbietung all ihrer Kräfte folgte ihm Lylth.

‚Nicht hinunterschauen, nicht hinunterschauen, nicht hinunterschauen', betete sie sich immer wieder vor.

Dann ertönte ein rohes, endgültiges Splittern und die Elfen strömten nach draußen auf den Vorsprung.

***

Mit grimmiger Befriedigung hörte Kelsen einen ganzen Haufen der Dunkelelfen in die Tiefe stürzen, ehe ihre Kumpane begriffen, dass es nach der Tür nicht weiterging. Er hörte ihre Krallen über den Fels schleifen und wusste, sie versuchten, ihnen zu folgen.

Sollten sie.

Während er sich schweißüberströmt und ächzend von Spalte zu Spalte zog, gingen ihm die Worte eines seiner früheren Jagdgefährten durch den Kopf. Olb hatte der Mann geheißen und ihm auf mehreren höchst verbotenen Fahrten Gesellschaft geleistet. Kelsen hatte niemals wirkliche Freunde gehabt, aber wenn einer einem Freund am nächsten gekommen war, dann Olb. Sie hatten damals Schneealben gejagt und ihre Spur verloren. Einige ihrer Begleiter hatten vermutet, die Alben seien aus den Bergen geflohen und hätten sich ins Flachland abgesetzt, doch der Alte hatte nur spöttisch gelacht und gemeint: »Kein Tier, kein Dämon und kein Zwielichtwesen kann jemals seine Gewohnheiten ablegen. Das Gebirge ist das Zuhause der Alben und hier werden sie bleiben, und wenn hundert Menschen sie jagen. Sie können nicht aus ihrer Haut. Das einzige Ding, das aus seinem natürlichen Lebensraum weggeht und lernt zu schwimmen und zu klettern, ist der Mensch. Und das ist auch der Grund, warum wir alle zusammen zum Schatten fahren werden.«

Wie sehr dieser Spruch sich bewahrheitete, das konnte Kelsen jetzt wieder einmal sehen, als die Dunkelelfen einer nach dem anderen vom Felsen abrutschten und schreiend in der Tiefe verschwanden. Dunkelelfen lebten in Wäldern und Sümpfen, sie waren keine Kletterer.

Er spürte einen mächtigen Ruck um seine Mitte und grunzte verärgert; Lylth war abgerutscht, hatte sich aber gerade noch halten können. Dieses Weib hätte gut von den Dunkelelfen abstammen können, so ungeschickt, wie sie sich anstellte.

»Wenn wir je heil hier rauskommen …«, murmelte Kelsen vor sich hin. Doch dann verstummte er. Er hätte nichts schwören können, was er sich selbst geglaubt hätte.

***

Die Sonne ging in Lylths Rücken auf und der Wald kam näher. Das Schloss lag jetzt weit entfernt und die Elfen hatten es nicht gewagt, ihnen über die Bergwand zu folgen, sondern hatten sich auf den Bergpfad aufgemacht, den sie gekommen waren. Vermutlich hofften sie, ihrer Gruppe den Weg abzuschneiden, wenn sie die Bergwand verlassen würden.

Sofern sie den Abstieg überlebten.

Schweiß rann ihr über die Stirn und den Nacken und sie spürte ihre Arme kaum mehr. Sie wusste, dass ein Großteil ihres Gewichts an Kelsen hing, aber sie konnte nicht mehr geben.

»Beweg dich, verflucht noch mal, wir sind fast drüben!«

Verschwommen sah Lylth, dass Ard tatsächlich bereits am bewaldeten Hang angekommen war und sich zwischen den Bäumen emporhangelte. Auch Rìa war fast da.

In diesem Augenblick ertönte viele Fuß über ihr ein schreckliches Gebrüll und Lylth fuhr so heftig zusammen, dass sie fast abgerutscht wäre. Mühsam legte sie den Kopf in den Nacken und sah hoch über sich den Riesen am Rand des Abgrunds stehen und böse auf sie hinunterstieren.

»BETRÜGER! DIEBE! WARTET NUR, BIS ICH EUCH IN DIE FINGER KRIEGE! IHR WERDET UM EUREN TOD BETTELN, DAS SCHWÖRE ICH BEIM SCHATTEN!«

»Los, schneller, du Sack Kartoffeln!«, trieb Kelsen sie an; aus der Anstrengung in seiner Stimme hörte sie Angst heraus.

Zwitschernde, rasselnde Stimmen gesellten sich zu der des Gebieters unter dem Berg; die Dunkelelfen reihten sich an der Seite ihres Herrn auf und spähten unsicher zu ihnen hinunter.

Ein Pfeil sauste nur eine Handbreit an Lylth vorbei in die Tiefe, doch ehe sie reagieren konnte, ertönte von oben ein lauter, entsetzter Schrei und einen Herzschlag später stürzte ein Dunkelelf die Bergwand hinab und verschwand weit unter ihr.

»NICHT SCHIEßEN, IHR ELENDEN NARREN!«, brüllte der Riese, »WENN SIE FALLEN, FÄLLT MEIN AUGENSTERN MIT IHNEN!«

Lylth keuchte heftig, doch dass sie eben knapp dem Tod entgangen war, verlieh ihr neue Kräfte; so schnell sie konnte, folgte sie Kelsen, und jetzt waren sie nicht mehr weit vom bewaldeten Hang entfernt.

»FANGT SIE!«, brüllte die Stimme des Riesen von Neuem, aber jetzt tauchten Lylth und Kelsen in den Schatten der Bäume ein.

»Los, beeilt euch!«, hörte sie Ards Stimme rufen und nur Augenblicke später packten sie starke Hände und zogen sie hoch.

Endlich, endlich hatte sie wieder festen Boden unter den Füßen. Sie war so dankbar dafür, dass sie fast weinte, aber Kelsen zerrte sie unerbittlich weiter.

»TÖTET SIE!«, donnerte der Riese von seinem Beobachtungsposten aus. Er selbst jedoch rührte sich nicht, trampelte nur unentwegt auf demselben Fleck und schüttelte die Fäuste gegen sie.

»Er kann nicht weiter«, sagte Ard, während Lylth den Kopf einzog, weil ihr von überallher Äste ins Gesicht schlugen. Mit weit aufgerissenen Augen starrte er durch das Blätterwerk hinauf zu dem Riesen. »Er kann den Berg nicht verlassen.«

»Aber die Dunkelelfen können es!«, drängte Kelsen und packte ihn ebenfalls. »Und sie kommen!«

Seite an Seite stürzten sie in das dichte Unterholz und hörten den Riesen hinter sich heulen.

»Was sollen wir tun?«, keuchte Lylth, »Wo sollen wir hin?«

»Egal wohin, bloß weg!«, schrie Kelsen sie an; er humpelte und an seiner Hose haftete Blut. Lylth erinnerte sich daran, wie schnell die

Dunkelelfen sich bewegen konnten, wie mühelos sie sie eingeholt hatten. Wie sollten sie ihnen entkommen?

»Verflucht!« Kelsen ruderte mit den Armen und kämpfte um sein Gleichgewicht; der Boden unter ihren Füßen war von einem Moment auf den anderen sumpfig geworden und sie sackten bei jedem Schritt knöcheltief ein. Ard, der fast bis zu den Knien im Schlamm steckte, warf einen entsetzten Blick den Berghang hinauf. »Die Elfen kommen! Ich höre sie!«

»Götterverdammter Scheißschlamm!«, fluchte Kelsen verzweifelt. »Warum Schlamm und nicht ein Fluss?«

‚Ja', sagte eine leise Stimme in Lylths Hinterkopf. ‚Fließendes Wasser.'

Es war eine der ersten Lektionen, die man als Magierschülerin lernte – und vermutlich auch sonst überall und egal, wer man war. Fließendes Wasser war eine uralte magische Barriere und einer der Gründe, warum viele magische Geschöpfe die Lande, in denen sie geboren waren, nicht verließen. Sie blieb stehen und betrachtete den feuchten Boden, die taubedeckten Bäume und das sumpfige Gras um sie herum.

»Lylth! Lylth, beweg deinen Arsch!«

Sie hatte schon Manipulationen an Wasser vorgenommen, aber noch niemals in diesem Umfang und schon gar nicht unter solchen Bedingungen.

»Lylth!« Rìas Stimme überschlug sich. »Lylth, komm weiter!«

Lylth blickte zurück; die anderen waren schon halb zwischen den Bäumen verschwunden, hielten jedoch an und blickten voller Angst zu ihr zurück. Lylth musterte jedes einzelne Gesicht. Dann drehte sie sich um und stapfte entschlossen in die andere Richtung, dorthin, woher die Elfen kommen mussten. Und sie kamen, das spürte sie; von Herzschlag zu Herzschlag kamen sie näher, ihr war, als sähe sie schon ihre Schatten zwischen den Bäumen.

Lylth hörte die anderen panisch hinter sich rufen, aber sie beachtete sie nicht; stattdessen schloss sie erneut die Augen und konzentrierte sich darauf, ihren Herzschlag zu beruhigen.

Zu erklären, wie man die Magie in sich rief, war schwierig, am ehesten vielleicht zu vergleichen mit der Vorbereitung eines Pfeilschusses. Immer dieselben Abläufe, immer derselbe Rhythmus des eigenen Herzens, des eigenen Atems. Trotz des Chaos, das gerade um sie ausbrach, wurde sie ruhig. Eine tiefe, allumfassende Ruhe, die sie tief hinein in ihr innerstes Selbst führte. Dann, noch immer völlig entspannt, öffnete sie die Augen.

Bei den Feuerzaubern ging es darum, die Glut in sich selbst zu wecken, die Entzündlichkeit in jedem seienden Ding zu entdecken. Wasserzauber waren ungleich viel schwieriger und – selbst wenn man sie beherrschte – gefährlicher. Trotzdem brauchte sie nicht viel Vorstellungskraft, um die Quelle in sich selbst zu finden, da sie mitten durch einen Sumpf stapfte und die Kleider durchnässt an ihr klebten. Langsam streckte sie die Hände aus, nicht nach vorn, sondern nach unten, dorthin, wo das Wasser verborgen war.

»Lylth! Sie kommen!« Kelsen war wieder da, aber nicht nahe genug, um sie anzufassen, zum Glück. Ohne auf ihn zu achten, konzentrierte sie sich auf die sprudelnde Quelle in ihrem Herzen und das schimmernde Nass um sie herum und neigte den Kopf.

***

Die Dunkelelfen kamen den Berg hinuntergeströmt wie riesige Insekten mit messerscharfen Zähnen und Klauen. Dass ihr Gebieter auf dem Gipfel gefangen war, störte sie nicht – wild entschlossen hetzten sie den Entflohenen hinterher. Und da stand diese kleine Verrückte, hielt den Kopf gesenkt und murmelte irgendwelche unverständlichen Worte vor sich hin, obwohl sie hätte davonrennen sollen. Nicht, dass es irgendetwas nützen würde – sie waren alle am Arsch, aber Kelsen würde nicht zulassen, dass die Elfen oder dieses schattenanbetende Monstrum sie in die Finger kriegten. Eher würde er sie selber alle umbringen.

Gerade als er die Hand ausstreckte, um Lylth am Arm zu fassen, sah er, wie die Luft um sie herum erglühte. Es war nicht der übliche rosa Schimmer, den er schon kannte, sondern ein sanftes, bläuliches Leuchten, das stärker wurde, je länger er hinschaute. Unter seinen Füßen gluckste und gluckerte es und als er hinabsah, klappte ihm der Mund auf: Überall zog sich das Wasser zurück, als ob sich ein verborgener Abfluss im Boden geöffnet hätte, zog sich zurück und floss auf Lylth zu, die, ohne die Augen zu öffnen, langsam die Arme hob. Auf ihren Befehl hin bahnte sich das Wasser seinen Weg, sammelte sich unmittelbar vor ihr und begann dann nach links und rechts auszuscheren, bis sich ein schmales, glitzerndes Band zwischen den Bäumen hindurchzog und sie von dem oberen Teil des Bergpfades trennte. Lylth stöhnte leise und Kelsen sah, wie ihr Gesicht rot anlief; schweißnass klebte ihr Kleid an ihrem Rücken. Die Elfen waren nur noch wenige Dutzend Schritte entfernt und Kelsen wich instinktiv zurück; Lylths Werk war kaum mehr als ein Rinnsal, schmal genug, um es mit einem großen Schritt zu überwinden, und nicht tiefer als zwei Finger. Es hätte lächerlich ausgesehen, wie sie da mit ausgebreiteten Armen vor ihrem magischen Rinnsal stand, wenn Kelsen nicht solche Todesangst gehabt hätte. Er schrie auf und packte das Messer, das er vorhin einem der Elfen abgenommen hatte, fester. Er würde sie töten, sobald eines der Viecher seinen Fuß über die Wassergrenze setzte – und dann auf einmal war alles still.

Hundert, zweihundert Dunkelelfen standen völlig erstarrt zwischen den Bäumen und starrten mit schreckgeweiteten Augen auf die winzige, sich dahinschleichende Pfütze zu Lylths Füßen. Sie tuschelten und zischelten untereinander, aber keiner von ihnen schien in der Lage, das Rinnsal zu überschreiten.

Kelsen wartete zehn Herzschläge, ob einer von ihnen vielleicht doch den Mut fasste, es zu versuchen. Dann löste sich seine Anspannung in einem schnaubenden Lachen.

»Es klappt«, flüsterte Rìas Stimme ehrfürchtig hinter Kelsen, und als er sich umschaute, stand sie Seite an Seite mit Ard da und starrte fassungslos hinüber zu den Elfen.

»FEIGLINGE!«, brüllte es, und alle fuhren zusammen.

Kelsen blinzelte durch die herabhängenden Äste am Berghang und sah weit weg den Koloss an der ihm auferlegten Grenze stehen und wild mit den baumstammartigen Armen durch die Luft rudern.

»FEIGLINGE! MADEN! HOLT SIE ZURÜCK! HOLT SIE ZURÜCK! SIE HABEN MEINEN AUGENSTERN, HOLT SIE ZURÜCK ODER ICH ERSCHLAGE EUCH ALLE!«

Die Elfen wichen zurück, offenkundig verängstigt, doch noch immer nicht in der Lage, das fließende Gewässer zu überwinden.

Einer von ihnen hob seinen Bogen und feuerte einen Pfeil auf Kelsen ab, aber als ob er gegen eine unsichtbare Mauer geprallt wäre, zerbarst er mitten in der Luft, genau über dem kleinen Rinnsal.

»Kommt!«, rief Kelsen, der sich instinktiv geduckt hatte. Seine sämtlichen Instinkte riefen ihm zu, die Gelegenheit zu nutzen, ehe sie wieder vorbei war. »Schnell!«

‚Bevor die kleine Hexe zusammenbricht', fügte er in Gedanken hinzu.

Dass dieser Punkt nicht mehr allzu fern war, das sagte ihm ein Blick auf ihre zuckenden Augenlider und dunkel umschatteten Augen.

Behutsam legte Rìa ihre Arme um Lylths Hüfte, um sie fortzuführen.

»NEIN!«, tobte der Koloss oben auf dem Berg. »NEINNEINNEINNEIN, SIE GEHEN! SIE GEHEN EINFACH WEG UND IHR TUT NICHTS! DAS DARF NICHT SEIN, DAS KANN NICHT SEIN! TUT ETWAS! HALTET SIE AUF! NEINNEIN, HALTET SIE AUF!«

Doch als noch immer keiner der Elfen sich rührte, schrie der Riese so laut, dass Lylth die Augen aufschlug. Entsetzt und scheinbar unfähig wegzusehen, starrte sie hoch durch die herabhängenden Zweige an der Flanke des Berges und Kelsen konnte nicht anders: Er folgte ihrem Blick.

In unbändiger, maßloser Wut schrie und stampfte der Riese, an seinem Platz festgebannt. Dann, ohne jede Vorwarnung, riss er sich die kostbare Weste herunter. Sein Leib war übersät mit seltsamen Narben, die bis hinunter in den Wald sichtbar waren, denn sie leuchteten wie Sterne in der Nacht. Während der Riese ununterbrochen brüllte und schrie, schlug er sich mit seinen gewaltigen Fäusten auf die Brust und Kelsen meinte zu sehen, wie sich sein Brustkorb fürchterlich eindellte. Unablässig schlug und schlug er auf sich selbst ein, zerkratzte sich die Haut, dass das Blut spritzte.

»Sieh nicht hin«, ermahnte Kelsen, denn ohne hinzusehen spürte er, dass der Junge hinter ihn getreten war.

Die Dunkelelfen waren immer weiter zurückgewichen, bis manche nur noch einen Fingerbreit von dem Gewässer entfernt standen, das sie fast ebenso fürchteten wie ihren Herrn.

Die Brust des Riesen war mittlerweile nicht mehr als eine einzige blutige Masse. Selbst auf die Entfernung sah Kelsen Weiß zwischen dem Rot aufblitzen und vermutete, dass er sich die Haut bis zu den Knochen heruntergerissen hatte. Und dann, ohne dass er zu brüllen aufhörte, rammte sich der Koloss die Faust in den Brustkasten und riss sich mit einem Ruck das eigene Herz heraus.

***

Als die Elfen alle gemeinsam Atem holten, klang das für Lylth wie das Seufzen eines Schiffes, das im Meer versinkt.

Dann, ohne zurückzublicken, stoben sie alle auseinander, fegten davon und verschwanden in der Dunkelheit des Waldes.

Lylths Knie gaben nach; mit einem Stöhnen knickte sie ein und wäre hingefallen, wenn Kelsen sie nicht festgehalten hätte.

»Was … was ist passiert?«, stammelte Rìa völlig verdutzt. »Hat er … hat er …«

»Das Herz des Berges«, flüsterte Ard, den Blick unverwandt auf den gewaltigen Haufen gerichtet, der am Fuß des Schlosses lag. »Er konnte ohne es nicht leben.«

»Fürchterlich«, murmelte Rìa und wandte sich schaudernd ab.

»Besser er als wir«, entgegnete Kelsen schroff und legte sich Lylths Arm um die Schultern. »Los, lasst uns abhauen, bevor die Elfen zurückkommen.«

So rasch sie konnten, stapften sie den sumpfigen Pfad hinab.

Nach einiger Zeit fühlte sich Lylth kräftig genug, um auf eigenen Beinen zu gehen, was Kelsen mit einem dumpfen Murmeln kommentierte. Sie fühlte sich seltsam leicht im Kopf, aber auch sehr stolz auf sich; so schwach der Zauber auch gewesen war, er hatte ihnen allen das Leben gerettet.

Dennoch lauschte auch sie auf jedes verdächtige Geräusch, irgendein Zeichen, dass die Dunkelelfen ihnen irgendwo auflauerten oder der Riese vielleicht von den Toten zurückgekehrt war, um Rache zu nehmen.

»Hört mal«, sagte Rìa, nachdem sie mehrere Stunden gewandert waren, ohne zu sprechen.

Kelsen nickte, doch Lylth brauchte noch einige Minuten, bis sie hörte, was die anderen meinten: Murmeln und Stampfen im Unterholz, zu laut, um einem Wesen des Zwielichts zu entstammen.

»Da sind Leute!«, rief Ard, der ihnen vorausgeeilt war und um die nächste Biegung spähte.

Er hatte Recht: Im bereits wieder schwächer werdenden Tageslicht sahen sie eine Ansammlung von Menschen am Fuß des Berges. Während sie näherkamen, gesellten sich immer neue Leute dazu, bis sich sicher zwei- oder dreihundert Menschen an einem Haufen drängten.

»Das müssen Arbeiter aus den Stollen sein«, murmelte Ard. »Hier unten gibt es Ausgänge für diejenigen, die Brennholz hacken.«

In diesem Moment wurden die ersten der Menschen auf die kleine Gruppe aufmerksam. Lylth sah, wie man auf sie deutete, und schon eilten ihnen einige Männer entgegen. In ihren ausgezehrten Gesichtern wirkten ihre Augen riesig.

»Was ist passiert?«, keuchte der vorderste der Männer, kaum dass sie sie erreicht hatten. »Wir fühlten den Berg erbeben … Hat der Gebieter Magie gewirkt? Hat er … mit *Ihm* gesprochen? Dem Dunklen? Was hat er vor mit uns?«

Angesichts der fürchterlichen Angst in den Mienen der Arbeiter krampfte sich Lylth das Herz in der Brust zusammen. »Ihr braucht keine Angst mehr zu haben«, sagte sie deshalb. »Er kann euch nichts mehr antun.«

»Wie meinst du das?« Eine Frau, deren Stimme sie als etwa Zwanzigjährige auswies, während ihr Gesicht wie vierzig aussah, drängelte sich nach vorne. »Wo ist er? Was ist geschehen?«

»Er ist tot«, erklärte Kelsen in seiner üblichen Ausführlichkeit. »Ihr seid keine Sklaven mehr. Ihr seid frei.«

Einen Moment lang – einen langen, langen Moment – herrschte Stille. Dann trat einer der Arbeiter vor.

»Er ist tot?«, fragte er, die Hacke noch immer in den Händen, und starrte voller Unglauben zu ihnen hoch. »Der Gebieter unter dem Berg ist tot?«

»Ja«, nickte Rìa.

»Habt ihr ihn getötet?« Ein zweiter Arbeiter, ein junger Mann in Lylths Alter, gesellte sich an die Seite des ersten.

»Er hat sich selbst getötet«, widersprach Lylth. »Als er sah, dass sein Blutrubin fort war, hat er sich selbst das Herz herausgerissen.«

Erneut trat Stille ein.

Dann stammelte der junge Mann: »Aber … wenn er tot ist … wer nährt uns dann?« Er streckte die hageren Hände aus. »Das Blut des Dunklen, das nur er herbeirufen konnte! Wer gibt es uns jetzt?«

Lylth tauschte einen verwirrten Blick mit den anderen. »Das Blut? Keine … keine Ahnung! Niemand, denke ich.«

Die Veränderung in den Gesichtern der Arbeiter war umso schrecklicher, da sie bei allen absolut gleichzeitig passierte; von einem Moment auf den anderen hatte Lylth nicht mehr das Gefühl, anderen Menschen gegenüberzustehen, sondern einer Herde wilder, kranker Tiere, die man in der Wildnis ausgesetzt hatte.

»Niemand?«, flüsterte der junge Mann; Lylth senkte den Blick auf seine Arme und erkannte seltsame, dunkelrote Striemen auf seiner Haut. Dieselben Striemen, so kam ihr in den Sinn, die auch die Dunkelelfen auf ihren Hälsen und Gesichtern hatten.

»Aber dann … dann sterben wir!«, schrie irgendwo aus der Menge die völlig panische Stimme einer Frau.

In Lylths Kopf arbeitete es mit einem Mal unglaublich schnell; die Andeutungen des Riesen, dass seine Pächter alle freiwillig bei ihnen seien, Ards Erklärung, der Schattengott gebe ihm regelmäßig von seinem Blut, diesem Blut, das süchtig machte wie eine Droge … All das fügte sich auf einmal auf unheilvolle Weise zusammen. Unwillkürlich machte sie einen Schritt rückwärts.

»Wir sterben!«, wiederholte der mit der Spitzhacke und griff sie fester.

»Wir sterben wegen euch!«, brüllte irgendwo eine Stimme aus der Menge, und dieser Ruf wurde von hundert anderen Kehlen aufgenommen. »Ihr habt uns getötet! Mörder!«

»MÖRDER!«

»Tötet sie!«

Lylth brauchte Kelsens panischen Ruf nicht, der sie zum Laufen anfeuerte; ansatzlos wirbelte sie herum und rannte los, doch weit kam sie nicht; schon strömten von allen Seiten Minenarbeiter auf sie zu, Spitzhacken, Schaufeln und andere Werkzeuge in den Händen, und in jedem einzelnen Gesicht lag Todesangst, verzerrt von fürchterlicher Rachsucht.

Ein Schrei ertönte und sie sah, wie ein Arbeiter, der versucht hatte, Kelsen am Arm zu packen, zu Boden stürzte; die Spitzhacke, die der Jäger in den Händen hielt, war blutverschmiert.

»Lylth! Tu irgendwas!«

Doch Lylth wusste nicht, was; ihr Inneres war leer, aufgebraucht, und selbst wenn sie noch genügend Kraft gehabt hätte, pulsierte die Angst rasend in ihren Gliedern und machte es ihr unmöglich, sich auf ihre Magie zu konzentrieren.

»Lauft! Lauft!«

Blindlings hetzten sie durch die Bäume, doch schon nach wenigen dutzend Schritten waren sie eingekesselt. Verzweifelt blieb Lylth stehen und prallte rückwärts gegen die anderen, die ihr gefolgt waren und jetzt sahen, dass es kein Entkommen gab.

Sie spürte Ards zitternden kleinen Körper, der sich an sie presste, hörte Rìas hektisches Atmen neben sich und wusste, dass das Ende gekommen war.

Ein winziger Teil in ihr schrie, wie ungerecht das alles war, nachdem sie Riesen und Seelensammlern und Dunkelelfen entkommen waren, doch sie hatte zu große Angst, um darauf zu hören.

»Was ist das?«, hörte sie Kelsen rufen und folgte seinem Blick.

Auf Ards Gesicht lag ein seltsamer, bläulicher Schein, der sich auch an Lylth eigenen Kleidern fand. Und dann erkannte sie, dass das Licht aus ihrer Tasche kam. Ohne nachzudenken tastete sie danach und hielt auf einmal die Uhr in den Händen, die ihr der Dämon geschenkt hatte.

Sie leuchtete wie verrückt, pulsierte und klickte, als wäre sie durch irgendeinen verborgenen Zauber plötzlich lebendig geworden.

»ACHTUNG!«

Rìa drückte ihren Kopf nach unten, gerade noch rechtzeitig, um einem heranfliegenden Beil auszuweichen.

Die tobende Meute war nur noch wenige Schritte von ihnen entfernt und Lylth wusste, dass ihr nur eines zu tun blieb.

»Haltet euch an mir fest!«, schrie sie, schloss die Augen, hob die Uhr in die Luft – und drückte den Knopf.

DIE PYRAMIDE DES NICHTS

Ein seltsames, rasendes Surren hob an, dann spürte Kelsen, wie er den Boden unter den Füßen verlor. Er schrie auf und klammerte sich umso fester an das, was er gerade festhielt: Rìas Hand und Lylths knochige Schulter. Die Welt um ihn herum verschwamm in einem seltsamen, kreiselnden Wirbel; Farben und Formen explodierten um ihn herum, sodass ihm schlecht wurde. Hastig schloss er die Augen, hörte das dröhnende, tosende Hämmern, spürte, wie er schwerelos und doch unendlich träge schwebte, als läge er im Wasser – und dann schlug er auf.

Einen verwirrten Moment lang stand er nur gebückt da, noch immer an Lylth geklammert, und versuchte, sein Gleichgewicht wiederzufinden. Dann fiel ihm auf, dass es erstens sehr hell und zweitens brütend heiß war. Ächzend blinzelte er gegen das gleißende Licht und hob die Hand vor die Augen. Ein sehr warmer Wind zerzauste ihm die Haare und er fragte sich, ob sie irgendwie in einen der Stollen im Berginneren befördert worden waren.

»Was zum Schatten ist passiert?«

Allmählich gewöhnte er sich an die Helligkeit und konnte erkennen, was sich um ihn herum abspielte: Rìa war da und drehte sich an Ort und Stelle im Kreis, als hoffte sie, die Orientierung wiederzugewinnen. Lylth kniete unmittelbar daneben und starrte auf etwas in ihrem Schoss. Er konnte sie nicht allzu deutlich sehen und nach einem Moment wurde ihm klar, dass heller Sand um sie herumwirbelte.

Sand?

Langsam sah er sich um. Um sie herum erstreckte sich eine endlose Leere. Weißer Sand und Dünen, so weit das Auge reichte, nur ganz weit im Osten erkannte er dunkle Linien, die vermutlich Hügelketten oder so etwas waren.

»Wo sind wir?« Rìa starrte ihn mit offenem Mund an, genauso ratlos wie er.

»Wie sind wir hierhergekommen?«

Kelsen erstarrte beim Klang der zweiten Stimme. Dann schaute er hinab und erkannte Ard, der neben Rìa am Boden hockte, offenbar gestürzt. Seine Augen waren so weit aufgerissen, dass Kelsen fürchtete, sie würden ihm gleich herausfallen. »Wie habt ihr das gemacht?«

Ehe Kelsens Kopf eine Antwort formulieren konnte, blickte Lylth auf; ihr Gesicht glühte. »Es war die Uhr«, erklärte sie, ein fanatisches Glitzern in den Pupillen. »Die Uhr hat geleuchtet, ich habe den Knopf gedrückt – und sie hat uns in Sicherheit gebracht! Sie funktioniert!«

»In Sicherheit?«, wiederholte Rìa zweifelnd und duckte sich, als ihr eine besonders heftige Böe eine Ladung Sand ins Gesicht schleuderte.

Lylth sprang auf, die Uhr wie ein rohes Ei in den Händen, und musterte ihre Umgebung. »Das hier sieht ein wenig aus wie die Ebene, in der wir uns getroffen haben. Ob sie uns einfach wieder an unseren Ausgangspunkt verfrachtet hat?«

Kelsen schnaubte über so viel Unwissenheit. »Der Boden sieht hier doch ganz anders aus«, herrschte er Lylth an. »Solchen Sand findest du in den Mitlanden nicht. Wenn, dann könnten das die Steppen sein. Wenn ich nur irgendeinen Anhaltspunkt hätte …«

Rìa kniff die Augen zusammen und spähte angestrengt nach Süden. »Wenn wir in den Steppen sind, müssten die Amar-Berge irgendwo dort unten sein. Ich sehe sie aber nicht.«

»Dafür sind dort im Osten Berge«, erwiderte Kelsen und zeigte auf die fernen Linien, die er zuvor schon gesehen hatte.

»Das Averan-Gebirge?«, meinte Rìa hoffnungsvoll.

»Ich weiß es nicht. Irgendwie kommen sie mir höher vor.« Mit verzweifeltem Blick betrachtete er den Horizont. Dann erstarrte er.

»Was ist los?«, fragte Lylth, die seinen Gesichtsausdruck bemerkte. »Was siehst du?«

Einige lange Herzschläge vergingen, bevor Kelsen ihr antwortete. »Seht ihr das dort drüben?«, fragte er, den Finger auf eine der fernen blauen Erhebungen gerichtet, über der eine Art Wolkengebilde zu schweben schien.

Die anderen bejahten.

»Das sind die feuerspeienden Berge des Südostens«, erklärte Kelsen mit tonloser Stimme. Und dann, in die anschwellende Stille hinein: »Wir sind in der Silberwüste. Diese Uhr hat uns in die Wüste verfrachtet.«

***

Einige Momente waren sie alle starr vor Entsetzen.

Dann fand Lylth ihre Stimme wieder: »Naja, ich denke … die Uhr dachte wohl, sie muss uns so weit wie möglich von dort wegbringen.«

Rìa starrte sie an. »Was soll das heißen, 'die Uhr dachte'?«

Lylth schürzte die Lippen, offenbar verlegen. Dann schüttelte sie den Kopf. »Lasst es uns noch einmal versuchen. Vielleicht muss man sich darauf konzentrieren, wo man hinwill? Kommt, kommt alle, wir denken an … ich weiß nicht …«

»An einen Ort, wo es Betten gibt«, warf Rìa ein; mit einem Mal wirkte sie sehr erschöpft.

Also scharten sie sich um Lylth, wobei jeder darauf achtete, einen Zipfel ihres Rocks zu berühren.

Lylth hob die Uhr über ihren Kopf. Ohne dass sie darüber sprachen, bemerkte jeder von ihnen, dass das blaue Glühen, das sie zuvor gesehen hatten, verschwunden war. Trotzdem kniff Lylth die Augen zusammen, hielt die Luft an und drückte den Knopf.

Nichts passierte.

Noch ganze drei Mal drückte sie, doch die Uhr tat rein gar nichts.

»Verdammtes Mistding!«, fluchte Kelsen und ließ Lylth los.

Rìa trat zurück und fuhr sich mit der Hand über die Stirn; der Schweiß floss ihr übers Gesicht, genauso wie Kelsen.

Lylth betrachtete grübelnd die Uhr. »Sie bringt uns … einfach irgendwo anders hin, irgendwo, wo wir außer Gefahr sind.«

»Außer Gefahr?« Kelsen hob die Arme. »Wir sind hier in der Wüste, verflucht! Wir haben kein Essen, kein Wasser! Wir werden hier verhungern und verdursten, wenn wir nicht vorher von einem Sandsturm zermahlen werden!«

Lylth kümmerte sich nicht groß um diesen Einwand. Stattdessen musterte sie noch immer gedankenverloren das Dämonenrelikt. »Die Aufgabe der Uhr ist es nur, uns aus einer akuten Gefahr zu retten. Und dann … naja, müssen wir … irgendwie selber klarkommen.«

»Oh, natürlich, was denn auch sonst?«, fluchte Kelsen und trat gegen einen herumliegenden Stein; das bereute er einen Moment später, denn das verdammte Ding war viel größer, als es ausgesehen hatte, und er stauchte sich den Zeh. Während er auf einem Bein herumhopste und sich den Fuß hielt, funkelte er Lylth wütend an. »Siehst du jetzt, was ich gemeint habe? Man kann den Dämonen nicht trauen! Wahrscheinlich hockt der Bastard jetzt irgendwo und lacht sich kaputt über uns! Diese Uhr wird uns kreuz und quer durch die Welt jagen, gerade so, wie es ihr gefällt, ohne dass wir eine Ahnung hätten, wohin es geht oder wie weit wir noch von den Mitlanden wegkommen!«

»Mag sein«, stimmte Rìa bedächtig zu, »Aber wäre die Uhr nicht gewesen, wären wir jetzt tot.«

Das ließ sich nicht bestreiten.

Kelsen warf sich schwer in den Sand und rieb sich den Fuß. Dann meinte er: »Aber zumindest sollten wir dieses Ding nicht mehr benutzen, außer wenn es absolut notwendig ist. Wer weiß, wo wir sonst noch landen.«

Lylth warf ihm einen eingeschnappten Blick zu; ganz offensichtlich nahm sie Kelsens mangelnde Dankbarkeit schlecht auf, aber für ein schlechtes Gewissen fehlte ihm die Zeit. Lylth schickte sich an, die Uhr wegzuräumen, dann hielt sie inne. »He, seht mal! Diese Finger, die auf die Zahlen zeigen … sie sind jetzt woanders! Als ich die Uhr bekommen habe, waren sie beide auf zwölf, jetzt stehen sie zehn kleine Striche davor. Zehn Striche vor zwölf.«

»Ist ja ungeheuer faszinierend«, knurrte Kelsen und rappelte sich wieder hoch; angestrengt musterte er die Umgebung um sie herum, als hoffte er, plötzlich eine Eingebung zu haben, wohin sie gehen sollten. Das Einzige, was ihm zu tun einfiel, nämlich auf die unendlich fernen Berge im Osten zuzuhalten, würde ihnen nicht helfen; sie würden verdurstet sein, ehe sie auch nur in die Nähe der fruchtbaren Lande dort kamen.

»He, seht mal!«, rief Ard, der auf eine niedrige Düne geklettert war und Ausschau hielt. »Seht mal, dort drüben!«

Kelsen war als Erster oben auf der Düne. Er legte die Hand über die Augen, um zu sehen, wohin der Junge deutete. Er brauchte einen Moment, doch dann sah auch er es: Bäume, grüne Blätter … das Schimmern von Wasser …

»Eine Oase!«, rief der Junge voller Überzeugung.

Kelsen, der dieses Wort noch nie gehört hatte, schüttelte den Kopf. »Das ist nichts weiter als eine Luftspiegelung. In den Steppen gibt es das auch … wenn dein Kopf zu heiß wird, beginnst du Dinge zu sehen … und schleppst dich tagelang hinterher, bis du verdurstest.«

Ard drehte sich zu ihm um und sah ihn mit kindlichem Ernst an. »Aber so durstig bin ich noch nicht. Und mir ist zwar heiß, aber nicht so heiß. Ihr habt auch erst vor ein paar Stunden gegessen und getrunken.«

Verärgert wandte Kelsen sich ab. »Ach, was weiß ich! Aber eins weiß ich, wenn wir diesem Trugbild folgen, führt uns das nur noch weiter in die Wüste hinein!«

»Haben wir denn eine Wahl?«, fragte Rìa, die eben an sie herangetreten war. Kelsen sagte nichts; er wusste so gut wie sie, dass die Reise in den Osten ohne Wasser zu lange dauern würde.

»Lasst es uns versuchen«, bettelte Ard, der schon wieder auf das flimmernde grüne Bild in der Ferne starrte.

»Uns«, wiederholte Kelsen missgelaunt; der Junge musste mit in das Kraftfeld der Uhr hineingezogen worden sein, was gut war, immerhin hatte das sein Leben gerettet. Doch dass er jetzt so selbstverständlich mit ihnen kommen wollte, behagte Kelsen nicht. Andererseits, konnte er diesen Knirps alleine in der Wüste zurücklassen? Doch ehe er weiterdenken konnte, war Lylth schon heran und deutete begeistert auf die Oase.

»Lasst uns dorthin gehen! Vielleicht ist es kein Trugbild! Vielleicht hat meine Uhr uns absichtlich hierhergeführt!«

Kelsen blickte von einem Gesicht zum anderen und sah ein, dass er überstimmt war. Finster vor sich hinmurmelnd, führte er die Gruppe die Düne hinunter und in Richtung des – wie er immer noch sicher war – Trugbildes.

***

Es sah Kelsen nicht ähnlich, sich mehrmals an einem Tag zu irren. Und obwohl er es eigentlich hasste, wenn das passierte, war er doch mehr als froh, als sie kurz vor Sonnenuntergang eine Düne erklommen und unter sich einen kleinen See sahen, umgeben von üppigen grünen Büschen und Bäumen.

Ard und Lylth jubelten und stürzten sich als Erste hinunter, ohne auf Rìas mahnende Rufe zu hören.

»Ein Wunder«, murmelte Kelsen, der neben Rìa stehengeblieben war und den kleinen, blühenden Krater inmitten von Ödnis betrachtete. »Ein götterverdammtes Wunder.«

»Hoffentlich kann man dieses Wunder auch wirklich trinken. Wer weiß, warum es hier in dieser Wüste existiert und noch nicht verdunstet ist. Vielleicht ist es verseucht. Und wenn nicht, sind wir ganz bestimmt nicht die Einzigen, die hierherkommen, um zu trinken.«

Kelsen und Rìa tauschten einen Blick.

»Sie sollen da rauskommen«, murmelte Rìa, als Lylth sich lauthals lachend in den See warf und Ard sich am Ufer niederließ, um sich ganze Hände voll Wasser in den Mund zu schöpfen.

»Warte«, hielt Kelsen sie zurück. Wenn dort unten etwas war und es auf die beiden abgesehen hatte, würden Kelsen und Rìa ihnen nicht helfen, indem sie hinuntergingen und ebenfalls gefressen wurden. Doch eine gute Weile verging, ohne dass irgendetwas passierte, und als Lylth auch nach mehrmaligem Untertauchen im See noch nicht ersoffen, vergiftet oder verflucht worden war, kamen auch die beiden Jäger überein, es ihren Gefährten gleichzutun.

»Siehst du?«, feixte Lylth, als Kelsen sich das Hemd auszog, um sich zu waschen, »Ich habe es ja gesagt: Die Uhr funktioniert!«

»Jaja, schon gut. Aber erwarte jetzt nicht, dass ich mich bei dem Ding bedanke!«

»Es reicht, wenn du dich bei mir bedankst«, grinste Lylth und wrang ihre Haare aus. »Ich habe euch das Leben gerettet. Zweimal. Nein, dreimal.«

»Danke«, lächelte Rìa. »Und danke auch dir«, fügte sie hinzu und nickte dem dunkelhaarigen Jungen zu, der ausgebreitet am Strand lag.

Ard antwortete nicht.

»Was hat er?« Kelsens Sinne waren sofort in Alarmbereitschaft; hatte er doch Recht gehabt? War der See verflucht?

»Er schläft«, erklärte Lylth, die einen prüfenden Blick auf den Jungen geworfen hatte. »Ist auch verständlich, dass er müde ist.«

Dennoch vergewisserte sich Kelsen erst, dass die Brust des Knaben sich tatsächlich hob und senkte, ehe er fortfuhr, sich zu waschen.

»Was machen wir jetzt eigentlich?«, wollte Rìa wissen.

»Erst mal etwas essen!«, krähte Lylth, die sich auf das nächste Gesträuch gestürzt hatte und jetzt eine Handvoll knallroter Beeren abpflückte. »Das sind Kijawa-Beeren, die kenne ich von zu Hause. Sie sind köstlich, probiert mal!«

»Nur zu, du zuerst«, erwiderte Kelsen, was die Hexe mit einem spöttischen Lachen aufnahm.

Kelsen setzte sich neben Rìa in den Sand. »Das Eine Schwert«, murmelte er.

Rìa nickte. »Wir haben es noch immer nicht gefunden. Und wenn nicht einmal dieser Riese wusste, wo es sich befindet …«

»Immerhin wissen wir jetzt etwas mehr darüber«, bemerkte Kelsen ohne jede Freude. »Nàrdarell«, wiederholte er den Namen leise. »Ich habe nie davon gehört.«

»Ich auch nicht.« Rìa zog die Schultern hoch. »Der Name klingt nicht gut. Irgendwie böse.«

»Muss es wohl auch sein, wenn wir damit einen der Alten umbringen können.«

»He, seht mal!«, hörten sie es von irgendwo aus den Büschen kreischen; Lylth erschien, den Mund und die Wangen dunkelrot von den ganzen Beeren, die sie gegessen hatte. »Hier sind noch mehr! Und Granatäpfel gibt es auch!«

Rìa sah Kelsen ernst von der Seite an. »Wie sollen wir es finden ohne Hilfe?«

Kelsen kratzte sich im Nacken. »Keine Ahnung.«

»Bist du sicher, dass du alles richtig verstanden hast, was die Waage dir …«

»Willst du jetzt ernsthaft mit mir darüber streiten, ob ich zu blöd bin, mir drei Sätze zu merken?«

Abwehrend hob Rìa die Hände. »Schon gut. Aber leicht wird es nicht, ich habe nämlich keine Ahnung, wen wir jetzt noch fragen könnten.«

Kelsen warf einen Blick auf Ard, der sich im Schlaf auf die Seite gedreht hatte; sein schwarzes Haar war voller Sand, ebenso seine Wange. »Erstmal muss ich dafür sorgen, dass wir alle heil aus der Wüste rauskommen. Und dann sehen wir schon weiter.«

***

Als sie am nächsten Morgen aufwachten und Kelsen zu seiner Verblüffung feststellte, dass sie alle noch lebten, gönnten sie sich als erstes ein ausgiebiges Frühstück. Lylth hatte Recht behalten, die Beeren schmeckten hervorragend und außerdem fanden sie an einem hochgewachsenen, stachligen Baum einige der größten Nüsse, die sie je gesehen hatten. Mit einigen Mühen gelang es ihnen, sie mit einem scharfen Stein entzwei zu hacken und danach taten sie sich an dem köstlichen weißen Fruchtfleisch und dem Saft darin gütlich.

Dabei erzählte ihnen Ard, wie er zu dem Gebieter unter dem Berg gekommen war. »Er hat meine Eltern getötet«, erklärte er mit derselben emotionslosen Stimme wie am vergangenen Abend. »Die Dunkelelfen kamen eines Nachts in unser Dorf. Ich war noch ganz klein, aber ich erinnere mich an die Schatten und die Schreie. Sie haben uns ins Schloss mitgenommen. Ich glaube, ich war das einzige Kind oder das jüngste. Jedenfalls … ich konnte es nicht sehen, weil die Elfen mich weggebracht haben, aber ich habe meine Mutter schreien hören und dann hörte ich Knochen brechen. Später hat er mir erzählt, er hätte ihnen die Köpfe abgerissen. Ich weiß nicht, ob es stimmt.« Er biss in ein Stück seiner Nuss. »Er hat mich adoptiert und aufgezogen und ich musste für ihn arbeiten.«

»Warum?«, fragte Rìa, nachdem sie ihre Stimme wiedergefunden hatte. »Warum hat er das getan?«

Ard hielt inne. Eine kleine Falte erschien auf seiner jungen Stirn, offenbar dachte er scharf nach. »Er hat es mir nie gesagt. Aber was ich von den Elfen gehört habe, wenn sie mich ärgern wollten, so wollte er mich auch opfern. Er wollte warten, bis ich zwölf bin – also kein Kind mehr bin. Danach wollte er mich dem dunklen Gott als Opfer darbringen. Nicht so wie euch, ich wäre dabei nicht gestorben. Aber ich hätte meine Seele verloren. Ich wäre so geworden … so geworden wie er.«

Er senkte den Blick auf sein Essen und sagte nichts mehr.

***

Lylth beobachtete Ards helle Kinderaugen, die aussahen, als hätten sich eiserne Schranken hinter ihnen geschlossen.

‚Hättest du nur so werden sollen, dachte sie bei sich, oder bist du es schon längst durch all das, was du gesehen hast? Was du tun musstest?'

»Also habe ich beschlossen zu fliehen«, fuhr der Junge nach einer Weile fort und strich sich energisch das Haar aus der Stirn. »Ich habe angefangen, mir die Stunden zu merken, in denen die Arbeiter in den Stollen ausgewechselt wurden. Habe die Gänge erkundet und herausgefunden, wo nie jemand hinkam. Ich wollte dort warten und dann, eines Morgens, wenn alle schlafen, fliehen. Und dann seid ihr gekommen«, schloss er knapp und stopfte sich das letzte Stück der Nussfrucht in den Mund.

Lylth schauderte über die kühle Sachlichkeit, mit der Ard das alles berichtete. Sie drehte sich zu den anderen um, ob es ihnen ebenso ging – und war erstaunt, als sie den Ausdruck auf Kelsens Gesicht bemerkte. Er hielt nur einen Herzschlag an, dann wirkte der Jäger wieder so mürrisch und abweisend wie immer. Doch für einen Lidschlag hatte er Ard so angesehen … so, wie Lylth es noch nie bei ihm gesehen hatte. Fast so, als empfände er Mitleid und noch etwas anderes. Sorge? Schuldgefühle?

»Was wird jetzt wohl aus diesen Arbeitern? Denen in den Minen?«, fragte sich Rìa laut. »Glaubt ihr, sie müssen wirklich sterben?«

»Sah wohl so aus«, erwiderte Kelsen und wischte sich mit dem Ärmel den Mund ab. »Nicht, dass ich's bedaure. Besser die als wir.«

»Wie fürchterlich das gewesen sein muss«, ging Lylth auf Rìa ein und schlang die Arme um die Knie. »Stellt euch vor, ihr müsst arbeiten, für immer und ewig, damit ihr dieses grauenhafte Götterblutzeugs zu trinken bekommt, und ihr wisst, wenn ihr abhaut, sterbt ihr einfach!«

»Nicht einfach«, widersprach Ard leise, ohne sie anzusehen. »Das bestimmt nicht.«

Lylth wollte nicht hören, was der Junge hinzuzufügen hatte, doch offenbar hatte er das ohnehin nicht vor.

»Wenn du nichts dagegen hast, sollten wir uns besser um uns selber kümmern«, sagte Kelsen. »Ich meine, es ist ja sehr nett hier, aber für immer können wir hier wohl nicht bleiben. Wir müssen uns überlegen, was wir als nächstes tun wollen.«

Lylth seufzte tief; der Gedanke, diesen schönen, friedlichen Ort wieder zu verlassen, machte sie unglücklich.

»Als erstes sollten wir versuchen herauszufinden, was es sonst noch an diesem Ort gibt – und ob wir wirklich allein sind«, schlug Rìa vor.

***

Diesem Plan stimmten sie alle zu und so machten sie sich nach dem Frühstück auf, den Platz, den Ard Oase nannte, zu erkunden. Sehr lange brauchten sie nicht dazu; nach ungefähr einer Meile hörte der See auf und versickerte im Sand. Auf der anderen Seite wuchsen dieselben Pflanzen wie auf ihrer eigenen, doch sahen sie hier zum ersten Mal Tiere; große, hellbunte Vögel mit unglaublich langen Schwänzen und Schnäbeln, die kreischend davonflogen, als die Wanderer näherkamen. Auch eine Gruppe rehähnlicher Kreaturen mit gewaltigen Ohren fanden sie am Seeufer trinkend vor. Im Gegensatz zu den Vögeln ließen die sich von ihnen nicht stören und erlaubten es ihnen, bis auf wenige Schritte heranzugehen, ehe sie sich zurückzogen.

»Wenn ich nur meinen Bogen und mein Messer hätte«, murmelte Kelsen bedauernd vor sich hin, während er die weichen Bäuche und kräftigen Schenkel der Tiere musterte.

»Wem sagst du das«, sagte Rìa, sich vorsichtig umblickend. »Wenn hier Fluchttiere sind, muss es auch Raubtiere geben. Lasst uns vorsichtig sein!«

***

Um die Mittagszeit waren sie wieder zurück an ihrem Ausgangspunkt, was gut war, denn die Sonne brannte mittlerweile so mörderisch vom Himmel, dass ihnen nichts anderes übrigblieb, als sich in den Schatten zurückzuziehen.

Kelsen verbot Lylth und Ard das Baden, weil sie nicht sicher sein konnten, dass sich nicht doch irgendwo fleischfressende Tiere versteckt hielten. Also blieben sie zusammen und dösten, während abwechslungsweise einer Wache hielt.

Es war so heiß, dass sie alle das meiste ihrer Sachen auszogen, und Kelsen stellte verwundert fest, dass weder der Anblick von Rìas braungebrannten Beinen noch Lylths wohlgeformte Brüste, die sich durch die Stoffbinde um ihre Brust abzeichneten, in ihm irgendeine Regung hervorrief.

Es war, als hätte der Abend, als sie sich zu einer Gemeinschaft verschworen hatten, all das in ihm ausgelöscht. Sie waren keine Frauen mehr. Sie waren Teil seiner Gruppe. Teil seiner Mission. Von ihm.

Als am Abend die Temperaturen sanken, aßen sie erneut von den Beeren und Nüssen und versuchten sich einen Plan zurechtzulegen.

»Diese Berge dort liegen mindestens einen Vierzigtagemarsch von uns entfernt«, erklärte Kelsen. »So viel Essen und Wasser könnten wir kaum mitschleppen, selbst wenn wir unsere Rucksäcke und anderen Sachen noch hätten.«

»Das können wir, wenn es sein muss«, hielt Rìa dagegen. »Als Erstes brauchen wir Werkzeuge; ich habe dort hinten Knochen eines kleinen Tieres gesehen. Ich kann daraus Nadeln und anderes Werkzeug machen. Dann mache ich uns aus den Blättern der Kijawa-Büsche dort Trinkschläuche. Die Blätter sind zäh und faserig, die halten was aus.«

»Ich kann mir eine Steinschleuder machen«, warf Ard eifrig ein. »Dazu brauche ich kein Messer, ein scharfer Stein tut es auch, das habe ich schon früher gemacht.«

Kelsen dachte, dass er jedes Holz, das sich verwenden ließe, erst für einen neuen Bogen nehmen würde, doch er nickte zustimmend.

So begannen sie, Dinge zu sammeln, die sie zum Herstellen lebensnotwendiger Gegenstände benötigten. Die nächsten Tage verbrachten sie damit, ihre Ausrüstung so gut es ging zu erneuern, wobei Kelsen zu seinem Bedauern feststellte, dass keines der hier wachsenden Hölzer stabil und doch federnd genug war, um einen tauglichen Bogen daraus zu machen.

Stattdessen fertigte er sich aus einem schön gewachsenen Ast einen Speer, an dem er einen spitz geschliffenen Stein als Spitze befestigte. Dafür musste er ein Stück seines Lederriemens opfern, aber das war es ihm wert. Mit dem Speer erlegte er eines der großohrigen Rehe und brachte Ard bei, wie man Fische fing, von denen es in dem kleinen See erfreulich viele gab.

Sie trockneten das Fleisch, so gut es ihnen möglich war, und legten sich einen schönen Vorrat an allem möglichen Essbaren zu, das sich an diesem Ort finden ließ.

Was Ard anging, so bewies er eine erstaunliche Lernfähigkeit; selten brauchte man ihm etwas mehr als einmal zu erklären und wenn er etwas nicht sofort hinbekam, übte er so lange still und konzentriert, bis er es schaffte. Auf Kelsen wirkte er sehr zäh, was angesichts seiner Lebensgeschichte wohl verständlich war – weniger verständlich war für Kelsen, wie offen und herzlich er mit den anderen umging. Nach allem, was er erlebt hatte, hätte Kelsen mehr Reserviertheit erwartet, vielleicht sogar erhofft. Die Art, wie der Junge zu ihm aufsah, gefiel ihm nicht. Zu viel Nähe. Zu viel Verantwortung. Zu viele Erinnerungen. Also hielt er sich so gut wie möglich zurück und ließ die Frauen sich mit dem Jungen abgeben. Denen war es ohnehin von Natur aus gegeben, sich um Kinder zu kümmern. Das schien ihnen und Ard ganz gut zu gefallen, und zusammen mit dem Überfluss der Oase bewirkte das eine seltsame Aura von Zuversicht um die drei.

Selbst Kelsen begann es allmählich für möglich zu halten, dass sie ihren wahnsinnigen Plan verwirklichen und den Weg zurück in die bekannte Welt schaffen würden.

So kam es, dass er sich am Abend des fünften Tages in der Oase mit der Andeutung eines Lächelns schlafen legte. Während er einschlief, hörte er Lylth zu Rìa sagen, dass sie Kelsen noch nie habe lächeln sehen und es gruselig finde.

Dann begann er zu träumen.

Er träumte, dass er am Ufer eines bodenlosen schwarzen Sees stand, unter dessen Oberfläche er die Umrisse einer lange verschollenen Stadt sehen konnte. Er hörte Rìas und Lylths Stimmen hinter sich, doch er konnte sich nicht nach ihnen umdrehen.

Dann hörte er Ard schreien.

Erst sah er ihn nicht, doch dann erkannte er ihn, wie er allein und panisch mitten im See trieb, verzweifelt zappelnd, während das Wasser unter ihm immer dunkler wurde.

Kelsen rannte los, doch seine Beine waren wie am Boden festgeklebt, er kam nicht vorwärts und Ard schrie immer lauter, etwas brach hinter ihm aus dem Wasser hervor …

»Kelsen! Kelsen, wach auf!«

Kelsen fuhr hoch; wild um sich blickend versuchte er herauszufinden, wo er war, und erkannte endlich Ard, der neben ihm unter ihrem üblichen Baum in der Oase kniete. Hastig fuhr er sich mit der Hand übers Gesicht, um sich wach zu bekommen »Was zum Schatten …?«

»Das Wasser!«, schrie Ard und deutete hektisch hinter sich. »Wo ist das Wasser geblieben?«

»Was meinst du damit, wo ist das Wass-« Kelsen erstarrte.

Der See, am vergangenen Abend noch so herrlich klar und überquellend wie immer, war fort. Wie vom Erdboden verschwunden.

»Was, beim Schatten und all seinen hässlichen Dienern …«

Kelsen war am Ufer des einstigen Sees, noch bevor Ard Lylth und Rìa wachgerüttelt hatte. Der Boden war trocken, als hätte es hier genauso wenig wie überall sonst in der Wüste je Wasser gegeben. Der einzige Beweis, dass sie nicht alle verrückt waren, waren die Fischkadaver, die auf dem ausgetrockneten Grund lagen und bereits zu verwesen begannen. Ein widerlicher Gestank hing in der Luft.

»Ich habe nur kurz weggeschaut«, erklärte Ard völlig außer sich, als Kelsen zu ihnen zurückkehrte. »Ich hab zwischen die Bäume geschaut, ob sich irgendwas anschleicht, wie du es mir gezeigt hast, und … als ich zurückkomme …«

»Unerklärlich«, flüsterte Rìa, die mit weit aufgerissenen Augen den leeren Krater absuchte. »Ist das … ist das Zauberei?«

»Wenn es das ist, dann keine, die ich kenne. Ich spüre nichts«, erklärte Lylth und ging nun ihrerseits zum Seeufer hinunter. Sie streckte die Hände aus und hielt sie flach über den Boden. Leise murmelnd verharrte sie einige Minuten so, dann stand sie auf. »Da ist nichts«, sagte sie kopfschüttelnd. »Keine Spur von Wasser, nicht das kleinste Tröpfchen. Ich … ich verstehe das nicht.«

Kelsen musterte die umstehenden Bäume; die Blätter begannen bereits zu welken, die Früchte, am vergangenen Abend noch prall und reif, waren vertrocknet oder fingen an zu faulen.

»Was machen wir jetzt?« Kelsen sah, dass Ard sich die Schuld dafür gab, was vor sich ging. Lylth sah ihn an, als erwartete sie von ihm, dass er den Jungen tröstete, doch Kelsen konnte nichts sagen. Er musste selbst seine Wut niederkämpfen, um Ard nicht anzuschreien, weil er ihn nicht früher geweckt hatte. Das war dumm, er konnte nichts dafür. Aber trotzdem: Sie hatten jetzt nichts mehr zu essen, von Wasser ganz zu schweigen. Ihre sichere Zuflucht war innerhalb weniger Stunden zu einem Grab geworden.

»Schaut, wie viel an Vorräten wir haben. Und ob davon noch etwas zu gebrauchen ist.«

Wundersamerweise waren die Früchte, die sie bereits gesammelt hatten, nicht unbrauchbar geworden, und auch das getrocknete Fleisch sah gut aus. Das Wenige an Wasser, das sie in den von Rìa gebastelten Flaschen aufbewahrt hatten, um nicht mitten in der Nacht an den See hinunterzumüssen, teilten sie ebenso gleichmäßig auf wie die Lebensmittel. Dann warteten sie noch eine Stunde, vielleicht in der Hoffnung, dass das Wasser plötzlich durch das gleiche Wunder, das es ihnen genommen hatte, zurückkam. Doch es kam nicht wieder.

»Willst du wirklich so aufbrechen?«, fragte Rìa leise, während Lylth Ard half, die Nüsse auf seinem Rücken zu befestigen.

»Wir können nichts anderes tun. Sieh dir das an«, Kelsen trat gegen einen morschen Ast, der gerade neben ihm zu Boden gefallen war. »Die Bäume sind tot. Allem hier wird das Leben ausgesaugt und ich will weg sein, bevor das bei uns anfängt.«

Als sie aufbrachen, wehte ihnen der Wind Überreste einiger Büsche nach, die noch während sie die Hand danach ausstreckten zu Staub zerfielen.

***

Sie waren erst zwei Tage gewandert, und schon wusste Kelsen, dass sie es nicht schaffen würden. Rìa war hervorragend darin, im Wald zu überleben, doch in dieser mörderischen Hitze war sie genauso verloren wie er.

Lylth stolperte keuchend und ächzend hinter ihnen her und trank viel zu oft aus ihrer Blätterflasche, bis Rìa sie ihr wegnahm.

Das wirkliche Problem aber war Ard; seine Beine waren viel kürzer als die der anderen und er sackte oft bis zu den Waden in dem weichen Sand ein. Selbst Kelsen spürte, dass er für jeden Schritt, den er vorwärts machte, einen halben zurückging, wie musste es da erst für das Kind sein?

Er machte sie langsam, langsamer noch als Lylth, und in der Wüste bedeutete Langsamkeit den Tod. Weder Rìa noch er sprachen darüber, aber er wusste, dass sie dasselbe dachte. Wie lange, so grübelte er im Stillen, würde es dauern, bis er sich vor die Frage gestellt sah, ob er den Jungen zurücklassen sollte, um damit vielleicht die anderen zu retten?

Er spuckte ein Stück Fingernagel aus, das er sich gerade abgebissen hatte.

Er wollte diese Gedanken nicht haben. Er wollte diese Verantwortung nicht haben. Er wollte nicht während ihrer langen, schweigsamen Wanderung Bilder vor Augen haben, wie sie eines Nachts davonschlichen und Ard schlafend im Sand liegenließen. Aber es nicht zu wollen, half nichts. Kelsen war verantwortlich für diese Gruppe von Verrückten und wenn er zumindest einigen davon eine Chance einräumen wollte, musste er alles in Betracht ziehen.

Fast war Kelsen froh, als die Winde heftiger wurden und sie immer wieder von ihrem Weg wegtrieben, denn so war er zu sehr mit Fluchen und Ausschauhalten beschäftigt, um weiter über dieses beunruhigende Szenario nachzugrübeln.

Der Sand wehte ihnen in die Augen, kroch unter ihre Kleider und die Stofffetzen, die sie sich um die Gesichter gebunden hatten, und in ihre Münder. Bei all dem Sand um sie herum konnten sie einander kaum sehen, geschweige denn die merkwürdigen Echsen und sonstigen Krabbeltiere, die sich im Wüstensand versteckt hielten und auf die sie gelegentlich traten.

‚Irgendwann', dachte Kelsen, ‚ist eins der Viecher giftig und das beendet vielleicht endlich diesen ganzen Blödsinn'.

»Wenn es wenigstens kalte Luft wäre«, schrie Rìa durch das Brausen des Windes, »das wäre schon einmal etwas!«

Doch die Böen waren ebenso gnadenlos heiß und trocken wie die Sonne, die auf sie hinunterschien und ihnen jedes bisschen Haut verbrannte, das nicht von Stoff bedeckt war. Lylth jammerte und stöhnte über die Blasen, die sich auf ihrer Haut bildeten, musste aber trotzdem ihre Ärmel wieder darüberziehen, um Schlimmeres zu verhindern.

So ging es, bis die Sonne dreimal auf- und wieder untergegangen war – und auf einmal legte sich der Wind. Es geschah so plötzlich, dass sie alle kurz stehenblieben und sich umsahen, als ob sie nach einem Verursacher Ausschau hielten.

»Na, immerhin«, meinte Kelsen schließlich und führte sie weiter. Jetzt, da seine Sicht wieder frei war, erkannte er, dass sie durch den ewigen Sand in der Luft ganz schön von ihrem Kurs abgetrieben worden waren. Wie viele Tage hatte sie das gekostet? Schwer zu sagen. Drei, vielleicht vier? Vorsichtig schaute er sich um, ob die anderen nicht zu ihm hinsahen, dann wog er seine Wasserflasche in den Händen. Nicht mehr viel. Und auf jeden Fall viel zu wenig, um es bis zu den Bergen zu schaffen. Wobei sie auch dort keine Hilfe finden würden, denn die feuerspeienden Berge des Südwestens waren unbewohntes Ödland, aber davon sagte er den anderen nichts. Sie würden es noch früh genug merken.

Kelsen warf einen Blick über die Schulter zurück; Ard kämpfte sich tapfer neben Lylth durch den Sand, das Gesicht verkniffen und verbrannt, aber er sagte keinen Ton. Er klagte nicht einmal darüber, dass Kelsen ihnen weniger Essen zugestand. Andere Kinder hätten gequengelt oder geheult, er jedoch ertrug alles scheinbar gleichgültig und ohne ein Wort.

Allerdings hatten andere Kinder auch nicht gesehen, was er gesehen hatte.

Kelsen schaute wieder nach vorn. Am Rande seiner Erinnerung flackerte etwas drohend auf, aber er wischte es entschieden beiseite. Er wollte nichts davon wissen. Die Vergangenheit war tot, nur das, was jetzt war, zählte, und das war beschissen genug.

***

»Seht mal.«

Rìa hatte seit fast einem Tag nicht mehr gesprochen, und als sie es jetzt tat, klang ihre Stimme heiser von Sand und fehlendem Wasser.

Kelsen, der gerade nach einem geeigneten Rastplatz zu suchen begonnen hatte, blickte auf, um zu sehen, wohin Rìa deutete.

Die Sonne ging blutrot in ihrem Rücken unter, und am Horizont türmten sich die feuerspeienden Berge hohnlachend in viel zu großer Entfernung auf. Aber Rìa zeigte nicht auf die Berge, sondern auf etwas, das viel näher war. Zu ihrer Rechten, zwischen den hohen Dünen gerade noch zu erkennen, glänzte in der Sonne, hörte auf und blitzte dann wieder auf, wie ein Pendel.

Dort in der Ferne bewegte sich etwas.

»Das sieht aus wie ein Dreitagesmarsch dorthin«, murmelte Rìa.

»Aber wenn wir dahin gehen, kommen wir vom Weg ab«, widersprach Lylth; sie klang ängstlich, vielleicht deshalb, weil sie eben die Wasserflasche von Kelsen genommen und gespürt hatte, wie leicht sie war.

»Vielleicht ist es ein Tier«, meinte Ard. Bewusst oder nicht, er rückte bei diesen Worten etwas näher zu Kelsen, der neben ihm kniete.

Rìa stand unbeweglich, die Hand über den Augen, und spähte zu dem beharrlich glänzenden Ding. »Es sieht so aus, als bliebe es immer am selben Ort, auch wenn es sich irgendwie bewegt. Vielleicht eine Zeltplane, die im Wind flattert. Oder ein Feuer.« Sie kniff die Augen zusammen. »Ich denke nicht, dass es etwas Natürliches ist. Das muss etwas sein, das Menschen gemacht haben.«

»Ein Dorf?«, warf Lylth hoffnungsvoll ein und spähte selbst in die Richtung, auch wenn Kelsen wusste, dass ihre Augen nie so gut waren wie die von Rìa. Vielleicht konnte sie nicht einmal das Glänzen sehen.

»Könnte sein«, entgegnete Rìa langsam. »Ich bin nicht sicher, aber ich glaube … es sieht aus, als wäre es aus Metall. Mehr als drei Tage sind es bestimmt nicht, vielleicht weniger«, fügte sie ihre abschließende Einschätzung hinzu.

»Die Luft ist hier ungewöhnlich klar«, warf Kelsen ein. »Das macht, dass alles, was wir sehen, uns viel näher erscheint als es ist. Dieses Ding dort könnte genauso gut zwanzig Tagesmärsche von hier weg sein oder noch mehr. Wir könnten verhungern, ehe wir da sind.«

Rìa, Lylth und Ard sahen ihn aufmerksam an.

»Das war's«, erklärte Kelsen knapp und schulterte seinen Rucksack. »Ich wollte nur, dass ihr es wisst. Wenn wir schon alle draufgehen, dann bitte jeder, weil er oder sie selber schuld ist.«

***

Die Umrisse des Dings wurden klarer und klarer, je näher sie kamen, aber trotzdem konnten sie sich keinen Reim darauf machen.

»Es sieht aus wie ein Berg«, bemerkte Ard; seine Augen waren ganz rot von all dem Sand und aufgeschwollen.

»Eher ein Haus«, korrigierte Lylth.

Kelsens Mund war so trocken, dass er nicht mehr reden konnte; er hatte seine Wasserration absichtlich kleiner gemacht als die der anderen, wollte aber nicht, dass sie es merkten. Wenn das Ding, auf das sie da zusteuerten, eine Zuflucht sein sollte, musste er sicherstellen, dass die anderen es auf jeden Fall bis dorthin schafften.

»Warum bewegt es sich dann?«, wollte Rìa wissen.

Kelsen blinzelte in die Ferne; in der erbarmungslosen Wüstensonne blitzte das unbekannte Ding auf, wurde stumpf, leuchtete wieder.

»In dem Dorf, in dem ich aufgewachsen bin, hatte der Schmied über der Tür ein Gerät aus Holzstöcken aufgehängt, an das Anhänger aus Metall gebunden waren. Wenn die Sonne schien, haben sie auch so gefunkelt, wenn man sie bewegt hat.«

»Wie kommt Metall hier hinaus in die Wüste?«, fragte sich Lylth.

Kelsen dachte an weitere Dämonen und Riesen, die dort bei dem glänzenden Ding auf sie lauerten. Er hatte von Kreaturen gehört, die Lichter aufstellten, um Reisende anzulocken, und wenn sie ankamen …

Die Nacht kam, und das Blitzen in der Ferne wurde silbern.

»Es spiegelt das Mondlicht wider«, sagte Lylth, die in ihre Decke eingehüllt neben Kelsen zitterte.

Entgegen Kelsens Befürchtungen erreichten sie ihr Ziel am nächsten Abend. Schon eine Stunde, bevor sie ankamen, sahen alle, was es war, aber keiner von ihnen sagte es, weil keiner seinen Augen mehr trauen wollte.

‚Vielleicht bin ich jetzt wirklich so ausgedörrt, dass ich Dinge sehe', grübelte Kelsen, während er mehr schlecht als recht seine Füße hob.

Doch er hatte sich nicht getäuscht.

Die Sonne verzog sich hinter fernen, schlierigen Wolken und ein sanfter, kaum merklicher Wind setzte ein, als sie sich alle nebeneinander aufstellten und schweigend auf das starrten, was sie vor sich sahen.

Es war eine Pyramide.

Eine Pyramide aus einem seltsamen, unglaublich glatt geschliffenen Metall, sodass sie wie ein Spiegel funkelte. Fremdartige Symbole waren in den höheren Lagen in das Metall eingraviert worden, aber Kelsen konnte sie von unten nicht lesen. Sie war sehr hoch, vielleicht achtzehn Meter, und während sie hinsahen, drehte sie sich langsam, aber unablässig um die eigene Achse, als stünde sie auf einem Mühlrad.

Und außerdem schwebte sie fast drei Meter über ihnen in der Luft.

***

»Was *ist* das?«, brach Ard das Schweigen.

»Ich weiß es nicht«, erwiderte Rìa leise. Immer wieder rieb sie sich die Augen, als wollte sie sich vergewissern, dass sie nicht träumte. »Was für eine Art Magie schafft so etwas?«

Lylth schüttelte langsam den Kopf. »Das ist keine Magie. Ich weiß nicht, was es ist, aber keine Magie.«

»Glaubt ihr, da drin … da drin ist jemand?«

Kelsen machte einen vorsichtigen Schritt auf die Pyramide zu.

Ein scharfes Sirren ertönte, und überall schossen durchscheinende, stahlharte Spitzen aus dem Boden, die nächste nur einen Schritt von Kelsens Fuß entfernt. Mit einer unglaublichen Geschwindigkeit stießen sie durch den Sand und in die Luft, bis sie fast bis zur Pyramide reichten und einen festen, glitzernden Wall um sie bildeten.

»WER DA?«, dröhnte eine Stimme von oben, und alle zogen instinktiv den Kopf ein. Es war eine blecherne Stimme, unmenschlich und viel zu laut.

»Wer war das?«, wisperte Ard, dessen Augen erschrocken den Himmel absuchten.

»DA, WO ICH HERKOMME, STELLT SICH DER EINDRINGLING ZUERST VOR, BÜRSCHCHEN!«, wies ihn die Stimme zurecht.

Sie kam, wie Kelsen feststellte, von einer Einrichtung an der Spitze der Pyramide, die wie ein Jagdhorn aussah.

»Wir … wir sind keine Eindringlinge!«, rief Lylth, die Hand über den Augen, und näherte sich den gläsernen Schranken. »Wir sind hier in der Wüste ausgesetzt worden und brauchen Hilfe! Wir haben Euer … Haus … ich meine, diese Pyramide … was auch immer … aus der Ferne gesehen und wir dachten, Ihr könntet uns vielleicht helfen!«

»Wir haben kein Wasser mehr und nichts mehr zu essen«, fuhr Rìa fort, die Augen auf die Spitze der Pyramide gerichtet. »Bitte! Bitte, helft uns!«

Einen Moment hörten sie nur das leise Rauschen des Windes. Dann knisterte es in dem seltsamen Horn. »WOHER WEISS ICH, DASS IHR NICHT EINE BANDE VON SANDRÄUBERN SEID, EINE BANDE VON BANDITEN UND MÖRDERN, DIE ES AUF MEINE REICHTÜMER ABGESEHEN HABEN?«

Kelsen legte versuchsweise die Hand auf eine der gläsernen Barrieren und zuckte zusammen; sie hatte ihm einen Schlag versetzt, wie wenn man Felle zu stark aneinander rieb und sie sich aufluden. Nur viel stärker. Sein Arm wurde taub.

»Wenn wir Euch überfallen wollten, wären wir dann ohne Waffen gekommen?«, fragte er und schüttelte die Hand aus. »Mit zwei Frauen und einem Kind?«

»DAS MUSS NICHTS HEISSEN. IHR KÖNNTET ZAUBERER SEIN ODER DÄMONEN, DIE SO TUN, ALS WÄREN SIE MENSCHEN.«

»Das sind wir nicht!«, klagte Lylth; der Gedanke, einer möglichen Rettung so nahe zu sein und sie nicht erreichen zu können, machte sie offenbar weinerlich. »Aber wir sind selber erst gerade Dunkelelfen und Riesen entkommen und von einer magischen Uhr hier abgesetzt worden, wir wissen nicht, wo wir sind und wie wir überleben sollen! Bitte …«

»EINE MAGISCHE UHR? ZEIGT SIE HER!«

Zögernd steckte Lylth ihre Hand in die Tasche und holte die Uhr hervor.

Kelsen musterte die Oberfläche der Pyramide, suchte nach jemandem, der herauskam, nach einem Fenster oder einer Schießscharte. Nichts.

Der Inhaber der Stimme, wer immer es sein mochte, schien jedoch genug zu sehen. Ohne Vorwarnung zogen sich die Schranken in den Boden zurück.

»KOMMT HEREIN.«

Sie hörten ein Klappern, und im Boden der Pyramide öffnete sich eine Luke. Staksig, als wäre sie schon etwas eingerostet, klappte sich eine Treppe – eine richtige, metallene Treppe mit Stufen – aus und schwebte hinunter bis vor Kelsens Füße.

»WILLKOMMEN«, dröhnte die Stimme, »IN DER PYRAMIDE DES NICHTS.«

Die Gefährten tauschten einen Blick.

»Also auf«, meinte Kelsen und betrat als Erster die Stufen.

***

Als Kelsens Kopf durch die Luke stieß, umfing ihn vollkommene Dunkelheit. Unbeholfen kletterte er weiter, bis er festen Boden spürte, dann richtete er sich auf. Einer nach dem anderen kamen seine Begleiter hinter ihm her. Als er Ard, der als Letzter die Treppe hochgekeucht kam, hochgezogen hatte, ging die Luke geräuschlos hinter ihnen zu.

»Wo ist er?«, wisperte Lylth. »Der, der vorhin gesprochen hat?«

Kelsen wusste es nicht, aber langsam gewöhnten sich seine Augen an die Düsternis um sie herum; weit über ihnen schimmerte Tageslicht durch einen Schlitz in der schrägen Wand und beleuchtete Umrisse von Gerätschaften aller Art. Viele der Dinge, die Kelsen erkennen konnte, machten den Eindruck, als seien sie für irgendeine Art Arbeit geschaffen (einige hatten sogar Räder), aber entweder längst kaputt oder niemals ganz fertiggestellt worden.

»Ob wir nach ihm suchen sollen?«, schlug Rìa vor, nur um im nächsten Moment laut aufzuschreien, weil sie im Dunkeln auf etwas Spitzes und Hartes getreten war.

Kelsen spürte einen Luftzug, im selben Augenblick, als er Stoff rascheln hörte – er fuhr herum. Ein gewaltiges, insektenartiges Etwas stürzte aus der Dunkelheit auf ihn zu, die dürren Gliedmaßen weit ausgebreitet, wie um ihn in die Zange zu nehmen. Gewaltige Augen glommen an einem viel zu kleinen Kopf und starrten Kelsen aus tiefschwarzen Käferabgründen an.

Kelsen wich zurück, griff instinktiv nach seinem Dolch – und erinnerte sich, dass er ihm im Schloss des Riesen abgenommen worden war.

Lylth kreischte und hüpfte ein paar Schritte davon ins Dunkel, Rìa schob Ard hinter sich, unverrückbar an Kelsens Seite.

Das Ding stand jetzt unmittelbar vor ihnen, seine Silhouette ragte zitternd über ihnen auf – »Unglaublich!«

Das Wesen hatte eine menschliche Stimme, und vor Kelsens Augen schlug es seine Greifzangen gegeneinander und hüpfte auf und ab. »Großartig, höchst faszinierend! Das hätte ich niemals für möglich gehalten! Besucher! Richtige, echte Besucher, keine irren Mörder, Dämonen, Sandgeister oder Wüstenleute!«

Kelsen blinzelte und erkannte jetzt, dass es sich bei dem Ding um einen Menschen handelte, gekleidet in die seltsamsten Sachen, die er jemals gesehen hatte: Einen langen, seidig schimmernden Gehrock von – wie es im Halbdunkel aussah – knallgelber Farbe, dazu braune Pluderhosen und Schnabelschuhe. Das, was er im Düstern für Augen gehalten hatte, waren in Wahrheit gewaltige Gläser, an einem Messinggestell um seinen Kopf befestigt, durch die er hindurchsah und die seine wirklichen Augen um das Vierfache vergrößerten.

»Was hat euch bloß hierher verschlagen?«, fragte der Mann und schüttelte ihnen reihum enthusiastisch die Hand. »Ganz ehrlich, ich war sicher, niemals wieder einem anderen Menschen zu begegnen. Nicht, dass mir das was ausgemacht hätte, ich bin sehr glücklich hier, aber trotzdem …« Er plapperte in einem fort immer weiter und schüttelte in seinem Überschwang Kelsens Hand gleich zweimal. Dann blieb er vor Lylth stehen und der Mund klappte ihm auf. »Und du … du hast diese faszinierende Uhr, nicht wahr?«

Lylth zeigte sie ihm.

Der Fremde griff danach, aber sie wich zurück. Da erst schien er zur Besinnung zu kommen. »Aber wo sind meine Manieren? Ich habe mich noch gar nicht vorgestellt! Udom L'k ist mein Name, und es heißt *Laak*, nicht *Lack*. Ich bin Wissenschaftler, Gelehrter, Philosoph und zugleich Hüter und einziger Bewohner dieser Pyramide. Bitte«, fügte er hinzu, als er Lylths misstrauischen Gesichtsausdruck sah, »ich verspreche, ich will sie mir nur einmal ansehen.«

Lylth zögerte kurz, dann reichte sie dem Mann die Uhr.

»Faszinierend«, murmelte Udom L'k, seine gewaltig vergrößerten Augen weiteten sich hinter dem Messinggestell. Langsam drehte er Lylths Uhr zwischen den Fingern, minutenlang. Er schien völlig vergessen zu haben, dass sie noch da waren. »Faszinierend«, wiederholte er gelegentlich.

Die drei wechselten einen Blick.

»Ähm …«, machte Rìa. »Verzeihung? Wo sind wir hier? Wer seid Ihr?«

Udom L'k blickte mit verschleierten Augen auf. »Wie? Oh ja, verzeiht mir. Es ist wirklich schon lange her, dass ich Besuch hatte.« Er runzelte die Stirn, als würde er sich über sich selbst ärgern. »Ihr müsst müde und hungrig sein. Kommt mit, ich führe euch herum.«

Sie folgten ihm durch die Dunkelheit, wobei immer mal wieder einer von ihnen gegen etwas stieß oder etwas umwarf, ohne zu sehen, worum es sich dabei handelte.

»Lasst nur, lasst nur, hier drin sind sowieso nur Prototypen. Nichts davon funktioniert, zumindest noch nicht«, beruhigte Udom L'k sie leichthin.

Kelsen verstand kein Wort, aber er glaubte, dass es vor ihnen heller wurde.

Ohne Vorwarnung endete der Gang und ging über in eine metallene Wendeltreppe, die sich steil nach oben schraubte. Von dort kam Tageslicht.

Lylths Atem streifte sein Ohr, als sie sich die enge Treppe hinaufkämpften: »Er hat noch meine Uhr.«

Auch Kelsen war das nicht entgangen, aber es machte ihm nichts aus; vielleicht, wenn sie Glück hatten, wurden sie das verdammte Ding los.

Lylth stieß einen verärgerten Zischlaut aus, als er nicht antwortete. »Was, wenn er genauso verrückt ist wie dieser Riese oder die anderen, die uns töten wollten?«

»Dieses Risiko sind wir eingegangen, als wir die Pyramide betreten haben«, flüsterte Rìa noch leiser. »Wir haben keine Wahl.«

Kelsen blieb eine Antwort erspart, denn in diesem Moment erreichten sie das Obergeschoss, und der Atem blieb ihm weg.

Sie mussten hoch in der Pyramide sein, auch wenn andere Treppen von dem Raum noch weiter nach oben führten. Der Raum war riesig, die spitz zulaufenden Wände so glatt und glänzend wie außen und mit tausend leuchtenden Punkten und Flächen übersät. Überall, von der Decke, von den Wänden und aus dem Boden, schienen Gerätschaften zu wachsen, die klickten, sich bewegten und kreiselten. Sie erinnerten Kelsen an Lebewesen, so flüssig und selbstständig wie sie sich bewegten, aber sie bestanden aus Eisen, waren aus Platten zusammengeschraubt oder verdrahtet.

»Maschinen«, erklärte Udom L'k, der ihre sprachlosen Gesichter amüsiert musterte. Im hellen Licht sah Kelsen, dass er kleiner und dürrer war als er selbst, braunes, zur Glatze neigendes Haar hatte und einen Schnauzbart trug. Seine kleinen, lebhaften Augen, die hinter den Brillengläsern zum Vorschein kamen, waren von Fältchen umgeben, so als ob er oft und gerne lachte. Oder vielleicht war es auch nur, weil er sich hier im Dunkeln über seine Gerätschaften beugte und die Augen zusammenkneifen musste.

»Was … wie *funktionieren* die?«, keuchte Lylth, während sie einem armähnlichen Ding zusah, das an der Decke angebracht und vor ihren Augen damit beschäftigt war, die Wand zu polieren.

»Sie beziehen ihre Energie von der Sonne. Habt ihr die glänzenden Platten draußen an der Pyramide gesehen? Sie filtern das Sonnenlicht, wodurch ein elektrisches Feld erzeugt wird und …« Er bemerkte ihre verständnislosen Blicke und winkte lächelnd ab. »Vergesst es. Vielleicht ein andermal.«

»Aber du sagst, es ist keine Magie?«, fragte Rìa, die versuchsweise die Hand nach einem glitzernden, hüpfenden Ding ausgestreckt hatte, das über einen Tisch an der Wand sauste und offenbar jedes Wort von dem notierte, was sie sagten. Als Rìa es berühren wollte, piepte es unheilverkündend und raste davon, durch eine Klappe in der Wand und außer Sicht.

»Magie?« Udom L'k wirkte abgeschreckt vom bloßen Gedanken. »Nein, nein. Viel zu unberechenbar. Nein, diese Wunderwerke hier nennen sich *Technik*. Sonnenenergie betreibt sie, wenn ich den Speicher abtrenne, sind sie nur noch nutzlose Haufen Blech.«

Der Metallarm hielt in seinem Polieren inne und drehte sich zu ihm um.

»War nicht so gemeint, Bart«, tröstete ihn Udom L'k und tätschelte ihn, woraufhin der Arm wieder zu seiner Tätigkeit zurückkehrte.

In Kelsens Kopf begann sich die Frage, ob Udom L'k verrückt war, langsam zu beantworten.

»Habt Ihr das alles hier gebaut?«, wollte Ard wissen, den Mund noch immer weit offen, während er den Kopf hin- und herdrehte, als versuchte er, alles auf einmal zu sehen.

Udom L'k schüttelte den Kopf. »Bei den Feuern, nein! Ich wäre niemals auch nur annähernd in der Lage dazu. Nein, das war alles schon so, als ich herkam, vor … liebe Güte, wie viele Jahre ist das jetzt her?«

»Wer hat es dann gebaut?«

Udom L'k legte den Kopf schief. »Eine hochinteressante Frage, die ich mir auch erst durch das Studium der Hieroglyphen in den Archiven hier beantworten konnte. Ein Volk, lange vergessen … Sie haben diese Technik hier entworfen und auch die Pyramide geschaffen, als Aussichtspunkt, soweit ich es verstanden habe. Allerdings war die Pyramide sicher mindestens zweihundert Jahre verlassen, als ich hier ankam. Umso erstaunlicher, wie reibungslos immer noch alles funktioniert.«

»Warum wohnt Ihr hier? Wo ist Euer Stamm?«, fragte Kelsen.

»Stamm?«

Kelsen warf ungeduldig die Hände in die Luft. »Eure Familie. Euer Volk, Eure Leute, was auch immer.«

Udom L'k winkte ab. »Oh, die haben vermutlich längst alle den Geist aufgegeben. Sie wollten nicht hierbleiben, also sind sie weitergezogen … vor … wartet mal … dreizehn … vierzehn Wintern? Wobei es hierzulande schwierig ist, die Winter abzuschätzen. Ich habe sie gewarnt, rauszugehen, aber sie wollten nicht hören. Ich schätze, die Wüstenwanderer haben sie erwischt.«

»Was sind …«, begann Lylth, doch Ard unterbrach sie: »Du bist schon vierzehn Jahre hier? Ganz allein?«

Udom L'k nickte strahlend. »Oh, ihr habt ja keine Ahnung, wie erfrischend es ist, so viel Platz für seine Gedanken zu haben! Wobei, mit der Zeit fehlt einem schon jemand zum Reden. Umso mehr freue ich mich, dass ihr hier seid! Und ihr seid rechtzeitig gekommen! Wenn es dunkel wird, kriecht da unten im Sand alles Mögliche rum, ich vermute, daher haben die Früheren die Pyramide so konstruiert, dass sie schwebt – keine unerwünschten Besucher, ihr versteht.«

»Wer sind die Früheren?«

Wieder legte Udom L'k den Kopf schief. »Ich habe mir einiges aus den Manuskripten über sie zusammengereimt, die ich hier gefunden habe, aber natürlich kann ich nicht sagen, wie viel davon der Wahrheit entspricht. Seit ich hier bin, halte ich vor allem die Sachen in Ordnung und mache mich mithilfe von Aufzeichnungen daran, selbst einiges zu bauen.«

»Und wovon lebt Ihr?«, fragte Ria. »Dort draußen wächst doch nichts.«

»Oh, dort nicht, aber hier drin schon. Kommt mit.«

Und sie folgten ihm unter Ächzen und Keuchen einige weitere gewundene Treppen und scheppernde Stufen hinauf und Kelsen, der gedacht hatte, nicht noch mehr verblüfft werden zu können, fand sich plötzlich in einer Art überdachtem Garten wieder. In dutzenden kleinen Beeten blühten Gemüsesorten, die er noch nie gesehen hatte, und von einem buschigen Baum, der in einem gewaltigen Kübel mit Erde stand, hingen Birnen, so groß wie menschliche Säuglinge.

»Diese Sachen sind noch nicht reif«, erklärte Udom L'k mit einer Handbewegung zu einer Gruppe von Beeten, die unter einer Art durchsichtiger Plane vor sich hin wucherten. »Aber ich bin froh, wenn ich jemanden habe, der mir ein paar Früchte abnimmt. Tagein, tagaus gekochte Birnen, rohe Birnen, Birnenmus … das hängt einem mit der Zeit zum Hals raus, das könnt ihr mir glauben.«

Kelsen zögerte; er erinnerte sich nur zu gut an das letzte Mal, als jemand ihm Nahrung angeboten hatte. Bei Ard und Lylth aber schien der Hunger größer als ihre Bedenken; ohne zu zögern stürzten sie sich auf den Früchtebaum und griffen sich jeder eine Birne, was schwierig war, denn die Stängel waren so dick wie Daumen. Mit Udom L'ks Hilfe jedoch schafften sie es und bald saßen alle zusammen schmatzend und kauend im Kreis auf dem Boden. Auch Kelsen hatte sich schließlich überwunden und eine seltsame rote Beere probiert, die so groß war wie seine Faust. Sie schmeckte so süß und saftig, dass es ihm fast die Tränen in die Augen trieb, und daraufhin verschwanden all seine Zweifel.

Während sie aßen, erzählte ihnen Udom L'k von seinem Leben in der Pyramide; wie er vor langer Zeit mit fahrenden Leuten hierhergekommen war und sich angesichts der Gefahren in der Wüste entschlossen hatte zu bleiben, wie er allmählich gelernt hatte, die Schrift des Volkes, das er hartnäckig die 'Früheren' nannte, zu entziffern und begonnen hatte, ihre Apparate zu verstehen. So schnell und ausgiebig plapperte er, dass Kelsen an seiner Geschichte von vierzehn Jahren Einsamkeit bald nicht mehr zweifelte. Er selbst war daran gewöhnt, viel Zeit allein zu verbringen, aber er hatte auch schon die Erfahrung gemacht, was allzu langes Alleinsein ausrichten konnte. Einmal hatte er sich in einem Schneesturm verirrt und war tagelang in einer Höhle eingeschlossen gewesen. Was das in mit einem Verstand anrichten konnte, das zu erleben, war keine gute Erfahrung gewesen. Geschweige denn über zehn Jahre lang in dieser verrückten Pyramide zu hocken, umgeben nur von kreiselnden, hüpfenden Schattenmaschinen. Er wollte nicht wissen, wie es im Kopf dieses kleinen Mannes aussah.

»… und dann seid ihr gekommen«, beendete Udom L'k seine Geschichte nach einer Zeitspanne, die sich für Kelsen wie Äonen angefühlt hatte. Mit glänzenden, noch immer gewaltig vergrößerten Augen sah Udom L'k sie reihum an. »Woher seid ihr? Was tut ihr hier?«

Lylth übernahm es, ihm ihre Namen zu nennen und von ihrer Reise zu erzählen, was Kelsen nur Recht war; so hatte er erstens mehr Zeit zum Essen und konnte zweitens die Reaktionen des Pyramidenmannes genau beobachten. Er sah jedoch nichts Verdächtiges, Udom L'k schien einfach ein sehr interessierter und eifriger Zuhörer zu sein. Er stellte an den richtigen Stellen Fragen, schüttelte oft entsetzt den Kopf und riss den Mund auf, wenn es angemessen war. Als Lylth von der Sache mit dem Schattenblut erzählte verdüsterte sich seine Miene.

»Ich sagte ja schon«, murmelte er dumpf, »Magie ist viel zu unberechenbar. Zu gefährlich. Wenn man einmal etwas in Gang gesetzt hat, weiß man nicht, wo es hinführt. Wenn eine meiner Erfindungen nicht funktioniert, weiß ich, dass ich einen Fehler gemacht haben muss und dass man ihn beheben kann. Aber bei der Magie … da sind so viele Faktoren im Spiel, kosmische Strömungen, Träume uralter, böser Wesen … Nicht lenkbar, zumindest nicht für Menschen.«

Lylth sah aus, als wollte sie ihm widersprechen, aber Rìa unterbrach sie: »Sag jetzt nicht, dass das nicht stimmt. Denk daran, was diese Uhr mit uns gemacht hat.«

»Ach ja, die Uhr!«, rief Udom L'k ganz begeistert aus und grub sie aus einer seiner Taschen hervor. »Du sagtest vorhin, sie hätte etwas damit zu tun, dass ihr hier seid.«

Lylth berichtete, wie die Uhr zu leuchten begonnen und sie alle mitgerissen hatte und wie sie mitten in der Wüste wieder aufgetaucht waren.

Langsam schüttelte Udom L'k den Kopf, die Augen unverwandt auf die Uhr gerichtet. »Unglaublich … Magie, gemischt mit der Technik der Früheren.«

Kelsen blickte auf. »Was meinst du damit?«

Udom L'k hielt ihm die Uhr vor die Nase; sie baumelte von ihrer Kette herab wie ein Pendel. »Dieses kleine Ding besteht aus nichts als Metall und Zahnrädern. In den Aufzeichnungen von Nhilié habe ich Beschreibungen und Zeichnungen davon gesehen. Aber leider wird nicht genau beschrieben, wie sie funktioniert – und außerdem liefern mir meine Sonnenuhren gute Dienste, wenn ich wissen will, wie viel Zeit vergangen ist. Falls ich das wissen wollen sollte.« Er schien kurz den Faden zu verlieren, dann nahm er ihn wieder auf: »Jedenfalls, was besonders bemerkenswert ist – abgesehen von der Tatsache, dass die Uhr einen in Windeseile quer durch die ganze Welt transportieren kann, meine ich – ist folgendes: Die Zeiger. Seht sie euch genau an.«

Ard beugte sich vor. »Meinst du diese komischen Finger, die da zwischen den Zahlen sind?«

Udom L'k lächelte nachsichtig. »Genau, junger Mann. Wisst ihr, dass sie sich bewegen?«

Lylth nickte aufgeregt. »Das habe ich schon bemerkt! Sie drehen sich im Kreis!«

»In der Tat«, nickte Udom L'k. »Und das Faszinierende dabei ist, sie gehen falsch herum. Eigentlich sollten sie sich rechts herum drehen, so, seht ihr?« Er zeigte es ihnen. »Aber sie laufen nach links. Höchst faszinierend.«

»Ja, sehr«, murrte Kelsen, »aber es gäbe noch ein paar Dinge, die ich faszinierender fände.«

»Zum Beispiel?«, fragte Udom L'k mit ehrlicher Verblüffung; sein Leben musste wirklich sehr eingeschränkt gewesen sein.

»Zum Beispiel, wie wir jemals dieses Schwert finden«, sagte Rìa; sie klang sehr müde. »Nàrdarell. Den Zahn der Nacht oder … wie hieß es noch?«

»Das Eine Schwert«, lächelte Lylth freudlos. »Das Schwarze Schwert auch noch.«

»Das Schwarze Schwert?« Udom L'k betrachtete Lylth nachdenklich. »Das Schwarze Schwert … warum sagt mir dieser Name etwas?«

»Es gibt offenbar viele Legenden darüber, auch wenn ich noch nie eine gehört hab'«, meinte Kelsen.

»Mein Va- ich meine, der Gebieter unter dem Berg … er hat manchmal davon gesprochen. Gebadet im Blut von Skemmdir dem Entfesselten ist es die mächtigste Waffe der Welt.«

Udom L'ks Blick war von Lylth zu Ard gewandert. Er kratzte sich am Kinn. »Ja … Ja, ich erinnere mich … die Früheren haben Legenden gesammelt … Geschichten von Eingeborenen aus der Gegend, die sie offenbar für minderwertig hielten. Trotzdem haben sie sie aufgeschrieben. Sagen und Mythen, die sie für bloße Märchen zu halten schienen.«

»Und dort steht etwas über dieses Schwert? Bist du sicher?« Kelsen hatte gar nicht gemerkt, dass er sich vorbeugte; jeder Muskel in ihm schien plötzlich gespannt, sein Herz pochte schnell, als ob er noch immer durch die Wüste stapfen würde.

Udom L'k nahm das Gestell mit den Gläsern von seinem Kopf, was eine verblüffende Wirkung hatte; seine Augen, auf normale Größe geschrumpft, wirkten freundlich und warm, und Kelsen gelang es, sein Alter auf etwa vierzig Jahre zu schätzen. Udom L'k rieb sich die Augen und gähnte ausgiebig. »Ich werde es für euch nachschlagen«, versprach er, »aber nicht mehr heute. Dazu ist es zu spät. Ich denke, ihr alle solltet ein wenig schlafen, wenn ihr quer durch die Wüste marschiert seid.«

Alle außer Kelsen nickten dankbar; er wusste, dass auch sein Körper erschöpft war, aber die Aussicht, etwas über dieses Schwert zu erfahren, vielleicht doch einen Funken Hoffnung zu haben, hatte ein Feuer in ihm geweckt, das er so von sich nicht kannte.

Da spürte er eine kleine Hand auf seinem Arm.

»Ist schon gut«, sagte Ard. »Udom L'k wird es morgen für uns finden. Keine Bange.«

Kelsen erwiderte seinen Blick, schaute in diese stahlblauen Augen, die so viel mehr gesehen hatten, als ein Kind in diesem Alter hätte sehen sollen. Ein schmerzhaftes Ziehen machte sich in ihm bemerkbar, Schatten zogen durch seine Erinnerung, und für einen Moment war seine Kehle wie zugeschnürt. Dann schüttelte er das ab.

»Wird schon«, brummte er und stand auf, um sich von Udom L'k an einen Schlafplatz führen zu lassen.

***

Die Räume ganz in der Spitze der Pyramide waren klein, aber immer noch groß genug, um jedem von ihnen ein bequemes Schlafquartier zu bieten.

»Ein richtiges Bett!«, stöhnte Lylth, als sie ihr Zimmer betrat, und zwei Lidschläge später hatte sie sich darauf niedergeworfen und war fast sofort fest eingeschlafen.

»Seht euch das an!«

Ard rannte los auf die Stirnseite der obersten Etage zu – obwohl das bei einem pyramidenförmigen Raum schwer zu sagen war. Dort befand sich eine Wand, fest wie Stein, aber vollkommen durchsichtig. Sie erinnerte Kelsen an die Mauer, die vorhin aus dem Boden herausgeschossen war. Hinter der durchscheinenden Wand befand sich eine Art kleiner Vorplatz mit Geländer, vermutlich ein Aussichtspunkt.

»Warte, ich öffne dir«, sagte Udom L'k und trat an Ards Seite an die Wand neben der Tür. Was er dort machte, konnte Kelsen nicht sehen, doch im nächsten Moment ertönte ein leises Zischen und die Tür glitt zur Seite; rauer, heißer Wüstenwind wehte Kelsen ins Gesicht.

Gemeinsam mit Ard und Udom L'k trat er hinaus; leise Schritte hinter ihm verrieten, dass Rìa sich ihnen angeschlossen hatte.

Ard rannte zum Geländer und schaute hinaus; nach allen Seiten erstreckte sich die Wüste, der Wind trieb die Sanddünen wie Wellen umher und die Luft war dunkelgelb.

»Seht ihr die Ruinen dort?«, fragte Udom L'k und deutete auf einige Felsformationen in der Ferne. Kelsen hatte sie für bloße Steine gehalten. »Einst war das hier eine Gegend voller Städte und Menschen. Und

dann hat die Welt sich weiterbewegt und alles hat sich verändert.«
»Was ist passiert?«, fragte Rìa.

»So genau weiß ich das auch nicht. Aber es scheint, als ob die Früheren irgendwelche Dinge versucht hätten … Experimente am Wetter, die misslungen sind. Jedenfalls ist das Land um uns herum immer unwirtlicher geworden, böse Dinge begannen sich in der Erde zu regen und die Leute waren gezwungen fortzuziehen. Fort, weit jenseits der Träumenden Berge dort hinten.«

Er winkte in Richtung des fernen südwestlichen Horizonts.

Aus dem Nichts ertönte ein lautes Schrillen und hallte in der Luft und der ganzen Pyramide wider, und Kelsen, Rìa und Ard fuhren zusammen. Aus den Räumen hinter ihnen ertönte ein dumpfes Poltern, als ob gerade jemand aus dem Bett gefallen wäre.

»Ach herrje«, murmelte Udom L'k eher gelangweilt als besorgt.

»Was ist das?«, wollte Kelsen wissen, das Herz auf Höhe seines Adamsapfels.

»Nichts weiter. Nur eine Warnung. Der Wanderer der Wüsten ist unterwegs hierher. Eine Sandtrombe, die von Zeit zu Zeit hier durchfegt, das kommt schon mal vor. Der letzte kam zwar erst vor wenigen Wochen, ich dachte, ich hätte noch etwas länger Ruhe, aber naja, sei's drum.«

»Was ist eine Sandbom-Sand-Sandtrob …«

»Sandtrombe«, wiederholte Udom L'k geduldig, während er sie hineinwinkte. »Für euch verständlicher, wenn auch nicht ganz zutreffend: Eine Art Sandsturm.«

»Ein Sandsturm?« Kelsen schob Ard durch die Tür hinein und sah zu, wie Udom L'k sie verschloss. Ein blasses, verschlafenes Gesicht erschien in Lylths Türrahmen, umgeben von zerzaustem Haar. Kelsen hörte sie fragen, was los sei, doch er achtete nicht auf sie.

»Wie groß?«

»Ach, ungefähr hundert Schritt hoch und etwa zwei Meilen im Durchmesser. Vielleicht auch mehr.«

»Zwei … Zwei Meilen?«, keuchte Kelsen, doch Udom L'k winkte ab; seine Ruhe wirkte unerschütterlich. »Kein Problem, wir schließen uns ein. Kommt nur rasch, damit ich die Luken zumachen kann. Einmal habe ich eine vergessen, diese Schufterei, bis alles wieder sauber war, ich kann euch sagen …« Weiter plappernd hastete er ein paar Treppen hinab bis in den Raum voller Gerätschaften, den er ihnen gezeigt hatte. Kelsen eilte ihm nach und schaute zu, wie er einige Knöpfe und Hebel betätigte. Dann erfüllte ein leises Surren die Pyramide und von einem Herzschlag auf den anderen wurde es stockdunkel.

»Das waren die Schächte. Aber keine Angst, wir haben genügend Luft zur Verfügung, ich muss nur den Lichtschalter finden …«

Ein gewaltiges Tosen und Brausen zeigte an, dass der Sandsturm sie erreicht hatte. Im nächsten Moment klickte es und überall an den Wänden gingen kleine Lampen an. Kelsen versuchte gar nicht herauszufinden, wie sie ohne Feuer brennen konnten.

»Schlaft gut!«, strahlte Udom L'k.

Mit einer gemurmelten Antwort stieg Kelsen die Treppe wieder hinauf und legte sich in sein Bett. Noch ehe sein Kopf das Kissen berührt hatte, war er eingeschlafen.

***

Am nächsten Morgen war der Wanderer der Wüsten weitergezogen.

Lylth hatte zuerst kein Auge zugetan aus Angst, dass plötzlich von überall Sand in ihr Zimmer gewirbelt kam, aber die Schleusen waren dicht.

In der Nacht plagten sie zwar Albträume – von den Stollen unter dem Schloss des Riesen, von den Elfen und der plötzlich austrocknenden Oase – aber als sie aufwachte, fühlte sie sich zuversichtlich. Dieser Ort war gut. Es war ihnen bestimmt gewesen, hierherzukommen. Hier würden sie erfahren, was das Eine Schwert war und wo es sich befand. Sie spürte es.

Sie stand auf und betrachtete die kleinen, runden Öffnungen in der Wand, aus denen taghelles Licht schien. Sie waren von demselben durchsichtigen Material bedeckt wie die Tür auf die Terrasse. Probehalber horchte sie in sich hinein, spürte aber nichts.

»Wirklich keine Magie«, murmelte sie halb enttäuscht. Sie hatte geglaubt, Magie sei die treibende Kraft in der Welt, aber wenn jetzt diese andere Macht, diese 'Technik' existierte – vielleicht musste sie dann noch viel Neues lernen.

Sie trat hinaus aus ihrem Zimmer und hörte von weiter unten schon die Stimmen der anderen. Sie kletterte einige Treppen und Leitern hinunter und fand sie alle zusammen in dem Raum, wo die Früchte und das Gemüse wuchsen. Alle hatten die Teller gefüllt mit Äpfeln, Birnen und runden, orangen Früchten, deren fingerdicke Schale man erst mit einem Jagdmesser wegklauben musste.

Kurz ertappte sie sich beim sehnsüchtigen Gedanken an ein Stück Brot und einen Becher Milch, schob ihn jedoch sofort beiseite; sie mussten dankbar sein, dass sie alle am Leben waren.

»Also. Dieses Schwert«, meinte Kelsen, kaum dass sie alle aufgegessen hatten.

Udom L'k nickte eifrig. »Ich werde sofort in den Schriftrollen nachsehen. Wollt ihr mitkommen?«

Rìa merkte an, dass sie sich lieber waschen wollte, und so zeigte ihr Udom L'k die Baderäume.

»Woher kommt all das Wasser?«, fragte Lylth, als Udom L'k auf einen Knopf an der Wand drückte und aus einem Loch darunter ein Strahl klares Wasser hervorgesprudelt kam. Aber obwohl sie sich bemühte, der langen Rede über Wasserdepots und Wiederverwertung von Abwasser zuzuhören, verstand sie nur sehr wenig davon.

Rìa sah sie an und zuckte die Schultern.

»Hauptsache Wasser«, meinte sie und schloss dann die Tür zu den Baderäumen hinter sich.

Der Raum, in dem die Früheren ihre Aufzeichnungen aufbewahrt hatten, war sehr groß, dunkel und erstaunlich kalt.

»Außerdem gibt es hier wenig Luft. So verhindert man einen raschen Zerfall«, erklärte Udom L'k, während er zwischen den Regalen hin- und herrannte und Schriftrollen herauszog.

»Hast du die alle schon gelesen?«, fragte Ard, der den Blick über die unzähligen Regale und die darin gestapelten Rollen gleiten ließ.

Udom L'k lachte. »Ich gebe mir alle Mühe, aber mehr als die Hälfte habe ich noch nicht geschafft. Trotzdem – ich glaube, was ihr braucht, steht hier. Gebt mir einen Moment, während ich suche.«

Der Moment dehnte sich zu mehreren Stunden aus, in denen auch Lylth und die anderen schließlich Gebrauch von den Baderäumen machten.

Erst jetzt, da sie in Sicherheit waren, merkte Lylth, wie müde sie war. Immer wieder nickte sie ein und schließlich gab sie es ganz auf, wach bleiben zu wollen; die Arme auf einem dicken Buch als Kissen nutzend, dämmerte sie weg.

Udom L'ks Jauchzen riss sie aus dem Schlaf.

»Hier steht es! Kommt her und seht!«

Alle versammelten sich um den Gelehrten.

»'Das Schwarze Schwert, Bezwinger des Entfesselten …'«, murmelte Udom L'k, »'gegeben von der Hand des Vaters in die des Sohnes, weil nur die Nachfahren des wahren Blutes seine Berührung …' was auch immer das heißen soll …«

Weiterhin murmelnd suchte er, während sein Zeigefinger der seltsam spitzen Schrift entlangwanderte, die Lylth nicht entziffern konnte. Zwar hatte man sie lesen gelehrt, aber diese merkwürdigen Zeichen hatte sie noch nie zuvor gesehen. Das Material war alt und rissig und verströmte einen seltsamen Geruch.

»Ah«, machte Udom L'k und hielt mit dem Finger an einer Stelle inne. »Das klingt interessant: 'Und so erhob Bruder die Hand gegen Bruder, um sich der Macht des Schwertes zu versichern. Mord und Totschlag, Hass und Verzweiflung griffen um sich. Und so kam es, dass … hier steht ein Name, aber er ist so verblasst, ich kann ihn nicht lesen … Schwesterkind das Eine Schwert stahl. Sie trug es fort und verbarg es tief in den ältesten Teilen der Welt … in der Stadt der Augenlosen. Keiner von den Dreizehn, die die Stadt betraten, sah je wieder das Licht. Und so blieb nur Zurìz, ihr Sohn von sieben Sommern, zu erzählen, was seine Mutter getan hatte …' Und so weiter und so fort«, endete Udom L'k und wickelte die Schriftrolle wieder ein.

»Die Stadt der Augenlosen … was soll das sein?«, fragte Kelsen.

Udom L'k jedoch sprang auf und huschte zur gegenüberliegenden Wand, wo er eine Karte aufgehängt hatte. Er war zu klein, um jeden Punkt erreichen zu können, also pfiff er einmal durch die Finger und ein metallenes Etwas kam aus einem Loch in der Wand geschossen, um an seiner Stelle auf der Karte herumzufahren.

»Siehst du, hier sind wir«, erklärte er, während der Metallfinger über das Pergament hüpfte, »südlich von der Ebene des Windes. Dort, weit im Osten, sind die feuerspeienden Berge. Südwestlich von uns liegt das Tal ohne Namen und dahinter, seht ihr–«, der Metallfinger verharrte auf einer Stelle weit draußen in der Wüste, »dort liegt die Stadt Ênrash-A'Sil, die man auch als Stadt der Augenlosen kennt.«

Lylth schluckte. »Gibt es – gibt es einen bestimmten Grund, warum sie so heißt?«, fragte sie und hoffte, dass ihre Stimme möglichst natürlich klang. Unbewusst umklammerte sie die Uhr, die sie in ihrer Tasche bei sich trug. Udom L'k hatte sie ihr nur widerwillig zurückgegeben, aber er schien gespürt zu haben, dass ihm eine Weigerung schlecht bekommen wäre.

Udom L'k zuckte die Schultern. »Ich habe gehört, im Westen, hinter dem Land der dunklen Feuer und weiter, soll es Kulturen geben, die ihre Steinmetzen blenden, wenn sie Städte erbaut haben. Damit sie niemandem die Pläne verraten können, ihr versteht? Ich glaube, das war auch in den Ländern im Osten einst verbreitet, da, wo ihr herkommt.«

Lylth schauderte und sie konnte sehen, wie Ard das Gesicht verzog.

»Und wie kommen wir in diese Stadt?«, fragte Rìa, als ob sie gar nicht zugehört hätte.

»Mit viel Verpflegung und Wasser und am besten einigen Reittieren«, meinte Udom L'k heiter. »Aber da ihr Letzteres nicht habt, werden die ersten beiden Dinge reichen müssen.«

»Dann wirst du uns helfen, dorthin zu kommen?«, fragte Kelsen. Seit er sich gewaschen hatte, wirkte er jünger, und jetzt, mit einem hoffnungsvollen Glimmen in den Augen, fand Lylth wieder, dass er fast hübsch aussah.

Udom L'k breitete die Arme aus. »Aber was sagt ihr da, ich werde euch begleiten! Ohne mich habt ihr keine Chance, die Stadt zu erreichen, ihr kennt euch hier überhaupt nicht aus. Außerdem …«, fügte er, plötzlich nachdenklich, hinzu, »außerdem ist mir gerade etwas eingefallen, was man bezüglich Reittieren tun könnte. Nein, ich will nichts hören«, fuhr er auf, als Kelsen ihm widersprechen wollte. »Entweder mit mir oder gar nicht, wählt selbst.«

Der Blick, der Kelsen dem Gelehrten versetzte, zeigte deutlich, dass er sich einige Möglichkeiten vorstellte, mit denen er Udom L'k dazu bringen konnte, seine Meinung zu ändern. Keine davon wäre wohl besonders gut, und Lylth war sicher, dass die meisten davon damit enden würden, dass Udom L'k einige gebrochene Knochen hatte.

»In Ordnung«, sagte Rìa ruhig. »Führ uns dorthin. Wie lange brauchen wir zur Vorbereitung?«

Udom L'k begann zu rechnen. »Nun, wenn wir genügend Vorräte und Wasser zusammenstellen müssen, dazu meine kleinen Erfindungen, abgesehen davon, dass wir auch das Wetter im Auge behalten müssen … ich würde sagen, zehn Tage.«

Keiner sagte etwas; das war eine lange Zeit, aber keiner von ihnen war besonders unglücklich, sich nach den Strapazen in der Wüste an einem sicheren Ort ausruhen zu können.

»Von mir aus«, knurrte Kelsen, der wieder seine übliche mürrische Miene aufgesetzt hatte. »Dann sei es so.«

***

An diesem Abend stand Lylth neben Ard und Rìa an der Brüstung des kleinen Vorplatzes und schaute hinaus in die Weite der Wüste.

»Dort«, lächelte Udom L'k, der zu ihnen herauskam, und zeigte an den Horizont weit im Südwesten. »Dort liegt unser Ziel.«

»Steht in den Aufzeichnungen eigentlich, warum niemand mehr lebend aus der Stadt herausgekommen ist?«, fragte Lylth. Sie hatte sich diese Frage schon den ganzen Tag gestellt, aber nicht feige klingen wollen, solange Kelsen dabei war.

Unbekümmert schüttelte der Gelehrte den Kopf. »In solchen Legenden wird oft übertrieben. Selbst wenn nicht, kann das viele Gründe haben … Vielleicht sind Häuser eingebrochen. Oder sie sind verdurstet, wenn sie sich nicht in der Wüste auskannten.«

»Hoffen wir, dass das Schwert wirklich dort ist«, meinte Rìa leise.

Lylth lehnte den Kopf an ihre Schulter. »Wir haben keine andere Wahl, als es zu versuchen.«

»He!«, rief Ard, der die ganze Zeit über angestrengt in die andere Richtung gestarrt hatte. »Seht mal da! Seht ihr das?«

Sie sahen es: Hoch über dem Sand kräuselte und flimmerte ein Bild wie die Spiegelung auf einem Teich.

»Eine Luftspiegelung«, sagte Rìa. »Dabei dachte ich, das passiert nur, wenn man durstig ist.«

Doch Udom L'k schüttelte den Kopf; beinahe ehrfürchtig trat er an Ards Seite und starrte auf das entfernte Schauspiel. Je länger man hinsah, desto genauer konnte man Umrisse und Konturen erkennen: Gebäude, Pyramiden und Kuppeln, blühende Bäume und Gärten; eine Stadt, prächtiger als alles, was einer von ihnen je gesehen hatte – nein, was sie sich auch nur annähernd hätten erträumen können.

»Was ist das?«, hauchte Ard fasziniert, die Augen auf das funkelnde, schillernde Bild gerichtet.

»Das, mein junger Freund, sind die wandelnden Gärten«, lächelte Udom L'k sehnsüchtig. »Die lange verschollene Terrassenstadt der Wüstenkönige. Wer auch immer sie gewesen sein mögen. Es heißt, dass der Zorn der Götter sie unablässig hin und her treibt, ruhelos, dazu verdammt, niemals an einem Ort zu verweilen. Soweit mir bekannt ist, gibt es keinen Sterblichen, der von sich behaupten kann, jemals dort gewesen zu sein. Viele haben es natürlich versucht, doch sie sind alle tragisch verendet, ehe sie auch nur in ihre Nähe gekommen sind.«

»Wenn man mich fragt«, knurrte Kelsens Stimme hinter ihnen, »gibt es in dieser Welt verflucht noch mal zu viele Dinger, die wandern.«

Lylth musste grinsen.

Rìa hingegen wandte ihre Augen nicht von dem fernen Traumbild ab. »Die wandelnden Gärten«, murmelte sie. »Als ich ein Kind war, gab es ein Lied … Reisende haben es uns vorgesungen.

Und siehe, die Gärten, die wandeln
die wandeln ohne Ziel
in der Wüsteneien Landen
die Täuschung ist ihr Spiel.

Weh dem Wand'rer in den Wüsten
der folget ihrem Ruf
der Narr, er wird es büßen
die Düne wird zur Gruft.

Ihr Bild mag ihm erscheinen
das Wasser singt ihm zu
nur Sand wird für ihn weinen
deckt seine Knochen zu.

»Kein sonderlich gutes Lied«, bemerkte Lylth.

»Und ein schönes auch nicht«, ergänzte Ard. In seinen Augen flackerte etwas, und mit einem Mal wirkte er sehr klein.

Lylth wollte ihn in den Arm nehmen, aber bevor sie das tun konnte, stand Kelsen schon neben dem Jungen und legte ihm die Hand auf die Schulter.

Lylth war überrascht; bisher hatte der Jäger sich immer so aufgeführt, als sei Ard nichts weiter als eine Last – noch schlimmer als sie selbst es in seinen Augen war. Diese fürsorgliche Geste hätte sie ihm nicht zugetraut, und Ard offenbar auch nicht: Er blickte verblüfft zu Kelsen auf, aber dann zeigte er ein kleines, dankbares Lächeln.

Lylth tauschte einen Blick mit Rìa und wusste, dass sie beide dasselbe dachten: Dass man unter einer trüben Oberfläche manchmal glasklares Wasser finden konnte.

Die Stadt der Augenlosen

Die Tage, die sie in der Pyramide des Nichts verbrachten, flossen rasch dahin und sie alle waren sehr beschäftigt. Mithilfe von Udom L'ks technischen Wunderwerken war es einfach, Früchte zu trocknen und Gemüse haltbar zu machen, Wasser zu filtrieren und in metallenen Flaschen aufzubewahren. In einer dunklen Kammer tief unten in der Pyramide hatte Rìa einen Stapel Stoffe gefunden, aus denen sie und Ard neue Kleider nähten, und Udom L'k zeigte ihr, wie man ihre Stiefel ausbessern konnte, indem man anstelle von Tierhäuten ein merkwürdiges, schwarzes Material zu Hilfe nahm, das sich zäh anfühlte und unglaublich dehn- und belastbar war.

In den kurzen Zeitspannen, in denen sie nichts zu tun hatten, zeigte Udom L'k ihnen die Funktionsweise seiner metallenen Gerätschaften und erklärte ihnen, wozu die Knöpfe und Hebel in der – wie er es nannte – 'Schaltzentrale' dienten. Besonders Ard interessierte sich brennend dafür und Lylth war überrascht, dass Kelsen ihn darin bestärkte. Der Jäger hegte eine heftige Abneigung gegen all die undurchschaubaren Maschinen, das wusste Lylth, und sie fragte sich, ob hinter seiner neuen Begeisterung tatsächlich eine Art freundschaftlicher Gefühle für den Jungen stecken mochte.

Am siebten Tag ihres Aufenthalts jedoch wurden Kelsens Beweggründe offengelegt. Sie saßen beim Frühstück, das diesmal aus Hülsenfrüchten bestand, die Lylth nicht kannte, und besprachen ihre Reiseroute.

Dann fixierte Kelsen den Gelehrten quer über den Tisch. »Hast du Ard beigebracht, wie man mit den Mechanismen in der Pyramide umgeht?«

Udom L'k, mitten in einem Vortrag über den Temperaturwechsel in der Silberwüste, blinzelte. »Oh … ja, doch, ich nehme an. Es ist nicht allzu schwierig, und ich habe mir über die Jahre auch meine Notizen angelegt für Fälle, in denen mich die Aufzeichnungen der Früheren im Stich ließen.«

»Der Junge könnte die Pyramide also selbst steuern?«

Udom L'k grinste kurz und boshaft. »Selbstverständlich, wie ich schon sagte, es ist kinderleicht. Selbst du könntest, wenn du dir ein wenig Mühe geben würdest, gewisse Fortschritte machen …«

»Dann ist es beschlossen«, unterbrach ihn Kelsen. »Der Junge bleibt hier.«

Verblüfft wandten sich ihm alle zu.

»Was meinst du damit?«, fragte Rìa.

Kelsen sah aus, als ob es in ihm heftig arbeitete, aber er blickte entschlossen von einem Gesicht zum anderen.

»Diese Pyramide ist ein guter Ort – sie ist sicher, es gibt genug zu essen und zu trinken, man ist vor der Sonne geschützt … Hier kann man überleben. Und sie war bisher bewohnt, also sollte sie das auch bleiben. Falls … wenn du zurückkommst, hast du Gesellschaft«, fügte er an Udom L'k gewandt hinzu.

Ard war der Mund aufgeklappt; er ließ seine Gabel sinken und sah Kelsen trotzig an.

»Aber ich will nicht hierbleiben! Ich will mit euch kommen!«

»Nein!«

Lylth wollte etwas sagen, aber der Ausdruck in Kelsens Gesicht war so bedrohlich, dass sie auf einmal Angst vor ihm hatte. Selbst Udom L'k, der sonst unentwegt plapperte, schien um Worte verlegen.

Kelsen stand auf.

»Ich war schon nicht einverstanden, euch beide mitzunehmen!«, sagte er und deutete mit dem Finger abwechselnd auf Udom L'k und Lylth. »Aber ihr seid immerhin von Nutzen: Du hast deine Magie und du kennst dich aus mit diesen Technik…dingern … was auch immer. Aber er«, fügte er hinzu, schaute auf Ard hinab, sodass dieser erbleichte, »er ist zu nichts zu gebrauchen. Er wird dauernd auf Hilfe angewiesen sein, kann sich nicht allein ernähren, nicht allein jagen … Er ist nichts weiter als eine zusätzliche Last, die wir nicht gebrauchen können.«

Dröhnende Stille trat ein.

Dann sprang Ard auf. Sein Gesicht war immer noch kalkweiß und die Hände zu Fäusten geballt, aber da war keine Träne, kein Zittern seiner Lippen. Ohne ein Wort zu sagen, verließ er den Raum. Er rannte nicht einmal, wie das zornige Kinder zu tun pflegten.

Er ging einfach davon.

***

Kelsen saß auf der untersten Stufe der Treppe, die hinab in die Eingeweide der Pyramide führte, und grübelte.

Er wusste, dass es richtig war, was er getan hatte. Warum beim Schatten fühlte er sich dann so verdammt mies?

Leise Schritte erklangen, dann standen Rìa und Lylth hinter ihm.

»Wenn ihr gekommen seid, um mich anzuscheißen, dann könnt ihr euch die Worte sparen«, befand er, ohne sich nach ihnen umzusehen. »Ich weiß, was ich gesagt habe, und warum. Ich bleibe dabei. Der Junge bleibt hier.«

»Ard«, versetzte Lylth und klang hitzig. »Er hat einen Namen, weißt du!«

Kelsen wusste es, aber er antwortete nicht. In der Zeit, die der Junge bei ihnen gewesen war, war etwas in ihm passiert, das gefährlich war und das nicht hätte passieren dürfen, das ihn und damit sie alle verletzlich machte.

»Warum willst du ihn nicht mitnehmen? Er ist bisher gut zurechtgekommen. Ich habe angefangen ihm beizubringen, wie man jagt und schießt. Er ist sehr klug und kräftiger, als er aussieht. Udom L'k sagt auch, er ist …«

»Er bleibt hier.«

Das Geräusch von Stoff, dann war Lylth neben ihm und setzte sich auf die Treppe. Ihre Augen blitzten gefährlich im schwachen Licht.

»Wie kommt es eigentlich, dass du jeden hasst, der dir begegnet? Er schaut zu dir auf, falls du es noch nicht bemerkt hast, und er hat dir das Leben gerettet. Aber alles, was er von dir bekommt, sind Geringschätzung und Flüche.«

Kelsen starrte an ihr vorbei hinab in die Dunkelheit. »Hier in der Pyramide ist er sicher.«

»Und allein, für die nächsten … was, zwanzig Jahre?«

»Hier wird er wenigstens überleben!«, fuhr Kelsen sie an. Kurz spürte er den Impuls, sie zu schlagen, beherrschte sich aber. Stattdessen stand er auf und ging zwischen ihr und Rìa hin und her. »Dieser Ort, an den wir gehen … wer weiß, was für Abartigkeiten uns dort erwarten. Vorausgesetzt, wir verhungern und verdursten nicht, bis wir da sind, verbrennen oder erfrieren oder werden von einem Sandsturm begraben. Wir sind alle alt genug, um zu wissen, was wir tun. Aber er … Wenn er … sich was tut, wenn er verletzt wird …«

»Und der Junge, der verletzt worden ist?«

Eine unsichtbare Faust schloss sich um Kelsens Kehle. Rìa hatte sehr ruhig gesprochen und die Art, wie sie ihn ansah, machte es ihm unmöglich, zurückzublicken.

Lange Zeit konnte er weder Rìa noch Lylth ansehen und starrte nur auf das abgewetzte Leder seiner Schuhe.

»Mein Sohn«, murmelte er schließlich.

Rìa nickte langsam, Lylth zog die Augenbrauen zusammen, sodass sich auf ihrer feinen Stirn Runzeln bildeten.

»Was ist passiert?«, wollte sie wissen.

Vor Kelsens innerem Auge stiegen Bilder auf, Bilder, die er jahrelang erfolgreich mit Branntwein und Bier beiseite gespült hatte. Verschwommene Fetzen nur, aber die Gerüche waren noch da, quälend deutlich, der Geruch nach kindlichem Schweiß, nach Blut und nach regennassen Blättern.

»Ich habe ihn auf die Jagd mitgenommen«, erklärte er, wobei es sich anhörte, als spräche jemand anderes. »Es war dunkel und … verdammt, seine Mutter … meine Frau und ich, wir haben uns andauernd gestritten. Auch an diesem Tag. Ich meine, wir haben uns kaum gekannt, damals, wir waren viel zu jung, um … egal, ich hab‘ ihn mitgenommen, damit er ihr Geplärre nicht hören musste. Und als ich mit ihm draußen war … ich dachte, ich hätte ein Wildschwein gehört und bin los, um die Fährte zu suchen, und als ich zurückkam … Er ist von einem Baum runtergefallen, ein Ast war gebrochen. Völlig morsch und nicht zum Klettern gedacht. Eine Astgabel hat ihm das Genick gebrochen, er war sofort tot. Seine Mutter konnte es nicht ertragen, sie … sie ist ins Wasser gegangen, zwei Monde später.«

Als er hochsah, glitzerten Lylths Augen voller Tränen. »Das tut mir so leid«, flüsterte sie.

Rìas Miene war wie immer unmöglich zu lesen.

Kelsen zog die Nase hoch.

»Danach bin ich weggegangen. Rumgezogen, habe für diesen und jenen gearbeitet. Ich war immer allein und es gefällt mir nicht, dass ich euch mit mir rumschleppen muss. Geschweige denn ein Kind! Wir lassen ihn hier und ihr bleibt am besten gleich mit ihm da. Ich werde mir nicht die Verantwortung für ihn aufhalsen, ich nicht! Und überhaupt geht euch das alles einen Scheißdreck an!«

Und damit stapfte er in die Dunkelheit davon.

***

Er fand den Jungen, als er auf die Terrasse kam.

Ard hockte mit angezogenen Knie auf der Brüstung und starrte in die Wüste hinaus; von der Sonne, die ihm auf den Schädel brannte, nahm er scheinbar keine Notiz.

Kelsen trat neben ihn.

»Du wirst dir einen Brand holen«, bemerkte er ruppig, ohne den Jungen anzusehen.

Ard gab keine Antwort.

»Du verstehst, warum wir dich nicht mitnehmen können?«

Lange Zeit schwieg der Junge. Kelsen nahm an, dass er bockig war, wie Kinder in seinem Alter das so an sich hatten, wenn es nicht nach ihrem Willen ging.

Irgendwann sagte er jedoch: »Die anderen verstehen es nicht. Also muss ich es auch nicht verstehen.«

Kelsen sah finster auf ihn hinunter. Ard war braun geworden während ihrer Reise durch die Wüste, sah beinahe aus wie einer der Leute aus dem Westen – nun, aus dem Westen der Welt, die er kannte. Die ungewohnte Nahrungsmenge in der Pyramide hatte ihm gutgetan, trotzdem waren seine Züge irgendwie härter, als sie es hätten sein sollen. Als er Kelsens Blick spürte, schaute er unverwandt zu ihm auf.

»Du könntest getötet werden«, sagte Kelsen.

»Ihr alle auch.«

»Du kannst nicht kämpfen.«

»Dann zeig mir, wie.«

»Nein.«

Ards Lippen wurden schmal.

»Ich habe fast acht Jahre im Schloss des Gebieters unter dem Berg überlebt«, erwiderte er hart. »Ich weiß, wie man am Leben bleibt.«

Kelsen blickte in diese Augen, die viel zu viel gesehen hatten, und zwang sich, sich nicht davon rühren zu lassen.

»Dann bleib hier am Leben. Bleib in der Pyramide, hier gibt es mehr zu lernen und zu wissen als irgendein Mensch dir je beibringen könnte. Hier überlebst du!«

Ard verzog das Gesicht; blendete ihn die Sonne oder kämpfte er tatsächlich gegen Tränen?

»Ich will nicht überleben«, erklärte er mit höherer Stimme als sonst. »Ich will leben! Acht Jahre lang habe ich mir vorgestellt, wie es draußen in der Welt aussieht. Ich habe noch nie das Meer gesehen oder Berge. Andere Berge, gesunde Berge, nicht wie die im Erzgebirge. Ich will nicht wieder in eine Burg oder eine Pyramide oder was auch immer eingeschlossen werden! Ich will erwachsen werden wie alle anderen!«

»Wenn du mitkommst, wirst du das vielleicht nie.«

»Aber ich habe wenigstens gelebt!«

Jetzt gab es keinen Zweifel mehr; ein dunkler Streifen erschien auf seiner Wange und bahnte sich seinen Weg durch den Sand in seinem Gesicht.

»Lieber sterbe ich da draußen in der Welt und bin ein Teil von ihr als für immer hier eingesperrt zu sein! Ich will bei euch sein, bei Rìa und Lylth und dir. Ich will … ich will Freunde.«

Er verstummte, offensichtlich beschämt von dem, was er gerade gesagt hatte. Energisch wischte er sich die Träne aus dem Gesicht.

Kelsen schloss die Augen. In seinem Kopf ertönte noch einmal das Knacken eines Astes, wieder roch er Blut und tote Blätter …

»Wenn du mitkommst«, sagte er und öffnete die Augen wieder, »werde ich dich als Mitglied unserer Gruppe behandeln. Du bist dann so wie jeder andere. Du bist kein kleiner Junge mehr. Rìa und ich werden die Zeit, die wir hier noch haben, nutzen, um dich zu lehren, wie man sich verteidigt und angreift. Das heißt aber auch, dass dir da draußen niemand mehr die Hand hält. Wenn wir in Gefahr geraten, helfe ich dir, wenn ich kann, wenn nicht, ist es deine Sache, dir selbst zu helfen. Hast du verstanden?«

Ard schaute ihn lange an. Dann erschien so etwas wie ein Lächeln auf seinem Gesicht.

»Ich habe verstanden.«

Die beiden reichten sich die Hände, und die Sache war beschlossen.

***

Die Sonne war noch nicht aufgegangen, als sich am zehnten Tag nach ihrer Ankunft mit einem leisen Zischen die Bodenklappe der Pyramide öffnete und sie einer nach dem anderen hinunterkletterten. Jeder von ihnen war schwer beladen mit Gepäck, hauptsächlich Proviant und Wasser, aber auch Planen, um sich Zelte zu bauen oder sich zuzudecken, falls tatsächlich ein Sandsturm drohte.

Noch immer hatte ihnen Udom L'k nicht erklärt, was er mit seinen Andeutungen gemeint hatte, 'bezüglich Reittieren' etwas tun zu wollen.

Er hatte sich nur sehr oft in der Schaltzentrale eingeschlossen und ihnen verboten, ihn zu stören.

Kelsen hatte sich und Ard die Zeit vertrieben, indem er dem Jungen den grundlegenden Umgang mit Dolchen und Messern beibrachte – sowohl beim Zerlegen von Beute als auch im Kampf. Keiner hatte gewusst, was Udom L'k in der ganzen Zeit ausheckte – jetzt jedoch trat er strahlend vor sie hin.

»Ich präsentiere euch hiermit meine sonnenbetriebenen, vollautomatischen Wüstenspringer!«, jubilierte er und drückte auf einem kleinen silbernen Kästchen, das er bei sich trug, ein paar Knöpfe.

Unter lautem Dröhnen öffnete sich eine weitere Luke im Bauch der Pyramide und auf einer Art metallener Schaufel kamen fünf manngroße, schimmernde Gestelle zum Vorschein. Jedes von ihnen machte auf Kelsen den Eindruck eines metallenen Stiefels und jedes hatte eine Art Sattel, in dem offensichtlich ein Reiter sitzen sollte. Kleine dunkle Räder waren in Greifhöhe des Sattels angebracht, außerdem sah Kelsen dort, wo bei einem Sattel die Steigbügel zu finden gewesen wären, handtellergroße, flache, eckige Metallplatten, die Udom L'k als 'Pedale' bezeichnete.

»Was beim Schatten und all seinen Dämonen soll denn das sein?«

Udom L'k strahlte ihn an. »Das, mein ungläubiger Freund, sind die Wunderwerke, die uns zur Stadt der Augenlosen tragen werden.«

»Bist du sicher?«, fragte Lylth; sie hatte die Arme verschränkt und sah ausnahmsweise so aus, als wäre sie Kelsens Meinung. »Diese Dinger sehen nicht einmal so aus, als könnten sie sich selber um die nächste Ecke tragen.«

Udom L'k schnaubte, offensichtlich eher amüsiert als beleidigt.

»Sehet und staunt, ihr Lästerer!«, verkündete er und drückte noch einmal einen Knopf.

Mit einem leisen Surren erwachten die Apparate zum Leben. Jeder von ihnen klappte an den Seiten kleine schwarze Flächen aus wie die, die an der Spitze der Pyramide funkelten. Sie drehten und richteten sich aus, bis sie in Richtung der aufgehenden Sonne standen. Dann bewegten sich die Maschinen. Erstaunlicherweise hüpften sie nicht, wie Kelsen das erwartet hatte, sondern sie glitten auf ihrem trichterförmigen Fuß dahin, in den

Räder eingebettet waren. Um die Räder herum lief eine Art Kette, die knatterte und tuckerte, als sich eines der Fahrzeuge Kelsen näherte.

Es kam direkt vor ihm zum Stehen, als wartete es nur darauf, dass er sich in den Sattel schwang.

»Auf dieses Schattending steige ich nicht auf!«, schnaufte Kelsen, sah sich jedoch schnell überstimmt, als alle anderen – Ard mit glänzenden Augen – auf ihre Gefährte kletterten und sich in die Sättel setzten.

Leise Verwünschungen murmelnd tat Kelsen es ihnen gleich.

»Und was jetzt?«, fragte Lylth, die ihre Hände auf das kleine Rad vor sich legte und ziemlich zweifelnd dreinblickte.

»Oh, das ist ganz einfach, wirklich! Mit diesem kleinen Drehrad vor euch steuert ihr, seht ihr, so –«, Udom L'k demonstrierte es. »Und mit den kleinen Pedalen unten bremst ihr und beschleunigt. Links bremsen, rechts beschleunigen.«

Auch das machte er ihnen vor, und gegen seinen Willen war Kelsen beeindruckt, als die Maschine alles tat, was der Gelehrte von ihr verlangte.

»Sieht ja recht einfach aus«, befand Rìa.

Das war es aber keineswegs, zumindest was Kelsen anging. Nachdem er das zweite Mal innerhalb weniger Augenblicke mitsamt seinem Blechmonstrum hingefallen war, schwor er, er würde Ênrash-A'Sil eher zu Fuß erreichen als seinen Arsch noch einmal in seinen Sattel zu schwingen.

Schließlich jedoch – unter dem dröhnenden Gelächter vor allem von Lylth und Ard – hatte auch er sein Gefährt einigermaßen im Griff und folgte den anderen, fort von der Pyramide und hinaus in die endlosen Meere aus Sand.

***

Sie kamen überraschend schnell vorwärts; schon bald war die Pyramide hinter ihnen nicht mehr als ein pulsierender, glitzernder Fleck und dann war sie ganz verschwunden.

»Wird sie dir nicht fehlen?«, schrie Lylth durch die Tücher hindurch, die sie sich zum Schutz gegen die Sonne um den Kopf gebunden hatten.

Udom L'k, der unmittelbar vor ihr auf seinem Gefährt durch den Sand brauste, antwortete erst nicht. Sie glaubte schon, er hätte sie nicht gehört, als er sich zu ihr umdrehte.

»Ich war schon ein paar Mal draußen, aber nie länger als ein paar Stunden. Aber ich komme ja wieder.«

Er klang sehr sicher, fand Lylth. Vielleicht, weil er noch nicht gesehen hatte, was sie von der Welt gesehen hatten. Aber andererseits, was wusste sie schon von seinem Leben vor der Pyramide? Vermutete er nicht, dass all seine Leute tot waren? Warum waren sie überhaupt hierhergekommen und woher kamen sie? Es war fast noch schwieriger, ihm etwas aus der Nase zu ziehen als Kelsen, vielleicht deshalb, weil er so freundlich war. Es schien immer, als weiche er nicht absichtlich aus, aber Lylth ließ sich nicht täuschen. Er wollte nicht, dass sie über seine Vergangenheit Bescheid wussten, und Lylth fragte sich, warum.

Sie warf einen Seitenblick auf Ard, der leise surrend neben ihr dahinrollte. Sie war froh, dass Kelsen sich hatte breitschlagen lassen, den Jungen mitzunehmen. Der Gedanke, dass er zehn, zwanzig Jahre in dieser verrückten Pyramide eingeschlossen leben musste, so sicher es dort auch war, gab ihr ein schlechtes Gefühl.

Er schaute zu ihr hinüber und sie zwinkerte ihm über ihre Tücher hinweg zu.

Er zwinkerte zurück.

Als ob wir auf einer Vergnügungsfahrt wären, dachte Lylth. Und tatsächlich war der Ritt auf diesen unglaublichen mechanischen Dingern ein solcher Spaß, dass sie Mühe hatte, sich ins Gedächtnis zu rufen, wohin sie eigentlich wollten, dass am Ende ihrer Reise vielleicht der Tod wartete.

***

Sie waren schon mehrere Stunden unterwegs, als der Wind plötzlich verstummte.

Es war nicht so, dass er aufhörte; Lylth spürte, wie er weiter an ihrer Kleidung zerrte und ihr Sand ins Gesicht blies. Nur hatte er keine Stimme mehr. Es war, als hätte jemand ein Kissen über die Welt gelegt, das alle Geräusche erstickte.

»Was ist das?«, hörte Lylth Rìa beunruhigt fragen.

Wortlos deutete Udom L'k auf etwas, das in nicht allzu großer Entfernung zu ihrer Linken lag.

Im ersten Moment sah Lylth nicht, worauf er zeigte.

»Was ist das dort?«, fragte Kelsen alarmiert.

»Das Tal ohne Namen«, ertönte Udom L'ks Stimme dumpf und schaurig aus seinen Tüchern. Lylth kniff die Augen zusammen und konnte undeutlich sehen, wie in etwa tausend Schritten Entfernung das Land abflachte und sich zu einer weiten Grube absenkte. Was dort unten war, konnte sie nicht sehen, dazu hing der Sand viel zu dicht in der Luft. Die Stille, die sich über sie gesenkt hatte, schien von dort zu kommen.

Ein unerklärlicher Schauder lief ihr über den Rücken.

»Wir sollten etwas mehr Abstand halten!«, rief Udom L'k und lenkte sein Gefährt weiter nach Süden. Die anderen gehorchten ihm ohne Widerspruch. Sie alle spürten, dass er Recht hatte.

»Was ist dort unten?«, wollte Ard wissen, als sie das Tal ein gutes Stück umgangen hatten und die Geräusche allmählich in die Welt zurückkehrten.

Lylth sah, wie Udom L'k sich auf seinem Gefährt umwandte und Ard freundlich zublinzelte. »Manche Dinge, mein junger Freund, bleiben besser ungewiss.«

Niemand fragte weiter nach.

***

Es waren harte und lange Tage, heiß und unerbittlich. Manchmal wehte der Wind so heftig, dass der Sand acht Fuß hoch in der Luft stand und sie es nicht wagen konnten aufzubrechen, weil sonst die Gefahr bestand, dass sie einander verloren. An anderen Tagen brannte die Sonne so unbarmherzig vom Himmel, dass sie das Gefühl hatten, ihnen würde die Haut vom Leibe schmelzen. In der Nacht war es bitterkalt und sie schürten wann immer möglich ein Feuer.

»Lasst es nur noch heller brennen«, pflegte Udom L'k sie zu ermutigen, und als Kelsen ihm klarmachte, dass sie sparsam mit ihren Holzvorräten umgehen mussten, warf der Gelehrte ein paar faustgroße schwarze Dinger ins Feuer, die die Flammen in die Höhe schießen ließen und dafür sorgten, dass sie bis zum Morgen brannten.

»Je höher das Feuer, desto unwahrscheinlicher nächtlicher Besuch«, pflegte Udom L'k zu sagen.

Sie alle vermuteten, dass er Recht hatte; das Klicken und Klacken, Trippeln und Rascheln, das sie hörten, wenn sie sich unter ihren Decken zusammenrollten, gefiel ihnen nicht, auch wenn sie nie etwas sahen, das diese Laute verursachte.

Eines Morgens fanden sie unweit von ihrem Schlafplatz das Skelett eines Tieres, größer als ein Pferd. Es war noch frisch, aber das Fleisch war so sauber von den Knochen genagt worden, als hätte man es mit einem Rasiermesser davon abgetrennt.

Keiner von ihnen sagte etwas dazu, als sie vorbeifuhren, aber Ard schaute sich noch lange nach ihm um und schluckte schwer.

***

Ohne dass es ihm jemand sagte, spürte Kelsen, dass sie sich der Stadt der Augenlosen näherten.

Es war ein Gefühl, als ob etwas nie Gekanntes, Drohendes über einem aufragte, ein Schatten, der sich erhob und alles andere auslöschte.

Nicht zum ersten Mal fragte er sich, ob sie umkehren sollten, aber er wusste verdammt gut, dass das nicht möglich war. Er spürte es mit jedem weiteren Tag, den sie zusammen waren; etwas leitete sie, etwas, das grösser war als Götter oder Zauberei. Eine Macht, die sie alle vorwärtszwang – Schicksal, Bestimmung oder schlichtweg Wahnsinn, wer wusste das schon? Sie konnten nicht mehr zurück.

Als sie an diesem Abend rasteten, waren sie alle sehr schweigsam.

»Wenn ich mich nicht verrechnet habe, sollten wir die Stadt morgen Mittag erreichen«, sagte Udom L'k schließlich in die Stille hinein. Er hielt eine Tafel in den Händen und schob ständig kleine Steine darauf hin und her.

»Was ist das?«, fragte Ard; nicht aus Interesse, wie Kelsen vermutete, sondern um sich von diesem seltsamen, bedrohlichen Gefühl abzulenken, das sie alle umklammert hielt.

»Eine Art Rechenschieber«, erwiderte der Gelehrte. »Ich berechne die Geschwindigkeit der Wüstenspringer, die Verschiebungen des Sands, den Windwiderstand …«

»Sei so gut und verschone uns«, murrte Kelsen und aß noch eine Dörrfrucht. Aus dem Augenwinkel sah er, wie Lylth nachdenklich ihre Uhr zwischen den Fingern drehte.

»Zumindest sind wir jetzt nicht in unmittelbarer Gefahr«, erklärte sie Rìa und ihr Tonfall machte deutlich, dass sie vor allem sich selbst beruhigen wollte.

In dieser Nacht träumte Kelsen von kriechenden Schatten, von Städten mit leeren Häusern und blinden Fenstern, von Leichen und kranken, entstellten Leibern von Dunkelelfen. Schaudernd erwachte er aus dem Schlaf und löste Udom L'k früher als abgesprochen von seiner Wache ab.

***

Das bedrohliche Gefühl wurde stärker, von dem Moment an, als sie ihren Lagerplatz bei Sonnenaufgang verließen.

Sie alle wurden still und bedrückt, und selbst die Maschinen schienen nicht mehr so glatt zu laufen wie bisher.

Aber noch immer konnten sie die Stadt nicht sehen.

Die Sonne stieg höher, doch irgendwie schienen ihre Strahlen nicht bis zu ihnen zu dringen. Die Hitze war nicht weniger unerträglich, nur das Licht schien sie nicht zu erreichen.

Ich habe Angst, dachte Lylth. *Richtig Angst. Und die anderen auch, nur will es keiner sagen. Sonst würden wir vielleicht alle umkehren.*

Die Wüstenspringer schleppten sich eine Düne hinauf, und wie auf einen Befehl hin hielten sie alle an.

»Dort«, sagte Udom L'k nur.

Es sah nicht wirklich aus wie eine Stadt – zumindest keine, die von Menschen gebaut worden war. Am ehesten glich es einem gewaltigen Felsen, unnatürlich glatt und eben, der mit einem Schwert in unendlich viele ungleich große Teile zerschnitten worden war.

Wind und Wetter mussten das Material größtenteils abgeschliffen haben, aber Lylth wusste instinktiv, dass es früher dunkel und glänzend gewesen war. Dächer, Fenster, Türme gab es keine. Nur gewaltige, eckige Teilstücke, so weit das Auge reichte.

Lange verharrten sie, als ob sie darauf warteten, dass eine Art Reaktion auf ihre Ankunft erfolgte. Ein Signal, ein Bote, ein Pfeilhagel, irgendetwas.

Nichts geschah, außer dass der Wind ganz unerwartet wieder anhob und ihnen um die Ohren pfiff.

Für Lylth klang es wie das Klagen von Geistern.

»Also los«, brummte Kelsen. »Stehen wir hier nicht rum. Dieses verfluchte Schwert wird nicht von selbst zu uns kommen.«

Er steuerte sein Gefährt die Düne hinunter und die anderen folgten ihm.

***

Erst als sie vor dem Eingang der Stadt standen, erkannten sie, wie gewaltig sie wirklich war. Die Gebäude waren alle fast dreißig Schritt hoch und so massiv, als wären sie jedes für sich ein Berg. Woraus sie gebaut worden waren, konnte nicht einmal Udom L'k ihnen sagen – kein Gestein, das es hier in der Wüste gab, sah auch nur entfernt ähnlich aus. Sie waren sich nicht einmal sicher, ob es sich überhaupt um Stein handelte.

Obwohl die Sonne jetzt direkt über ihnen stand, lag der Schatten der Stadt schwer auf ihnen und der Weg, der zwischen zwei gewaltigen Pfeilern hineinführte, wirkte wie ein aufgerissener Schlund.

Udom L'k beugte sich vor, um die Inschrift zu lesen, die in einen der Pfeiler eingraviert worden war. Er schüttelte den Kopf.

»Keine Schrift, die ich kenne. Sehr alt, wenn auch nicht so alt wie die Stadt selbst, glaube ich.«

»Wäre gut, wenn wir wüssten, was sie bedeutet«, meinte Ard. »Vielleicht ist es ein Hinweis. Oder eine Anleitung, wo die Straßen hinführen.«

»Wenn ich mir das hier so ansehe«, erwiderte Udom L'k und deutete auf etwas, das unmittelbar unter der Inschrift in den Stein geritzt worden war, »fürchte ich, bleiben keine Zweifel offen, was es bedeutet.«

Kelsen beugte sich nur lange genug über die Darstellung, um grob ihren Inhalt zu erschließen, dann hatte er genug gesehen.

»Wer auch immer das eingemeißelt hat, schätzte offenbar keine Besucher.« Er schnaubte.

Sein Blick glitt über seine Begleiter und er dachte an das blankgefressene Skelett, dem sie begegnet waren.

»Es ist besser, wenn ich allein reingehe«, befand er.

Rìa schüttelte stumm den Kopf.

»Keine Chance«, erwiderte Lylth hochnäsig. »Was willst du denn ohne uns anfangen? Nach zehn Schritten steckst du schon in irgendeiner Falle fest und kommst ohne Hilfe nie wieder raus.«

»Ich bin bestimmt nicht zum ersten Mal seit über zehn Jahren von zu Hause weg, nur um vor der Tür stehengelassen zu werden«, stimmte Udom L'k zu. Er wirkte aufgeregt, wenn auch deutlich gedämpfter als sonst.

Ard sagte gar nichts, sondern trat auf Kelsen zu und nahm ihn bei der Hand.

»Ist schon in Ordnung«, meinte er. »Wir gehen zusammen.«

Kelsen zögerte. Dann löste er seine Hand aus Ards und deutete auf den kleinen Dolch, den der Junge im Stiefel trug; er und die anderen hatten solche in der Pyramide gefunden, zusammen mit einigen anderen Messern und Werkzeugen, und diese mitgenommen.

»Halte den griffbereit«, befahl er. »Wenn wir da drin sind, stichst du im Zweifelsfall zuerst zu und stellst dann Fragen, verstanden?«

Ard nickte ernst. Er war ein gelehriger Schüler gewesen, aber sie hatten viel zu wenig Zeit gehabt, wenn man bedachte, was an diesem wahnsinnigen Ort alles auf sie warten konnte.

»Ich erinnere dich an deine Worte, wenn du mit einem Dolch im Bein auf dem Boden rumliegst«, meinte Lylth grinsend und betrat hinter Kelsen die Stadt.

Zwischen den steil aufragenden Gebäuden erstarb der Wind sofort. Es wurde dunkel und immer dunkler, obwohl sie unendlich weit über sich noch immer ein Stück blauen Himmel sehen konnten.

Rìa tastete immer wieder nervös über ihre Schulter und Kelsen wusste, dass sie ihren Bogen vermisste. Ihm ging es genauso. Er hatte Udom L'k nach mechanischen Waffen gefragt, nach irgendetwas, was ihnen bei einem Kampf nützen würde.

»Es gibt ein paar Erwähnungen von Stäben, die Feuer schießen konnten, aber ich habe niemals Zeichnungen von ihnen gesehen. Offenbar hielt man es nicht für nötig, sie hierher mitzubringen«, hatte der Gelehrte bedauernd geantwortet.

Dafür trugen sie jetzt alle mehr oder weniger lange Messer, Drillbohrer und sonstiges Werkzeug. Für Kelsen keinesfalls genug.

Sie folgten der Hauptstraße, die in langen Windungen direkt ins Herz von Ênrash-A'Sil zu führen schien. Mit jedem Schritt wurde es kälter und Kelsen wurde das Gefühl nicht los, dass man sie beobachtete.

»Das ist ein riesiges Labyrinth hier«, bemerkte Lylth, nachdem sie einige Zeit schweigend gegangen waren. Ihre hellen Augen musterten die unzähligen Gassen und Nebenstraßen, die sich zwischen den monströsen Gebäuden im Dunkeln verloren. »Wir hätten die Fahrzeuge mitnehmen sollen; das dauert Tage, bis wir hier durch sind!«

Doch Udom L'k, der unentwegt den Kopf von einer Seite auf die andere drehte, verneinte.

»Sie sind nicht allzu wendig. Seht, die Gebäude stehen so dicht beisammen, da kämen wir mit den Wüstenspringern nie durch. Und was ist, wenn wir Treppen steigen müssen?«

Stundenlang schienen sie der Straße zu folgen, ohne dass sie je irgendwo ankamen. Die Gebäude, sofern es denn welche waren, hatten keine Türen, nur hin und wieder düstere Torbogen, aus denen ihnen kalte, übelriechende Winde entgegenströmten und die zu durchschreiten keiner Lust hatte. Hoch oben, viel zu hoch oben, schienen einige von ihnen eine Art Fenster zu haben, aber Kelsen war sich nicht sicher. War es nur Einbildung oder hörte man von dort oben die Ahnung eines Flüsterns?

»Was ist, wenn wir einfach auf der anderen Seite wieder herauskommen?«, fragte Ard leise. »Wenn diese Straße nirgendwohin führt?«

Kelsen antwortete nicht; ihm war schwummrig, eine seltsame Hoffnungslosigkeit begann in ihm zu dämmern und er ertappte sich dabei, wie er sich die Frage stellte, ob sie nicht schon längst im Kreis liefen, ohne es zu bemerken. Vielleicht hörte die Stadt niemals auf. Von der Düne aus – es schien so lange zurückzuliegen – hatte man ihr Ende nicht sehen können.

Er schüttelte den Kopf, als wollte er Wasser aus den Ohren kriegen.

Woher kamen diese Gedanken? Er war beunruhigend sicher, dass es nicht seine eigenen waren.

»Seht mal!«, rief Udom L'k und deutete auf die Mauern, an denen sie vorbeigingen. Erst jetzt fiel es auch Kelsen auf; was er für Verwitterungen im Stein gehalten hatte, waren in Wahrheit Runen, seltsame Zeichen, die in jedes freie Stück Stein gemeißelt worden waren.

»Diese Zeichen«, murmelte Udom L'k, der sich so nahe über eine der Inschriften beugte, dass er sie fast mit der Nase berührte, »diese Zeichen habe ich schon gesehen. In einem der alten Manuskripte …«

Und zu Kelsens Verblüffung grub er aus seiner Tasche tatsächlich eine Papyrusrolle hervor. »Die Früheren haben sie manchmal verwendet, um Behältnisse zu beschriften … Sie sind unvorstellbar alt. Nicht dieselben wie die, die wir draußen gesehen haben.«

»Kannst du sie lesen?«, fragte Lylth, die die Arme vor sich verschränkt hatte und unruhig auf der leeren Straße hin- und herschaute. Es schien, als ob auch sie sich beobachtet fühlte.

Udom L'k schüttelte langsam den Kopf. »Ich könnte sicher einige davon entziffern, wenn ich etwas Zeit hätte … dieses dort oben«, er deutete auf etwas, das für Kelsen nicht mehr war als eine Ansammlung schräger Striche, »bedeutet 'Feuer' oder 'Sonne'. Und das hier …«

Ohne Umstände packte Kelsen ihn am Kragen und hinderte ihn so daran, sich vor den Runen auf den Boden zu setzen.

»Tu das auf dem Rückweg«, befahl er und stellte Udom L'k wieder auf seine dürren Beine. »Wir haben etwas anderes vor.«

Mit sichtlichem Bedauern steckte Udom L'k seine Papyrusrolle wieder ein.

Mittlerweile hatte der Himmel weit über ihnen ein dunkles Purpur angenommen, was wohl bedeutete, dass die Sonne unterging. Bildete Kelsen sich das nur ein oder verging die Zeit hier drin beunruhigend schnell?

»Wir sollten vielleicht umkehren«, sagte Rìa, die seinem Blick gefolgt war. »Ich will hier nicht die Nacht verbringen müssen.«

»Dann können wir morgen wieder von vorn anfangen«, widersprach Lylth, und ausnahmsweise musste Kelsen ihr Recht geben.

»Wir gehen jetzt noch weiter, bis es dunkel wird, dann schlagen wir das Lager auf.«

»Wo?«, fragte Ard.

Kelsen sah, wie er beunruhigt die leeren Gebäude musterte.

»Auf der Straße«, entschied Kelsen. »Dann sehen wir wenigstens, wenn jemand kommt.«

Und werden selbst wunderbar gesehen, fügte er in Gedanken hinzu.

»Seht mal!«, rief Udom L'k plötzlich, so laut, dass alle zusammenfuhren. »Da vorne!«

Sie alle sahen, was er meinte: In einigen hundert Schritten Entfernung hörte die Straße auf. Sie führte direkt auf einen einzelnen, gewaltigen Felsklumpen zu, der etwas entfernt von den anderen Gebäuden stand. Er war so glatt und abnorm wie die anderen und hatte einen schlundartigen Eingang, der fast bis zur Decke des Konstrukts reichte.

Einstimmig beschleunigten sie ihre Schritte. Je näher sie dem Komplex kamen, desto gewaltiger schien er zu werden, und als sie direkt davor standen, mussten sie die Köpfe in den Nacken legen, um ihn zur Gänze sehen zu können.

Der Eingang war so gigantisch, wie er von fern erschienen war, hatte keine Türen und auch keinen Schmuck. Lediglich eine einzelne, rechteckige Säule war direkt in der Mitte aufgestellt worden, um den Torbogen abzustützen oder als Zierde, Kelsen wusste es nicht. Ein leises, entferntes Rauschen schien ihnen entgegenzuwehen, als ob dort drin irgendetwas Riesiges, Uraltes atmen würde.

»Wir wollen da rein, oder?«, fragte Lylth in einem Tonfall, der ausdrückte, dass sie alles wollte, nur nicht das.

Kelsen sagte nichts, stattdessen zückte er eins seiner Messer.

Rìa tat dasselbe und Udom L'k nestelte einen seltsam spitzen Gegenstand aus seiner Tasche, der aussah wie ein Zapfen, den man in Bäume rammte, um Wasser herauszuholen.

»Halt dich besser bereit«, sagte Kelsen zu Lylth, die blass war, aber auf seine Worte hin die Ärmel hochkrempelte und nickte.

An Ard gewandt fügte er hinzu: »Du bleibst hinter mir. Deck mir den Rücken.«

Dann überschritten sie die gewaltige Schwelle und tauchten ein in die Dunkelheit des Gebäudes.

***

Lylths Augen brauchten eine Weile, um sich an das wenige Licht zu gewöhnen, doch als es soweit war, klappte ihr unwillkürlich der Mund auf: Sie befanden sich offenbar in einer Art Kathedrale, einem gewaltigen Bau aus unzähligen Bögen und Durchgängen, die in scheinbar völlig wirrer Unordnung quer in dem Gebäudekomplex verteilt waren. Alles war aus demselben dunklen Material wie der Rest der Stadt, und die Höhe der Simse und Fenster ließen sie sich erneut die bange Frage stellen, wie groß die Wesen sein mussten, die das alles gebaut hatten.

»Was ist das hier?«, fragte Ard, der mit wachsamen Augen dicht hinter Kelsen ging.

»Seht nur!«, wisperte Udom L'k und zeigte wieder auf die Wände. Hier drin, wo kein Wüstensand sie zerstören konnte, waren die Gemälde und Runen praktisch unversehrt und prangten in unvorstellbarer Größe über ihnen.

Das meiste davon war für Lylth nicht verständlich, aber ein paar Einzelheiten erkannte sie: Gewaltige runde Scheiben mit Strahlen, die davon abgingen, die wohl die Sonne und den Mond darstellen sollten, kolossale Felsstrukturen, die vermutlich die Stadt bezeichneten, und dazwischen …

»Was *ist* das?«, flüsterte Rìa, und das Entsetzen, das in ihrer Stimme lag, ging Lylth durch Mark und Bein.

Zwischen den in die Wände gemeißelten Gebäuden waren Figuren zu sehen, die keiner Gestalt glichen, von der Lylth jemals in Büchern gelesen oder in Liedern gehört hatte. Am ehesten sahen sie aus wie Bäume, die aufgerichtet gingen, Bäume ohne Krone, nur mit seltsam langen, sich windenden Ästen und wurzelartigen Beinfortsätzen, auf denen sie sich offenbar fortbewegten. Gesichter konnte Lylth keine erkennen, dafür aber weitere Fortsätze am oberen Ende des Körpers, der in einer Art Schlund endete.

Unwillkürlich blieb sie stehen, eine Eiseskälte im ganzen Körper.

Absurderweise war der einzig klare Gedanke, der ihr in diesem Moment durch den Kopf ging, die Frage, wozu solche Wesen Fenster brauchten, wenn sie keine Augen hatten.

Auch die anderen waren stehengeblieben; an ihrer Schulter spürte sie Ards rasche Atemzüge, und instinktiv legte sie den Arm um ihn.

»Schon in Ordnung«, meinte Udom L'k leise, auch wenn Lylth sah, wie seine Hände zitterten. »Diese … Wesen … was auch immer sie sein mögen … Hier wird nur gezeigt, wie sie die Stadt gebaut haben, wenn ich das richtig sehe. Keine Anzeichen von … von Gewalt oder …« Er brach kurz ab. Dann räusperte er sich, offenbar in einem Versuch, sich selbst wieder unter Kontrolle zu bringen.

»Außerdem ist diese Stadt uralt. Wir sind jetzt den ganzen Tag hier herumgelaufen und haben kein Zeichen von Bewohnern gesehen. Vermutlich sind sie längst alle tot oder fortgegangen. Das ist nur logisch.«

»Stimmt«, nickte Rìa, ohne die Augen jemals länger als einen Herzschlag am selben Punkt ruhen zu lassen. »Kaum schlimmer als Riesen oder menschenfressende Dunkelelfen.«

Lylth sah, wie Kelsen seinen Dolch fester packte.

»Gehen wir weiter. Aber seid vorsichtig.«

Unablässig die Umgebung absuchend, drangen sie tiefer in das Gebäude vor. Wie der Rest der Stadt schienen auch diese Hallen kein Ende zu nehmen, und während sie gingen, wurde es immer dunkler. Lylth spürte die Luft vibrieren, uralte, namenlose Erinnerungen, die hier umgingen, und schauderte. Mit jedem Schritt wurde das Gefühl in ihr stärker, dass sie auf etwas Dunkles und Böses zugingen, aber was es war, wusste sie nicht. Sie dachte an die Darstellungen an den Wänden und unterdrückte erneut ein Schaudern.

Dann, plötzlich, blieb Rìa stehen.

»Was ist?«

Kelsen war sofort an ihrer Seite, den Dolch erhoben, und spähte in die Dunkelheit vor ihnen.

Dann sah Lylth es auch.

»Dort!«

Etwa zehn Schritte vor ihnen lag etwas am Boden, das auf den ersten Blick wie einige aneinandergereihte Fässer aussah. Umgekippte Fässer, aus denen man viele Bretter herausgerissen hatte.

Langsam näherten sie sich, und als sie sahen, was es wirklich war, stieß Udom L'k einen scharfen Zischlaut aus.

Es war ein Wesen, wie sie es in den Darstellungen an den Wänden gesehen hatten, und es war tot. Nur noch ein Gerippe war übriggeblieben, und dort, wo der Schädel saß, waren die meisten Knochen fürchterlich zertrümmert.

»Was hier wohl passiert ist?«, murmelte Lylth. Sie konnte nichts dagegen tun, irgendwie machte der Anblick des toten Geschöpfes sie traurig.

Kelsen hingegen, der mit den Schritten die Körperlänge des Dings abmaß, schien ihre Gefühle nicht zu teilen.

»Fast zweieinhalb Schritte groß«, murmelte er, »und das ohne den Kopf. Wenn die irgendwo lauern und über uns herfallen …«

»Ich glaube nicht, dass du dir darüber große Sorgen machen musst«, befand Rìa, die ein paar Schritte weitergegangen war und einen Holzspan entzündet hatte.

Sie hob das Licht über ihren Kopf und beleuchtete den folgenden Teil der Kathedrale: Überall lagen weitere Knochen verstreut und sie alle wiesen ähnlich grässliche Verletzungen auf wie die Überreste, die sie gerade entdeckt hatten. Manche der Kreaturen sahen aus, als wären sie in der Mitte auseinandergerissen worden.

Lylth spürte, wie ihr schlecht wurde, und wandte rasch den Blick ab.

»Wo sind ihre Arme und Beine?«, fragte Ard, der erneut in fürchterlich unkindlicher Manier die Toten musterte.

Udom L'k, der sich über eines der Skelette gebeugt hatte und sie neugierig untersuchte, legte den Kopf schief.

»Vermutlich hatten sie dort keine Knochen. Auf den Bildern sehen sie aus wie Fangarme oder …«

»Jaja, schon gut, Schluss jetzt mit dem Geschwätz!«, fuhr Kelsen dazwischen. »Was immer diese …«, etwas hilflos wies er auf die toten Kreaturen um sie herum, »umgebracht hat, ist vielleicht noch hier. Und ich habe keine Lust, so auszusehen wie die. Also los, weiter.«

Sie setzten ihren Weg fort und es wurde noch dunkler. Schließlich zündete Udom L'k eine kleine Lampe an, deren Funktionsweise Lylth nicht einmal ansatzweise verstanden hatte, und ging Seite an Seite mit Kelsen an der Spitze.

Immer noch stießen sie auf weitere Überreste, und sie alle sahen aus, als wären sie in einem fürchterlichen Kampf getötet worden.

»Was ist das dort drüben?«, fragte Ard.

Lylth sah hin; neben einem der Skelette – einem besonders großgewachsenen Ungetüm – fand sich eine Art Abdruck im Boden, fast wie eine menschliche Gestalt, die man mit Ruß dorthin gemalt hatte.

In dem Augenblick, als Lylth sie anschaute, wogte eine Welle des Grauens über sie hinweg, die so stark war, dass sie strauchelte und sich an Rìa festhalten musste.

»Was ist los?«, fragte Rìa alarmiert und hielt sie fest. »Was ist passiert?«

Lylth schüttelte den Kopf. »Ich weiß es nicht. Aber was immer das dort war, es war böse. Viel schlimmer als diese anderen Wesen hier. Bleibt davon weg und fasst es nicht an.«

Kelsen warf ihr einen Seitenblick zu, sagte jedoch nichts. Alle hielten Abstand und warfen hin und wieder verstohlene Blicke zurück.

Lylth jedoch hielt die Augen stur auf den Weg vor sich gerichtet. Was immer dieses Ding dort am Boden gewesen war, es war der Grund für all die toten Kreaturen hier drin, das wusste sie. Es hatte die Bewohner der Stadt getötet.

Und sie bezweifelte, dass es allein gewesen war.

Das Grauen, das sie vorhin gespürt hatte, hing jetzt dick wie Nebel in der Luft und hielt sie umschlossen, und sie war dankbar, dass Rìa sich bei ihr einhakte und sie weiterführte.

Dann endete die Halle und vor ihnen befand sich auf einem kleinen Podest eine Art Altar, von einem einzelnen Lichtstrahl beleuchtet, der von draußen hereinfiel.

Lylth warf einen Blick hoch zur Decke und sah ein kreisrundes Loch, durch das sie den Mond sehen konnte. Sein Anblick hatte etwas Tröstliches.

»Faszinierend«, murmelte Udom L'k und trat vor, um den Altar zu untersuchen. Die anderen folgten ihm. Es war nichts weiter als ein Klotz aus demselben Material wie der Rest der Stadt, ellipsenförmig und von Runen geschmückt, bis auf eine kleine Vertiefung in der Mitte, die aussah, als gehörte sie gar nicht hinein.

Ihre Form ließ sie alle aufmerken.

»Da gehört ein Schwert rein«, bemerkte Kelsen, der mit zusammengekniffenen Augen die Einbuchtung betrachtete. »Ein Einhänder, leicht gebogen wie sie manche Leute im Westen tragen. Im Osten, von hier aus gesehen«, fügte er leicht verwirrt hinzu. Seine schwieligen Finger betasteten die Kerben im Altar.

»Das Schwarze Schwert«, sagte Rìa mit beinahe andächtiger Stimme.

»Nur, wo ist es jetzt?«, fragte Udom L'k und sah sich um, als hoffte er, das Schwert würde plötzlich irgendwo auftauchen.

Lylth atmete schwer; vor ihren Augen begann die Welt sich zu drehen, und nur mit Mühe hielt sie sich am Altar fest. Hier, an diesem Ort, konzentrierten sich all die bösen Energien, die sie gespürt hatte, und am stärksten dort, wo das Schwert gelegen hatte. Sie musste sich zusammenreißen, damit sie Kelsen, der immer noch dort herumtastete, die Hand nicht wegschlug.

»Was ist mit dir los?«, fragte Ard, der zu ihr aufschaute; im bleichen Licht des Mondes sah er fast gespenstisch aus.

»Hier … hier war etwas Böses«, brachte Lylth hervor. »Ich spüre es. Auch das Schwert … es ist böse, fragt mich nicht woher, aber ich weiß es. Diese Energien … sie sind so unglaublich stark … Wer immer es bei sich hat, es muss eine furchtbare Kreatur sein.«

»Dieselbe wie die dort hinten?«, fragte Kelsen, mit dem Daumen zurückweisend. »Die, die diese Baumwesen getötet haben?«

Lylth nickte; sie spürte kalten Schweiß auf ihrer Stirn und wischte ihn rasch weg. »Ich denke schon.«

»Nur, das hilft uns nicht viel«, bemerkte Udom L'k ungewöhnlich ernst. »Wir wissen zwar, dass das Schwert offenbar hier war, aber nicht, wo es jetzt ist und wer es hat. Die Spur ist kalt.«

Einen bedrückten Moment schwiegen sie alle.

Es war, als würde das Wissen, umsonst in diese unmenschliche Stadt gekommen zu sein, sich über sie legen, das Gefühl, dass sich in der Dunkelheit in ihrem Rücken Augen anschlichen, die Möglichkeit eines nahen Todes, ohne ihrem Ziel einen Schritt näher zu sein …

Lylth schüttelte sich.

»Ich glaube«, murmelte sie, die Hand an die Stirn gelegt, um sich zu erinnern. »Ich glaube, es gibt einen Zauber … Er ist uralt, ich habe ihn noch nie selbst angewandt, aber ich weiß, wie er geht … er hilft einem, Energien aus der Luft zu filtern.« Als sie merkte, dass alle sie nur anstarrten, fuhr sie fort: »Eine Präsenz hinterlässt immer Spuren in der Luft. Gedanken,

Gefühle, Gerüche und so weiter. Wenn jemand zum Beispiel erst vor kurzem an einem Ort war und ein Magier vorbeikommt, der diesen Zauber beherrscht, kann er diese Präsenz aus der Luft herausfiltern und weiß dann zum Beispiel, wer dieser jemand war und wohin er gegangen ist.«

»Und diese … Präsenz hier?«, fragte Kelsen, die Hände an die Altarplatte geklammert. »Das ist ziemlich lange her, wenn man sich die Leichen so ansieht.«

Lylth nickte. Sie brachte es nicht über sich, sich nach den toten Wesen umzusehen.

»Aber was hier gewütet hat, ist so unglaublich stark … ich spüre diese Wesen, als wären sie noch da. Ich glaube, wenn ich es richtig hinbekomme, kann ich sie erspüren und vielleicht sehen, wer oder was das Schwert mitgenommen hat.«

Kelsen musterte sie kurz mit diesen eindringlichen, kalten Jägeraugen. Dann nickte er.

»Tu, was du kannst. Wie lange brauchst du dafür?«

Lylth rieb sich wieder die Stirn; ihr war kalt und die bösartige Präsenz überall nahm ihr die Luft zum Atmen.

»Ich weiß nicht. Eine Weile. Vielleicht eine Stunde, vielleicht weniger. Vielleicht einen Tag.«

Kelsen verzog das Gesicht.

»Auf alle Fälle sieht es so aus, als müssten wir hierbleiben. Es macht keinen Sinn, da rauszugehen, wenn es dunkel ist. Wer weiß, was da alles auf uns lauert. Hier sehen wir es, sollte etwas kommen.«

So machten sie sich daran, in der Nähe einen Lagerplatz zu suchen.

»Da ist ein Durchgang!«, rief Ard.

Vorsichtig näherte sich die Gruppe dem Bogengang, auf den er deutete. Eine Art grobe Treppe führte hinab in die Tiefe. Es war stockdunkel da unten.

»Macht, was ihr wollt, aber da gehe ich nicht runter«, erklärte Rìa, und die anderen stimmten ihr zu.

Schließlich schlugen sie ihr Lager einige Schritte vom Altar entfernt neben einer Säule auf, die sie vor Blicken von draußen schützte.

Lylth aß zusammen mit den anderen, dann, während Kelsen und Rìa Wache hielten, stellte sie sich wieder vor den Altar. Sie schloss die Augen und legte die Hände auf die runenverzierte Platte.

Wieder jagte ihr ein fürchterlicher Schauder über den Rücken, aber sie schüttelte das Gefühl ab. Dann holte sie tief Luft und begann.

***

Kelsen hatte keine Ahnung, was die kleine Hexe da trieb, aber es dauerte ihm entschieden zu lange. Er fühlte sich nicht wohl an diesem verfluchten Ort, umgeben von Skeletten von Monstern, die abartiger waren als alles, was er in seinem ganzen Leben je gesehen hatte – und da waren genug verrückte Dinger darunter gewesen.

Aber wenn Lylth das Schwert finden konnte, mussten sie hierbleiben. Er hoffte nur, sie wusste, was sie tat; ein Blick zu ihr hinüber zumindest trug nicht dazu bei, ihn zu beruhigen. Sie war bleicher als Schnee, das Gesicht schweißüberströmt, und sie murmelte undeutliche Worte vor sich hin, ob Zaubersprüche oder Gebete, er wusste es nicht. Jedenfalls machte sie den Eindruck, als würde sie gleich zusammenbrechen.

»Was machen wir, wenn wir das Schwert nicht finden?«, fragte Ard.

Er hatte die Knie angezogen und hockte neben Kelsen, das schwarze Haar halb über den Augen. Er sah Kelsens Sohn nicht im Geringsten ähnlich und doch erkannte er ihn in Ard wieder. Seit er den anderen davon erzählt hatte, sah er ihn oft vor sich – und hatte mit Schrecken erkannt, dass er schon viel älter wäre als Ard, fast so alt wie Lylth wahrscheinlich.

Ein Mann.

Vielleicht wäre er mit Kelsen mitgekommen. Oder vielleicht wäre er dumm genug gewesen, eine eigene Familie zu gründen, sich ein Weib zu suchen, das ihm nur Ärger machte. Kelsen versuchte diesen Gedanken zu verscheuchen und dachte – nicht zum ersten Mal, seit sie aufgebrochen waren – sehnsüchtig an den Branntwein, den er vor seinem Aufbruch zur Jagd mitgenommen hatte. Die Flasche war schon leer gewesen, bevor er

Rìa getroffen hatte, und seither hatte er keine Gelegenheit mehr gehabt, sich zu betrinken.

Vielleicht wäre es gar nicht so übel, wenn eins dieser finsteren Wesen auftauchte, vor denen Lylth solche Angst hatte – sich den Schädel spalten zu lassen, kam ihm im Moment wie eine ganz verlockende Alternative vor.

»Kelsen?«

Kelsen blinzelte. Er hatte ganz vergessen, dass der Junge ihn etwas gefragt hatte. Ard schaute ihn an, während ein leises Schnarchen ihm sagte, dass Udom L'k, der zu seiner anderen Seite saß, eingeschlafen war.

»Wir werden es schon finden«, brummte er. »Müssen.«

»Hast du diese Zeichen gesehen?«

Ard deutete auf einige Bogengänge in der Nähe. Tatsächlich, jetzt wo Kelsen hinsah, sah auch er weitere Runenzeichen, größer und irgendwie ungelenker als die, die sie sonst überall gesehen hatten.

»Das sind dieselben wie draußen vor der Stadt. Die, die Udom L'k uns gezeigt hat. Haben die, die all die Wesen hier umgebracht haben, sie gemalt?«

Kelsen zuckte die Schultern. »Möglich.«

Ard warf einen nervösen Blick zu dem Durchgang, den er entdeckt hatte, und der in der fernen Düsternis lauerte.

»Ob die noch da unten sind?«

Kelsen warf ihm einen scharfen Blick zu. »Schiss zu haben, hält dich nicht am Leben, verstanden? Es ist gut, vorsichtig zu sein, aber sich auszumalen, was sein könnte, bringt nichts. Kämpf gegen das, was da ist, alles andere musst du vergessen. Du wolltest mitkommen, vergiss das nicht! Und auch nicht, was ich dir gesagt habe!«

Den Gedanken, wie wenig er sich zurzeit selbst an diese Regel hielt, verdrängte er.

Ard aber nickte ernst und Kelsen sah, wie er nach dem Dolch an seinem Gürtel tastete.

»Du hast den Gebieter unter dem Berg überlebt und das ganze verrückte Zeug, das sich dort abgespielt hat«, bemerkte Kelsen etwas leiser. »Du wirst es schaffen. Du bist jetzt einer von uns. Teil dieser Mission.«

Ard blickte auf, das Licht von Udom L'ks Feuer in den Augen gespiegelt, und der Hauch eines Lächelns trat auf sein Gesicht.

In diesem Augenblick schrie Lylth markerschütternd auf.

Udom L'k schreckte mit einem merkwürdig japsenden Geräusch aus dem Schlaf und einen Herzschlag später standen Kelsen und Ard neben Lylth am Altar.

Leise Schritte aus dem Dunkeln, dann war auch Rìa bei ihnen.

»Was ist los?«, fragte Kelsen drängend; sein Herz schlug doppelt so schnell wie noch vor wenigen Augenblicken und all seine Sinne waren in Alarmbereitschaft.

Erst antwortete Lylth nicht; mit noch immer geschlossenen Augen stand sie am Altar, die Stirn gerunzelt, das Gesicht verkrampft. Um sie herum schien die Luft zu flimmern und Kelsen hatte das Gefühl, dass sie Hitze ausstrahlte. Ihre Feuerzauber kamen ihm in den Sinn, und vorsichtshalber machte er einen Schritt rückwärts.

Dann, ohne Vorwarnung, riss Lylth Mund und Augen weit auf und im selben Moment erschien über ihr aus dem Nichts ein nebliges, schimmerndes Bild, als ob jemand ein Fenster in der Luft geöffnet hätte.

Man sah die Halle, in der sie sich befanden, nur heller, als ob es mitten am Tag wäre. Sie konnten den Altar sehen und darum herum – Kelsen zogen sich die Eingeweide zusammen – die Kreaturen, die nur noch als Überreste hier herumlagen. Das, was auf den Wandzeichnungen nach Ästen ausgesehen hatte, waren in Wahrheit Tentakel, Greifarme, um Dinge damit zu fassen und um sich damit fortzubewegen. Doch trotz dieses grauenvollen Anblicks wurde Kelsens Aufmerksamkeit von etwas anderem angezogen: Dort, auf dem Altar, in der leeren Nische, lag ein Schwert. Aber kein Schwert, wie Kelsen es kannte: Zwar war es tatsächlich ein Einhänder mit leicht gekrümmter Klinge – aber es war pechschwarz. Es reflektierte weder das Licht, das durch das Loch in der Decke auf es fiel, noch die Feuer, die die Kreaturen um es herum entzündet hatten. Es war, als würde es alle Helligkeit aufsaugen und verschlucken.

Unwillkürlich wollte Kelsen die Hand ausstrecken und es berühren, aber in diesem Augenblick veränderte sich das Bild: Die Nacht brach herein, ungewöhnlich schnell und endgültig. Und dann war überall Chaos und Schwärze. Es schien, als kämen aus der Finsternis Schatten gekrochen, Schatten, die noch dunkler waren als die Nacht selbst und die sich auf die Wesen, die die Stadt bewohnten, stürzten. Kelsen sah, wie sich die Schlünde der Kreaturen öffneten und war ganz froh, dass sie nur Bilder sahen und nicht auch noch hören mussten.

Es war ein Gemetzel und es dauerte nicht lange.

Am Ende waren alle Wesen tot oder fürchterlich verstümmelt, und zurück blieben die schattenhaften Formen, die sich um das Schwert sammelten und es langsam, beinahe ehrfürchtig, aus der Vertiefung auf dem Altar hoben.

Dann verschwamm das Bild, Lylth stöhnte gequält auf und stürzte zu Boden.

Alle rannten zu ihr und Udom L'k hob sie – unter einiger Mühe – hoch und trug sie zu ihrem Lagerplatz zurück. Es dauerte einige Zeit, bis die junge Magierin sich soweit erholt hatte, um wieder sprechen zu können.

»Diese … diese Wesen … was immer sie sind … sie haben das Schwert mitgenommen«, stammelte sie und nahm dankbar von Rìa einen Wasserschlauch entgegen. »Sie haben es mitgenommen und alle getötet, die sie daran hindern wollten.«

Kelsen stützte das Kinn in die Hände. »Trotzdem wissen wir nicht, wo das Schwert jetzt ist. Oder was das für Dinger waren.«

»Ich glaube, ich weiß es«, sagte Ard zu Kelsens Überraschung. »Als ich noch bei dem Gebieter unter dem Berg gelebt habe, kam es manchmal vor … Naja, manchmal, wenn er mit dem Schattengott reden wollte … dann kamen … Boten zu ihm. Keine richtigen Menschen, es war mehr so, als ob sie direkt aus den Schatten kämen, die an den Wänden waren. Versteht ihr, was ich meine?«

»Du meinst also«, begann Rìa langsam und mit hohler Stimme, »dass diese Kreaturen, die Lylth uns gezeigt hat, … dass das Schattenkinder waren?«

»Die Diener des dunklen Gottes«, erwiderte Ard mit blassem Gesicht. »Ja.«

»Also hat der Schattengott das Schwert.« Kelsen stieß ein heiseres Lachen aus. Das hatte noch gefehlt.

»Dann ist es aussichtslos. Ich habe Geschichten über die Götter östlich der Wüste gehört: Der Schatten ist tückisch und nichts, was ihm einmal in die Hände fällt, gibt er je wieder her.«

Udom L'k schaute zu dem Altar hinüber, wo ihnen die leere Schwertnische entgegengähnte.

Kelsen rieb sich das Gesicht; er wollte etwas zerbrechen oder gegen die Wand hauen, aber das hätte zu viel Lärm gemacht. Stattdessen ging er vor den anderen auf und ab.

»Wenn wir das gewusst hätten … Der Riese hätte den Schattengott zu sich rufen können. Wir waren so nah dran! Aber jetzt …«

»… wird er wohl nicht mehr erpicht darauf sein, uns zu helfen, nachdem wir seinen Diener ermordet haben«, schloss Rìa trocken.

Lange Zeit schwiegen sie.

Lylth schien sich rasch zu erholen; ihre Wangen bekamen wieder Farbe, und während sie nachdachte, setzte sie sich gerade hin.

»Und was, wenn wir ihm einen Handel anbieten?«, fragte sie schließlich.

Ard stieß ein hohles Lachen aus. »Mit dem Schattengott handelt man nicht, außer es ist einem egal, ob man seine Seele verliert oder nicht. Man hat mir Geschichten erzählt, als ich noch beim Gebieter unter dem Berg war: Er wird sich auf nichts einlassen, bei dem er verlieren kann. Ganz egal, was du ihm anbietest, er wird doppelt so viel nehmen. Und auch wenn du noch so sicher bist, dass dir nichts passieren kann, kriegt er dich irgendwie.«

Aber Kelsen war bei Lylths Worten nachdenklich geworden.

»Man müsste ihm etwas anbieten, was er unbedingt haben will«, meinte er; scheinbar unbewusst gruben seine Finger in seiner Tasche. »Etwas, das genau so kostbar ist wie das Schwarze Schwert – und genau so selten.«

Rìa legte den Kopf schief. »Wo habe ich so was schon mal gehört?«

Doch da schlossen sich Kelsens Finger schon um den Gegenstand, den er gesucht hatte, und zogen ihn hervor: Dunkel und makellos glitzerte der Blutrubin in seinen Fingern.

»Genial!«, keuchte Ard.

Udom L'k beugte sich neugierig vor und betrachtete das Juwel, aber Rìa wirkte nicht überzeugt.

»Du willst ihn dazu bringen, den Blutrubin gegen das Schwert einzutauschen? Denkst du, das klappt? Woher weißt du, dass er uns nicht alle umbringt und sich den Stein einfach nimmt?«

»Weiß ich nicht«, erwiderte Kelsen wahrheitsgemäß. »Aber ich werde es versuchen.«

»Gut«, nickte Udom L'k und rieb sich eifrig die Hände. »Gut, gut. Also müssen wir den Schattengott finden. Aber wie? Kann man ihn irgendwie rufen? Beschwören?«

»Ich weiß es nicht.«

Rìa schüttelte den Kopf »Selbst wenn, ich glaube nicht, dass wir es tun sollten. Einen Gott anzurufen, weil man etwas von ihm will, gilt schon als Gefallen von diesem Gott und dann wird eine Gegenleistung verlangt. Das kann nicht gutgehen.«

»Wir müssen zum schwarzen Turm«, erklärte Ard. »In den Turm an der Küste der Verlorenen See. Dort hat der Schatten seinen Sitz.«

Kelsen seufzte.

»Dazu brauchen wir ewig. Noch ewiger, wenn man bedenkt, dass uns die Zeit unter den Fingern brennt.«

»Das Untier könnte erwachen, noch bevor wir da sind. Es könnte schon erwacht sein, was das angeht«, nickte Rìa düster.

»Aber eine andere Wahl haben wir nicht«, wandte Lylth ein, und niemand widersprach ihr.

Da ertönte hinter ihnen ein Geräusch.

Es war nicht zu vergleichen mit irgendetwas, was Kelsen bisher in seinem Leben gehört hatte. Als ob sich mehrere Dinge sehr schnell über den Boden bewegten, kriechend und patschend und suchend. Es war ein brechreizerregendes Geräusch und es kam schnell näher.

»Dort«, sagte Ard nur.

Alle starrten hinüber zu dem Durchgang. In die Finsternis auf der Treppe dahinter war Leben gekommen.

»Raus! Raus, sofort!«

Sie rannten los, Udom L'k noch hastig ein paar Taschen vom Boden zusammenkramend, und schon waren die Geräusche in der Halle angekommen. Es war zu dunkel, um zu erkennen, was sie verursachte, und keiner von ihnen blieb stehen, um sich zu vergewissern.

»Zum Ausgang, los, los!«

Kelsen jagte die anderen vor sich her durch die Halle; ein helles Rechteck vor ihnen sagte ihm, dass der Ausgang näherkam.

Dann fühlte er einen Luftzug dicht hinter sich und obwohl alles in ihm sich dagegen wehrte, drehte er sich um.

***

Lylth hörte Kelsens Schrei und drehte im Laufen den Kopf.

Was sie sah, ließ sie stolpern; sie fiel der Länge nach hin, rappelte sich hoch und erstarrte.

Kelsen wich vor etwas zurück, das ihn um fast eine Schrittlänge überragte. Es sah aus wie eine der Kreaturen aus ihrer Vision, gewaltig, unförmig und von bräunlicher Farbe. Es bewegte sich auf seinen tentakelähnlichen Beinfortsätzen auf Kelsen zu, die oberen Greifarme tanzten seltsam graziös durch die Luft.

Der Anblick war von einer solchen *Fremdartigkeit*, dass Lylth im ersten Moment nicht einmal Angst empfinden konnte. Das änderte sich jedoch schlagartig, als das Ding mit einem seiner Tentakel nach Kelsen aushieb und ihn gegen die Wand schleuderte.

Kelsen stöhnte, sie meinte ein Knacken zu hören, und das Ding bewegte sich weiter so mühelos auf sie zu, als hätte es nur eben eine Fliege verscheucht.

Und dann kamen die anderen.

Zwei, drei, vier, fünf … Lylth verlor den Überblick, wie viele es waren, die da aus dem Dunkel auf sie zugekrochen kamen. Ihr ganzer Körper erstarrte zu Eis, ihr Denken war gelähmt, sie konnte sich nicht bewegen vor Entsetzen …

»Komm schon!«

Rìas Hand schloss sich um ihren Arm und zog sie hoch. Und nicht einen Moment zu früh; das nächste Tentakelwesen war heran und peitschte nach Lylth, traf die Stelle, wo sie gerade noch gewesen war, und schlug eine tiefe Scharte in den Boden.

Endlich erwachten Lylths Reflexe wieder zum Leben; während sie Rìa hinterherrannte, sammelte sie ihre Kräfte und schleuderte einen Feuerstrahl über ihre Schulter nach dem Wesen. Ein schauriges Heulen sagte ihr, dass sie vermutlich getroffen hatte, dann erreichten sie den Ausgang.

»Da lang!«

Rìa zerrte sie in eine Seitengasse. Das gefiel Lylth gar nicht: Was, wenn noch mehr von den Biestern in anderen Gebäuden versteckt hockten und über sie herfielen? Außerdem war es in dem engen Durchgang stockdunkel. Sie konnte nichts sehen, stolperte andauernd und hatte Angst, im Finstern zu fallen und Rìa zu verlieren.

Plötzlich blieb die Waldläuferin stehen und Lylth prallte gegen sie.

»Da ist ein Licht«, flüsterte Rìa.

Lylth sah es; ein schwaches blaues Licht, das aus ihrer Tasche drang. Sie tastete danach und zog die magische Uhr hervor, die wie verrückt blitzte und funkelte.

»Die Uhr kann uns hier rausholen!«, wisperte Lylth aufgeregt zurück, aber Rìa, von unten erleuchtet, schüttelte den Kopf.

»Und die anderen? Willst du sie hier zurücklassen?«

Lylth schloss die Augen, hin- und hergerissen zwischen Scham und Angst. »Natürlich nicht.«

»Dann weiter, und halt die Uhr vor dir hoch, damit wir sehen, wohin wir gehen.«

So schnell sie konnten, huschten sie die Gasse entlang, die sich genau wie die Hauptstraße im Unendlichen zu verlieren schien.

»Hast du gesehen, was mit Kelsen passiert ist? Wo Udom L'k und Ard hin sind?«

Lylth schüttelte den Kopf. Ein bleiernes Gewicht lag in ihrem Magen.

***

Als Kelsen gegen die Mauer krachte, spürte er, wie seine Schulter aus dem Gelenk sprang. Er schrie vor Schmerz und drehte sich weg, den schlaffen rechten Arm an seiner Seite. Das Tentakelvieh ragte über ihm auf, den Schlund weit aufgerissen, und stieß ein Geheul aus, dass Kelsens Eingeweide vibrierten.

Halb blind vor Schmerz rappelte er sich hoch und rannte los, das Viech dicht auf den Fersen. Irgendwo vor sich sah er eine Gestalt vorbeirennen und glaubte, Udom L'k wiederzuerkennen.

Wo waren die anderen?

Waren sie schon draußen oder noch irgendwo in dem Gebäude?

Er spürte wieder ein Zischen hinter sich und sprang zur Seite, gerade rechtzeitig, um dem Tentakelarm zu entgehen. Mit zusammengebissenen Zähnen stieß er mit seiner linken Hand den Dolch ins gallertartige Fleisch der Kreatur.

Das Wesen heulte noch lauter und zog den Greifarm zurück, wobei es sich die Klinge durch das eigene Fleisch zog. Kelsen hetzte weiter, den unerträglichen Schmerz in seiner Schulter niederkämpfend, und erreichte den Teil der Halle, der voller toter Monster lag. Da er weder eine Lampe noch ein Feuer hatte, war es schwierig, seinen Weg zu finden, ohne andauernd über eines der Skelette zu stolpern.

Wieder erklang das Heulen des Wesens hinter ihm und etwas daran ließ Kelsen die Haare zu Berge stehen; klang es traurig?

Zum Schatten, wahrscheinlich schon, weil es ihn nicht erledigt hatte.

Er rannte im Zickzack an den Knochen vorbei und sah den Ausgang vor sich. Dann hörte er unmittelbar zu seiner Linken einen Schrei und das Klirren von Metall auf Stein.

Er drehte den Kopf und sah Ard im Kampf mit einem der Viecher; das Ding hatte ihn in die Ecke gedrängt, und der Junge hackte mit seinem Dolch nach den grabschenden Tentakeln. Er war schnell und wendig und ganz weit weg spürte Kelsen einen Anflug von Stolz.

Doch das Ding schlug abwechselnd mit sämtlichen Fangarmen nach Ard und Kelsen zweifelte, dass er lange durchhalten würde.

Lass ihn, flüsterte eine Stimme in seinem Kopf, doch er konnte nicht; er wollte auf Ard zuhalten, doch sein eigener Verfolger war nun ganz dicht an ihn herangekommen und schnitt ihm den Weg ab. Wieder peitschte ein Tentakel in seine Richtung und streifte sein Gesicht; es brannte wie Feuer, er schrie auf und tauchte weg, um einem weiteren Schlag zu entgehen.

Ein Geräusch, als ob ein metallener Gegenstand über den Boden schlitterte; Ard war durch Kelsens Schrei abgelenkt worden und das Ding hatte ihm den Dolch aus der Hand geschlagen.

Kelsen hechtete hinter eine Säule, um dem Viech, das ihn verfolgte, auszuweichen. Er hackte nach den Greifarmen, versuchte dabei aber, eine Lücke zu finden und ihm den Dolch direkt in den Leib zu rammen.

Das Problem war nur, dass die Kreatur ungeheuer schnell war; Kelsen musste andauernd zurückspringen oder sich wegducken, um nicht von der einen oder anderen Seite getroffen zu werden.

Dann, endlich, sah er seine Chance: Als das Wesen auf seinen Kopf zuhielt, warf er sich nach vorn, unter den Greifarmen hindurch, und schlitzte ihm die Seite auf.

Das Wesen kreischte in fürchterlicher Qual und wich zurück, und Kelsen hatte freie Sicht auf Ard: Der Junge hing drei Meter über dem Erdboden im Griff der anderen Kreatur, schlug wild um sich, aber ohne Wirkung. Das Wesen, das ihn hielt, riss seinen Schlund auf und Kelsens Inneres wurde zu Säure: Es würde ihn verschlingen und er würde nicht rechtzeitig hinkommen. Er würde zu spät sein wie schon einmal.

Trotzdem rannte er los, schrie im Laufen, um das Wesen von Ard abzulenken, aber er war zu weit weg – dann, zu seiner grenzenlosen Überraschung, ließ das Wesen Ard los. Es schleuderte ihn mit seinen Tentakeln einen Meter durch die Luft und ließ ihn unsanft auf den Boden krachen.

Es heulte und fuchtelte mit seinen Greifarmen durch die Luft, kam aber nur langsam näher. Als ob … was?

Kelsen warf einen hektischen Blick zurück, um zu sehen, wo sein eigener Verfolger abgeblieben war. Der krümmte sich noch immer neben der Säule zusammen und schien gerade nicht daran interessiert, Kelsen nachzujagen.

Er war bei Ard angekommen, packte den Jungen unter der Schulter und riss ihn hoch. Gemeinsam hetzten sie zum Ausgang, erreichten den Torbogen und stürzten hinaus auf die Straße.

Kelsen warf einen Blick, sah ein fürchterliches Wuseln im Dunkeln hinter dem Durchgang und stieß Ard in den Rücken.

»Lauf, so schnell du kannst! Und schau nicht zurück!«

***

Lylth hatte keine Ahnung, wo sie waren.

Sie war Rìa die letzte Stunde durch die Stadt gefolgt, nur darauf vertrauend, dass die Waldläuferin wusste, wo es hinging. Hin und wieder hatten sie von der Hauptstraße Geräusche gehört und waren schneller gegangen, aber gesehen hatten sie keines der Monster.

»Es wird hell«, murmelte Rìa und deutete auf ein winziges Stückchen Himmel, unendlich weit über ihnen.

»Vielleicht vertragen diese Dinger die Sonne nicht«, meinte Lylth hoffnungsvoll. Sie hatte in ihrer Kindheit Geschichten über Ungeheuer gelesen, die zu Staub zerfielen, wenn sie mit Sonnenlicht in Berührung kamen.

Rìa warf ihr über die Schulter mit hochgezogenen Brauen einen Blick zu. »Und deswegen haben sie sich in der Wüste eine Stadt gebaut.«

Lylth sagte nichts mehr.

Plötzlich ertönte in ihrer unmittelbaren Nähe ein Schrei.

»Udom L'k«, sagte Rìa, in beiden Händen ein Messer.

Auch Lylth hatte eins, aber sie vertraute weder der Waffe noch ihren eigenen Fähigkeiten, damit umzugehen. Also versuchte sie, während sie Rìa hinterherrannte, ihren Herzschlag zu beruhigen und sich auf die Kräfte in sich zu konzentrieren. Feuer machte den Viechern offenbar etwas aus, also würde sie ihnen ordentlich einheizen.

Sie erreichten eine Abzweigung in eine andere Gasse, und noch während Lylth Rìa für ihre Orientierung bewunderte, kam vor ihnen Udom L'k in Sicht, dicht gefolgt von zwei der Ungeheuer.

Offenbar hatte er seine Waffen irgendwie verloren, denn er war dabei, sie mit Steinen zu bewerfen. Die Kreaturen, bemerkte Lylth, hieben mit ihren Tentakeln nach ihm aus und trieben ihn vor sich her, versuchten aber nicht, ihn zu fangen. Vielleicht waren sie müde.

In diesem Moment wurden sie auf Rìa und Lylth aufmerksam – wie sie das schafften ohne Augen, erfuhr Lylth nie, denn sie spürte die Macht in sich und jagte zwei Strahlen blitzender Feuermagie auf die beiden los.

Die Ungeheuer heulten gequält auf und wichen zurück, schienen aber noch nicht die Flucht antreten zu wollen.

»Lauf! Lauf!«, schrie Rìa und packte Udom L'k am Kragen.

Gemeinsam rannten sie um die Ecke, als ein fürchterlicher Schlag Lylth im Kreuz traf und auf die Straße schleuderte. Eins der Wesen, die Tentakel halb verkohlt, hatte nach ihr geschlagen und ragte nun heulend und drohend über ihr auf.

Aus dem Nichts war Rìa da und warf ihren Dolch, der das Biest in die Mitte des Leibes traf.

Das Geheul schraubte sich in unerträgliche Höhen, die Kreatur brach zusammen und fuchtelte hilflos mit den Greifarmen durch die Luft.

Lylth sprang auf und rannte Rìa und Udom L'k hinterher, auf die Hauptstraße und zum Eingang der Stadt.

»Wo sind die anderen?«, keuchte Rìa, während sie sich immer wieder umschaute, ob sie verfolgt wurden. »Wo sind Ard und Kelsen?«

Udom L'k, völlig außer Atem, schüttelte nur den Kopf.

Ein Stich fuhr durch Lylths Herz; was war mit den beiden passiert?

Rìa wurde langsamer.

»Wir müssen zurück«, befand sie. »Wir müssen sie suchen!«

Doch in diesem Augenblick kamen aus der Seitengasse noch mehr Monster getaumelt, und Lylth packte ihre Hand.

»Du kannst ihnen nicht helfen, wenn du tot bist! Los!«

Kurz sah man den inneren Kampf in Rìas Miene gespiegelt, dann wandte sie sich um und sprintete ihnen voran davon.

***

Kelsen sah den Ausgang der Stadt vor sich.

Sie waren noch mehrere hundert Schritte davon entfernt und hinter ihnen vermehrte sich die Masse aus Ungeheuern, und Ard war zu langsam.

»Lauf!«, keuchte der Junge ihm zu, »ist schon gut, lauf weg!«

Kelsen wusste, er sollte tun, was der Junge ihm sagte, er hatte es ja selbst so angekündigt; dass Ard für sich selbst verantwortlich sein würde, wenn sie in Schwierigkeiten kämen, aber er wollte verflucht sein, er konnte es nicht.

»Komm schon!«, fuhr er den Jungen an und zerrte ihn am Arm weiter. »Nicht schlappmachen jetzt, weiter!«

»Wir schaffen es nicht, Kelsen, ich bin nicht schnell genug!«

»Dann halt den Mund und spar dir die Luft zum Rennen!«, fauchte Kelsen.

Die Biester waren noch näher gekommen, er hörte das widerliche Glibbergeräusch, wenn sie sich fortbewegten, hörte sie heulen und spürte den Wind im Nacken, wenn Tentakel an ihm vorbeizischten.

Und wieder überkam ihn dieses seltsame Gefühl; das Gefühl, dass sie sie längst hätten einholen können, wenn sie gewollt hätten. Sie waren beide todmüde und diese Viecher unheimlich wendig und schnell. Trotzdem packten sie sie nicht. Sie trieben sie vor sich her wie Schafe und Kelsen fragte sich, worauf sie sie wohl zutrieben. Was noch auf sie warten mochte.

Dann brachen weit vor ihnen einige Gestalten aus einer Seitenstraße hervor und er hörte Ard vor Erleichterung aufstöhnen; Rìa, Lylth und Udom L'k hetzten vor ihnen auf den Ausgang zu, aber keiner von ihnen hatte genügend Kraft, nach ihnen zu rufen.

Einem der Biester, das sie verfolgte, schien es zu langsam zu gehen; es hieb mit einem Tentakel aus und traf Ard im Nacken. Der Junge schrie vor

Schmerz und taumelte nach vorn; Kelsen fing ihn mit seinem gesunden Arm auf, stolperte selbst und ging in die Knie. Noch einmal peitschte das Wesen nach ihm und Kelsen handelte instinktiv; er warf sich zwischen Ard und den Tentakel und spürte, wie ihm von der Wucht des Schlags sein Hemd und die Haut darunter aufgerissen wurden.

Er brüllte und schlug nach dem Tentakel, erwischte ihn jedoch nicht. Stattdessen spürte er jetzt, wie Ard an ihm zog, und gemeinsam hasteten sie weiter.

Kelsen fühlte den Schatten der Monster auf sich und wartete nur darauf, dass sie ihn mit dem nächsten Schlag erledigten – und dann war er zwischen den Säulen hindurch und raus aus der Stadt.

»Schnell, Beeilung!«, hörte er Lylth voller Panik rufen.

Mit getrübtem Blick sah er, dass sie und die beiden anderen schon auf ihren Maschinen saßen, er spürte etwas Heißes seinen Rücken hinabtröpfeln, seinen verletzten Arm taub werden, ignorierte aber beides.

Er warf einen Blick zurück, sah die Wesen sich zwischen den Säulen zur Stadt sammeln, sah, wie ihre Zahl immer mehr anwuchs, hörte ihr Heulen in seinem Kopf und wuchtete sich umständlich auf seinen Wüstenspringer.

»Nichts wie weg hier!«, brüllte Udom L'k, und sie alle setzten ihre Maschinen in Bewegung, die Dünen hinauf und weg von der verfluchten Stadt.

DER PAKT

Es war schon später Nachmittag, als Kelsen von seinem Wüstenspringer fiel.

Udom L'k bemerkte es sofort und ließ sie anhalten. Rasch sammelten sie sich um Kelsen, spannten eine Plane auf und spritzten ihm Wasser ins Gesicht.

»Wir müssen hier Rast machen«, befand Udom L'k, während er mit der Hand über den Augen den Himmel absuchte. »Ich glaube sowieso nicht, dass wir verfolgt werden.«

»Geht es ihm gut?«, fragte Ard; mit besorgtem Gesicht kniete er neben Lylth, die Kelsen auf den Rücken drehte, während Rìa in ihren Taschen nach Verbandszeug kramte.

»Ich weiß es nicht«, gestand Lylth.

Kelsens blasses Gesicht gefiel ihr nicht und auch nicht das getrocknete Blut auf seinem Hemd.

»Haltet ihn fest«, befahl Rìa und beugte sich über Kelsens rechte Schulter.

Was sie genau machte, konnte Lylth nicht sehen, aber ein entsetzliches Knacken und einen fürchterlichen Schrei von Kelsen später saß die Schulter wieder am richtigen Platz.

»Hier, hilf mir mal«, befahl Rìa und zog zusammen mit Lylth eine Schlinge um Kelsens Arm, die sie hinter seinem Nacken verknotete.

Kelsens Lider flatterten.

»Mach das nochmal und ich versohle dir dermaßen den Arsch, dass du drei Wochen nicht sitzen kannst«, brummte er Rìa zu.

Ard grinste und von Udom L'k, der die Zeltplane fixierte, kam ein erleichtertes Lachen.

Lylth musste lächeln; mit dem Handrücken wischte sie sich die Stirn.

»Ein Wunder, dass wir alle da lebend rausgekommen sind«, sagte sie; ihre Arme und Beine zitterten, als die Anspannung langsam aus ihrem Körper wich, und sie musste sich hinsetzen.

»Die hätten uns alle getötet, wenn sie uns erwischt hätten«, stimmte Ard leise zu. »Was auch immer sie waren.«

»Tatsächlich?« Rìa drehte sich mit hochgezogenen Brauen zu ihm um. »Ich bin mir da nicht so sicher.«

»Was meinst du?« Ungläubig drehte sich Lylth zu ihr um. »Ich spreche ihre Sprache ja nicht, aber ihre Körpersprache war doch ziemlich eindeutig, findest du nicht?«

Sie zog den Kragen ihres Kleides herunter und zeigte ihr den Striemen, der von ihrem Nacken bis hinab zu ihrem Rücken führte.

»Rìa hat Recht.« Kelsen versuchte sich aufzusetzen, verzog das Gesicht und ließ es dann bleiben. Seine Stimme klang schwach und heiser. »Diese Viecher haben mich mehr als einmal erwischt und Ard hatten sie auch. Aber sie haben uns nicht getötet. Es war, als wollten sie uns nur loswerden.«

Lylth legte den Kopf schief; sie war kein bisschen überzeugt. »Hast du diese Mäuler gesehen und diese Greifarme?«

»Trotzdem leben wir noch«, murmelte Udom L'k und setzte sich neben sie. Er wirkte nachdenklich. »Ich glaube, es ist etwas Wahres an dem, was ihr sagt. In den Schriften der Früheren habe ich einmal eine Sage gelesen, in der von einer Oase zu lesen war, die ganz für sich allein bestand. Als das erste Mal ein Fremder zu ihnen kam, hielten sie ihn für einen Geist und wollten ihn töten. Sie nannten ihn den ‚Erben des Unheils'. Stellt euch vor, für diese … Früheren oder was sie sein mögen, sind wir genauso fremdartig wie sie für uns. Und überlegt mal, die letzten Fremden, die in die Stadt gekommen sind, waren diese Schattenwesen, die die Hälfte von ihnen umgebracht und ihnen ihr Heiligtum gestohlen haben.«

Kurz dachten sie alle nach.

Dann verzog Ard das Gesicht. »Aber egal, ob sie uns umbringen wollten oder nicht, es war knapp. Und wir müssen jetzt los und diejenigen suchen, die diese Wesen umgebracht haben!«

»Wir sollten umkehren«, sagte Rìa unvermittelt, die Augen auf ihre Knie gerichtet. Als alle sie anstarrten, hob sie den Kopf. »Es war Wahnsinn, dass wir zu dieser Mission aufgebrochen sind. Ich war wahnsinnig, als ich dich dazu aufgefordert habe. Ich dachte … all die Jahre allein hätten etwas bedeutet. Dass die Götter dich zu mir geschickt hätten. Aber ich war naiv. Diese … Monster, der Riese unter dem Berg, sie waren noch das Harmloseste, was uns auf dieser Reise erwartet. Wir können keinen Erfolg haben.«

Kelsen tastete schwach über seine Brust, wo das Blut durch den unzureichenden Verband drückte, den Blick starr auf die Plane über ihm gerichtet. »Das können wir nicht.«

Alle starrten ihn an.

»Ihr wisst es. Ihr habt es gespürt. Von dem Moment an, als ihr euch meiner Mission angeschlossen habt, wusstet ihr es. Ich bin durch die Schuld gebunden, die ich habe. Und mehr.« Mühsam drehte Kelsen den Kopf, um sie alle einzeln anzuschauen. »Ich muss das Schwarze Schwert finden und damit den Dämon töten. Ich bin das Blut des Erben. Das Blut des Erben. Ich habe oft darüber nachgedacht, was das heißen soll. Dank dir«, er nickte Udom L'k zu, »weiß ich es jetzt. Der Erbe des Unheils.« Er betrachtete seine blutverschmierte Hand und hielt sie hoch, dann lachte er kurz und humorlos auf. »Das Blut des Erben. Die Götter haben einen kranken Sinn für Humor.«

Kurz verfiel er in Schweigen, ließ die Hand sinken. Dann sog er schwer Luft ein. »Keiner von euch hätte mir folgen müssen, doch ihr habt es getan. Jetzt ist unser Schicksal aneinandergebunden. Wir haben alle dieselbe Bestimmung.« Er hielt kurz inne und lachte dann schnaubend auf. »Verdammt, ich hätte nie gedacht, dass ich einmal so etwas sage.«

Alle schwiegen.

Schließlich blickte Ard auf. »Du hast Recht. Ich spüre es. Es ist, als ob …« Er brach ab. »Es ist unsere Bestimmung. Ich kann nicht so tun, als würde ich jetzt plötzlich nicht mehr daran glauben.«

»Schön, und ich *werde* es nicht tun!«, rief Lylth aus, ihr Herz hämmerte auf einmal wild in ihrer Brust.

Udom L'k, der aus tiefster Nachdenklichkeit zu erwachen schien, schüttelte ebenfalls den Kopf.

Rìa seufzte. »Na schön«, murmelte sie. »Dann gehen wir eben zum Schatten.«

***

Dem Stand der Sonne nach zu schließen waren Monde vergangen, als sie endlich wieder Flecken von Grün vor sich sahen.

Zuerst waren es nur Büsche, trockenes Gesträuch, zäh und knorrig, aber für Lylth waren sie schöner als alles, was sie je zuvor gesehen hatte. Sie bedeuteten, dass sie die Wüste hinter sich ließen.

Die Striemen in ihrem Nacken waren verblasst und auch Kelsens Verletzungen waren praktisch ganz verheilt. Allerdings waren auch ihre Vorräte beinahe aufgebraucht und es war eine Erleichterung zu wissen, dass Udom L'k sie auf dem richtigen Weg behalten hatte. Er hatte sie weiter südlich geführt, weshalb sie nicht noch einmal an der Pyramide des Nichts vorbeigekommen waren – um die Berge zu umgehen, wie er sagte, doch Lylth war sich sicher, dass er verhindern wollte, von Kelsen in der Pyramide zurückgelassen zu werden. Der Gelehrte schien aus unerklärlichen Gründen Geschmack an ihrem Abenteuer gefunden zu haben. Sie war ganz froh, noch jemanden dabei zu haben; irgendwie fühlte es sich so an, als wären sie stärker.

Sie hatten während der Reise immer wieder über den Schattengott gesprochen. Ganz gleich, wie unterschiedlich die Geschichten über ihn waren, in einem waren sie sich einig: Ihm war nicht zu trauen. Er war listig, grausam und verschlagen und was er einmal besaß, das gab er nicht mehr heraus. Lylth hatte man beigebracht, dass die Magie von den Göttern kam, dass die Götter selbst aus Magie geschaffen waren und nach dem, was sie in der Stadt der Augenlosen erlebt hatte, mochte sie es gern glauben. Aber was für eine Art von Magie es auch immer war, die den Schatten und seine Diener erschaffen hatte, es war keine, mit der sie etwas zu tun haben wollte.

»Wie er wohl aussieht?«, hatte Udom L'k sich überlegt an dem Tag, nachdem sie aus Ênrash-A'Sil entkommen waren.

»Manche sagen, er erscheint als schwarze Raubkatze«, erwiderte Kelsen, »andere erzählen davon, dass er sich in eine Krähe oder einen Raben verwandeln kann.«

Lylth hatte gehört, dass Götter alle Gestalten annehmen konnten, die sie wollten, aber als sie Ard danach gefragt hatte, hatte der Junge nur mit den Schultern gezuckt.

»Ich habe ihn nie gesehen und ich bin recht froh darüber. Der Gebieter unter dem Berg hat mir erzählt, der Schatten vergisst kein Gesicht, das er einmal gesehen hat. Ist mir lieber, wenn er mich nicht kennt.«

Lylth dachte darüber nach, wie sie dem dunklen Gott wohl in Erinnerung bleiben würden, wenn sie ihm erst ihr Angebot gemacht hatten.

»Diese Dinger gehen mir langsam auf die Nerven!«, brüllte Kelsen in diesem Moment über das Quietschen und Knattern der Wüstenspringer hinweg.

Es stimmte, die Maschinen hatten in den vergangenen Tagen vermehrt merkwürdige Geräusche von sich gegeben, als ob sie sich jenseits der Wüstensonne nicht wohlfühlten.

Udom L'k winkte gelassen ab.

»Das wird schon wieder! Wir sind nur lange unterwegs, da ist so etwas schon mal normal!«

Seine Stimme war noch nicht ganz verklungen, als sein Gefährt einen besonders lauten Knall ausstieß und einen Ruck nach vorne tat, sodass Udom L'k beinahe abgeworfen wurde.

»Geht schon!«, rief er hektisch, nachdem er sich wieder gefangen hatte.

»Um die Wahrheit zu sagen, ich bin erstaunt, dass diese Dinger uns so weit gebracht haben«, meinte Rìa leise zu Lylth gewandt, und beide grinsten.

***

Am nächsten Tag passierten sie einen der äußersten Ausläufer der westlichen Berge.

Schnaufend, sirrend und pfeifend kämpften die Wüstenspringer sich eine Anhöhe hinauf, zuletzt Udom L'k, dessen stets optimistisches Gesicht einer besorgten Miene gewichen war. Er erreichte hinter Ard den Hügelkamm, öffnete den Mund, um etwas zu sagen – und dann, mit einem letzten, scheppernden Krachen, gab sein Vehikel den Geist auf.

Udom L'k rieb sich das Kinn und musterte die qualmende, in sich zusammengesunkene Metallkonstruktion.

»Offensichtlich bin ich den alten Völkern noch lange nicht so nahe, wie ich geglaubt hatte«, sagte er.

Kelsen spuckte aus. »Nein, offensichtlich nicht.«

Weil auf keinem der anderen Gefährte Platz für Udom L'k war und sie alle sich vorstellten, was wohl passieren würde, wenn eine der anderen Maschinen auf einem der steilen Hügelpfade plötzlich zusammenbrach, ließen sie die Wüstenspringer zurück und setzten ihre Reise zu Fuß fort.

Es dauerte fast zwei Tage, bis sie die Hügel hinter sich gelassen hatten, und es wurde deutlich kühler. Die Landschaft war karg, der Boden dunkel und rissig und um die fernen Berggipfel lag drohender Rauch, als würden dort feuerspeiende Ungeheuer auf der Lauer liegen.

»Die Brennenden Berge nennt man sie auch«, erklärte Rìa. »Wir betreten jetzt das Land des Westens. Seltsame Leute wohnen hier. Man sagt, sie bringen kleinen Kindern schon bei, mit bloßen Händen zu töten, und verschreiben sich den alten Dämonen. Ich hoffe, wir treffen auf niemanden.«

»Irgendwann werden wir jemanden treffen müssen, der uns Lebensmittel verkaufen kann«, erwiderte Kelsen ruppig.

Als sie am nächsten Morgen von ihrem Lager mitten in der weiten Ödnis aufbrachen, wandte sich Udom L'k plötzlich nach Süden. Dunkle Linien zeichneten sich dort am Horizont ab, doch außer ihm sah keiner hin.

»Was ist das dort?«, wollte Udom L'k wissen.

Niemand antwortete ihm.

Als er verwirrt von einem zum anderen schaute, nahm Lylth schließlich seine Hand und drückte sie kurz. »Es ist besser, wenn man über gewisse Dinge nicht spricht«, sagte sie freundlich.

Wie die anderen wusste sie sehr gut, was dort in der Ferne lag: Sumpfgebiete, über Wegstunden hinweg, und weiter dahinter die Namenlosen Wälder des Westens. Dort lebten die letzten der Alten, der gesichtslosen Götter, die schon da gewesen waren, bevor Sonne und Mond geboren waren. Oder die beinahe letzten – denn immerhin waren sie auf dem Weg, einen anderen der Alten zu vernichten.

Gegen ihren Willen schaute Lylth doch zu den Wäldern hinüber und ihr war, als würde ihr zum ersten Mal mit voller Wucht bewusst, worauf sie sich eingelassen hatte. Die Dämonen der Ersten Welt konnte man nicht töten und wenn doch, dann überdauerten ihre Seelen in der Luft, in Wasser und Stein, und warteten darauf, dass diejenigen, die sie getötet hatten, ebenfalls starben, um in den Welten jenseits des Sichtbaren Rache zu nehmen.

Lylth schüttelte den Kopf, um diese Gedanken loszuwerden. Sie waren unterwegs, einen leibhaftigen Gott aufzusuchen, das war nicht die Zeit für Feigheit.

Man brauchte sie.

Trotzdem hielt sie entschlossen den Blick abgewandt, bis sie um eine weitere Hügelkette aus dunklem Gestein bogen und die Wälder in der Ferne nicht mehr zu sehen waren.

***

Vier Tage später kamen sie in eine kleine Siedlung. Die Leute hier hatten gebräunte Haut und dunkle, mandelförmige Augen, was sie als Einheimische auswies, trotzdem wirkten sie nicht so, als ob sie mit bloßen Händen töten könnten.

Auf dem Markt kauften sie sich Essen und Kleider und es bildete sich ein kleiner Auflauf, als Udom L'k eine seiner metallenen Gerätschaften aus der Tasche holte, um sie gegen zwei brandneue Jagdbögen und -messer zu tauschen. Der Händler war begeistert und gab ihnen die Köcher und Pfeile noch dazu.

Als Kelsen sich seinen neuen Bogen umhängte, fühlte er sich so gut wie lange nicht mehr. Er schlug eben vor, in einem Wirtshaus etwas essen zu gehen, als Ard ihn am Arm berührte.

»Was sind das für Leute dort drüben?«

Er folgte dem Blick des Jungen. Auf der anderen Seite des kleinen Marktplatzes standen zwei Männer in langen schwarzen Reiseumhängen, die jeweils ein Kind im Schlepptau hatten. Das Mädchen mochte vielleicht acht Jahre alt sein, der Junge nicht älter als Ard.

»Diese Umhänge …«, murmelte Rìa, die Hand an ihrem neuen Jagdmesser. »Sind das nicht solche, wie sie Anhänger des Schattens tragen?«

Doch Kelsen schüttelte den Kopf. »Ich habe schon solche gesehen. Das sind wandernde Krieger aus dieser Gegend hier, sie reisen quer durch die Welt und bieten ihre Dienste denen an, die sie gut bezahlen. Sie lehren die alte Kampfkunst, die sie angeblich in den Ländern jenseits der Träumenden Berge gelernt haben. Sie bilden Schüler aus, immer nur einen, der sie begleitet, bis er reif genug ist, seinen Meister im Kampf zu besiegen. Dann verlässt der Schüler den Meister und sucht sich selbst einen Schüler … und immer so weiter. Die edlen Herren und großen Leute der Mittellande zahlen viel Geld, um sich solche Krieger zu halten. Sie sollen die besten sein.« Er schnaubte leise und verächtlich. »Auch wenn ich gerne sähe, wie sie es mit meinem Bogen aufnehmen wollen.«

»Also haben sie nichts mit dem dunklen Gott zu tun?«, fragte Lylth. Ihre Augen huschten misstrauisch über die schwarzen Kleider der Krieger und die Anzeichen von Schwertern an ihren Rücken.

»Nicht mehr als sonst wer«, meinte Kelsen achselzuckend.

»Aber wenn sie wirklich so viel reisen, wie du sagst, vielleicht wissen sie dann etwas, was uns nützen könnte«, überlegte Rìa.

Als Kelsen sie nur fragend ansah, fuhr sie fort: »Wir sind lange Zeit fort gewesen, was, wenn der Dämon erwacht ist und wir nichts davon gehört haben?«

Kelsen knurrte; da mochte sie Recht haben.

»Aber es gehen nur zwei von uns. Wenn wir alle zusammen auf die losrennen, werden sie glauben, wir wollen sie angreifen. Diese Burschen sind ziemlich empfindlich. Ard, du kommst mit.«

Langsam und möglichst gut sichtbar näherten sich Kelsen und Ard den schwarzgekleideten Kriegern. Als sie sie kommen sahen, verstummten sie und schauten ihnen neugierig entgegen.

»Ich grüße die Krieger des Windes«, sagte Kelsen so höflich wie möglich, froh, dass er sich gerade noch rechtzeitig an ihren Namen erinnert hatte. »Verzeiht, wenn ich euch störe, aber ich habe mich gefragt, ob ich euch und eure Schüler zu einem Becher Wein einladen darf.«

Die beiden Krieger tauschten einen vielsagenden Blick. Beide waren in Kelsens Alter, der eine groß und schlaksig, der andere kleiner und gedrungener, aber beide muskulös unter ihren Umhängen und geschmeidig. Die Kinder an ihrer Seite wirkten aufmerksam und musterten besonders Ard voller Neugier.

»Gerne nehmen wir dein Angebot an, Fremder, sofern es ohne Gegenleistung gilt«, sagte der größere der beiden Krieger mit hartem Akzent.

Kelsen neigte leicht den Kopf. »Die Gegenleistung bestünde in Neuigkeiten, die ihr vielleicht habt. Ich bin lange fortgewesen und habe nicht viel von der Welt gehört und gesehen. Aber da ihr diesen Teil der Erde gut kennt, könnt ihr mir sicher vieles von dem berichten, was in den letzten paar Monden von sich reden gemacht hat.«

»Wenn es weiter nichts ist«, sagte der kleinere Krieger und nickte. »Führe uns in ein Schankhaus und wir folgen dir.«

Kelsen aber ließ sie das Wirtshaus wählen, worauf sie ihn in eine kleine Taverne führten, die von außen schäbig, von innen aber deutlich sauberer aussah als die übrigen, die sie gesehen hatten. Zu sechst ließen sie sich an einem Tisch nieder.

Als sie einen Krug vom besten Wein bestellt hatten, begannen die Krieger zu erzählen: Kriege im Süden, die Landung fremder Schiffe im Osten, die von jenseits des Morgenmeers kamen und Schätze mit sich führten, die alles übertrafen, was man je gesehen hatte. Die Riesen kamen aus ihren eisigen Einöden herunter und machten die Bewohner des Nordens nieder, doch die Nordmänner schworen, sie wieder in Yaarids Fjord zurückzutreiben. Alles unbedeutend für Kelsens Ohren und schon wollte er sich enttäuscht verabschieden, als …

»… und es heißt, die Gebiete um den Schwarzen See seien nicht mehr bewohnbar. Irgendetwas geht dort um, eine Pest oder eine neue Brut Ungeheuer, man weiß es nicht. Sicher ist nur, dass viele, die dort gelebt haben, plötzlich verschwunden sind und diejenigen, die fliehen konnten, sind geistig zerrüttet. Irgendetwas geht dort vor sich. Etwas Altes und Böses … Wir sind erst vor einem Mond dort vorbeigekommen, weit genug entfernt, klugerweise. Aber selbst noch Meilen und Meilen entfernt kann man es spüren. Etwas rührt sich dort, was sich nicht rühren dürfte.«

»Habt ihr nicht nachgesehen?«, fragte Ard unverblümt.

Der größere der beiden Krieger schaute ihn an und brach dann in Gelächter aus. »Die Krieger des Windes sind tapfer und tödlich, aber nicht lebensmüde. Kein Mensch kann gegen meine Klingen bestehen und kein Troll ist je meinem Bogen entkommen, aber das, was dort oben brütet, ist älter als alles, was ich je gesehen oder auch nur davon gehört habe. Mögen sich die Magier damit befassen oder die Götter … ich bin nicht so überheblich, mich gegen die Erste Welt und ihre Geschöpfe stellen zu wollen.«

»Die Erste Welt? Ihr glaubt, dort oben lebt ein Alter?«

Die beiden Krieger tauschten einen Blick.

»Ob es lebt oder nicht, kann ich nicht sagen«, sagte der Kleinere von beiden. »Aber irgendetwas *ist* dort und es rührt von keiner Macht her, die unsere Welt erschaffen hat. Das ist alles, was ich sicher weiß.«

Kelsen senkte den Blick auf seinen Weinbecher; also war ihre Zeit noch viel knapper, als sie gedacht hatten.

»Was ist mit euch?«, hakte der größere Krieger behutsam nach. »Wisst *ihr* etwa, was dort oben lauert?«

»Nicht wirklich«, erwiderte Kelsen und log dabei nicht einmal. Bis auf den Namen des Dämons wusste er nicht, was da auf ihn zukam, nur dass es richtig unangenehm werden würde.

»Und wohin führt euch dann euer Weg?«, fragte der kleinere Krieger.

Kelsen zögerte, doch Ard, dem der Wein eine leichte Röte ins Gesicht getrieben hatte, sagte: »In den Nordwesten, an die Verlorene See.«

Wieder tauschten die Krieger einen Blick und der männliche Schüler verschluckte sich an seinem Wein.

»Das ist eine gefährliche Gegend. Es heißt, der dunkle Gott selbst habe dort oben seinen Wohnsitz. Außerdem müsst ihr an den Westlichen Wäldern vorbei.«

»Ja, das weiß ich«, nickte Kelsen und nahm Ard den Becher aus den Fingern.

Der größere Krieger lehnte sich über den Tisch und sagte in vertraulichem Tonfall: »Ihr scheint mir ein vernünftiger Mann zu sein und macht mir nicht den Eindruck, zu den Narren zu gehören, die sich aus dem Namen eines Gottes einen Ruf schneidern wollen. Wenn Ihr die Unsterblichen schauen wollt, geht in einen Tempel. Niemandem, der einen leibhaftigen Gott zu sehen bekommen wollte, ist sein Wunsch gut bekommen.«

Kelsen warf ein paar Kupferstücke auf den Tisch. »Ich will keine Götter sehen«, erklärte er, »das habe ich schon. Ich will mit einem handeln. Danke für Eure Gesellschaft.«

Und damit ließ er die Krieger und ihre Schüler sitzen, allesamt noch mit ihren Weinbechern in den Händen und verblüfften Mienen.

***

Als sie zu den anderen zurückkamen, war Ria gerade in einen heftigen Streit mit einem schmierig aussehenden Mann verwickelt. Er trug die leichte Rüstung eines freien Reiters und war flankiert von zwei abgerissenen Spießgesellen, die aussahen, als wären sie Söldner, zugleich aber zu dumm, als dass sie ein Schwert gerade halten konnten. Als sie Kelsen näherkommen sahen, murmelte einer von ihnen dem Schmierigen etwas zu, und die drei trollten sich.

»Was wollte er?«, fragte Kelsen mit einem Blick auf die Rücken der drei.

Rìa rollte mit den Augen, Lylth war kreidebleich und schien zu wütend, um etwas zu sagen. »Er hat geglaubt, Udom L'k und ich wären so eine Art Kuppler. Hat gefragt, wie viel wir für Lylth verlangen und einen Zuschlag angeboten, wenn ich erlaube, dass zwei von ihnen … Egal. Gut, dass sie weg sind, sonst hätte ich dem Fetten einen Dolch ins Auge gestoßen.«

»Wenn auch nur einer von denen mich angefasst hätte«, stieß Lylth hervor, die Augen von einem gefährlichen Feuer erfüllt, »dann hätte ich ihm den Hintern verbrannt, das garantiere ich dir!«

Kelsen mühte sich, eine Unschuldsmiene zu bewahren. »Gehen wir und suchen uns eine Unterkunft, bevor noch weitere Angebote kommen.«

Er hatte die Blicke, die man Lylth aus Häuserecken und Gassen heraus zuwarf, sehr wohl bemerkt und auch – was ihn mehr beunruhigte – diejenigen, die Ard galten. Der Junge mochte sich mit Geistern, Dunkelelfen, Dämonen und Riesen hervorragend auskennen, aber Kelsen fragte sich, ob er sich auch würde wehren können, wenn jemand ihn bäuchlings über einen Anbindepfosten warf.

Ich hätte ihn nicht mitnehmen sollen, beklagte sich eine Stimme in ihm, der sofort eine andere widersprach. *Er ist jetzt Teil dieser Gruppe. Teil dieser Unternehmung. Er kann auf sich selbst aufpassen. Ich habe ihn schon einmal in Gefahr gebracht, weil ich dachte, ich müsste ihn retten. Er ist einer von uns.*

Ard hatte inzwischen den anderen die Neuigkeiten der schwarzen Krieger berichtet.

»Also müssen wir uns beeilen«, meinte Udom L'k und spielte am Heft seines nagelneuen Jagdmessers herum, als würde er es liebend gern gegen Feder und Tinte tauschen. »Der Dämon rührt sich. Wir müssen den Schattenturm erreichen, bevor er endgültig erwacht.«

»Und wenn wir da sind, was machst *du* dann?«, fauchte Lylth, die über ihre Schmach offenbar ganz und gar nicht hinweggekommen war. »Stehst du dann auch wieder stammelnd daneben und schaust zu, wie Rìa die ganze Arbeit macht?«

Daraufhin herrschte bis zur Abenddämmerung Eiseskälte zwischen der Hexe und dem Gelehrten.

Rìa wiederum unterrichtete Kelsen von ihrer Idee, Pferde zu besorgen.

»Aber selbst, wenn wir etwas hätten, was wertvoll genug ist, es gegen Pferde zu tauschen, es nützt nichts. Hier in der Gegend gibt es allem Anschein nach nur einen Bauern, der reich genug ist, sich mehr als einen Esel zu leisten, und auch der hat nur zwei alte Ackergäule. Gar nichts, nicht mal ein Fuhrwerk fährt in den Nordwesten hinauf.«

Kelsen knirschte mit den Zähnen. Er war kein allzu guter Reiter, aber sie wären auf jeden Fall schneller vorwärtsgekommen.

»Dann ist es eben so«, meinte er, die Stirn so fest gerunzelt, dass es schmerzte. »Wir brechen morgen noch vor Sonnenaufgang auf und folgen der Nordstraße, so weit sie uns bringt.«

»Das ist ein Umweg«, befand Rìa.

Kelsen sah sie finster an. »Willst du durch die Wälder der Namenlosen? Nur zu, aber ohne mich, das kann ich dir sagen.«

Schweigend saßen sie einen Moment beieinander; der Schankraum des Gasthauses, in dem sie schliefen, war klein und vollgestopft, aber die Zimmer hatten Strohmatten und zumindest hatten sie keine Ratten gesehen. Lylth war schon zu Bett gegangen, wo sie zweifellos vor sich hinwütete, und Udom L'k hatte sich nach draußen zurückgezogen, um die Sterne zu beobachten. Ard saß noch mit ihnen am Tisch, aber seine Augen fielen ihm ständig zu und sein Kopf wankte bedrohlich.

Rìa musterte ihn einen Augenblick, dann flüsterte sie: »Und wenn wir zu spät kommen?«

»Dann kenne ich eine Göttin, die sich das nächste Mal vorher überlegen muss, wen sie sich als ihren Auserwählten aussucht«, erwiderte Kelsen finster und packte den Blutrubin in seiner Tasche so fest, dass er ihm ins Fleisch schnitt.

***

Der nächste Mond kam und ging und noch einer nach ihm und sie marschierten noch immer. Sie hatten sich in dem kleinen Dorf mit neuen

Kleidern und Stiefeln eingedeckt, aber der Boden war mal hart und steinig, dann wieder sumpfig und feucht und Kelsen fragte sich, ob das Leder seiner Schuhe das lange aushalten würde.

Verglichen mit der Wüste war das hier weniger anstrengend, aber irgendwie schien es Kelsen noch quälender, weil er spürte, dass er in die falsche Richtung ging.

Nach Osten, flüsterte es in ihm, *nach Osten musst du!*

Aber er hatte noch nichts, womit er dem, was dort im Osten auf ihn wartete, begegnen konnte, also wandte er sein Gesicht stur nach Nordwesten und stapfte weiter. Die Wälder waren noch weit von ihnen entfernt, dennoch war ihm, als spürte er ihre drohende Anwesenheit, und auch die anderen bemerkten sie, auch wenn keiner von ihnen etwas sagte.

Dann, eines Tages, erschien der Fluss vor ihnen.

Kelsen fluchte.

»Hier sollte in der Nähe eine Furt sein«, meinte Rìa, die mit zusammengezogenen Brauen das Gewässer absuchte. »Aber vielleicht sind wir zu weit nach Westen abgedriftet. Wir folgen dem Fluss stromaufwärts, dann sollten wir bald eine Stelle finden, an der wir ihn überqueren können.«

»Sollten wir?«, fragte Udom L'k leise.

Seit sie die Wüste verlassen hatten, wirkte der Gelehrte wesentlich weniger gutgelaunt, schaute sich ängstlich um und musterte Pflanzen und Tiere, als hätte er sie noch nie gesehen. Lylth hatte ihn erst vor wenigen Tagen wieder nach seiner Herkunft gefragt.

»Der Ort würde euch nichts sagen«, hatte Udom L'k achselzuckend geantwortet. »Weit im Westen, selbst von hier aus gesehen.«

Außerdem fror er andauernd, obwohl er wärmere Kleidung trug als sie alle.

Als sie an diesem Abend am Flussufer Rast machten, ohne eine Furt gefunden zu haben, setzte sich Udom L'k neben Kelsen ans Feuer. »In der silbernen Wüste ist es, als würde die Luft atmen und der Sand sich erinnern. Aber hier … hier hat alles Augen. Wir werden beobachtet, sage ich dir, von allem und jedem.«

Kelsen brummte nur, auch wenn er ihm innerlich Recht gab; Götter und Dämonen gingen in der Welt um, Ungeheuer und Geister, und die Alten erwachten. Sollte es ihn da wundern, wenn sie ihn beobachteten, ihn, der aufgebrochen war, sie zu vernichten?

***

Als Kelsen in dieser Nacht erwachte und das Feuer fast heruntergebrannt war, überraschte es ihn nicht, eine schmale Gestalt mit zerzaustem Haar neben dem Feuer stehen zu sehen.

»Ich dachte, du hättest das Interesse an mir verloren«, murmelte Kelsen und setzte sich auf. Die anderen schliefen, auch Lylth, die eigentlich hätte Wache halten sollen. Am Morgen würde er ihr dafür den Arsch versohlen. »Hast du nicht gesagt, du hättest alles gegeben, was du geben konntest?«

Der Dämon lächelte ein wenig und zeigte seine scharfen Elfenzähne. »Ihr habt es weiter gebracht, als ich gedacht hätte, das muss ich euch lassen. *Und* ihr habt den Gebieter unter dem Berg aus dem Weg geräumt, was mich sehr amüsiert hat. Er ist mir und vielen anderen allmählich zu mächtig geworden. Ein weiterer Grund, warum ich es lieber sähe, wenn ihr nicht sterben würdet.« Er musterte Ard und Udom L'k, die nebeneinander unter ihren Decken lagen; der Wissenschaftler zitterte im Schlaf. »Und Freunde habt ihr euch auch geholt. Sehr gut. Die werdet ihr brauchen, wenn ihr zum schwarzen Turm kommt.«

»Wenn du sowieso alles weißt, wieso kommst du nicht einfach mit und hilfst uns?«, fragte Kelsen ärgerlich.

Der Dämon wirkte auf ihn nicht weniger alt und gefährlich als das letzte Mal, als er zu ihm gekommen war, aber nach all dem Alter und der Verdrehtheit der Wüstenstadt war er ihm beinahe willkommen.

Ambaryalàryakteyan lächelte schief. »Manchmal wünschte ich fast, ich könnte es. Aber der Dunkle besitzt Macht, zu viel Macht, und er hat nicht vor, sich davon zu trennen. Wenn ich als Teil der Alten Welt mit euch käme, würde euch das nur Nachteile bringen. Außerdem ist er nicht das Schlimmste, was euch noch bevorsteht.«

»Wir müssen das Schwarze Schwert holen. Ohne können wir den Alten nicht vernichten.«

»Das ist wahr«, nickte der Dämon. »Trotzdem musst du dir die Frage stellen, Jäger: Was ist es wert, geopfert zu werden für das Wohl aller? Was kann Vertrauen aufwiegen oder Loyalität oder Freundschaft?«

»Was versteht ein Dämon von Freundschaft?«, platzte Kelsen heraus. Einen Moment war er sicher, dass Ambaryalàryakteyan ihn töten würde, doch der Dämon musterte ihn nur aus seinen undurchdringlichen Augen.

»Mehr als du denkst. Ebenso viel wie von Familie.« Er warf Ard einen langen Blick zu und Kelsen spürte ein Stechen in seiner Brust. »In *meiner* Familie beginnt es zu brodeln. Er erwacht, Kelsen, und seine Träume eilen ihm voraus. Ihr müsst euch beeilen, oder es ist zu spät.«

Kelsen warf einen finsteren Blick auf den Fluss, der neben ihnen dahinrauschte. »Kannst du uns Flügel geben? Dann kommen wir schneller vorwärts.«

Der Dämon schüttelte den Kopf. »Ich habe dich von Anfang an gewarnt, auf diese Fahrt zu gehen.«

»Du weißt verdammt gut, dass ich keine Wahl hatte!«

Ein spöttisches Lächeln, das sofort wieder verschwand. »Nein? Nun, dann musst du auch aus eigener Kraft vorankommen. Egal, wie weit du noch kommst.«

Und damit war Ambaryalàryakteyan verschwunden.

***

Sie fanden die Furt und sie wanderten weiter, müde, frierend und immer wieder hungrig, auch wenn sie ab und zu beim Jagen Beute machten. Eiserner Trotz hatte von Kelsen Besitz ergriffen und zerrte ihn vorwärts, zwang ihn, einen Fuß vor den anderen zu setzen – und dann, ohne Vorwarnung, lag die Küste vor ihnen.

Er hatte erwartet, das Meer riechen zu können, doch der Wind kam aus ihrer Richtung und hatte zudem das Wogen der Brandung übertönt. Für einen Moment standen sie alle staunend da und sagten kein Wort. Der Himmel über ihnen war stahlgrau und die endlosen Weiten des Wassers vor ihnen waren noch dunkler. Weiße Gischtkronen trieben auf den Wellen und über ihnen kreisten Seevögel. Der Strand zog sich meilenweit dahin, leer bis auf ein paar seltsame, plumpe Tiere, die bei ihrem Anblick träge blinzelten und sich dann wieder im Sand ausstreckten.

Ard blieb stehen und starrte mit weit aufgerissenen Augen auf das Wasser. »Das Meer. Ich dachte nicht, dass ich es je sehen würde.«

»So friedlich«, murmelte Rìa. »Und doch so leer.«

»Der schwarze Turm liegt in westlicher Richtung«, sagte Kelsen, einen seltsamen Schauer im Rücken. »Richtung Sonnenuntergang.«

»Denkst du, wir finden ihn?«, fragte Udom L'k leise. »Dieses Land ist riesig, es ist gut möglich, dass wir einfach daran vorbeigegangen sind.«

Doch Ard schüttelte den Kopf, die Lippen zusammengepresst. »Alle, die den dunklen Gott suchen, finden ihn auch. Das ist ja das Verfluchte daran.«

Und sie fanden ihn.

***

Der Turm ragte so jäh und unerwartet vor ihnen auf, dass sie alle zusammenzuckten. Jeder von ihnen hätte schwören können, dass er vor einem Herzschlag noch nicht da gewesen war – und plötzlich erhob er sich vor ihnen in den Himmel und schien die weite Landschaft und das Meer um sie herum auszulöschen.

Er war gewaltiger als jedes von Menschen errichtete Gebäude jemals sein könnte, verzerrt und mit scheinbar planlosen Vorsprüngen und Erkern überall. Seine Spitze ragte so hoch über ihnen in den Himmel, dass sie sie nicht sehen konnten, dennoch war Lylth sicher, dass sie die Form einer Schwertspitze hatte.

Um den Himmel aufzuspießen, dachte sie und merkte, dass sie zitterte.

»Wie weit ist er noch entfernt?«, fragte Udom L'k, dessen Gesicht die Farbe geronnener Milch angenommen hatte.

Es war unmöglich abzuschätzen; es war, als würde der Turm auf sie zukommen und sich wieder entfernen, wann immer sie versuchten, die Distanz abzuschätzen.

»Ob dort oben Wachen sind?«, fragte Ard, der sich ganz nah an Rìa gedrückt hatte und mit großen Augen die Vorsprünge in den Flanken des Turms musterte.

Kelsen schwieg einen Moment, dann verzog er das Gesicht zu einer Grimasse. »Ich glaube nicht, dass die da drin Wachen nötig haben. Sie wissen auch so, dass wir kommen.«

»Wenn sie es nicht schon in dem Moment gewusst haben, als wir aus der Stadt der Augenlosen aufgebrochen sind«, nickte Lylth, konnte aber ihre eigene Stimme kaum hören.

Die Finsternis, die von diesem Turm ausging, pulsierte um sie herum, hüllte sie ein und erstickte sie, sodass keiner von ihnen sich mehr rühren konnte. Instinktiv umklammerte Lylth ihre Uhr, aber sie leuchtete nicht und blieb stumm.

Keine Gefahr, dachte sie, *uns droht keine Gefahr.*

»Also los«, knurrte Kelsen und klang dabei, als wäre er wütend auf sich selbst. »Wir bringen es nicht hinter uns, wenn wir das verdammte Ding da einfach nur anstarren. Kommt, und bleibt zusammen. Und was immer dort drin ist …« Einen Moment schien er etwas verloren nach Worten zu suchen, dann schloss er etwas leiser: »Macht es nicht wütend.«

***

Sie sahen sie nicht, aber sie spürten, dass sie da waren.

Schatten.

Formlose, seelenlose Kreaturen, die sie mit hämischem Vergnügen beobachteten, als sie sich dem Eingang näherten. Das Tor war hoch und lief oben spitz zu, sodass es wie ein gewaltiger, unförmiger Schlund

Alles ist so viel schöner,
wenn die Sonne scheint.

aussah. Die Dunkelheit dahinter funkelte wie diese kleinen Tiere, die unter der Erde lebten und nur ihr eigenes Licht hatten, um die Finsternis dort zu durchbrechen. Es war von eigenartiger Schönheit und Lylth fühlte, wie sich eine Gänsehaut über ihren ganzen Körper ausbreitete.

»Wir sind nicht allein«, flüsterte Rìa neben ihr; Ard hatte ihr Handgelenk gepackt und hielt sie so fest, dass seine Knöchel weiß hervortraten.

»Was passiert, wenn wir hineingehen?«, fragte Udom L'k, aber keiner konnte es ihm sagen.

Menschen, flüsterte es um sie herum, und Lylth zuckte zusammen. *Menschen hier.*

Hört nur, wie ihre Zähne klappern, erwiderte eine zweite Stimme – aber war es überhaupt eine Stimme? Hören konnte man nichts, vielmehr fühlte es sich an, als würden die Worte in ihrem Brustkorb vibrieren.

Sie duften nach Angst, wisperte es aus einer anderen Richtung.

Kelsens Blick zuckte hierhin und dorthin, und Lylth vermutete, dass es ihm so ging wie ihr: Dass er das Gefühl hatte, im Augenwinkel etwas zu sehen, das jedoch sofort verschwand, wenn man es sich genauer anschauen wollte.

Etwas Dunkles.

Etwas Tödliches.

Kommt nur herein, Menschen, hauchte es in Lylths Kopf. *ER erwartet euch.*

Das beruhigte Lylth kein bisschen.

Sie versuchte sich einzureden, dass sie das gewusst hatten, damit gerechnet hatten, aber es half nicht: Eine fürchterliche Angst hatte von ihr Besitz ergriffen und nur Kelsens Hand, die aus dem Nichts kam und sie am Arm festhielt, hinderte sie im letzten Moment daran, davonzurennen.

»Nicht«, flüsterte er ihr zu. »Lauf niemals davon vor etwas Unsterblichem. Sonst bist du verloren.«

Sie wusste das, hatte es von klein auf beigebracht bekommen, aber ihr Gehirn funktionierte nicht mehr. Sie zitterte am ganzen Körper, als Kelsen sie auf den finsteren Eingang zuschob, und auf einmal spürte sie etwas Heißes über ihre Finger laufen. Sie schaute nach unten und stellte fest, dass sie die metallenen Zacken der Uhr so fest gepackt hatte, dass sie sich in ihr Fleisch bohrten.

Ard, der sich weiterhin an Rìa festhielt, war grün angelaufen und Udom L'k sah aus, als würde er gleich in Ohnmacht fallen.

Wir müssen weiter, sagte sie sich. *Wir müssen das Schwert haben. Und wir haben dafür schon Schlimmeres durchgemacht.*

Ganz verbissen redete Lylth es sich ein und versuchte, daran zu glauben. Sie drückte Udom L'k die Schulter.

Dann schloss sich die Finsternis des Turms um sie.

***

Es war, als schwebte er mitten in einem nachtschwarzen Ozean.

Kelsen konnte nicht sagen, ob er sich bewegte oder nicht, ob er lag, stand oder ging. Um ihn herum waberten funkelnde Schwaden, deren Herkunft er unmöglich bestimmen konnte, ansonsten war alles stockdunkel.

Wo die anderen waren, ob er selbst noch existierte, er hatte keine Ahnung.

Er schüttelte den Kopf, versuchte zu rufen, doch er konnte seine eigene Stimme nicht hören. Entsetzen packte ihn; waren seine Ohren fort, hatte er seine Stimme genauso verloren wie seine Augen?

Blind, taub und orientierungslos taumelte er weiter, tastete mit eiskalten Fingern nach der Tasche, in der er den Blutrubin hatte, und umklammerte ihn.

Ihr kriegt mich nicht, dachte er. *Ich kriege euch.*

Und plötzlich sah er Licht.

Unmittelbar vor ihm schimmerte ein sanftes, graues Licht, und wild entschlossen ging er darauf zu. Erfreut stellte er fest, dass er festen Boden unter den Füßen und überhaupt Füße und Beine hatte. Und als er den Kopf drehte, sah er die eingesunkenen Gestalten von Udom L'k, Lylth und Rìa neben sich. Letztere zog Ard hinter sich her, der wie verrückt zitterte und die Augen so fest zudrückte, dass sein Gesicht völlig verzerrt war.

Die Lichtquelle vor ihnen wurde grösser und Kelsen erkannte, dass es sich um einen Torbogen handelte, hinter dem eine entfernte Halle lag. Leises Gelächter folgte ihnen, als sie über die Schwelle traten, doch Kelsen drehte sich nicht um. Stattdessen zog er den Blutrubin aus der Tasche, wischte sich den Schweiß von der Stirn und stapfte vorwärts.

***

Die Stimmen waren in ihrem Kopf.

Lylth versuchte sich die Ohren zuzuhalten, doch es nützte nichts, sie waren immer noch da und flüsterten ihr schreckliche Dinge zu, Dinge, die wirklich passiert oder nur geträumt waren, Entsetzliches, was ihr noch passieren würde oder passieren könnte.

Sie spürte eine Macht, dieselbe wie in der Stadt der Augenlosen, nur viel stärker und tausendmal boshafter.

Sie sah nichts, hörte nichts anderes, spürte nur ganz weit weg Udom L'ks magere Schulter unter ihren Fingern als einzigen Anker in einer Welt voller Wahnsinn und Finsternis.

Du wirst niemals etwas sein, wisperte es boshaft in ihren Gedanken, *du bist nur ein Hindernis für alle, denen du begegnest. Selbstüberschätzt, viel weniger wert als den Aufwand, den du verursachst. Töte dich, mach dem ein Ende, bevor du deine Freunde umbringst.*

Ein beißender Schmerz in ihrer Kehle sagte ihr, dass sie schluchzte, aber sie konnte nichts hören.

Die Stimmen zischelten weiter, schlugen ihr vor, sich das eigene Herz herauszureißen, die Kehle, die Lunge … Kalte, kalte Finger grabschten nach ihr und wollten sie mit sich ziehen.

Dann war plötzlich Licht da und als sie aufschaute, sah sie Kelsen und Rìa neben sich, Udom L'k, der den Arm um ihre Hüfte geschlungen hatte, und Ard, der so elend aussah, wie ihr zumute war. Die Stimmen fielen zurück, fort in die Dunkelheit hinter ihr, und rasch wischte sie sich die Tränen aus dem Gesicht. Wenn sie heulend vor einen Gott trat, konnte sie genauso gut tun, was seine Diener ihr vorhin vorgeschlagen hatten.

Kelsen hatte das Kinn gereckt und die Schultern gestrafft, und wie er so hoch aufgerichtet voran in die Halle hinter dem Torbogen schritt, wirkte er einen Moment lang beinahe wie ein Held aus vergangenen Zeitaltern.

Dann war der Moment vorbei, das Licht hüllte sie ein und Kelsen war wieder nur ein Mensch, ein verhärmter, drahtiger Mann von etwas über dreißig Jahren, der nicht viel mehr konnte als jagen und überleben.

Und auf einmal hatte Lylth Angst um ihn.

***

Das Licht in der Halle war trügerisch sanft, doch Kelsen ließ sich nicht täuschen: Hier herrschte dieselbe unbeschreibliche Aura wie über der Stadt der Augenlosen. Und obwohl sie nicht so alt wirkte wie die Ruinenstadt, war das Böse hier nicht weniger gefährlich und mindestens genauso tückisch. Hohe Säulen stützten eine mächtige Kuppel weit über ihnen, die in einem inneren Licht glühte und den Blick unheimlich anzog. Die Säulen selbst waren übersät mit kunstvollen Bildern und Reliefs, doch was dort zu sehen war, war keineswegs schön. Zwischen den Säulen schienen dieselben Schatten zu lauern wie unten am Turm und in der Finsternis dahinter, doch sie bewegten sich und waren noch immer nicht klar zu sehen. Aber er spürte, dass diese Wesen verantwortlich sein mussten für den schwarzen Abdruck in der Stadt der Augenlosen.

»Willkommen.«

Die Stimme schien von überall und nirgends zu kommen, und sie alle fuhren zusammen.

»Kelsen der Jäger. Ria die Entlaufene. Lylth die Verstoßene. Udom L'k der Geflohene. Und Ard, den man aufgegeben hat. Eine Freude.«

Und plötzlich war er da, aus dem Nichts.

Er saß an der Stirnseite der Halle auf etwas, das aussah wie eine Wolke aus Schatten, die ihn umwaberte und ständig ihre Form veränderte. Seine Kleidung war schwer einzuordnen, schien seidig und samten zugleich, schwärzer als selbst die Schattenwolke um ihn herum. Auch sein Haar war schwarz, seine Augen wirkten ebenfalls dunkel, doch wenn man genauer hinsah, sah man, dass sich in ihnen endlose Spiralen aus Sternen drehten, die einen mit sich fortzogen, wenn man nicht aufpasste.

Kelsen konnte bei Männern nicht wirklich einschätzen, ob sie gut aussahen oder nicht, aber was da vor ihm saß, war sowieso kein Mann. Es war eine Kreatur, mächtiger als die Vorstellung und schöner als die Lichter des Nordens, zugleich aber so entsetzlich, dass Kelsen die Eingeweide schrumpelten. Eiskalte Nägel zogen sich über seine Haut und plötzlich hatte er das Gefühl, sich übergeben zu müssen. Nur mit Mühe beherrschte er sich.

»Herr«, sagte er, »wir sind weit gereist, um zu dir zu gelangen.«

Was soll ich sagen?, fragte er sich, *was sagt man zu einem Gott, der einen gleich töten wird?*

»Wir danken dir, dass du uns bei dir aufnimmst.«

Ein seltsames Rauschen brandete um sie herum auf und Kelsen begriff, dass die verschwommenen Schattengestalten zwischen den Säulen lachten.

Der Schatten lächelte. »Ihr dankt mir, sagst du – und das zu Recht. Nicht vielen Menschen ist es vergönnt, einem leibhaftigen Gott ins Gesicht zu blicken. Doch du wurdest schon einmal in dieser Art ausgezeichnet, nicht wahr? Ich kann es spüren. Meine Schwester hat sich dir gezeigt.«

Leises Zischeln erfüllte die Halle, in dem fürchterliche Verachtung mitschwang.

Kelsen ahnte, dass es keinen Sinn hatte zu lügen. »Das stimmt. Sie hat mir einen Auftrag gegeben. Die anderen hier haben sich entschieden, mich zu begleiten. Wir sind auf dem Weg …«

»Ich weiß, was ihr vorhabt und wohin ihr wollt«, unterbrach der Gott. Seine Augen glühten und wanderten langsam von einem Gesicht zum anderen. Auf Ard blieben sie einen Moment länger ruhen, bis der Junge schaudernd den Blick abwandte. »Und ich weiß auch, was ihr getan habt. Einer meiner Diener starb durch euer Zutun, so hörte ich. Nun ja, an seine Stelle sind bereits andere getreten und viele weitere werden folgen. Trotzdem, ein abenteuerlicher Weg, den ihr bisher gegangen seid. Ihr habt viel

Aufmerksamkeit auf euch gezogen. Es würde mich nicht wundern, wenn der Alte nicht schon zitternd in seinem Tümpel läge beim Gedanken an euch.« Ein hämisches Lächeln erhellte sein Gesicht. »Aber was führt euch zu mir?«

Kelsen fragte sich, ob der Gott die Antwort nicht schon wusste. Ob er nicht schon gewusst hatte, dass sie kommen würden, seit sie die Wüste verlassen hatten. Ob er nicht einfach nur mit ihnen spielte.

»Wir sind hergekommen, um dich um das Schwarze Schwert zu bitten.«

Jedes Geräusch in der Halle erstarb, als hielten alle Kreaturen, die in der Düsternis zwischen den Säulen lauerten, mit einem Schlag den Atem an.

Kelsen spürte einen Schmerz an seinem Handgelenk und sah Lylths Hand darum geklammert. Die Augen des Mädchens waren weit aufgerissen und auf den Gott gerichtet.

Dieser lehnte sich in seinem Wolkenstuhl zurück und schien von den schwarzen Schwaden eingehüllt zu werden.

»Eine große Bitte«, erwiderte er. »Das Schwarze Schwert ist älter als ein Großteil dieser Welt. Ich habe es nur unter Mühen erlangen können und keineswegs vor, mich wieder davon zu trennen.«

Kelsen hob die Hand und zeigte dem Gott den Blutrubin. »Wir schlagen einen Tausch vor: Das Schwert gegen den Blutrubin. Es ist der einzige, der nicht verschollen ist. Er gehört dir, wenn wir das Schwert bekommen.«

Der Schatten betrachtete den Juwel in Kelsens Hand, und einen Augenblick lang war Kelsen sicher, dass es funktionieren würde; er sah Gier in den Augen des Gottes funkeln, sah, wie die Schatten um ihn herum sich verdichteten, hörte das aufgeregte Zischeln der Wesen in der Halle …

Dann schüttelte der Schatten den Kopf.

»Nein«, sagte er. »Was du bietest, ist nicht einmal annähernd gleichwertig. Ein Stein von sieben gegen das einzige Schwert seiner Art. Wohl kaum angemessen.«

Kelsen fühlte seinen Magen durch den Boden sacken. Das konnte nicht wahr sein. Was sollte er jetzt tun? Er konnte schlecht mit seinem Schwert auf den Gott losgehen. In den Liedern gelang es den Leuten immer, die Götter und Dämonen zu überreden, zu tun, was sie wollten, aber Kelsen war kein Redner, war er nie gewesen.

Doch noch bevor er weiterdenken konnte, lehnte der Schattengott sich vor. »Ich will jedoch nicht so tun, als läge mir eure Sache nicht am Herzen. Ich bin sehr dafür, dass der Alte vom Angesicht der Erde verschwindet. Daher bin ich bereit, das Schwert einzutauschen – allerdings gegen etwas von größerem Wert.«

»Von größerem Wert?« Lylth Stimme war kaum mehr als ein Flüstern. Sie hing an den Lippen des Gottes und trat einen Schritt auf ihn zu, scheinbar ohne sich dessen bewusst zu sein.

Der Schatten fixierte sie einen Augenblick lang und lächelte, sodass Kelsen eine Gänsehaut bekam.

»In der Tat. Was ich haben will«, fuhr er leise fort, »das ist weit seltener und kostbarer als dieser Glitzerstein in deiner Hand, Jäger. Ich will, was mir genommen wurde, das Einzige, was mir jemals entkommen ist.«

Kelsen begriff nicht.

»Die Seelen der Menschen ergeben sich mir leichtfertig – so viele von euch gehören mir, ohne es zu wissen. Wen ich einmal habe, den verliere ich nicht wieder. Treffe ich eine Abmachung mit einem von euch, gewinne ich immer. Bis auf einmal.«

Die Schattenwesen um sie herum schienen hinter die Säulen zurückzuweichen, als hätten sie Angst vor dem, was jetzt kam.

»Eine Seele ist mir verlorengegangen. Ich will sie wiederhaben.«

Es war für Kelsen schwer zu erkennen, ob der Gott verärgert war, aber die Wolken um ihn herum wirbelten schneller und schienen noch schwärzer zu werden.

»Du willst, dass wir dir einen Menschen bringen?«

Der Schatten lehnte sich zurück, sodass nur noch sein Gesicht zu sehen war. »Ich will jene eine Seele, die mich in einem Wettstreit besiegt hat. Ich nahm an, sie sei schwach und verzweifelt, und so forderte ich sie heraus …«

»… und sie hat dich geschlagen. Du hast den Wettstreit verloren«, schloss Kelsen und verfluchte sich einen Moment später; selbst er konnte die Schadenfreude in seiner Stimme hören.

Halt's Maul, fuhr er sich selbst an. *Hier ist vielleicht die letzte Chance auf das Schwert und du versaust sie euch allen!*

Einen Moment lang schien die Luft zu erzittern und die Schattenwesen kauerten sich ängstlich hinter den Säulen zusammen.

»So war es«, hauchte der Schatten kaum hörbar. »Ich hatte ihr die Freiheit versprochen, sollte sie mich besiegen, und so konnte ich nicht anders, als sie gehen zu lassen.«

»Und wir sollen sie für dich suchen?«

Der Schatten lachte boshaft auf. »Oh, ich weiß, wo sie ist. Ich habe sie nie aus den Augen verloren. Das Problem ist nur, unsere Abmachung beinhaltete, dass weder ich noch einer der Meinen sie anrühren kann. Ich kann mich ihrer nicht bemächtigen oder jemandem auftragen, es für mich zu tun. Es gibt nur einen Weg: Sie muss freiwillig zu mir kommen.«

Kelsen fühlte die Luft aus sich weichen. »Und wir sollen sie dazu überreden … wer immer sie ist?«

Das Lächeln des Schattens war schwärzer als die Nacht um ihn herum. »Verzwickt, nicht wahr? Aber wenn es euch gelingen sollte, gebe ich euch im Tausch dafür das Schwarze Schwert. Nun, was ist? Seid ihr einverstanden?«

Kelsen tauschte einen Blick mit den anderen; wie sollten sie irgendjemanden, der noch ganz bei Verstand war, dazu bringen, sich freiwillig zum Sklaven des Schattengottes zu machen?

»Lass es uns versuchen«, flüsterte Lylth, das Gesicht kalkweiß, aber entschlossen. »Wir müssen es versuchen.«

Ard schüttelte stumm den Kopf, aber Rìa nickte mit zusammengepressten Lippen.

»Haben wir eine Wahl?«, fragte Udom L'k leise.

Kelsen wandte sich wieder dem Schattengott zu. »Wo finden wir diese Person?«

»Ich werde euch zu ihr führen. Seid ihr einverstanden?«

»Einverstanden.«

Das Lächeln des Gottes wurde breiter, deswegen fügte Kelsen rasch hinzu: »Aber keine versteckten Fallen, verstehst du? Keiner von uns wird dir gehören, wenn wir scheitern, wir versuchen es und kriegen es hin oder nicht, wir verlieren und gehen oder wir gewinnen und kriegen das Schwert – verstanden?«

Der Gott grinste ihn spöttisch an, wie ein Kind, das einen Käfer zwischen den Fingern hält und ihn mustert, ehe es ihn zerquetscht. »Du denkst an alles, Kelsen der Jäger. So sei es denn. Gleich, wie es ausgehen mag, keiner von euch wird mir gehören – es sei denn, er wünscht es.«

Langsam wanderten seine Augen zu Lylth und hielten sie fest.

»Du hast viel Potential in dir«, säuselte er trügerisch sanft. »Du könntest mächtig werden in meinem Dienst, viel mächtiger, als du es dir jemals vorgestellt hast.«

Kelsen warf einen raschen Blick auf Lylth und war entsetzt über den mit einem Mal begierigen Ausdruck in ihrem Gesicht.

Rasch packte er sie am Arm. »Los, beweg deinen Arsch!«, fuhr er sie an.

Lylth zuckte zusammen, als ob sie aus einem Traum erwacht wäre. Ängstlich wandte sie sich noch einmal zu dem Thron um, dann beschleunigte sie ihre Schritte und eilte an Kelsens Seite hinaus.

Das Gelächter des Gottes und seiner Diener begleitete sie.

***

»Jetzt haben wir den Salat«, keuchte Udom L'k, als sie draußen vor dem Turm standen; er war schweißüberströmt und sah aus wie jemand, der nach jahrelanger Gefangenschaft seinen Kerker verlässt. »Wie sollen wir das machen? Niemals kriegen wir diese Person, wer immer es ist, dazu, sich dem dunklen Gott zu verschreiben – schon gar nicht, wenn sie ihm schon einmal entkommen ist!«

»Wie du gesagt hast«, erwiderte Kelsen knapp, »wir hatten keine Wahl.«

Ria hingegen schien ein anderes Problem zu beschäftigen. »Und wie sollen wir diese Person nun finden? Er hat gesagt, er würde uns führen, nicht?«

»Ich glaube«, murmelte Ard, der die Augen gen Himmel gerichtet hatte, »das wird kein Problem sein.«

Die anderen folgten seinem Blick und sogen gleichzeitig scharf Luft ein; ein breiter Streifen aus Gewitterwolken zog sich durch den ansonsten stahlblauen Himmel und glich einem ausgestreckten Finger, der von der Küste weg ins Landesinnere zeigte.

»Das ist der Weg, dem wir folgen müssen«, sagte Ard.

DIE ZWEIGEBORENE

Also folgten sie den Wolken.

Kelsen sah grüblerisch aus, und Lylth vermutete, dass er sich den Kopf darüber zerbrach, wie sie die unbekannte Person davon überzeugen sollten, mit ihnen zu kommen. Sie wusste, sie hätte sich über dasselbe Gedanken machen müssen, aber in ihrem Kopf drehte sich alles.

Die Worte des dunklen Gottes verfolgten sie, stahlen sich in ihre Träume und ließen sie schweißgebadet aufwachen.

Du könntest mächtig werden in meinem Dienst, hatte er gesagt.

Sie hatte Geschichten gehört von Magiern, die unter dem Schutz von Göttern gestanden hatten und beinahe unbesiegbar geworden waren. Yleif, Lòrian, Tilarid – Namen, die in Liedern unsterblich geworden waren und die jedes Kind kannte, obwohl ihre Träger schon vor zahllosen Jahrhunderten zu Staub zerfallen waren.

Und du könntest eine von ihnen sein.

Sie schüttelte den Kopf, als wollte sie eine Mücke abschütteln; sie befanden sich auf einer weiten Ebene aus Grasland, stahlblauen Himmel über sich außer der Spur aus dunklen Wolken, denen sie folgen mussten. Zwischendurch waren sie anderen Reisenden begegnet, die alle von merkwürdigen Ereignissen im Westen zu berichten wussten, jedoch kein Wort über das seltsame Wetterspektakel verloren. Lylth beschlich allmählich das Gefühl, dass außer ihnen niemand diese Wolken sehen konnte.

»Alles in Ordnung?«

Ard blickte aus seinen hellen blauen Augen zu ihr hoch, und die unschuldige Besorgnis in seinem Gesicht beschämte sie. Wie sollte sie einem Kind, das sein ganzes Leben lang unter dem schwarzen Gott gelitten hatte, erklären, dass sie zu denen gehörte, die sich von genau diesem Gott verführen ließen?

Sie brachte es nicht über sich zu lügen, also drückte sie nur seine Hand und lächelte.

»Seht mal.«

Rìa war der Gruppe vorausgegangen und jetzt auf einer kleinen Erhebung stehengeblieben; mit einer Hand winkte sie sie zu sich.

Rasch schloss Lylth mit den anderen auf und schaute über das Land; nur wenige Meilen entfernt schienen die Wolken sich zusammenzuballen und zu drehen.

»Sieht aus, als wären wir da.« Udom L'k wirkte alles andere als begeistert.

»Da? Wo denn, bei allen Westlichen?« Kelsen kniff die Augen zusammen. »Da hinten ist nichts, nur noch mehr von diesem blöden Kraut, das mir die Beine hochkriecht.«

»Und ein Haus.«

Kelsen warf Rìa einen überraschten Blick zu; diese hielt die Hand über die Augen und blickte unbeirrt nach Norden.

»Man sieht es kaum, es ist hinter den Büschen verborgen. Aber ich sehe ein Stück freie Fläche, vielleicht ein Gemüsegarten.«

Kelsen imitierte Rìas Geste, blinzelte einige Herzschläge lang und nickte dann. »Stimmt.«

Aber Lylth hatte das Gefühl, dass er nur so tat, als würde er etwas sehen.

Er will keine Schwäche zeigen, überlegte sie. *Warum?*

Während sie den kleinen Hügel hinabstiegen, entschied Lylth, dass das ein schlechtes Zeichen war. Wenn Kelsen jetzt log, tat er es vielleicht auch in anderen Situationen. Wollte er nur, dass sie sich sicher fühlten, oder hatte er Angst davor, dass sie ihn als Anführer nicht mehr ernst nahmen?

Er weiß, dass du viel mächtiger bist als er, flüsterte wieder die Stimme in ihrem Kopf. *Dass Rìa jünger ist und kräftiger. Udom L'k klüger. Und Ard sich mit den dunklen Mächten besser auskennt. Dass wir alle eigentlich mehr können als er. Trotzdem sagt er, dass er auserwählt ist.*

Warum er?

Warum nicht ich?

Wieder schüttelte sie den Kopf. Instinktiv umklammerte sie wieder ihre Uhr; kleine dunkle Flecken zeigten noch, wo ihr Blut auf dem Metall eingetrocknet war. Ihr Aufenthalt im Turm des Schattengottes war kurz gewesen, aber er hatte tiefe Spuren hinterlassen. Das war nicht gut.

Und wenn sie bedachte, dass sie noch einmal dorthin zurückmussten …

»Wenn die Sonne im Zenit steht, müssten wir dort sein«, meinte Kelsen, als sie den Hügel hinter sich gelassen hatten. »Haltet die Augen offen, aber fangt keinen Streit an.«

»Wenn wir die Leute davon überzeugen wollen, Sklaven des Schattengottes zu werden? Könnte interessant werden.«

Kelsen warf Lylth einen bösen Blick zu. »Wir wissen nicht, was uns erwartet, also Vorsicht. Wir nähern uns langsam und gut sichtbar. Und steckt eure Waffen weg – wir sind harmlose Reisende, die nach einer Unterkunft für die Nacht suchen, verstanden?«

»Wir brauchen eine gute Geschichte, warum wir sind, wer wir sind«, erklärte Udom L'k; der Gelehrte hatte seine Fröhlichkeit schon lange verloren, aber sein Verstand arbeitete noch immer. »Kelsen, du und Rìa, ihr seid Ards Eltern, ich könnte dein Bruder sein und Lylth ist meine … Tochter«, schloss er rasch, als er Lylths Blick sah. »Familien, die zusammen reisen, klingen überzeugender als frei zusammengewürfelte Gruppen.«

Kelsen nickte knapp. »Gut. Aber bleibt wachsam; wenn diese Person wirklich dem Schatten selbst entkommen ist, könnte sie sehr gefährlich sein. Seid auf dem Posten. Wir sind nahe, sie könnte uns schon bald bemerken.«

»Das hat sie schon.« Ard deutete nach vorne auf einen kleinen Flecken im hohen Gras, den Lylth für einen Stein gehalten hatte.

Erst als Kelsen leise fluchte, begriff sie, dass es sich um einen Menschen handelte. Als sie näher kamen, sah sie langes, helles Haar, das im Wind flatterte, ansonsten verharrte die Figur bewegungslos. Aber sie sah direkt in ihre Richtung.

***

Die Frau trug grobe Kleidung aus grauer Wolle und stützte sich auf einen Spaten, während sie ihnen beim Näherkommen zusah. Obwohl nicht viel älter als Lylth, hatte sie schlohweißes Haar, das zu ihrer unnatürlich hellen Haut passte. Sie rührte sich nicht, bis sie auf wenige Schritte herangekommen waren. Dann richtete sie sich auf, wirkte dabei aber keineswegs alarmiert. Stattdessen lächelte sie und zeigte Zähne, die so weiß waren wie ihre Haare.

»Seid willkommen. Es geschieht selten, dass Fremde hierherkommen.«

»Meine Familie und ich sind etwas vom Weg abgekommen«, erwiderte Kelsen so freundlich, wie er es nur irgendwie konnte. »Wir sind sehr müde und brauchen einen Ort, wo wir uns ausruhen können.«

Die Augen der jungen Frau wanderten von Gesicht zu Gesicht und musterte sie. Als sie bei Lylth ankam, spürte diese einen undefinierbaren Schauder; die Augen der Frau waren von einem hellen Braunton, der schon fast ins Gold überging. Und dahinter lag eine endlose Dunkelheit – nicht böse, erkannte Lylth, nur unendlich traurig.

»Ihr seht sehr erschöpft aus. Seid willkommen, aber ihr solltet wissen, dass ich euch nicht viel bieten kann. Ein wenig Stroh zum Schlafen, ein bisschen Getreide. Hier draußen nützt viel Besitz nichts.«

»Wir wollen dir nichts tun«, sagte Kelsen, und Lylth überkam ein drückendes Gefühl von Schuld. »Wenn wir ein Dach über dem Kopf haben, ist das genug.«

Noch einmal fixierten die goldenen Augen jedes Gesicht, dann nickte sie. »Das könnt ihr haben. Folgt mir.«

Die junge Frau führte sie über einen kleinen Trampelpfad zu den Büschen, die Rìa vorhin erwähnt hatte. Dahinter befand sich tatsächlich eine kleine Holzhütte, die schmucklos, aber stabil aussah und an die ein kleiner Hühnerstall grenzte.

An der Schwelle zur Hütte blieb sie stehen und blickte die Gruppe abwartend an. Lylth wollte schon fragen, doch Kelsen und Rìa legten fast gleichzeitig ihre Waffen ab, und so folgten auch die anderen ihrem Beispiel.

Lylth war verwundert; sie hatte gedacht, ihre Mäntel würden die Schwerter und Messer verbergen, aber offenbar hatte sie sich getäuscht. Wobei sie die Frau auch ohne Waffen problemlos hätten niederringen können. Aber soweit sie wusste, handelte es sich eher um eine symbolische Geste; man betrat kein Haus, von dem man freundliche Aufnahme erwartete, mit Waffen.

Die junge Frau lächelte wieder. »Ich bin Yelin. Seid noch einmal willkommen.«

»Ich bin Kelsen, das sind meine Frau Rìa und … unser Sohn«, erwiderte Kelsen, wobei er es nicht über sich zu bringen schien, Ard bei der Lüge ins Gesicht zu sehen. »Das da sind mein Bruder und seine Tochter.«

Yelin nickte jedem freundlich zu, doch in ihren Augen sah Lylth ein Funkeln und sie war sicher, dass sie ihnen kein Wort glaubte.

Das hinderte sie aber nicht daran, jedem eine Prise Salz und ein Stückchen Hartbrot zu geben, wie man es in vielen Häusern machte, um das Gastrecht zu besiegeln.

Sie setzten sich um die kleine Feuerstelle und füllten dabei praktisch die ganze Hütte aus; lediglich in einer Ecke war noch Platz für eine Schlafmatte und eine kleine Truhe.

»Und warum lebst du hier ganz allein?« Ard schien ehrlich neugierig.

Yelin schenkte ihnen allen einen Becher voll Wasser ein, legte ein Scheit Holz nach und wischte sich dann die Hände an ihrem Rock ab. »Ich habe früher auch in Dörfern gelebt, einmal sogar in einer Stadt. Aber ich habe gelernt, dass es mir nicht guttut. Zu viele Menschen bedeuten zu viel Gier, zu viel Gewalt, zu viel von … allem. Außerdem scheine ich anderen kein Glück zu bringen. Wo ich bin, folgt meistens nicht viel Gutes. Daher lebe ich allein.«

»Was meinst du damit, du bringst kein Glück?« Lylth waren die seltsame Ruhe und Offenheit der Frau nicht geheuer. Sie horchte in sich hinein, konnte aber keine Spur von Magie an Yelin wahrnehmen.

Yelins Lächeln wurde traurig. »Ich glaube, ihr wisst, was ich meine.« Sie hob den Kopf und sah Kelsen direkt in die Augen. »In all den Jahren, die ich nun hier bin, wurde ich ein paar Mal von Menschen besucht. Keinem von ihnen ist dieser Besuch gut bekommen. Sie alle kommen aus demselben Grund. Ich nehme an, dass auch ihr deswegen gekommen seid. Auch wenn ihr die ersten seid, die ein Kind mit sich führen.«

Ard runzelte die Stirn, als ob er die Bezeichnung nicht gerne hörte, sagte aber nichts.

Kelsen verzog den Mund. »Wenn du weißt, wieso wir hier sind, wieso hast du uns dann eingeladen?«

Wieder dieses Funkeln in den unirdischen Augen. »Mir widerfährt nichts, was ich nicht will. So lautet die Abmachung. Das wisst ihr selber vermutlich genau so gut wie ich.«

Einen Moment lang herrschte Schweigen. Lylth kam sich seltsam vor, ertappt, wie wenn sie als Kind Sachen ihrer Mitlehrlinge versteckt hatte. Die Stille wurde immer unangenehmer, doch bevor sie sich überlegen konnte, was sie hätte sagen können, um sie zu durchbrechen, ergriff Kelsen wieder das Wort: »Stimmt. Wir sind hier, weil wir dich gesucht haben. Und wir wissen auch, dass wir dich nicht mit Gewalt dazu bringen können, mit uns zu kommen. Wir dachten, wir erklären …«

»Oh, ihr braucht nichts zu erklären.« Yelins Gesicht verzog sich zu einem verächtlichen Grinsen. »Ich habe schon so viele Gründe gehört: Ruhm, Errettung eines Geliebten, Macht … Im Grunde sagen sie alle dasselbe: Dass ihr alle eure eigenen Leben höher schätzt als meins. Keiner von euch weiß, worauf er sich einlässt. Ihr haltet euch für klüger und wertvoller als mich, als den, der euch schickt. Ihr werdet alle betrogen, schaufelt euch euer eigenes Grab, ohne dass ihr es begreift. Und wofür? Dafür, dass eure Seelen in die Finsternis gerissen werden und in alle Ewigkeit im schwarzen Feuer der Verdammnis brennen.«

»Nun, falls es dich beruhigt, unser Grund ist besser als der der anderen«, bemerkte Rìa in ihrer eigenen ruhigen Art.

Yelin lachte schnaubend auf. »Ich bin gespannt.«

»Einer der Alten ist erwacht und wird die Welt zerstören, wenn wir ihn nicht vernichten«, erwiderte Rìa.

Yelins Lachen erstarb. Einen Moment lang starrte sie sie sprachlos an. Dann erschien eine Falte auf ihrer Stirn. »Einer der Alten? Du meinst … einer der Dämonen der Ersten Welt?«

Kelsen nickte und beugte sich vor. »Er kann nur durch das Schwarze Schwert getötet werden. Das Problem ist, dass der Schatten dieses Schwert gestohlen hat und es nicht herausgeben will. Außer …«

»Außer im Tausch gegen die eine Seele, die ihm entkommen ist«, vollendete Lylth, als Kelsen kurz stockte.

Yelin musterte sie alle, als wollte sie sie beim Lügen ertappen. Dann senkte sie ihre Hände in den Schoss. Wieder trat ein Lächeln auf ihr Gesicht, ein sehr trauriges diesmal.

»Oh«, sagte sie. »Ich verstehe. Also stecken wir in einer ganz schönen Zwickmühle.«

»Scheint so.«

Wieder sagte lange Zeit niemand etwas. Udom L'ks Gesicht sah aus wie aus Stein gemeißelt, Rìa blickte auf ihre Knie und Kelsen musterte Yelin mit zusammengekniffenen Augen, als könnte er sie nicht richtig sehen.

»Wie hast du das gemacht?«, fragte Ard so leise, dass Lylth sich zuerst nicht sicher war, ob er wirklich gesprochen hatte. »Der Schatten sagt, du hast eine Wette mit ihm gewonnen. Das hat noch niemals zuvor jemand geschafft. Was hast du gemacht? Und wie?«

Yelin blickte auf, ihre Augen wirkten im Halbdunkel der Hütte wie gefrorenes Gold.

»Das spielt keine Rolle. Zumindest nicht für euch.«

»Wir wollen auch mit dem Dunklen handeln. Und es scheint, als könnten wir eine gute List gebrauchen, immerhin will das eine Ding, das er haben will, nicht mitspielen.« Kelsen fixierte sie, den Daumen am Gürtel. »Vielleicht kannst du uns helfen.«

Kurz hielt Yelin Kelsens Blick stand, dann blickte sie zur Seite. »Ich glaube kaum. Ich hatte nur Glück, das war alles.«

Doch Lylths Sinne waren erwacht; begierig lehnte sie sich nach vorne. »Bitte erzähl.«

Yelin schloss die Augen, fuhr sich mit der Hand übers Gesicht; Lylth sah die Schwielen an ihren Fingern.

Yelin holte tief und zitternd Luft, dann begann sie: »Es scheint so lange her zu sein. Wie in einem anderen Leben. Ich war …ich weiß nicht mehr, wie alt ich war. Zwölf oder dreizehn Sommer vielleicht. Da kamen Männer in unser Dorf. Sie dienten einem … sie nannten ihn Kriegsherrn, der sich in der Nähe einen Turm gebaut hatte. Er behauptete, unser Land gehöre ihm.

Sie haben aus jeder Familie in unserem Dorf einen mitgenommen, bei manchen auch zwei, wenn sie sich gewehrt haben, um sie zu bestrafen. Viele wurden getötet. Mich nahmen sie mit, zusammen mit anderen, und brachten mich fort. Meine Familie … man hat mir erzählt, dass sie getötet wurden. Mehr wollte man mir nicht sagen und das ist vermutlich auch besser.

Die Festung, wo sie uns hinbrachten … sie war aus Stein und Eisen. Ich weiß bis heute nicht, wie der Mann hieß, der über sie herrschte. Man schleppte uns in den Kerker und sperrte uns in Zellen. Ich erinnere mich … es war dunkel … so schrecklich dunkel … meine Zelle war so eng, ich konnte nicht aufrecht darin stehen und nicht sitzen … und ich konnte die Schreie der anderen hören. Alle paar Tage holten sie einen von uns. Und der Herr der Festung folterte ihn. Ich konnte ihn durch die Essensklappe in meiner Tür dabei sehen … Es diente keinem Zweck … keiner von ihnen wurde befragt. Er tat es, weil es ihn erregte. Besonders bei Jungen. Und besonders, wenn sie schrien. Und früher oder später hat jeder geschrien.«

Yelins Augen und Stimme waren leer geworden, während sie sprach, ausdruckslos, als würde sie die Geschichte eines anderen erzählen.

»Eines Nachts … holten sie mich aus meiner Zelle. Ich war wahnsinnig vor Angst, weil ich wusste, was kommen würde … Ich schlug einen der Männer, als sie mich an ein Gestell fesseln wollten. Ich verletzte sein Auge. Er ließ mich los und ich rannte, so schnell ich konnte. Ich schaffte es bis zur Eingangshalle der Festung. Dann erwischten sie mich.

Ihr Herr sah zu, wie sie mir die Beine brachen. Er meinte, das würde mich lehren, vor meiner gerechten Strafe davonzulaufen. Dann brachten sie mich in meine Zelle zurück. Ich wartete nur noch auf meinen Tod. Doch der Herr hatte einen anderen Liebling zu der Zeit … ein Mann aus den Bergen … er war stark und trotzköpfig und er überlebte lange, selbst nachdem sie ihm seine Gliedmaßen abgenommen hatten … An dem Tag, als er starb, kamen die Schatten über das Schloss.«

Für einen Augenblick schloss sie die Augen. Ihre Hände waren in unkontrolliertes Zittern ausgebrochen und ihr Atem ging unregelmäßig.

Lylth überlegte, ob sie ihr die Hand auf den Arm legen sollte, doch sie brachte es nicht über sich. Allerdings schien Yelin sowieso halb vergessen zu haben, dass sie da waren; sie holte langsam und bebend Luft, dann fuhr sie fort, als würde sie mit sich selber reden: »Ich hörte, wie die Wachen auf den Kerkertreppen fielen. Dann sah ich einen Schatten den Raum erfüllen … und ich hörte den Kriegsherrn sterben. Ich kann nicht sagen, was mit ihm geschehen ist, denn als sie mich herausholten, war er verschwunden. Die Schattenwesen öffneten die Zellen … manche von den Gefangenen töteten sie, andere nahmen sie mit, wohin und wozu, weiß ich nicht. Ich glaube, ich wollte es auch gar nicht wissen …«

Mit einem Klirren zerbrach ihr Becher auf dem Boden; das Zittern ihrer Hände war so stark geworden, dass sie das Gefäß nicht mehr hatte halten können.

»Sie öffneten meine Tür … und ich wusste, ich würde sterben. Auf furchtbarere Art, als ich mir je ausgemalt hatte … Und dann hörte ich Seine Stimme. Wie … ich weiß nicht, wie dunkler Samt. Er berührte mich … und Er sprach zu mir … Er flüsterte mir von den Dingen zu, die Er mit mir tun könnte, die unvorstellbare Marter, der Er mich unterziehen könnte … dass ich Ihn dafür lieben würde, was Er täte … Er versprach mir … eine Ewigkeit, eine Ewigkeit in süßer Qual, bis ich sterbe … ich wurde beinahe wahnsinnig vor Angst. Ich glaube, in diesem Moment wurden meine Haare weiß, so wie sie jetzt sind.

Ich flehte Ihn an, ich weiß nicht, was ich zu Ihm sagte … nur, dass ich bettelte, nach Hause gehen zu dürfen. Da lachte Er und fragte, wie ich mit meinen Beinen gehen wollte … Und dann sagte Er … 'Höre', sagte Er, 'ich lasse dich gehen. Wenn es dir bis Sonnenuntergang gelingen sollte, diesen Ort aus eigenen Kräften zu verlassen … dann werde ich dir die Freiheit schenken. Ich werde dich heimgehen lassen. Wenn nicht …'«

Erneut brach Yelins Stimme.

Ard starrte sie mit weit aufgerissenen Augen an, tiefe Kerben in den Wangen dort, wo sich seine Fingernägel eingegraben hatten. »Aber … deine Beine, sie …«

Yelin nickte, den Blick in weite Ferne gerichtet. »Er hob mich vom Altar … und ich begann zu kriechen. Auf meinen Händen und … auch auf den Ellbogen. Ich konnte mich nur noch schwach daran erinnern, wie ich damals den Weg in die Eingangshalle gefunden hatte. Ein paar Mal musste ich … umkehren und … einen neuen Weg suchen. Die Schatten … sie umstanden mich dabei, unterhielten sich in einer Sprache, die ich nicht kannte. Ich war sicher, sie lachten über mich. Aber sie rührten mich nicht an, keiner von ihnen. Ich weiß nicht … wie lange es dauerte … Als ich das Tor aufstieß und auf den Hof vor der Festung stürzte, ging gerade die Sonne unter. Ich war sicher, es nicht zu schaffen. Meine Arme und Finger bluteten, aber sie hatten aufgehört zu schmerzen. Ich habe mich gefragt, ob ich sie verlieren würde. Ich kroch weiter, mit aller Kraft, die ich … ich weiß nicht woher holte. Irgendwann konnte ich nicht mehr. Ich blieb einfach liegen. Dann stand Er neben mir und sah mich auf so seltsame Weise an und als ich mich umdrehte, sah ich, dass meine Füße etwa eine Armlänge hinter der Hofmauer zu liegen gekommen waren. Also … war ich frei.«

»Und deine Beine«, fragte Kelsen, nachdem sie alle einen schrecklichen Moment lang geschwiegen hatten, »wie konnten sie heilen, ohne dass man eine Narbe sieht?«

Nachdenklich massierte sich Yelin die Knie, als sie antwortete: »Er sagte … Er sagte, Er hätte versprochen, mich heimgehen zu lassen. Also würde Er auch dafür sorgen, dass ich das kann. Und Er … Er legte die Hand auf meine Beine. Er muss Magie gewirkt haben, denke ich, denn … als die Schmerzen nachließen und ich wieder denken konnte, waren meine Beine so, wie sie immer gewesen waren – wie sie jetzt sind. Er hatte mich geheilt.

Ich weiß noch, wie ich mich vor Ihm auf die Knie warf und Seine Hände küsste, Närrin, die ich war … Seine Finger wurden rot von meinem Blut. Er sagte …«, an dieser Stelle zitterte Yelin so stark, dass Rìa mehrmals ihren Namen sagen musste, bis sie sich beruhigte, »Er sagte … dass ich Ihm nicht danken sollte. Er stehe zu Seinem Wort, aber nicht mehr. Sollte ich jemals zu Ihm zurückkehren, wäre das vorbei. Sie nennen mich ‚Die Zweigeborene', weil ich an diesem Tag ein zweites Mal mein Leben geschenkt bekommen habe. Aber das Geschenk ist vergiftet.

Wenn ich freiwillig zu Seinem Turm gehe«, wisperte Yelin und eine einzelne Träne rann über ihre Wange, »gehöre ich Ihm.«

Nachdem sie mit ihrer Geschichte geendet hatte, herrschte lange Zeit bedrücktes Schweigen. Schließlich klärte sich ihr Blick und sie sah Kelsen flehend an: »Ich kann nicht zurück in diese Finsternis«, flüsterte sie. »Ich kann nicht!«

Lylth fuhr sich mit den Fingern über das Gesicht; sie fühlte sich alt und auf eine Weise beschmutzt, die sie nicht erklären konnte.

Udom L'k starrte in die Flammen, sein Gesicht unergründlich, doch seine Augen schienen zu brennen. »Wenn du nicht zu ihm gehst, wird der Alte die Welt der Menschen vernichten.«

Weitere Tränen flossen Yelin über die Wangen, doch sie machte keine Anstalten, sie wegzuwischen. »Ich kann nicht. Ihr wisst nicht, was ihr verlangt. Er wird mich nicht einfach töten. Diejenigen, die er wirklich besitzen will, tötet er nicht. Kein Mensch weiß, was Qualen sind, der niemals dem Willen des dunklen Gottes ausgeliefert war.«

»Also ist dein Leben mehr wert als unseres?«, fragte Rìa in demselben Ton, den Yelin zuvor angeschlagen hatte. »Du bist mehr wert als die ganze Welt?«

Der Blick, den Yelin der Waldläuferin zuwarf, war voller Hass. »Nach allem, was ich davon gesehen habe, ja.«

»Aber du stirbst auch«, versuchte es Lylth vorsichtig. Ihr war nicht wohl dabei und sie fürchtete, die weißhaarige Frau würde sie alle davonjagen, aber ihr fiel nichts anderes ein. »Wenn der Dämon aufwacht, wird er alles zerstören, dich eingeschlossen.«

Yelin schloss die Augen, auf einmal wieder leise lächelnd. »Dann sterbe ich. Aber meine Seele wird an einen guten Ort kommen, den richtigen Ort.

Für euch ist die Wahl leicht«, fuhr sie fort, als keiner etwas dazu sagte, »ihr müsst euch ja nicht opfern. An eurer Stelle würde sie mir auch leicht fallen. Aber wenn ihr gesehen hättet, was ich sah …«

»Ich habe es gesehen«, warf Ard ein, die Pupillen bloß noch stecknadelgroß. »Ich sollte dem Schatten auch geopfert werden. Wenn meine Freunde mich nicht befreit hätten, hätte mein früherer Meister das getan. Wären sie nicht gekommen, hätte ich mich umgebracht«, schloss er mit unheimlicher Ruhe.

Lylth starrte ihn an; log er oder hatte er es bisher bloß vermieden, ihnen das zu sagen? Hätte er sich tatsächlich das Leben genommen? Kelsen schien ebenso schockiert zu sein wie Lylth, auch Rìa schaute ihn mit großen Augen an – lediglich Udom L'k wirkte abwesend, die Brauen zusammengezogen und offenbar tief in Gedanken versunken.

Yelin erwiderte Ards Blick, ohne betroffen zu wirken. »Dann weißt du, wie es in mir aussieht. Wenn ich wüsste, dass es den Tod bedeutet, mich Ihm auszuliefern, würde ich es tun. Es wäre leichter, als alle Menschen meiden zu müssen aus Angst, sie könnten erfahren, wer ich bin. Aber so einfach ist es nicht. Und ich fürchte, ich bin nicht so mutig wie du, dass ich meinem Dasein einfach selbst ein Ende setze.«

Rìa schüttelte langsam den Kopf. »Es ist nicht gerecht.«

Lylth stützte die Stirn in die Hände; es war zum Auswachsen. Hier hatten sie ihre Chance, das Schwert zu bekommen, aber sie konnten sie nicht nutzen. Und sie konnte nicht einmal wütend auf Yelin sein – hatte sie nicht selbst erfahren, welche Schrecken im Turm des dunklen Gottes lauerten? Und sie hatte seine Macht gespürt … sie verfolgte sie noch immer. Wie konnte sie von jemandem verlangen, sich das freiwillig anzutun? Für immer?

»Die Uhr«, sagte Udom L'k verschwommen.

Alle blickten auf.

»Was?«, knurrte Kelsen und klang dabei wieder ganz wie sein altes Selbst.

»Die Uhr«, wiederholte Udom L'k und schaute sich mit großen Augen unter ihnen um, als wäre völlig klar, was er meinte. »Die Uhr, die Lylth hat. Sie besitzt die Macht, einen in Sicherheit zu bringen. Was wäre, wenn wir so tun, als würde Yelin nachgeben. Sie kommt mit uns zum schwarzen Turm und liefert sich scheinbar aus. Dann, sobald wir das Schwert haben und in Sicherheit sind …«

»… drückt sie den Knopf und kann fliehen!«, keuchte Rìa. »Natürlich!«

Yelin war vom Feuer zurückgewichen und blickte misstrauisch in die strahlenden Gesichter der Gruppe. »Wovon redet ihr? Was ist eine … eine *Ur*?«

Rìa erklärte es ihr. Während die Waldläuferin sprach, spürte Lylth in ihrem Magen ein seltsames Ziehen.

Die Uhr?

War das die Lösung ihrer Probleme?

Möglich – aber woher wollten sie wissen, dass sie bei einem anderen Menschen funktionierte? Vermutlich würde sie das, wieso auch nicht?

Nur …

Was?, fragte sie sich. Es war eine hervorragende Idee: Die Zweigeborene brauchte sich nicht zu opfern, sie würden das Schwert bekommen und zugleich dem Schattengott eine Lehre erteilen, die er nicht vergessen würde.

Warum also freute sie sich nicht so, wie Ard, dessen Augen leuchteten, es offenbar tat, oder Rìa, die immer schneller redete und dabei ganz rote Wangen bekam, als wäre sie angetrunken.

Weil es meine Uhr ist, dachte sie. *Ich habe sie geschenkt bekommen. Um uns zu retten.*

Wenn sie Yelin die Uhr geben würde, hätten sie nichts mehr, um sich aus Schwierigkeiten herauszuholen. Und Lylth hätte nichts mehr, was sie besonders machte.

Und das war die Wahrheit.

»Ich glaube kein Wort«, riss Yelin Lylth aus ihren Gedanken; die Zweigeborene sprang auf und wich in eine Ecke der Hütte zurück. In ihrem Gesicht stand Wut, die eine fürchterliche Angst überdecken sollte.

»Es ist die Wahrheit!«, rief Ard, ganz offensichtlich wütend, weil Yelin nicht so spurte, wie sie sollte. »Lylth, zeig ihr die Uhr!«

Lylth zögerte.

Die Gedanken an den dunklen Gott türmten sich in ihr auf, mächtiger als jemals zuvor – und wenn man ihr die Uhr wegnahm, gab es nichts, woran sie sich noch festhalten konnte, um dagegen anzukommen.

Mach schon, Idiotin, schalt sie sich selbst, *das ist die einzige Chance!*

Aber sie spürte, wie ihre Finger sich fest um die Uhr schlossen, als wollten sie sie nicht hergeben.

Kelsen schaute sich nach ihr um. Sein Blick war durchdringend, und ihr war, als könnte sie seine Stimme in ihrem Kopf hören: *Tu es. Jetzt. Oder niemals.*

Lylth schloss die Augen, holte tief Luft. Dann zog die Uhr aus der Tasche.

»Diese Uhr ist nicht aus derselben Welt wie wir«, zwang sie sich zu sagen. »Ein Dämon hat sie mir geschenkt, weil wir ihn aus seinem Gefängnis befreit haben. Sie hat uns das Leben gerettet«, fügte sie hinzu und merkte erschrocken, wie ihre Stimme brach.

Falls Yelin bis zu diesem Punkt auch nur entfernt bereit gewesen war, ihnen zu glauben, war diese Möglichkeit spätestens bei Lylths Worten vollständig fortgewischt. Voller Verachtung schaute sie sie an und Lylth hätte ihr am liebsten ins Gesicht geschlagen. Was wusste diese Frau schon? Wer war sie? Nur jemand, der einmal Glück gehabt hatte. Sie, Lylth, konnte Feuer und Wasser manipulieren, Energien filtern und vieles andere. Warum konnte sie nicht machen, dass diese dumme Frau ihr glaubte?

»Das stimmt«, sagte Ard, der sich ebenfalls erhoben hatte. »Wir wären alle von den Sklaven des Gebieters unter dem Berg zerrissen worden, wenn wir die Uhr nicht gehabt hätten. Sie ist voller Magie, alter Magie, wie sie die Alten Dämonen besessen haben. Sie kann dich schützen, auch vor einem Gott!«

Irgendwie schien Yelin zu Ard mehr Vertrauen zu haben als zu allen anderen; ihr Gesicht entspannte sich ein ganz klein wenig, blieb jedoch noch immer höchst misstrauisch.

»Beweist es. Zeigt es mir.«

»Das geht nicht, nur, wenn wir in Gefahr sind!« Udom L'k wirkte frustriert und ungeduldig, ganz und gar nicht wie er selbst.

»Zeig es ihr«, befahl Kelsen barsch.

Als Lylth ihn nur anstarrte, machte er eine wilde Handbewegung. »Mach dasselbe wie in der Stadt der Augenlosen, als du diese Bilder heraufbeschworen hast. Zeig ihr, was wir mit der Uhr erlebt haben.«

Lylth ließ die Arme sinken; mit einem Mal fühlte sie sich schrecklich hilflos. »Ich weiß nicht, ob ich das kann …«

»Dann versuch es!«, schnauzte der Jäger sie an. »Und beeil dich damit!«

***

Während Lylth ihre Kräfte sammelte, musterte Kelsen das weißhaarige Mädchen; sie und die kleine Hexe waren etwa im selben Alter, vielleicht zwei oder drei Jahre auseinander. In Kelsens Augen sahen sie sich sogar etwas ähnlich, was es ihm noch schwerer machte, sich von dem zu überzeugen, was er tun musste.

Wieso, fragte er sich nicht zum ersten Mal, wieso gerade er? Warum musste er sich mit dieser ganzen Scheiße herumschlagen, auf Leute aufpassen, die ihm etwas bedeuteten, während er selber es war, der sie ins Verderben führte? Das alles war noch halbwegs erträglich gewesen, als er nur gegen Monster gekämpft hatte. Aber jetzt musste er jemanden opfern, der völlig unschuldig war. Yelin hatte nichts mit der ganzen Sache zu tun und doch musste er hingehen und sie dazu bringen, sich einer der übelsten Kreaturen vor die Füße zu werfen, die überhaupt existierten.

Wer war er überhaupt? Er war kein König, kein Fürst, er wollte solche Entscheidungen nicht treffen. Und trotzdem musste er, und trotzdem musste Yelin einfach tun, was sie sagten, sonst würde alles vorbei sein.

Nur am Rande sah er die Bilder, die vor Lylth aufstiegen, sah sich selber – was für ein absurdes Gefühl – wie er zusammen mit den anderen von den mutierten Sklaven des Riesen angegriffen und von der Uhr fortgebracht wurde.

Lylth stöhnte und brach in die Knie, wo sie sofort von Ria gestützt wurde.

Yelin stand mit dem Rücken zur Hüttenwand, die Hände flach gegen die Bretter gepresst, als wollte sie darin verschwinden. »Das beweist gar nichts«, sagte sie und atmete dabei sehr flach, »ihr seid Magier, ihr könnt mir irgendetwas vorspielen. Es kann alles erfunden sein, was ihr sagt.«

Ard trat vor und schaute ernst zu Yelin auf. »Du hast vorhin erkannt, dass wir lügen, als du uns angesehen hast. Was siehst du jetzt?«

Yelin schloss die Augen und schluckte schwer. Sie wirkte verzweifelt, als sie langsam von einem zum anderen schaute und ihr Blick am Ende an Kelsen hängenblieb.

»Ich kann so nicht enden«, flüsterte sie, ihre Brust hob und senkte sich rasch. »Ich kann nicht!«

»Das wirst du nicht.« Die zwei Schritte auf sie zu gehörten zu den schwersten, die Kelsen je gemacht hatte.

Sie sieht mich an wie ein verfluchtes Reh, kurz bevor man ihm die Kehle durchschneidet.

Er zwang sich, den Gedanken abzuschütteln. »Du bist die Zweigeborene. Du hast ihn einmal ausgetrickst und du schaffst es wieder. Alle Menschen winden sich vor ihm, dem sogenannten Gott der Finsternis. Aber die Götter können mich mal.«

Irgendwo weit über ihm meinte er es rumpeln zu hören, doch er ignorierte das.

»Wir sind sterblich. Aber wir sind stärker, als er denkt. Zeigen wir ihm, dass wir uns nicht zu seinem Spielball machen lassen. Lass uns dahin gehen und ihm beweisen, dass die Menschen ihn genauso verarschen können, wie er es tut.« Er spürte Ards Blick in seinem Nacken und fügte hinzu: »Tu es. Tu es für alle, die jemals unter ihm gelitten haben. Damit er in Zukunft vorsichtiger ist. Damit nicht mehr so viele seinetwegen leiden müssen.«

Während Kelsen sprach, hatte Yelin die Augen geschlossen; wieder sah er Spuren von Tränen auf ihren Wangen. Aber als sie die Augen wieder öffnete und Kelsen das Feuer darin gespiegelt sah, wusste er, dass er gewonnen hatte.

***

Udom L'k hatte ihnen den Plan hundert Mal erklärt, trotzdem fühlte sich Kelsen mies, als er mit Yelin an seiner Seite den Strand entlangschritt; einige Tage waren vergangen, die Flut war gekommen und hatte den größten Teil des Sandes unter sich begraben, sodass sie nicht in einer geraden Linie auf den Turm zugehen konnten.

Über ihnen blinkte die Sonne hinter einigen Wolken hervor und ließ Yelins Haare so hell schimmern, dass sie ihn blendeten.

Es wird ihr nichts passieren, sagte er sich, *Udom L'k hat Recht – die Uhr wird es schon hinkriegen. Ich werde vor Lachen in die Hosen pinkeln, wenn sie direkt vor seinen Augen verschwindet.*

Dass sie selber den Schutz dieses verdammten Dings nicht mehr hatten, so wenig Kelsen ihn auch geschätzt hatte, verdrängte er an dieser Stelle, ebenso den Zorn, den sie auf sich ziehen würden, sobald der Schatten merkte, dass sie ihn gelinkt hatten. Höchstwahrscheinlich würde Kelsen viel schneller als gedacht herausfinden, ob das Schwarze Schwert wirklich so mächtig war, wie man es ihnen erzählt hatte – und ob man einen Gott damit durchbohren konnte.

Als ob sie seine Besorgnis gespürt hätte, blieb Yelin ruckartig stehen. Sie zitterte am ganzen Körper, ihre Augen huschten hierhin und dorthin und schienen sich nirgends festhalten zu können.

Auf ihrer Reise zurück war das Mädchen schweigsam gewesen, hatte zwischen ihnen geschlafen und mit ihnen gegessen, aber war trotzdem so weit weg, als befände sie sich auf der anderen Seite des Meeres.

»Ich kann nicht«, keuchte sie, war aber über das Tosen der Wellen hinweg kaum zu verstehen.

Lylth fing ihren Blick auf, sah sie an wie versteinert.

»Er weiß nichts von der Uhr«, sagte sie. »Sie gehört der Ersten Welt an, er hat keine Macht über sie!«

Wollte sie ermutigend klingen? Sie wirkte eher verloren; als hätte man ihr etwas weggenommen. Was in gewissem Maß auch stimmte.

Plötzlich war Kelsen ganz froh, die Uhr loszuwerden.

»Wir lassen nicht zu, dass er dich kriegt.« Rìa hatte das Kinn gereckt und hatte, wie sie so mit ihrem Bogen dastand, etwas Elfenhaftes an sich. »Wir haben keinen Grund, ihn zu mögen, weißt du.«

Der Hauch eines Lächelns stahl sich auf Yelins Gesicht.

Udom L'k trat vor. »Du hast die Uhr noch?«

Erst sah es so aus, als hätte Lylth ihn gar nicht gehört. Dann, mechanisch, zog sie das kleine metallene Räderwerk hervor.

Während sie es Yelin reichte, betrachtete der Gelehrte es und lächelte abwesend. »Die Zeiger laufen immer noch rückwärts. Sehr konstant allerdings, sie sind nur noch wenig von der zwölften Stunde entfernt.«

Mit zitternden Fingern verstaute Yelin die Uhr in ihrer Tasche; Kelsen sah, wie sich ihre Finger kurz darum klammerten, bevor sie sie losließ. »Was, wenn er sie doch spüren kann? Wenn er etwas merkt?«

Kelsen spuckte aus. »Wir haben es mit Riesen, Monstern und Hexern aufgenommen. Da kriegt uns ein Jüngelchen im schwarzen Umhang nicht klein.«

Yelin versuchte zu lachen, doch ihre Zähne klapperten dabei. Lylth schaute sie mit einem merkwürdigen Gesichtsausdruck an, dann schien sie irgendetwas von sich abzuschütteln; kurz nahm sie die Zweigeborene in den Arm.

»Wir schaffen es«, sagte sie und löste sich wieder von ihr. »Wir sind bei dir. Es wird …«

Sie brach ab, als sich Udom L'k in einem Anfall von Gefühlen ebenfalls auf Yelin stürzte und sie so heftig umarmte, dass es sie vom Boden hob.

»Es wird alles glattlaufen!«, versprach er und setzte sie ab, das Gesicht hochrot vor Anstrengung und mit verdächtig feucht glänzenden Augen.

Lylth und Ard grinsten verstohlen, während Yelin schlichtweg nicht zu wissen schien, was sie mit sich oder Udom L'k anfangen sollte.

Kelsen entschied sich, nichts dazu zu sagen, sondern nahm Yelin am Arm und führte sie mit sich. Wenn er sich richtig erinnerte, würde es noch eine Weile dauern, bis der Turm auftauchte – dachte er, gerade, als er wie aus dem Nichts vor ihnen erschien.

***

Die Sonne war noch immer da, wirkte aber auf einmal seltsam blass, als würde man sie durch ein geschwärztes Stück Glas betrachten.

Lylth fröstelte und zog unwillkürlich den Kopf ein. Eine Gänsehaut jagte ihr über den Rücken und sie spürte, wie auch alle anderen schauderten.

»Ganz ruhig jetzt«, befahl Kelsen mit einem stählernen Unterton, den sie von ihm im Palast des Riesen das letzte Mal gehört hatte.

Schatten breiteten sich um den Turm herum aus und wieder hörte sie die leisen Stimmen, die ihr Abscheuliches zuflüsterten, aber diesmal hörte sie nicht hin.

Yelin hingegen zitterte nun am ganzen Körper, und Lylth war sicher, hätten sie und Rìa nicht hinter ihr gestanden, wäre sie davongerannt.

Aber sie hat wenigstens die Uhr. Wir haben gar nichts.

Mit einem Auge sah Lylth, wie Ard nach der Hand der Zweigeborenen griff, und war dankbar dafür; sie hätte sich nicht rühren können, selbst wenn sie gewollt hätte.

»Nun sieh mal einer an.«

Die Stimme des Gottes waberte durch die Luft wie das Versprechen einer nahenden Schlacht, doch sie konnte ihn nicht sehen.

Du hast viel Potential, hörte sie noch einmal die verlockenden Worte in ihrem Kopf, und diesmal war sie ihnen schutzlos ausgeliefert.

Sie, er will sie, sagte sie sich. *Nicht dich. Ganz egal, was du dir auf dich selber einbilden magst. Du bist nur eine Nebenfigur. Ein Spielzeug. Denk immer daran.*

Aus dem Nichts stand der Schatten vor ihnen, in schlichte schwarze Gewänder gekleidet, ohne Wolken, ohne kriechende schwarze Schlieren, die ihn umgaben, und seltsam harmlos.

Irgendwie gab ihr das ein furchtbar schlechtes Gefühl.

»Das ging schnell. Schneller als erwartet, tatsächlich. Und – «, der Gott brach ab, sein Blick fiel auf Yelin und ein schreckliches Lächeln breitete sich auf seinem Gesicht aus, »erfolgreich, wie mir scheint.

Yelin. Meine Yelin«, fuhr er flüsternd fort, während Yelin leise wimmerte, »so lange habe ich auf dich gewartet, und am Ende kommst du freiwillig zu mir. Die Zweigeborene.«

Leises Lachen brandete auf, aber woher es kam, konnte Lylth nicht sagen.

Kelsen trat einen Schritt vor und stand zwischen ihnen und dem Gott. In diesem Augenblick hasste sich Lylth für alles Gemeine, was sie jemals über Kelsen gedacht hatte. In diesem Augenblick war er ihr Anführer, ihr Heerführer, der eher sterben würde, als dass er zuließ, dass auch nur einem von ihnen etwas passierte. Vielleicht spürte auch Yelin das, denn ihr Zittern ließ ein wenig nach.

»Geschäft ist Geschäft«, sagte er barsch. »Gib das Schwert her.«

Der dunkle Gott musterte Kelsen belustigt. »Nicht so eilig. Ich hätte zuerst gern, was mir gehört. Wenn du so freundlich wärst.«

Lylth schmeckte Blut im Mund und merkte, dass sie sich in die Wange gebissen hatte; was, wenn der Schatten das Schwert nicht herausgab? Wenn er sie ebenso betrügen wollte wie sie ihn?

»Gleichzeitig«, befand Kelsen. Lylth konnte nicht anders, als ihn dafür zu bewundern, wie ruhig er blieb.

»Wenn du meinst.«

Eine nachlässige Bewegung mit der Hand, und einen Lidschlag später hielt der Schatten einen länglichen Gegenstand in der Hand, umwickelt von schwarzem Tuch. Unter Kelsens Augen schlug er das Tuch zurück und zeigte, was sich darin befand: Ein Schwert, derselbe Einhänder, den sie in ihrer Vision in der Stadt der Augenlosen gesehen hatten. Die Luft darum herum schien zu vibrieren und irgendwie wirkte die Welt auf einmal ein wenig dunkler.

»Gut«, sagte Kelsen, und diesmal war ein winziges Zittern in seiner Stimme zu hören. »Tauschen wir.«

Er wandte sich zu Yelin um, doch diese schien zu verängstigt, um auch nur einen Schritt tun zu können.

Udom L'k trat an ihre Seite, weißer als Milch, aber mit entschlossenem Blick.

»Es wird alles gut«, flüsterte er und nahm sie sanft bei der Hand. »Alles gut, du wirst sehen!«

Erst glaubte Lylth, die Zweigeborene hätte ihn nicht gehört. Dann jedoch setzte sie sich langsam in Bewegung, tranceartig wie eine Schlafwandlerin, die mit offenen Augen in ihr Verderben lief.

Gemeinsam mit Kelsen traten sie vor, bis sie nur noch eine Armlänge von dem Gott entfernt waren.

Dieser lächelte, und Lylth meinte, irgendwo jemanden schreien zu hören. »Ihr habt euren Teil der Abmachung eingehalten. Ebenso halte ich meinen.«

Und plötzlich hielt Kelsen das Schwert in den Händen, eingewickelt in das schimmernde Tuch, und Yelin war von Udom L'ks Seite verschwunden.

Kelsens Finger zuckten, als ob ihn seine Hände schmerzten, und Lylth betete, dass er es nicht fallenließ. Hastig suchten ihre Augen nach Yelin, mit einem Mal von der fürchterlichen Angst befallen, sie könnte doch verschwunden sein.

Aber nein, sie war noch da, Lylth konnte sie sehen, wie sie neben dem Schattengott stand, doch verschwommen, als läge eine unsichtbare Barriere zwischen ihnen, die sie nicht durchschreiten konnten. Yelin zitterte unkontrolliert und mit einem Mal gaben ihre Beine nach; sie knickte in die Knie, die Augen viel zu groß in ihrem Gesicht.

»Es war mir ein Vergnügen, mit Leuten Geschäfte zu machen, die etwas davon verstehen«, sagte der Schatten und zeigte dabei sein entsetzliches Lächeln.

Lylths Augen aber wurden von Yelin angezogen; mit starrer, maskenhafter Miene tastete sie nach ihrer Tasche und Lylth konnte sich gerade noch davon abhalten aufzuschreien. Die Zweigeborene würde die Uhr einsetzen, jetzt, da sie noch lange nicht in Sicherheit waren, da der Schatten jederzeit die Möglichkeit hatte, ihnen das Schwert wieder zu entreißen, er würde den Betrug bemerken und sie alle vernichten …

Yelins Hand war in der Tasche verschwunden, Lylth sah, wie ihre Finger suchten und fanden, wie sich ihr Daumen beugte, als ob sie einen kleinen Hebel oder Knopf niederdrückte – und nichts passierte.

Lylth sah, wie sich die Maske, zu der Yelins Gesicht geworden war, in jähem Entsetzen verzerrte, hörte, wie sie schrie, wie sie etwas aus der Tasche zog, einen kleinen runden Gegenstand aus Metall, der aber nicht die Uhr war, und Lylths Gehirn begriff nicht, was passierte, wie das möglich war, aber sie hörte den Schattengott schallend auflachen, sah, wie sich Dunkelheit um ihn herum ausbreitete und die Zweigeborene einhüllte, hörte Kelsen fluchen und Ard mit schriller Stimme rufen, sah, wie Rìa sich mit erhobenem Messer vorwärtsstürzte, aber sie stürzte sich ins Nichts, denn auf einmal war da nichts weiter als Sand, endloser Sand und das Meer, das sich rauschend darüber ergoss.

***

Kelsens Kopf war mit einem Mal leer; er fühlte, wie ihm das Schwert aus den Händen glitt, nahm am Rande wahr, dass es aus dem Tuch herauskullerte und im Sand liegenblieb, doch es war egal: Irgendetwas war fürchterlich schiefgegangen.

Er erinnerte sich an die jähe Angst, als er gesehen hatte, wie Yelin viel früher als vereinbart nach der Uhr griff, offenbar von Panik überwältigt, und an die stumpfe, ungläubige Verwirrung, als der Zauber nicht wirkte.

Wie betäubt ging er vorwärts, dahin, wo er das weißhaarige Mädchen zuletzt gesehen hatte, und hob einen kleinen, runden Gegenstand vom Boden auf. Es war eine Metallscheibe, die ungefähr denselben Durchmesser hatte wie die Uhr, ansonsten aber völlig unbearbeitet und blank war.

»Was ist passiert?«, kreischte Ard heillos entsetzt, »was ist passiert? Warum hat es nicht geklappt?«

In Kelsen jedoch begann eine Erkenntnis zu dämmern, und langsam drehte er sich um.

Udom L’k stand hinter ihm, das Gesicht so weiß wie zuvor und völlig ausdruckslos. Langsam steckte der Gelehrte die Hand in die Innenseite seines Mantels und zog die Uhr hervor.

»Was … was …«, stammelte Lylth, die an Kelsens Seite getaumelt kam. »Was hast du getan?«

Udom L'k sah sie nicht an, als er antwortete: »Ich wusste, sie würde nicht durchhalten. Sie war halb wahnsinnig vor Angst. Sie hätte uns verraten und alles ruiniert, noch bevor wir das Schwert in Sicherheit hätten bringen können. Ich hatte keine andere Wahl.«

Rìa, die bei ihrem Sprung ins plötzliche Nichts hingefallen war, hatte sich hochgerappelt und stürmte auf den Gelehrten zu: »Du hast die Uhr ausgetauscht? Bist du wahnsinnig?«

Trotzig reckte Udom L'k den Kopf. »Es war die einzige Möglichkeit. Hätte ich es nicht getan, wären wir jetzt alle tot. Dann gäbe es niemanden mehr, der den Dämon aufhalten kann.«

Kelsen starrte ihn nur an; er wusste, wenn er sich gerührt hätte, hätte er den Gelehrten vermutlich erschlagen. Irgendwo weit hinten in seinem Kopf gab es einen Teil, der ihn im Laufe des Lebens beim Jagen begleitet hatte – und bei einigen anderen Dingen, von denen niemand wissen musste – und der Udom L'k Recht gab.

Aber im Moment hatte dieser Teil in ihm nur wenig Macht.

»Du hast sie verraten«, keuchte Ard, dessen Wangen tränenfeucht waren; seine Stimme überschlug sich und Lylth musste ihn festhalten, damit er nicht auf den Gelehrten losging. »Du hast uns verraten! Wir haben ihr versprochen, dass wir sie retten! Und jetzt …«

»… jetzt haben wir das Schwert«, erwiderte Udom L'k eisig und wandte sich von dem Jungen ab. »Es war ein Leben gegen tausende. Diese Wahl musste getroffen werden.«

Hüte dich vor Verstand, der über Mitleid geht, flüsterte eine längst vergangene Stimme in Kelsens Kopf.

»Mein Volk … mein Stamm … sie waren so wie dieses Mädchen. Als der Wanderer der Wüsten uns verfolgte, wollten sie sich alle in die Pyramide quetschen, doch es wäre niemals genug Platz gewesen. Ich erklärte ihnen, dass wir einige zurücklassen mussten. Aber sie wollten nichts davon hören. Also sind sie weitergezogen. Und gestorben.« Die Bitterkeit in seiner Stimme brannte wie Säure. »Ich habe als einziger überlebt. Als einziger! Weil ich die Tür nicht mehr geöffnet habe. Als der Sandsturm da war, sind einige zurückgekommen und wollten plötzlich doch eingelassen werden. Hätte ich das getan, hätte ich uns alle umgebracht! Es gibt Entscheidungen … die niemand treffen will. Aber jemand muss sie treffen. Ich musste sie treffen.« So wie er klang, war es nicht das erste Mal, dass er sich das selber sagte.

Bewegungslos sah Kelsen zu, wie Udom L'k zu dem Schwert hinüberging und sich danach bückte. »Jetzt haben wir die Waffe, die nötig ist, um das Ungeheuer zu zerstören.« Er stockte, dann fuhr er mit belegter Stimme fort: »Ich bete, dass die Götter sich ihrer annehmen.«

Damit hob er das Schwert auf.

***

Lylth wusste nicht, was sie fühlen sollte; Entsetzen kämpfte mit Erleichterung, Schuld mit kühler Berechnung.

Yelin war verloren, obwohl sie versprochen hatten, dass ihr nichts passieren würde. Diese Gewissheit stach tief in ihre Brust.

Und trotzdem konnte sie nicht leugnen, wie froh sie war, die Uhr noch zu haben. Und das Schwert – sie hatten das Schwert. Und keiner von ihnen war vom Schatten oder seinen Kreaturen zerrissen worden.

Das war gut, oder nicht?

Und dann, noch bevor sie mit sich selbst zu einer Einigung gelangt war, geschahen viele Dinge gleichzeitig: Udom L'k schrie markerschütternd auf und ließ das Schwert wieder fallen, ein grauenhaftes Lachen bebte durch die Luft, und wie in einem Traum sah sie, wie Udom L'k seine Hand umklammerte, die jedoch keine Hand mehr war, sondern nur noch ein schwarzer, verkrüppelter Umriss, der zu Asche zerfiel und vom Wind davongetragen wurde. Und dabei blieb es nicht: Von Krämpfen geschüttelt stürzte Udom L'k in den Sand, brüllte und kreischte unmenschlich, wand sich hin und her in unbeschreiblicher Qual, doch sie konnten ihm nicht helfen.

Lylth spürte, wie ihre Beine sie auf ihn zutrugen, doch noch bevor sie bei ihm war, sah sie seinen Hals schwarz anlaufen, sein Gesicht, seine Augen in den Höhlen zerfallen, und als sie neben ihm auf die Knie fiel, war von ihm schon nichts mehr übrig als ein Haufen Kleider und schwarzer Staub, der davonwirbelte.

Fassungslos starrte Lylth auf das, was vor wenigen Herzschlägen noch Udom L'k gewesen war, und versuchte es zu begreifen. Doch sie kam nicht dazu. Das Lachen, das in ihren Ohren dröhnte, ebbte ab und wurde zu einer Stimme, der Stimme des Schattengottes, die von überallher und nirgends zugleich zu ihnen sprach:

»Ach ja, ich vergaß: Das Schwarze Schwert lässt sich von Sterblichen nicht anfassen. Ganz gleich, wie ihr euch schützt, wie viel Eisen oder Leder ihr tragt, um es zu halten, es wird euch irgendwann verbrennen. Wenn ihr also versucht, es zu heben, um das Untier zu töten, wird es euch leider mitumbringen.«

Grollendes Gelächter donnerte über sie hinweg, das Hohnlachen der Schattenkinder, und Lylth merkte, dass sie zitterte, dass ihr so kalt war wie noch nie zuvor in ihrem Leben. Sie hörte Kelsen brüllen, bemüht, gegen den Wind und das unmenschliche Lachen anzukommen: »Wenn wir den Dämon nicht töten können, wird er aufwachen! Er wird brüten und seine Brut wird sich über die ganze Welt verbreiten! Er wird alles zerstören, was die Menschen aufgebaut haben!«

»So soll es sein«, erwiderte die Stimme des Gottes. »Je größer die Furcht vor dem Untier, desto treuer werden die Menschen sich hinter den Göttern versammeln, die sie zu ignorieren beginnen. Unsere Macht wird wieder wachsen und wir werden zu unserer alten Größe zurückkehren. Und alles wird so werden, wie es einst war.«

Dann verebbte der Wind und nahm die Stimme mit sich. Und sie waren allein.

DIE SÖHNE DES ENTFESSELTEN

Von Udom L'k war nichts übrig, was sie hätten bestatten oder verbrennen können, also sammelten sie seine Kleider und Besitztümer ein und nahmen sie mit. Falls es kälter werden sollte und sie zusätzliche Mäntel brauchten, doch keinem von ihnen war wohl bei dem Gedanken, sie anzuziehen.

Sie hielten nach Südwesten auf den Schwarzen See zu, und je näher sie ihm kamen, desto weniger Menschen trafen sie.

Keiner von ihnen sprach ein Wort.

Lylth wusste, die Gedanken der anderen waren wie ihre eigenen bei Yelin, bei Udom L'k, bei all dem, was sie verloren hatten, um etwas zu gewinnen, das für sie völlig wertlos war. Ihre Finger klammerten sich um die Uhr in ihrer Tasche, doch sie fühlte sich kalt und abweisend an.

Kelsen trug das Schwarze Schwert auf dem Rücken, eingewickelt in Tücher und Mäntel, dennoch brummte er, dass es sich in seinen Rücken brannte. Allein daran zu denken, es in die Hand zu nehmen, war lächerlich.

Vergeblich, sagte sie sich, *es war alles vergeblich. Selbst wenn wir den Alten erreichen, bevor er erwacht, werden wir nichts tun können. Das Schwert ist nutzlos für uns. Auch wenn ich lange genug durchhalte, um zu kämpfen, wäre ich ein Haufen Asche, ehe ich das Viech erledigen kann.*

Vor ihrem geistigen Auge sah sie das Kopfschütteln ihres alten Lehrmeisters vor sich. Wieder einmal war sie hochmütig gewesen und hatte geglaubt, es mit einem Gott aufnehmen zu können. Und nicht nur sie allein, auch die anderen waren sicher gewesen, dass sie es schaffen würden. Wenn sie zusammen waren, konnte ihnen nichts und niemand standhalten.

Sie hatten sich geirrt.

Versagen und Verlust hingen schwer über ihnen allen, doch Lylth hatte den Eindruck, dass es keinen so schwer traf wie Ard. Der Junge hielt sich hinter den anderen und hielt den Kopf gesenkt, außer wenn Kelsen ihm auftrug, nach wilden Tieren Ausschau zu halten, die sich ihnen möglicherweise näherten. Sein Gesicht war verhärmt und er schien innerhalb kürzester Zeit um Jahre gealtert zu sein – ein Greis in Kindergestalt.

Viele Tage vergingen in diesem bitteren Schweigen, das sie durch eine immer leerere und unwirtlichere Landschaft trug, durch schwarze Erde und trockenes Gras, bis Rìa eines Nachmittags völlig unerwartet stehenblieb.

»Hört ihr das?« Ihre Stimme klang heiser, nachdem sie sie so lange nicht gebraucht hatte.

Lylth horchte, konnte jedoch nichts hören außer dem leisen Klagen eines nachlassenden Nordwinds.

Kelsen jedoch kniff die Augen zusammen. »Hufschläge«, sagte er. »Und zwar viele.«

»Wir sollten uns verstecken«, befand Rìa, doch das Land um sie herum war flach und weit, keine Bäume oder Felsen, hinter denen sie sich hätten verbergen können.

»Vielleicht irgendwelche Pferdeherren, die dieses Land für sich beanspruchen.«

»Was uns nicht helfen würde«, knurrte Kelsen. »Waffen bereithalten. Du, kleine Hexe, mach deinen Feuerzauber bereit.«

Lylths Magen kribbelte; sie wollte nicht kämpfen, doch sie sah immer wieder Yelins Gesicht vor sich, wie sie in wahnsinniger Angst aufschrie, Udom L'k, wie er brüllend zu Asche verbrannte, und wie von selbst begannen ihre Fingerspitzen zu glühen.

»Bleibt nahe zusammen«, ermahnte sie Kelsen, sein Schwert erhoben, »und geht ganz ruhig weiter. Wenn wir ausnahmsweise Glück haben, sind es bloß Reisende oder sonstige Trottel wie wir, die sich in diese Wildnis verirrt haben.«

Doch Lylth wusste, sie würden kein Glück haben. Sie hatten nie Glück.

***

Noch bevor Kelsen die ersten Reiter sah, wusste er, dass es hässlich werden würde. Er hörte ihre Stimmen, raue Männerstimmen, die lachten und brüllten und das in einer Sprache, bei der sich ihm der Magen umdrehte. Er verstand sie nicht, aber sie klang alt und irgendwie verdreht – nicht wie etwas, was von menschlichen Zungen ausgesprochen werden sollte. Eher wie etwas, das dafür gedacht war, menschliche Zungen herauszureißen.

Dann tauchten sie vor ihnen auf: Fünf, zehn, fünfzehn berittene Männer in glutroten Umhängen und selbst aus der Entfernung erkannte Kelsen, dass sie alle ein großes, dunkelrotes Brandmal auf der Stirn trugen.

Lylth neben ihm keuchte. »Götzendiener!«, stieß sie hervor.

Ard drängte sich an Kelsens Arm vorbei nach vorn, das Kurzschwert, das sie ihm gekauft hatten, erhoben. »Was ist das?«

»Wahnsinnige«, murmelte Kelsen und drehte sein Schwert einmal um sein Handgelenk, um die Balance zu fühlen. »Schlächter, die sich den Alten Dämonen verschrieben haben und Skemmdir den Entfesselten anbeten. Es heißt, selbst die Schattenwelt ist ihnen verschlossen, wenn sie sterben.«

»Tu mir einen Gefallen«, sagte Rìa mit fürchterlich ruhiger Stimme, »nenn nie wieder diesen Namen.«

***

In diesem Augenblick bemerkte der erste der Götzendiener ihre Gruppe. Laut rufend deutete er auf sie und trieb seine Gefährten an. Als die Pferde auf sie zudonnerten, suchte sich Lylth einen von ihnen heraus. Den, der zuerst sterben würde.

Zu ihrem Erstaunen hielten die Reiter jedoch in gemessenem Abstand zu ihnen an und bildeten einen Halbkreis.

Der Vorderste trieb sein Tier im Schritt vorwärts und kam vor ihnen zum Stehen.

»Einen guten Tag!«, sagte er höhnisch und blickte von oben auf sie herab.

Lylth schätzte ihn auf höchstens dreißig, was jedoch schwer zu sagen war, da er sich die Haare abrasiert hatte und dort, wo andere Männer einen Bart hatten, eine leuchtend rote Tätowierung trug. Er war schlank und hatte drahtige Arme, die ebenso glatt rasiert waren wie sein Schädel. Das dunkelrote Brandzeichen lugte wulstig aus seiner Stirn hervor.

»Was treiben so hübsche Geschöpfe wie ihr in einer solch wilden Gegend? Und dazu noch zu Fuß?«

»Wir suchen die Ruhe«, erwiderte Kelsen trocken. »Von Menschen haben wir zurzeit genug.«

Der Mann grinste. »Verständlich. Zu viele Leute sind auch uns lästig, deswegen suchen wir, das Angesicht der Erde von ihnen zu reinigen.«

»Klingt gut. Wir wollen euch dabei nicht aufhalten.«

Lylth sah, wie Kelsen den Mann knapp musterte; er saß auf einem Pferd, aber wenn man ihn herunterholte, würde er es an Kraft nicht mit dem Jäger aufnehmen können. Vielleicht würde das die anderen abschrecken.

»Oh, ihr haltet uns nicht auf, im Gegenteil. Ihr gebt uns etwas zu tun.« Die Augen des Mannes glitten über sie alle und Lylth musste einen Brechreiz unterdrücken. »Andererseits – ihr seht stark und fähig aus. Wie wäre es, wenn ihr euch uns anschließt, du und der Junge? Und deine beiden Frauen – sind sie gesund? Sie sehen so aus … Sie könnten kräftige Söhne zur Welt bringen, die wir in den Dienst des Entfesselten stellen. Was sagst du dazu?«

Kelsen verzog das Gesicht zu so etwas wie einem Grinsen. »Willst du das wirklich wissen?«

Das Lächeln des Götzendieners verblasste. »Dann lass es mich so ausdrücken: Entweder ihr schließt euch uns an oder wir verbrennen euch alle zu Ehren Skemmdirs.«

»Verbrennen«, sagte Kelsen gedehnt und warf Lylth einen Seitenblick zu. »Ein gutes Stichwort.«

Der Götzendiener bekam nicht einmal mit, aus welcher Richtung er angegriffen wurde; einen Herzschlag später schrie er und krümmte sich, den Mantel lichterloh in Flammen, sein Pferd bäumte sich panisch auf und warf ihn ab und die anderen griffen an, blindlings und ungeordnet. Rias

Pfeile holten zwei von ihnen vom Pferd, bevor sie auch nur ihre Waffen gezogen hatten. Dann waren sie da und droschen von oben auf Lylth und die anderen ein – mit stachelbesetzten Stöcken und Prügeln, stellte sie fest, nicht mit richtigen Waffen. Sie duckte sich unter einem Hieb weg und ließ sich auf die Erde fallen, legte die Handfläche auf den trockenen Boden und spürte nach dem Feuer, das ganz tief drin in der Welt verborgen lag.

Einer der Götzendiener wendete sein Pferd, kam zurück und holte aus, um ihr den Schädel einzuschlagen. Er verging in einem Sturm aus Flammen, der aus dem Boden schoss, genauso wie zwei seiner Gefährten mit ihm.

Eine fürchterliche Wut hatte von Lylth Besitz ergriffen, ähnlich wie damals, als sie die Wandernden Dörfer niedergebrannt hatte. Halb geblendet jagte sie die Zauber um sich, hörte das verzweifelte Schreien der Pferde, sah Männer mit brennenden Haaren und qualmenden Umhängen davonrennen, aber sie bekam nicht genug, wütete weiter, wollte das Grauen in ihrem Inneren ausbrennen und ersticken …

»Stopp! Lylth, hör auf!« Kelsens Stimme holte sie zurück in die Wirklichkeit.

Um sie herum war der Boden verbrannt und verkohlt, Rìa schlug auf ihren kokelnden Ärmel ein und Ard hustete Rauch aus seinen Lungen.

Mit einem Mal fühlte sich Lylth unendlich müde und zugleich beschämt. Sie stützte sich auf ihre Knie und merkte, dass sie zitterte.

»Hier.«

Kelsen reichte ihr einen Wasserschlauch und sie trank dankbar ein paar Schlucke. Langsam klärte sich ihr Blick; wer von ihren Angreifern nicht geflohen war, lag verkohlt oder mit schrecklichen Schnittwunden am Boden. Keiner von ihnen rührte sich mehr.

»Lasst uns sehen, ob wir ein paar ihrer Pferde einfangen können«, schlug Rìa vor. »So sind wir schneller.«

Lylth merkte, dass Rìa ihre Blicke mied, als hätte sie Angst vor ihr. Das Gefühl von Scham wurde noch stärker.

Schweigend folgten sie der Spur der Pferde und fanden tatsächlich fünf von ihnen, als die Sonne langsam hinter dem Horizont zu verschwinden begann. Es war eine durchmischte Gruppe, von struppigen kleinen

Hochländern über elegante, hochgewachsene Pferde, die bestimmt nicht gekauft worden waren.

Mit einem Kloss im Hals betrachtete Lylth das übriggebliebene fünfte Tier, sagte jedoch nichts.

»Wir satteln sie ab und lassen sie fressen, morgen früh reiten wir los. Wir brauchen auch Ruhe.«

Zusammen mit Ard machte Lylth ein Feuer und spürte dabei den Blick des Jungen auf sich ruhen.

»Es tut mir leid, wenn ich euch was getan habe.«

Ard schüttelte den Kopf. »Es ist nur … du bist stärker geworden, glaube ich. Das ist gut, aber auch irgendwie unheimlich.«

Lylth zwang sich zu einem Lächeln. »Ich weiß. Mir auch.«

Das war nur halb gelogen; so die Kontrolle zu verlieren, war für einen Magier nicht gut, andererseits fühlte sie sich seither merkwürdig entspannt. Und mächtig. Ja, alles andere wäre eine Lüge gewesen. Sie erinnerte sich an die Angst in den Augen des Götzendieners, als sie ihn angegriffen hatte und spürte grimmige Befriedigung.

Sollen sie alle wissen, wie sich das anfühlt. Wenn wir es auch müssen. Wenn Yelin es musste und Udom L'k.

Sie versuchte nicht daran zu denken, was der Schatten und seine Kreaturen wohl gerade mit der Zweigeborenen machten. Es gelang ihr nicht.

»Götzendiener«, knurrte Kelsen, der zu ihnen ans Feuer kam und einen Riss in seinem Wams untersuchte. »Beschissenes Pack. Man könnte meinen, die Welt wäre nicht schon schlecht genug dran ohne die.«

Ard blickte zu ihm auf. »Stimmt das, was du gesagt hast? Es sind Diener der Alten Dämonen? Glaubst du, sie sind deswegen hier? Weil sie spüren, dass der Dämon erwacht?«

Kelsen lachte freudlos auf. »Wohl kaum. Götzendiener sind ein Haufen Idioten, die gern töten und nirgendwo aufgenommen werden. Es heißt, die Großen Alten scheißen auf die Gebete der Menschen, sie zeigen sich ihnen nicht und sprechen auch nicht zu ihnen. Es besteht keine Bindung zwischen ihnen.«

Rìas Silhouette erschien am Rande des Feuerscheins. »Trotzdem ist es besser, hier nicht von ihnen zu sprechen. Wir sind sehr nahe an unserem Ziel. Es fühlt sich an … es ist, als liege ein Fluch auf diesem Teil der Welt.«

Lylth war sich nicht sicher, ob sie spürte, was Rìa meinte. Trotzdem fiel es ihr schwer einzuschlafen und als sie es schließlich tat, geisterten Schatten und schreiende Kinder durch ihre Träume, und immer wieder Udom L'k, den sie mit einem Feuerzauber in Brand setzte und dabei zusah, wie er starb, während er sich in Kelsen verwandelte, in Ard verwandelte, in Rìa und zuletzt in sie selbst.

***

Ards Warnruf kam kurz und scharf, und Kelsen war sofort hellwach.

Er setzte sich auf, die Hand am Schwertgriff. Die Sonne war noch nicht aufgegangen, aber erste zartrosa Schlieren im Osten zeigten an, dass es nicht mehr lange dauern würde.

»Was? Was ist?«

Doch noch ehe Ard etwas sagen konnte, hörte er es selbst: Pferdegetrappel, und zwar schnell, als würde eine ganze Horde Reiter in gestrecktem Galopp auf sie zugedonnert kommen. Ihre eigenen Pferde waren aufmerksam, hoben die Köpfe und wieherten, und Kelsen bekam ein richtig mieses Gefühl.

Grob schüttelte er Lylth und Rìa wach und legte sich im Gehen den Schwertgurt um. Schlaftrunken kämpften sich die Hexe und die Waldläuferin auf die Füße.

»Was ist los?«, murmelte Lylth, aber Rìa hatte es bereits gehört; wie Kelsen und Ard starrte sie nach Südosten, wo das Geräusch der Hufe immer lauter wurde.

»Ich glaube, unsere Bekannten von gestern sind vermisst worden«, murmelte Kelsen und zog seine Waffe.

»Scheint mir auch so. Können wir ihnen davonreiten?«

Aber in diesem Augenblick erschienen die Reiter in ihrem Blickfeld und beantworteten Rìas Frage. Kelsen hörte bei dreißig auf zu zählen und biss die Zähne zusammen.

»Kleine Hexe, schaffst du die alle?«

Lylth war blass um die Nase. »Ich weiß nicht. Ich glaube nicht. Aber wir werden es herausfinden.«

Kelsen konnte ein finsteres Grinsen nicht unterdrücken. »Scheint so.«

‚Ich habe mich mit Dämonen und leibhaftigen Göttern herumgeprügelt, ich scheitere nicht an einer Bande Wegelagerer mit Knüppeln', dachte er in dem Moment, als der erste Armbrustbolzen neben ihm im Boden einschlug.

»Scheiße!«, knurrte er.

Der nächste Bolzen traf eins der Pferde, das verstört zurücksprang und Kelsen mit seinen Hufen um ein Haar den Schädel zertrümmerte.

»Weg! Weg hier!«, brüllte er, als ein ganzer Schauer aus Armbrustbolzen durch die Luft zischte und auf sie niederregnete.

Ein Bolzen traf mit einem dumpfen Tschack seinen Armschutz und sandte einen dumpfen Schmerz bis hoch in seine Schulter.

»Lylth! Die Uhr! Benutz das verdammte Ding!«

Ein Feuerstoß schoss hinter Kelsen in die Luft und verbrannte die nächste Salve Bolzen zu Asche. Dann hörte er Rìa aufschreien. Er fuhr herum und sah die Waldläuferin stürzen, einen Bolzen im Rücken gleich neben der Schulter. Er rannte zu ihr, aber noch bevor er sie erreichte, traf sie ein zweiter Bolzen in die Seite.

»LYLTH!«

Er packte Rìa, die vor Schmerzen stöhnte, und versuchte sie mit sich zu ziehen. Er schaute sich nach den anderen um, sah Ard im Gras liegen und Lylth daneben kauern, während sie panisch in ihrer Tasche herumtastete. Ein Bolzen zischte an Kelsens Ohr vorbei und jetzt sah er die Götzendiener, nur noch wenige Dutzend Schritte entfernt.

Mühsam zerrte er Rìa mit sich und benutzte ihren Körper als Schutzschild gegen die Bolzen; er konnte nicht darüber nachdenken, wenn er getroffen wurde und zusammenbrach, würden sie beide sterben.

»Kelsen, hierher, schnell!« Lylth hielt die Uhr in der Hand, von der ein grellblaues Leuchten ausging.

Er hörte die Hufe der Pferde hinter sich, das Pfeifen der nächsten Salve, dann warf er sich nach vorn, Rìa fest um die Hüfte gepackt, und griff nach Ard, der Lylth um die Mitte hielt. Dann drückte Lylth den Knopf und die Welt verschwand.

Die Zeiger auf Zwölf

Das Erste, was Lylth spürte, war die Kälte.

Es war, als würden sich spitze Zähne in sie hineinbohren, durch die Haut bis tief hinunter auf ihre Knochen. Sie öffnete den Mund, um einen Schrei auszustoßen, und die Kälte drang in ihre Lunge.

»Was, beim Schatten …«

Kelsen kämpfte sich neben ihr auf die Füße, hatte aber große Schwierigkeiten, weil er bis zu den Knien im Schnee steckte. Links, rechts und hinter ihnen erhoben sich Berggipfel, vor ihnen fiel die Landschaft leicht ab in ein kleines Tal, das an einen Abgrund zu grenzen schien. Schnee bedeckte das Land und wurde ihnen von dem beißend kalten Wind ins Gesicht geschleudert. Der Himmel über ihnen war noch dunkel, die Bergkämme verhinderten, dass sie Osten ausmachen konnten.

»Das darf doch nicht wahr sein!« Kelsens Stimme überschlug sich und er knickte ein, Rìa fest an sich gepresst. »Wo hat dieses verdammte Schattending uns hingebracht?«

Lylth wusste es nicht; sie zitterte bereits am ganzen Körper, obwohl sie sich so fest in ihren Umhang einwickelte, wie sie nur konnte.

»Ist das … sind wir im Norden? In den Gletscherlanden?« Ard blickte verzweifelt um sich; er war kleiner als die anderen und steckte dadurch noch viel tiefer im Schnee. Sein Gesicht war bereits völlig blutleer, die Lippen begannen blau anzulaufen.

Lylth antwortete nicht, sondern stapfte auf Kelsen und Rìa zu. Noch bevor sie sie erreicht hatte, rutschte die Jägerin aus Kelsens Griff und fiel in den Schnee.

»Rìa!«

Alle versammelten sich um sie.

Rìa atmete flach, die Augen halb geschlossen; begleitet von einer Welle aus Grauen sah Lylth die dunklen Flecken auf ihrem Wams, die sich rasch ausbreiteten.

»Sie haben sie erwischt«, knurrte Kelsen, das Gesicht aschgrau. »Der eine Bolzen ist abgerissen, aber der im Rücken steckt noch drin. Ich muss ihn rausziehen. Ard, gib mir was zum Verbinden.«

Es war entsetzlich; Lylth musste Rìas Arme festhalten, während Kelsen den Armbrustbolzen aus Rìas Rücken grub, wurde ihrer aber kaum Herr. Die Jägerin schrie und brüllte in Todesqual, Kelsens Hände waren rot und glitschig von ihrem Blut, und noch immer war der verdammte Bolzen nicht draußen.

Ard war so bleich wie der Schnee und klammerte sich an Rìas Beine, um sie ruhig zu halten, aber auch er hatte große Mühe.

»Ich schaffe es nicht«, knurrte Kelsen, das Gesicht trotz der Kälte schweißüberströmt. »Das Scheißding steckt zu tief drin.«

»Was … was machen wir jetzt?« Ards Stimme klang höher als normal, seine Augen glänzten feucht.

Lange Zeit antwortete Kelsen nicht. Er starrte auf Rìa hinunter, deren Wunden sie notdürftig verbunden hatten. Sie war nur halb bei Bewusstsein, murmelte unverständlich vor sich hin und zitterte wie verrückt. Ihre Haut hatte die Farbe von altem Haferschleim angenommen und ihre Lider zuckten.

Zu viel Blut, flüsterte es in Lylths Kopf. *Sie hat zu viel Blut verloren.*

»Wir müssen einen Weg aus diesem Talkessel suchen«, sagte Kelsen mit rauer Stimme und über den pfeifenden Wind hinweg kaum hörbar. »Sie muss so schnell wie möglich aus dem Wind und der Kälte raus. Wir brauchen jemanden, der den Bolzen entfernen kann.«

Wie leer seine Worte klangen, wie hohl.

Er weiß es auch. Wir alle wissen es.

Etwas Heißes lief über Lylths linke Wange, dann über die rechte. Sie wischte es nicht weg.

Nicht Rìa. Nicht auch noch sie.

Aber sie wusste, es würde so kommen. Und sie konnten nichts dagegen tun.

***

Kelsen spürte seine Füße nicht mehr.

Dafür merkte er jeden Muskel in seinem Rücken, seinen Schultern und Armen und auch in den Beinen. Die ganze Zeit über hatte er das Gefühl, der nächste Schritt würde ihn auseinanderreißen, dennoch ging er weiter.

Rìa hing schwer wie ein Mehlsack an ihm und wurde immer schwerer. Lylth versuchte ihm zu helfen, so gut es ging, aber auch sie war am Ende ihrer Kräfte.

Wir schaffen es nicht. Keiner von uns.

Sie hatten einen Engpass zwischen zwei Bergspitzen hinter sich gebracht und konnten jetzt endlich das Land unter sich sehen; die Sonne war aufgegangen und zeigte ihnen niedrigere Gletscher und Gipfel, dahinter eine scheinbar endlose, dunkle Ebene. Am Rand des Horizonts konnte er eben noch einen einzelnen Berg erkennen, um den dunkle Wolken kreisten.

»Wir sind noch im Westen«, keuchte Ard, fast bis zum Nabel im Schnee.

Eine gute Nachricht, aber Kelsen konnte sich nicht darüber freuen. Sie würden erfrieren, bevor sie die Eiswüste hinter sich gebracht hatten. Rìa machte sie langsam.

Ich lasse sie nicht zurück, dachte er und senkte den Kopf gegen den Wind.

Erinnerungen an lange vergangene Jagden schossen ihm durch den Kopf; an den Tag, als sie Wildschweine gejagt hatten und dabei auf eine ganze Rotte Nrêks gestoßen waren. Da war ein Junge bei ihnen gewesen, nur wenig älter als Ard. Er hatte sich auf der Flucht vor den Ungeheuern verletzt und sie hatten versucht, ihn mit sich zu schleppen, bis sie die Augen der Nrêks gesehen hatten. Dann waren sie gerannt. Er erinnerte sich noch sehr genau daran, was ihr Jagdführer damals zu ihnen gesagt hatte: »Manchmal ist es nötig, einen Einzelnen zu opfern, um eine Gruppe zu retten.«

Hatte Udom L'k nicht etwas Ähnliches gesagt, kurz bevor das Schwarze Schwert ihn zerfressen hatte?

Kelsen schloss die Augen, Schnee peitschte ihm eisenhart über das Gesicht.

Ich lasse sie nicht zurück.

»Verflucht nochmal!«

Er drehte nur halb den Kopf, um – wie erwartet – Lylth zu sehen, die verzweifelt an der Uhr herumspielte.

»Wir sterben hier, wieso hilft sie uns nicht?«

Kelsen sparte sich eine Antwort, zu oft schon hatten sie diese Diskussion gehabt. Nichts und niemand würde ihnen helfen. Er dachte an Ambaryalàryakteyan und seine verfluchten Andeutungen – er hoffte, der Alte würde ihn als Ersten fressen, wenn er wieder erwachte.

Unter unmenschlichen Anstrengungen bewältigten sie den Abstieg vom Engpass hinab in eine kleine Talmulde, wo sie ein wenig vor dem Wind geschützt waren. Mit bloßen Händen gruben sie sich eine kleine Kuhle, um sich darin niederzulassen. Als sie fertig waren, brach bereits wieder die Dunkelheit herein.

Mit Öl und ein wenig von ihrem gesammelten Holz entzündeten sie ein winziges Feuer, das bei weitem nicht ausreichte, auch nur ihre Hände zu wärmen. Lylth hielt es zwischendurch mit kleinen Zaubern am Leben, aber auch sie war geschwächt und brachte nicht viel mehr zustande.

Das Gefühl in seinen Füßen war schon so lange weg, dass er vermutete, dass ihm bald seine Zehen absterben würden. Und nicht nur ihm.

Rìa lag regungslos zwischen ihnen, so nahe am Feuer wie möglich und mit ihren dicksten Mänteln zugedeckt, aber ihre Lider zuckten und ihr Gesicht war weißer als der Schnee. Ihre Lippen waren blau, die Augen tief umschattet.

»Wir müssen etwas tun«, flüsterte Ard, beide Hände um Rìas Rechte geschlungen.

Kelsen antwortete nicht; es war ein Wunder, dass Rìa den Tag überstanden hatte, die Nacht würde sie nicht überleben.

Lylth saß regungslos neben Kelsen, das winzige Feuerchen spiegelte sich kläglich in ihren Augen.

»Sie lässt uns im Stich«, flüsterte sie, die Finger um ihre Uhr geklammert. Beharrlich wanderten die kleinen Metallfinger rückwärts, berührten schon beinahe die Zwölf.

Kelsen kam es vor, als wären sie schneller geworden, fast als spürten sie, wie das Leben aus Rìa heraussickerte.

»Alle tun das, Mädchen«, knurrte Kelsen und versuchte, das Stück Hartbrot zu schlucken, das ihm halb gefroren im Mund steckte. »Selbst die verschissene Göttin, die uns auf diese Reise geschickt hat. Sie lässt uns hier verrecken und tut genauso wenig dagegen wie gegen alles andere, was wir für ihre verfickte Mission auf uns genommen haben.«

Ard blickte auf, die Augen weit aufgerissen.

Was hatte der Knirps gedacht? Dass Kelsen alles würde richten können? Dass er sie heil hier herausbrächte? Das war kein verfluchtes Lied, wo die Helden immer gewannen. Und sie alle waren Narren gewesen, etwas anderes zu glauben.

»Im Osten, weit jenseits des Morgenmeers, gibt es alte Magie«, flüsterte Lylth, über den Wind hinweg kaum zu verstehen.

Kelsen starrte sie wütend an. »Na und, was beim Schatten hilft uns das jetzt?«

Gedankenverloren schaute sie auf, den Blick mit einem Mal seltsam verschleiert. »Es heißt dort, dass die Menschen auch aus den vier Elementen gemacht sind. Wenn man die Elemente versteht, kann man Menschen beeinflussen. Man kann ihnen das Wasser entziehen oder das Feuer in ihnen erwärmen. Wenn man stark genug ist, kann man so töten. Oder heilen.«

Langsam wanderte ihr Blick zu Rìa.

Ard richtete sich auf. Obwohl er am ganzen Leib zitterte, wirkte er plötzlich wieder hoffnungsvoll.

»Glaubst du, du kannst das? Sie heilen?«

Lylth schüttelte den Kopf. »Ich weiß es nicht. Aber ich kann es versuchen.«

Sie warf einen kurzen Blick auf die Uhr, die unnachgiebig tickte. »Du kriegst sie nicht«, flüsterte sie. »Nicht noch einen von uns.«

Hatte sie Kelsens Gedanken gespürt? Er wusste es nicht.

Das Feuer flackerte und ging aus, doch keiner von ihnen machte sich die Mühe, es wieder in Gang zu bringen; Lylth stieg über Rìas leblose Gestalt hinweg und kauerte sich auf ihrer anderen Seite hin.

Kurz blickte sie noch einmal auf und fixierte Kelsen aus ihren dunkelblauen Augen.

»Leg los, kleine Hexe«, sagte er.

Und hoffte wider besseres Wissen.

***

Lylth hatte lange gebraucht, um sich an die Worte ihres alten Lehrers zu erinnern, aber als sie Verbindung mit der Magie aufgenommen hatte, um das Feuer zu schüren, war es über sie gekommen wie ein Blitz. So eine Art Zauber hatte sie noch nie zuvor versucht, aber – wie sich auf ihrer Reise immer wieder gezeigt hatte –war das nur ein Grund mehr, jetzt damit anzufangen.

Ihre Hände schmerzten entsetzlich, trotzdem schob sie die schützenden Ärmel zurück und legte die Hände auf Rìas Brust. Sie hob und senkte sich kaum noch.

Lylth holte tief Luft und zog sich in ihr Innerstes zurück, versuchte, die allesumfassende Kälte abzuschütteln und nur noch auf die Elemente zu hören.

Wasser war logischerweise das Erste, das sie fühlte.

Dann Erde.

Aber nein, sie musste sich auf Rìa konzentrieren, auf die Elemente in ihrem Inneren. Auf das, was helfen würde, sie gesund zu machen.

Es war das Schwierigste, was Lylth jemals versucht hatte, und je länger es dauerte, desto mehr zweifelte sie daran, es zu schaffen. Wenn sie nach Rìa griff, fühlte sie nur Kälte und Dunkelheit, und das erschreckte sie bis ins Mark.

Zu spät, dachte sie vage, *es ist zu spät. Sie ist fort.*

Wonach musste sie suchen? Wasser, Wasser war kostbar, Rìa hatte so viel Blut verloren … Doch alles blieb dunkel.

Luft?

So wenig nur noch übrig.

Sie stöhnte und weit entfernt wurde ihr bewusst, dass sich ihr Körper zur Seite neigte.

Anstrengend, zu anstrengend.

In einen anderen Menschen einzutauchen war, als wollte sie auf den Mond vordringen – so weit fort. Sie konnte sich nicht von sich selbst lösen, aber sie musste, um weiter vorzudringen.

Erde, fester Stoff … Aber verletzt. Kurz spürte Lylth den entsetzlichen Schmerz, der von dem eingeschlossenen Bolzen verursacht wurde, dann merkte sie, wie ihre eigene stoffliche Hülle endgültig zusammenbrach.

Irgendwo hörte sie schwach Ards Stimme rufen, aber jetzt endlich sah sie klar.

Feuer!

Da war noch Feuer, tief in Rìas Herz, und Lylth würde es wecken. Vorsichtig, allmählich, fachte sie den kleinen Funken an, trieb ihn zu einer Flamme, die sich ausbreitete und die kalte, leere Hülle wärmte.

Mit einem gewaltigen Rauschen loderte das Feuer durch Rìa und füllte sie mit Leben – Lylth schrie, auch wenn man sie nicht hörte, spürte die Hitze, als stünde sie mitten in einem brennenden Haus. Nur am Rande bekam sie mit, wie der Bolzen in Rìas Körper zu Asche zerfiel, dann taumelte sie von ihr weg – und erwachte.

Sie lag mitten im Schnee, grobe Hände schüttelten sie, und ihr war fürchterlich schlecht.

Immer wieder hörte sie Ard ihren Namen rufen, seine Stimme klang erstickt und heiser, dann bekam sie eine Ohrfeige.

Es tat weh, aber Kelsens Hand war so wunderbar warm, dass Lylth sich fast wünschte, er würde sie noch einmal schlagen.

»Lylth! Lylth! Hör auf damit, hörst du! Wach auf!«

Ich bin ja wach, wollte sie sagen – und erbrach sich in den Schnee.

Mühsam öffnete sie die Augen, ihr Blick war getrübt. Der widerliche Geschmack von Erbrochenem steckte in ihrem Hals und Tränen blendeten sie – doch als sie sie mit zitternden Fingern weggewischt hatte, schaute sie in Rìas klare blaue Augen.

Die Waldläuferin lag auf der Seite wie Lylth und erwiderte ihren Blick. Ihre Lippen waren noch immer grau, aber trotzdem lächelte sie.

»Gut gemacht«, wisperte Rìa.

Lylth verzog die Lippen zu einem schwachen Grinsen. »Ich weiß.«

***

Eigentlich hatte Kelsen ja wahrhaft genug gesehen, um an Wunder zu glauben. – Trotzdem stand er mit offenem Mund da und glotzte, während Rìa sich langsam aufrichtete, die zittrigen Hände an ihrer Seite.

»Ich … ich habe Durst«, murmelte sie, und Ard reichte ihr hastig einen Becher, in dem sie an ihrem kleinen Feuer Schnee geschmolzen hatten.

Noch einmal beugte sich Kelsen über Lylth und schüttelte sie. Er hatte zusehen können, wie der letzte Rest Farbe aus ihr wich, und jetzt war ihre Haut beunruhigend blau. Außerdem hatte sie gekotzt, was schlecht war, wenn er daran dachte, dass sie hier oben kaum Nahrung finden würden.

Trotzdem. Ein Scheißwunder.

»Ich dachte, du stirbst«, murmelte Ard, wobei er Rìa nicht ansah, sondern den Kopf gesenkt hielt, als hätte er Angst, dass jemand seine feuchten Augen sehen konnte.

Die Waldläuferin lächelte schwach. »Ich auch. Hat sich zumindest sehr danach angefühlt.« Besorgt wandte sie sich zu Lylth, die wie eine Puppe in Kelsens Armen hing und deren Beine sie offenbar nicht tragen wollten.

»Wird sie wieder?«

»Woher soll ich das wissen?«, knurrte Kelsen und schob die Hand in Lylths Nacken, damit ihr Kopf nicht so hilflos hin- und herkullerte. »Ich denke schon. Oder?«

Ein Grinsen zupfte an Lylths Mundwinkeln. »Ich bin kein Mann, oder? Das heißt, ich schaffe es.« Ihre Lider flatterten und sie schaute Kelsen an. »Heul nicht und bring lieber das Feuer wieder in Gang, sonst erfrieren wir alle.«

So vorsichtig es ging, half er Lylth an ihren Platz und wickelte sie in eine Decke. Ard tat dasselbe bei Rìa, die jedoch schon wieder abwehrte.

»Ich fühle mich, als wäre ich aus einem heißen Bad gestiegen«, erklärte sie und grinste hinüber zu Lylth. »Das war … unglaublich!«

»Nicht das erste Mal, dass ich das von dir höre«, murmelte Lylth, die Augen halb geschlossen, aber ein selbstzufriedenes Lächeln im Gesicht. »Aber nur zu, ich werde es nie müde.«

Ard lachte, und Kelsen verteilte ein paar Streifen Trockenfleisch an alle.

Er sah die Uhr neben Lylths Fuß im Schnee liegen. Langsam hob er sie hoch und drehte sie zwischen den Fingern.

»Du kannst mich mal«, grunzte er. Dann steckte er sie in Lylths Tasche.

***

Mit den beiden angeschlagenen Frauen kamen sie immer noch nur langsam vorwärts, aber Rìas Rückkehr ins Leben hatte ihnen allen Auftrieb verschafft, sodass sie die Zähne zusammenbissen und weitergingen. Das Land vor ihnen fiel zusehends ab und auch der Schnee wurde allmählich weniger. Auch wenn Kelsen immer noch um seine Zehen fürchtete, meinte er zu spüren, wie es wärmer wurde.

Und tatsächlich erreichten sie bereits am folgenden Abend die Schneegrenze. Obwohl der Wind noch immer wehte, war es für alle eine Erleichterung, als sie wieder auf festem Boden gehen konnten.

»In zwei Tagen sollten wir die Ebene erreichen«, meinte Kelsen, legte sich die Hand über die Augen und spähte hinab ins Tal. »Und wir sind viel weiter nördlich als wir waren, als uns die Götzendiener überfallen haben. Das ist gut.«

»Je nachdem, wie man es sieht«, murmelte Rìa, die, noch immer blass, neben ihm stand und ebenfalls hinabschaute. »Dort hinter dem Horizont ist der Schwarze See. Was machen wir, wenn wir dort ankommen? Wir können das Schwert nicht benutzen.«

Kelsen warf einen raschen Blick zurück auf Lylth und Ard, die im Schatten der Bergwand nebeneinander am Boden saßen und sich leise unterhielten.

»Ich weiß es nicht. Aber nach dem ganzen Dreck, den wir bis jetzt durchgestanden haben …«

»Du wirst doch nicht plötzlich gläubig werden?«, fragte Rìa mit einem Anflug von Spott.

Kelsen schnaubte. »Ich muss nicht glauben, ich habe die Götter gesehen. Und noch viel mehr, Dinge, die ich niemals sehen wollte. Unsere Lage ist noch genauso beschissen wie bisher. Trotzdem. Hexen, Jäger, verfluchte Kinder … Eine gute Mischung, um einem Alten zu begegnen.«

Rìa lächelte vage. »Ja. Vielleicht.«

***

Lylth musterte Rìa aus dem Augenwinkel, als sie an diesem Abend rasteten. Die Waldläuferin sah erschöpft aus wie nach einer langen Krankheit – kein Wunder bei dem Blut, das sie verloren hatte. Lylth hatte getan, was sie konnte, eigentlich mehr als sie konnte, trotzdem hatte sie sie nur bis zu einem gewissen Grad wiederherstellen können.

Sie selbst fühlte sich immer noch ausgelaugt, selbst einfachste Feuerzauber strengten sie jetzt zu sehr an.

Aber tief in ihrem Inneren spürte sie, dass die Magie da war.

Wieder dachte sie an die Worte des Schattengottes, doch diesmal mit einem anderen Gefühl.

Potenzial. Sehr viel Potenzial.

Jeder von ihnen war auf ihrer Reise für etwas gut gewesen, auch Udom L'k – so weh es tat, an ihn und die Zweigeborene zu denken, er hatte sie auf ihrem Weg weitergebracht.

Sie wusste nicht, was ihnen bevorstand, nicht einmal, ob sie die Begegnung mit dem Dämon überstehen würden. Aber wenn ihre bisherigen Erlebnisse eins gezeigt hatten, dann, dass alles einem größeren Sinn unterworfen gewesen war.

Sie zog die Knie ans Kinn und grübelte, die Augen in die vom Wind geplagten Flammen ihres Lagerfeuers gerichtet.

Wenn es möglich war, Menschen von tödlichen Verletzungen zu heilen … wer sagte dann, dass man nichts gegen die Wirkung des Schwarzen Schwertes tun konnte? Dass *sie* nichts dagegen tun konnte?

Mit einem Stich im Herzen vergrub sie das Gesicht an den Knien. *Wenn ich das früher gewusst hätte, hätte ich Udom L'k vielleicht retten können.*

»Alles in Ordnung?« Ards blaue Augen blickten auf sie hinunter. Der Junge war nervös geworden seit dem Schattenturm, und seit Rìa verletzt worden war, wich er ihr kaum noch von der Seite.

Er hat Angst, erkannte sie. *Das ist der Preis, den wir alle zahlen. Wir sind eine Gemeinschaft, eingeschworen, unzertrennlich. Aber wir sind nicht mehr vollständig. Das hat uns geschwächt. Er spürt das auch. Wie wir alle.*

Lylth lächelte ihn an. »Wieso nicht? Ich bin halbtot und erfroren und verhungere bald. Also alles bestens.«

Ard grinste zurück. »Dann hat der Alte wenigstens kein Interesse an dir. Zu wenig Fleisch dran.«

»Bestimmt.«

Lylth wuschelte Ard durch das mittlerweile verfilzte Haar und stieß ihn fort.

Rìa und Kelsen standen etwas entfernt auf einem kleinen Felsvorsprung, weg von der geschützten Lagerstelle. Sie schauten hinunter auf die weiten schwarzen Ebenen des Westens und Lylth vermutete, dass sie das Gleiche dachten wie sie: Nur noch wenige Tage, dann würden sie da unten sein.

Und was würde dann kommen?

Das Rumpeln im Felsen über ihr war kaum zu hören; überrascht schaute sie hoch – und sah gerade noch, wie die Felsbrocken auf sie herabgedonnert kamen.

Dann Dunkelheit.

***

Kelsen hatte keine Zeit zu schreien; er hörte das Geräusch herabfallenden Gesteins einen Herzschlag, bevor die Gerölllawine niederging.

Er sah Ard zur Seite springen, aber Lylths Silhouette verschwand hinter einem Regen aus Schutt und Staub, ohne dass die kleine Hexe mehr tun konnte als hochzuschauen.

Kelsens Körper fühlte sich an wie festgewurzelt; die Staubwolke erreichte ihn und raubte ihm die Sicht, das Tosen der Steine machte ihn taub für alles andere.

Dann, nach wenigen Herzschlägen, die sich wie Stunden anfühlten, klärte sich seine Sicht. Er hörte Rìas heisere Stimme, Ards entsetztes Schreien, und als sich der Staub endlich gelegt hatte, sah er den gewaltigen Geröllhaufen dort, wo eben noch ihr Lager gewesen war.

Wo eben noch Lylth gesessen hatte.

DER SCHWARZE SEE

Was sie fanden, als sie die Steine beiseitegeräumt hatten, hatte nur noch entfernt Ähnlichkeiten mit dem, was einmal die kleine Hexe gewesen war.

Ihr Schädel war von einem Felsblock vollständig zertrümmert, das feine blonde Haar verklebt von Blut.

Ard heulte auf, als sie sie fanden, warf sich auf den Boden und weinte, am ganzen Leib von Krämpfen geschüttelt.

Weder Kelsen noch Rìa konnten ihn trösten.

Es war zu viel, zu viel, als dass Kelsen es noch aufnehmen konnte.

Rìa stand reglos neben ihm, die Hände blutig und schmutzig vom Schleppen der Steine. Ihr Gesicht war eine Maske und ihre Trauer schien in Tränen keinen Ausdruck mehr finden zu können.

Wie in Trance griff sich Kelsen Udom L'ks Mantel und deckte Lylths Körper damit zu. Dann legte er ein paar Steine darauf, um zu verhindern, dass der Wind ihn wieder wegwehte.

Sein Inneres war wie aus Stein.

Irgendwann spürte er Wärme im Rücken und drehte sich um; die Sonne war aufgegangen und zeigte ihnen den Weg hinunter ins Tal.

Lylth würde keinen Sonnenaufgang mehr sehen.

Er ging auf Ard zu und packte ihn an der Schulter. »Steh auf«, sagte er heiser. »Wir müssen weiter.«

Ards verzerrtes Gesicht tauchte auf, seine Augen in ungläubiger Wut und Entsetzen geweitet. Er hatte den Mund geöffnet wie zu einem Schrei, doch auch er schien zu wissen, dass es nichts bringen würde. Irgendwann senkte er nur traurig den Kopf. Mühsam kämpfte er sich auf die Füße, tastete nach Rìas Hand.

Wie eine Schlafwandlerin nahm die Jägerin die kleineren Finger in ihre. Dann wandte sie sich zum Gehen.

Von ihren ohnehin kargen Vorräten war kaum etwas übriggeblieben, doch keiner von ihnen verlor ein Wort darüber.

Sie waren schon einige Schritte hinabgestiegen, als Kelsen plötzlich etwas einfiel.

»Wartet hier«, befahl er, dann kletterte er noch einmal zu ihrem Lagerplatz hinauf. Ohne dorthin zu sehen, wo Lylths Gesicht früher gewesen war und sich jetzt rote, feuchte Flecken im Tuch bildeten, tastete er nach ihren Rocktaschen.

Da war sie, ein wenig staubig, ansonsten aber unbeschädigt. Der Deckel stand offen und ihre Zeiger standen genau auf Zwölf.

Keiner von ihnen bewegte sich mehr.

»Fahr zum Schatten«, fauchte er die Uhr an, holte aus und warf sie in hohem Bogen zwischen die Felsen.

Dann wandte er sich ab und kehrte zu den anderen zurück.

Wie auf einen geheimen Befehl verharrten sie alle kurz, ohne ein Wort zu sprechen. Dann, gerade als Kelsen weitergehen wollte, packte ihn Ard am Arm.

»Sieh nur«, flüsterte er.

Kelsen drehte sich um und sah etwas oberhalb ihres Lagerplatzes eine schmale Gestalt stehen mit wirrem, abstehendem Haar. In ihrer Hand glänzte ein metallener Gegenstand.

Wut, brechreizerregende Wut, stieg in Kelsen auf und ohne daran zu denken, dass er einen weiteren Felssturz auslösen könnte, sprang er vor: »DU HAST SIE STERBEN LASSEN! DU BASTARD! DU WUSSTEST, WAS PASSIEREN WÜRDE UND DU HAST NICHTS DAGEGEN GETAN!«

Ambaryalàryakteyan erwiderte nichts. Er stand nur dort oben und schaute wortlos auf sie hinunter, aber obwohl er viel zu weit weg war, um sein Gesicht zu erkennen, schien es, als strahlte er eine ungeheure Traurigkeit aus.

»Ich habe noch nie gebetet«, spuckte Kelsen die Worte aus, »aber heute tue ich es: Sollten wir es nicht schaffen und sollte der Alte uns töten, dann soll er dich als Nächstes holen.«

Damit wandte er sich ab und stieg hinunter ins Tal, ohne sich noch einmal umzublicken.

***

Das Land um sie herum war schwarz und leergefegt, wie Kelsens Innerstes.

Es war, als ob die Gegenwart des Schwarzen Schwertes alles und jeden vertriebe; einmal sahen sie weit entfernt eine Rotte Trolle, die sich jedoch hastig entfernten, als sie näherkamen.

»Niemand wagt sich in unsere Nähe«, flüsterte Rìa. Es war das erste Mal seit Tagen, dass sie sprach.

»Nein«, stimmte Kelsen zu. Nur befürchtete er, dass das nicht für den Dämon gelten würde.

Jeder von ihnen war hungrig, aber viel mehr als ein paar Beeren, Wurzeln und Blätter hatten sie nicht gefunden. Kelsen merkte, dass sie langsamer wurden, Ard noch mehr als Rìa und er. Das war nicht gut. Wenn es so weiterging, würden sie zu schwach sein, um noch kämpfen zu können, wenn sie ankamen. Wobei Kelsen sowieso nur noch eine vage Idee hatte, warum sie überhaupt kämpfen sollten.

Mit Lylth war ein weiterer Teil ihrer Gemeinschaft verlorengegangen, ein Teil ihrer Kraft verschwunden. Und langsam wurde Kelsen bewusst, dass er trotz allem immer wieder Hoffnung geschöpft hatte. Aber jetzt war er sicher, dass sie nicht gewinnen konnten.

Trotzdem zog ihn etwas vorwärts, dem er sich nicht widersetzen konnte, eine Kraft oder ein Wille, von dem er sich nicht vorstellen konnte, dass es sein eigener war. Letztendlich war es recht einfach: Sie mussten es versuchen, weil sonst niemand da war.

***

Am Mittag des vierten Tages, nachdem sie Lylth verloren hatten, brach Ard zusammen.

Er gab keinen Ton von sich, sie hörten nur das leichte Scharren, als seine Beine nachgaben. Er blickte nicht auf, als sie sich über ihn beugten, und wehrte sich nicht, als Rìa ihn hochhob und mit Kelsens Hilfe auf ihren Rücken wuchtete. Sie kamen stillschweigend überein, sich mit dem Tragen abzuwechseln. Viel langsamer waren sie deshalb nicht; obwohl sie alle fürchterlich geschwächt waren, hatte es den Jungen am härtesten getroffen und er war immer langsamer geworden.

Kelsen wusste nicht, wie spät es war, als sie drei Tage später eine Anhöhe mehr hinaufstolperten als -kletterten. Er war gerade an der Reihe, Ard zu tragen und spürte sein Gewicht drückend auf seinen Schultern, und das, obwohl der Junge völlig abgemagert war. Über ihnen war der Himmel gleißend hell, aber seltsam verschleiert, sodass man die Sonne nicht sehen konnte. Es war, als stünden alle Wolken in Flammen. Rìa erreichte vor ihnen den höchsten Punkt der Düne, und noch bevor Kelsen sie erreicht hatte, hörte er sie deutlich nach Luft schnappen. Obwohl er mit den Kräften völlig am Ende war, beeilte er sich, zu ihr aufzuschließen.

Endlich kam er oben an – und mit einem Mal fiel sämtliche Erschöpfung von ihm ab: Unter ihnen, die Oberfläche im diesigen Licht tückisch glitzernd, lag ein See.

»Wir sind da.« Ards Stimme klang so heiser, dass sie kaum den Wind übertönte.

Kelsen ließ ihn zu Boden gleiten, ohne sich nach ihm umzusehen. Mit einem Mal flauten die Böen ab, eine gespenstische Stille drückte ihnen auf die Ohren.

Langsam wandte Rìa ihm ihr Gesicht zu. Sie sagte kein Wort.

***

Sie erreichten das Ufer des Sees, als die Sonne schon wieder zu sinken begann. Ard hatte in einer Art halbwachem Zustand vor sich hingedämmert, aber jetzt, als Kelsen ihn absetzte, öffnete er die Augen.

»Was jetzt?«, fragte er leise.

Kelsen ließ die Augen über die trügerisch friedliche Oberfläche des Sees gleiten. »Ich habe keine Ahnung.«

Sie waren nicht zu spät; keiner von ihnen sprach es aus, aber Kelsen wusste, dass sie alle instinktiv dieselbe Gewissheit hatten. Sie waren, wo sie sein mussten, und zu dem Zeitpunkt, an dem sie es sein mussten.

So hatte es sein müssen. Von Anfang an.

Nur …

»Ich dachte, der Dämon wäre hier. Oder seine Brut. Irgendwo.« Rìa sah sich stirnrunzelnd um.

Kelsen schüttelte den Kopf. »Er ist da drin.« Er deutete auf den See.

Rìa schnaubte leise. »Sollen wir nach dem Alten tauchen?«

»Wir können nicht einfach warten, bis er aufwacht«, murmelte Ard, dessen magere Brust sich erschöpft hob und senkte. »Wir müssen ihn töten, bevor er sich rührt.«

»Ja, nur wie?« Kelsen schnallte das Schwert ab, das sicher in Tücher und Leder eingewickelt war. Erst, als er es abgelegt hatte, merkte er, wie schwer es an ihm gehangen hatte, als wäre es ein Mühlstein. Und es brannte.

***

Sie verbrachten einige Stunden damit, am Seeufer entlang zu gehen, doch viel mehr als Steine ins Wasser zu werfen wussten sie nicht zu tun.

Das Ungeheuer, sofern es im See war, zeigte sich unbeeindruckt.

Also wandten sie sich dem Schwert zu.

»Wir müssen den Griff einwickeln«, überlegte Rìa, klang dabei jedoch nicht überzeugt. »Dann kann man es halten, ohne sich zu verletzen.«

Kelsen besah sich das Schwert und fühlte plötzlich ein grausiges Jucken überall. »Ich bin nicht sicher, ob das klappt.«

»Wir werden es herausfinden müssen«, sagte Ard ganz, ganz leise. »Und zwar jetzt.« Seine Augen blickten starr hinüber auf die andere Seite des Sees.

Wie Schlafwandler wandten Kelsen und Rìa sich um.

Zuerst sah man gar nichts; der Wind ließ die spärlichen Grashalme wehen und wirbelte den schwarzen Sand in die Luft. Die Sonne sank weiter und tauchte die Welt in rötliches Licht.

Und dann registrierte Kelsen die Bewegung.

Es war wie an den heißesten Tagen in der Silberwüste, wenn die Luft um sie herum flimmerte. Ein Fleck, fast wie Wasser, das sich durch Luft bewegte, weit fort, am anderen Ufer. Dann war er weg.

»Was war das?« Rìas Stimme hatte mit einem Mal jeden Klang verloren.

»Das«, sagte Kelsen und bückte sich nach dem Schwert, »ist Skaidridt.«

***

Als das Flimmern wieder auftauchte, war es beunruhigend nahe. Es hatte die Strecke vom einen Ufer zum anderen innerhalb weniger Lidschläge zurückgelegt und schien sich dabei nicht darum zu kümmern, ob es Land oder Wasser überqueren musste.

Kelsen konnte nicht erkennen, was für eine Gestalt es hatte – es flirrte und flackerte hin und her, schien mal kaum so groß wie ein Hund, dann wieder doppelt so groß wie Kelsen, hatte mal entfernt die Form eines Kreises, dann war es wieder völlig formlos.

Rìa spannte ihren Bogen – Kelsen war völlig entgangen, dass sie ihn bereitgemacht hatte.

Langsam und mit äußerster Vorsicht wickelte er das Tuch von der Klinge des Schwarzen Schwertes ab und zuckte unwillkürlich zusammen, als ein leiser, klagender Ton ertönte. Seine Finger brannten, als würde sich der Griff des Schwertes durch die Tücher in seine Hand fressen.

Das Ding verschwand wieder und tauchte einen Herzschlag später nur einen Steinwurf von ihnen entfernt wieder auf. Dann hielt es inne; wie ein Wirbelsturm zog es sich in die Länge, hoch in den Himmel, und raste dann funkelnd und entsetzlich geräuschlos auf sie zu.

Ein Pfeil löste sich von Rìas Sehne und schoss durch das Wesen hindurch, ohne einen sichtbaren Schaden zu hinterlassen. Dennoch schien es

Kelsen – oder hoffte er das nur? – dass es langsamer wurde. Zumindest zog sich der Wirbel zusammen, bis das Wesen wieder auf etwas mehr als Kelsens Größe geschrumpft war.

Dann erreichte es sie.

Kelsen wusste nicht, was passieren würde, wenn das Wesen ihn berührte, aber er war auch nicht scharf darauf, es herauszufinden; er warf sich zur Seite und sah aus dem Augenwinkel, wie das Ding an ihm vorbeisauste.

Wieder hörte er das scharfe *Tschack* von Rìas Bogensehne, einen Lidschlag, bevor der Pfeil an ihm vorbeizischte.

»Kelsen, pass auf!«

Ja, danke, etwas früher wäre das nächste Mal gut, dachte er, kam aber nicht dazu zu antworten. Das Ding setzte ihm nach, zu schnell, als dass er sich hätte umdrehen und angreifen können. Im Zickzack sprintete er davon, während weitere Pfeile durch die durchsichtige Hülle zischten. Aus den Augenwinkeln sah Kelsen, wie sie beim Austritt zu Asche zerfielen.

Trotzdem zeigte der ständige Beschuss allmählich Wirkung; das Ding fiel zurück und Kelsen gelang es, einen festen Stand einzunehmen.

Seine Hand zitterte, als er das Schwert hob, so finster, dass selbst das Sonnenlicht sich nicht darin zu spiegeln schien. Seine Finger brannten, aber er hielt es umso fester.

Ein Funkeln in der Luft, und das Ding war bei ihm.

Als Kelsen zustieß, war es, als versuchte er, bloße Luft zu zerschneiden. Er spürte keinen Aufprall, kein Nachgeben, nichts.

Dennoch ging ein Zittern durch die Luft, das Ding erglühte und wich zurück, schlimmer zuckend und sich windend als je zuvor. Es dehnte sich und zog sich zusammen, sauste hin und her und wich dadurch einem weiteren Pfeil aus.

Kelsen zielte und stach noch einmal zu, genau dorthin, wo er die Mitte des Wesens vermutete.

Wieder schien die Luft selbst zu erschauern, ein Beben ging durch die Erde und glitt durch das Wasser, dann war das Ding verschwunden.

Keuchend, flimmernde Punkte vor den Augen, warf Kelsen das Schwert weg.

Schatten bewegten sich am Rande seines Gesichtfeldes, dann waren Ard und Rìa bei ihm.

»Ist es … ist es tot?«, fragte Ard.

»Ich denke schon. Außer die Viecher werden wiedergeboren.«

Schwer atmend blieben sie beieinander stehen.

»Und was jetzt? Keine frohlockende Kunde von den Göttern? Man könnte meinen, diese Bastarde würden ein wenig mehr Dankbarkeit zeigen.«

Rìa betastete ihren halb leeren Köcher. »Hauptsache, die Aufgabe wurde erledigt, oder? Die Welt ist gerettet?«

»Kelsen.« Ards Stimme klang völlig ruhig. »Da sind noch mehr.«

Aber Kelsen hatte sie schon gesehen; überall um den See herum tauchten flirrende Flecken auf und bewegten sich langsam, beinahe gelangweilt auf sie zu, begannen sie einzukreisen.

Und das war nicht das Schlimmste.

***

Im ersten Moment hätte man glauben können, dass sich das Licht der untergehenden Sonne in der Wasseroberfläche spiegelte – doch wie konnte das Sonnenlicht solche Farben erzeugen? Grellgrün, giftig-blau, gleißend weiß und so viele weitere Farben, die Kelsen nicht kannte und niemandem hätte beschreiben können.

Und dann sah er es.

Er brauchte nicht Rìa, die mit aschgrauem Gesicht neben ihm stand und aufstöhnte oder Ard, der seinen Arm umklammerte und leise murmelte, um zu erkennen, was aus dem Wasser auf ihn zukam.

Er hatte sich geirrt.

»*Das* ist Skaidridt«, hauchte er.

Die Wasseroberfläche schäumte nicht, tatsächlich schien sie sich kaum zu bewegen, als das Ding aus dem See auftauchte.

Es war von einer seltsamen Schönheit: Ätherisch, schwerelos und durchscheinend schwebte es über dem Wasser und die Sonnenstrahlen brachen sich darin. Tausend schillernde Farben spielten auf seiner durchsichtigen Haut wie auf einem Traumbild. War es nur eine Spiegelung oder eine Kreatur aus Fleisch und Blut? Tier oder Wasserwesen? Kelsen hätte es nicht sagen können.

Der Körper schien seltsam biegsam, wie ein Schirm, den manche Blumen oder Pilze bildeten, allerdings beweglich, als atmete die Kreatur damit. Und hinterher tanzten Dinge durch die Luft, die ihn entfernt an die Fangarme der Wesen aus der Stadt der Augenlosen erinnerten – scheinbar federleicht, filigran und so durchsichtig und schimmernd wie der Leib. Tentakel, so viele, dass Kelsen sie nicht zählen konnte.

Wie groß war das Wesen? Allein der Körper sicher mehr als zehn Schritte im Durchmesser. Und die Arme … doppelt so lang, wenn das mal reichte.

»Bei den Göttern«, keuchte Rìa.

Obwohl jeder seiner Finger mittlerweile schmerzte, umfasste Kelsen den Griff des Schwertes fester.

»Nein«, knurrte er. »Die Götter haben damit nichts zu tun. Absolut gar nichts.«

Dann erhob sich ein Ton, langgezogen und klagend, ähnlich wie der, den das Schwarze Schwert von sich gab, und doch ganz anders. Es klang wie Gesang, aber wie ein Gesang, der nicht aus Kehlen kam, sondern direkt mit der Existenz verbunden war.

Kelsen schauderte und wich zurück, Rìa neben ihm schüttelte den Kopf, als versuchte sie, den Ton loszuwerden.

»Seht.«

Skaidridts gewaltiger, durchscheinender Leib zog sich zusammen und im nächsten Augenblick glühte und flimmerte die Luft in allen Farben des Regenbogens. Dann löste sich das Flackern von Skaidridt und er war umringt von fünf, nein neun weiteren kleineren Abbildern seiner selbst. Dieselben, die gerade um den See herum auf Kelsen und die anderen zukamen.

»Kümmert euch um die Kleinen«, sagte Kelsen mit einer Stimme, die klang wie aus Sand. »Ich nehme den Dämon.«

»Aber wie?«, flüsterte Rìa, die Augen auf die verschwimmenden, flirrenden Gestalten gerichtet. »Wie töten wir sie?«

»Ihr müsst sie nicht töten. Nur von mir fernhalten.«

Einen winzigen Augenblick, kaum lange genug, um ihn zu fassen, sahen die drei sich an.

Kelsen sah kurz das Entsetzen in Rìas Augen und dann – endlich – begriff auch sie.

Sie würden hier nicht rauskommen. Zumindest nicht Rìa und Ard. Sie waren Kelsens Schild. Er war das Schwert. Er musste durchkommen. Das war alles, was zählte.

Ards Miene flackerte nur kurz, dann wurde sie steinern, wie die von Rìa.

»Gut«, sagten sie gleichzeitig.

Kelsen wollte etwas erwidern, aber die Worte blieben ihm in der Kehle stecken. Ohnehin hatten sie keine Zeit mehr; das erste der durchsichtigen Wesen erreichte sie und wäre durch Rìa hindurchgeglitten, wäre diese nicht zur Seite gesprungen. Ein klingender Ton hallte nach, übertönt nur von dem Gesang Skaidridts, der mit jedem Lidschlag lauter wurde. Das Ding schwebte knapp über der Wasseroberfläche, bewegte sich anmutig auf sie zu.

Der Dämon erreichte das Ufer und zog seine flirrenden Tentakel hinter sich her – und dann berührte einer von ihnen den Boden.

Es war das Schrecklichste, was Kelsen jemals gesehen hatte. Schrecklicher als Udom L'k, der zu Asche zerfiel, schrecklicher als die heulenden Wesen in der Stadt der Augenlosen – es war nicht so, dass die Erde beim Kontakt mit dem Dämon verbrannte oder verwandelt wurde; sie hörte einfach auf zu sein.

Er hätte es nicht erklären können, doch sie war auf einmal nicht mehr da. Es sah aus, als wäre der Fleck, den der Dämon berührt hatte, aus seiner Umgebung ausradiert worden. Als wäre er nie dagewesen.

Kelsen schluckte.

Ein fürchterliches Brausen hinter ihm erklang und aus dem Augenwinkel sah er, wie Ard mit einem Messer auf einen durchsichtigen Abkömmling des Dämons einhieb. Rìa stand an seiner Seite und schoss Pfeil um Pfeil auf die Dinger ab, aber zugleich wich sie Schritt für Schritt zurück.

Sie werden nicht standhalten. Nicht lange genug.

»Zum Schatten damit«, knurrte Kelsen.

Seine Hände brannten wie verrückt – trotzdem ging er auf Skaidridt zu. Falls der Dämon merkte, dass da ein Bewaffneter auf ihn zukam, beeindruckte es ihn nicht; wie eine oszillierende Wolke schwebte er traumverloren fort vom See und alles, was seine Tentakeln dabei berührten, hörte auf zu existieren.

Denk nicht daran, sagte sich Kelsen und Schweiß tropfte ihm in die Augen. *Mach das Vieh fertig.*

Einer der Tentakel schoss wie aus dem Nichts auf ihn zu und er sprang gerade noch rechtzeitig zur Seite.

»Bastard!«, brüllte Kelsen, das Herz hämmerte in seiner Kehle.

Skaidridt hielt inne.

»Also weißt du genau, wo ich bin«, knurrte Kelsen. Seine Hände waren Klumpen aus flüssigem Feuer, aber er ließ das Schwert nicht fallen.

Trügerisch langsam schwebte Skaidridt auf ihn zu, die Tentakel spielten scheinbar harmlos durch die Luft – und als einer von ihnen diesmal auf Kelsen zuschoss, war er vorbereitet; mit einem schnellen, gnadenlosen Abwärtshieb hackte er auf den Tentakel ein und glitt mühelos durch ihn hindurch. Das Schwert in Kelsens Händen vibrierte, als ob ein Blitz hindurchgefahren wäre, und er schrie beinahe auf.

Ein Gewirr aus Farben schien in Skaidridt zu explodieren – ein hohes, klagendes Geräusch ertönte und selbst die kleinen Ableger des Dämons schienen kurz innezuhalten. Dann festigte sich alles wieder.

Erneut steuerte Skaidridt auf ihn zu, deutlich entschlossener diesmal.

Wahrscheinlich ist er sauer.

Das Schwert brannte sich durch die Tücher in Kelsens Haut, er konnte es spüren. Lange würde er das nicht mehr durchhalten. Und Skaidridt sah kein bisschen müde aus.

Ein Schrei ertönte in seinem Rücken, aber er konnte nicht hinsehen; der Dämon hatte ihn erreicht, und diesmal stießen mehrere Tentakel gleichzeitig in seine Richtung. Einer verfehlte ihn, aber einer traf das Schwert, und der Zusammenstoß ließ Kelsens Arme erzittern. Der dritte zerfetzte seinen Stiefel.

Kelsen brüllte eher vor Entsetzen als vor Schmerz – was, wenn er hinsah und sein Bein einfach nicht mehr da war? – und sprang zurück.

Der Dämon setzte ihm nicht nach; offenbar war ihm die Berührung mit dem Schwarzen Schwert nicht bekommen. Fast sah er unschlüssig aus, wie er da ätherisch in der Luft verharrte, und Kelsen wusste, eine weitere Chance würde er nicht bekommen. Er sprang vor – den Göttern sein Dank, sein Bein schien noch da zu sein – und hieb nach der Unterseite von Skaidridts unförmigem Körper. Das Biest schwebte so hoch in der Luft, dass die Spitze des Schwertes kaum seine durchsichtige Hülle streifte, aber es reichte; wieder erbebte das ganze Ding und flackerte wie ein Irrlicht, dann wich es vor Kelsen zurück.

Seine Hände standen in Flammen; wie durch einen Nebelschleier konnte er sie sehen, wie sie das Schwert umklammerten und obwohl die Tücher intakt waren, war es ihm, als wäre das Metall mit seinem Fleisch verschmolzen.

Wieso war er so schwach? Er hatte sich kaum bewegt …

Sie fressen dich auf, erkannte er, *der Dämon und das Schwert, sie beide fressen dich auf.*

Ein weiterer Schrei und ein hoher, klagender Ton und Kelsen konnte nicht anders als zurückzuschauen; Rìa war in die Knie gebrochen, das Gesicht aus irgendwelchen Gründen blutüberströmt, und neben ihr stand Ard und hackte mit seinem Dolch auf die kleineren Dämonen ein, von denen so viele da waren und die ihn jeden Augenblick erreichen würden …

Ein fürchterlicher Schlag traf ihn und hob ihn von den Füßen. Kelsen segelte durch die Luft und landete hart im Dreck, seine wunden Finger öffneten sich nur allzu bereitwillig und das Schwarze Schwert schlitterte davon.

Der seltsame Schleier vor seinen Augen wurde dichter und verzog sich wieder; nur am Rande seiner Wahrnehmung erkannte er, dass ein Großteil seiner Lederweste verschwunden war und die Haut darunter mit ihr. Nur vage spürte er einen Anflug von Grausen beim Anblick seines blutigen, pulsierenden Innenlebens, dann schwebte Skaidridt über ihm.

Seine Hände zuckten, die Finger seiner rechten Hand spürte er überhaupt nicht mehr.

Verrecke, dachte er, *verreck einfach.*

Dann umfing ihn Dunkelheit.

***

Ard würde sterben.

Rìa und er hatten getan, was sie konnten, doch es waren einfach zu viele gewesen. Seine Arme waren schwer wie Blei, während er versuchte, sich zu verteidigen, Rìa zu verteidigen, die neben ihm kniete und kaum noch bei Bewusstsein war.

Und dann brach Kelsen zusammen.

Er sah es mit einer seltsamen Klarheit, und für einen Augenblick schien alles um ihn herum sich zu verlangsamen.

Er begriff nicht.

Wie konnte das geschehen?

Kelsen konnte nicht sterben, nicht, wenn das Untier noch lebte.

Ein unbändiger Zorn ergriff von ihm Besitz, der weit über alles hinausging, was er in seinem Leben voller Schmerz und Grausamkeit je erlebt hatte.

So darf es nicht enden, dachte er. *So kann es nicht enden! Er kann uns nicht im Stich lassen!*

Einer der durchsichtigen Dämonen drang auf ihn ein, aber er hackte nach dem Ding und trieb es zurück. Eine Lücke tat sich zwischen den durchsichtigen Gestalten auf und Ard rannte los; sein Magen sackte ab, als er aus den Augenwinkeln Rìa sah, allein inmitten der schwebenden Ungeheuer, aber er hatte sich entschieden.

Er wusste nicht, woher er die Kraft nahm, wusste nicht, was er sich davon erhoffte, aber er musste zu Kelsen, musste ihn erreichen und wenn er das tat, würde Kelsen wieder aufstehen und alles würde gut werden.

Hoch über ihm türmte sich Skaidridt auf, krümmte sich, und seltsam glitzernder Nebel waberte um ihn herum, dort, wo das Schwarze Schwert ihn getroffen hatte.

Es war unbeschreiblich schrecklich und schön zugleich und Ard musste alle Kraft aufbringen, um seinen Blick davon loszureißen.

Und dann erreichte er Kelsen und Ards Magen drehte sich ihm um; Kelsens Brust war fast vollständig aufgeschlitzt von welcher Kraft auch immer und von seinem rechten Arm war nur noch ein rußgeschwärzter Stumpf übrig. Sein Gesicht war eine Totenmaske und im ersten Moment war Ard sicher, dass er tot war.

Dann hob sich die fleischige Masse, die einmal Kelsens Brust gewesen war, und der eisige Klumpen in Ards Magen machte einen Hüpfer.

Dreh dich um.

Der Instinkt kochte in ihm hoch und ließ ihn herumfahren, genau einen Lidschlag, bevor der Tentakel des Dämons neben ihm durch die Luft zischte. Es gab kein Geräusch, als er auf die Erde auftraf, und das war vielleicht das Schlimmste. Nur der Stein verschwand dort, wo der Alte ihn berührte, und das jagte Ard mehr Angst ein als alles, was er jemals zuvor gesehen hatte, selbst mehr als die gebrochene Gestalt, zu der Kelsen geworden war.

Mit weichen Knien starrte er hoch zu dem gewaltigen Ding, einem Alten der Ersten Welt, und zum ersten Mal seit langer Zeit war er einfach ein Junge von knapp zwölf Sommern, der klein und schwach und dumm war und sich am liebsten weinend in den Röcken seiner Mutter versteckt hätte.

Aber seine Mutter war tot, genau wie sein Vater, ermordet vor vielen Jahren, und wenn er nicht ganz schnell etwas tat, würde auch er tot sein.

Vier durchsichtige Tentakel auf einmal schossen auf Ard zu und er schrie in blanker Panik auf. Instinktiv ließ er sich fallen und rollte zur Seite.

Zwei der Tentakel peitschten in die Luft, einer löste einen Felsbrocken in Luft auf und der vierte traf Kelsens linken Fuß.

Kelsen stöhnte, aber Ard hörte es kaum, weil er selbst erneut aufschrie, und in seinem Rücken schrie auch Rìa, Rìa, die fast wie eine Art Mutter für ihn gewesen war und die er ganz allein gelassen hatte und die gleich sterben würde.

Skaidridt wandte seine gesichtslose Masse ihm zu und Ards Finger tasteten panisch über den Boden, nach einem Stein, fanden einen und warfen ihn – wirkungslos glitt er durch die Kreatur hindurch, als hätte er ihn angepustet.

Ard krabbelte von dem Dämon weg, wünschte sich, er hätte wenigstens Zeit, seinen Dolch wiederzufinden – wann hatte er ihn verloren? – hätte Zeit aufzustehen und würdevoll zu sterben nicht wie ein Säugling auf allen Vieren …

Dann ergriffen seine Finger einen metallenen Griff und sein Herz hüpfte – sein Dolch!

Mühsam klammerte er sich daran fest, rutschte weiter zurück und kämpfte sich mit aller Macht auf die Füße. Der Dolch hing unglaublich schwer in seinen Händen, oder war er so geschwächt, dass er keine Kraft mehr hatte, ihn zu heben?

Dann klärte sich seine Sicht und er erkannte eine tiefschwarze Klinge, versuchte zu begreifen, warum ihn das Schwert nicht verbrannte, aber hatte keine Zeit mehr – Skaidridt ragte wieder über ihm auf, schillernd, wunderschön und tödlich zugleich, und Ard dachte nicht mehr nach; als hätte er es schon immer vorgehabt, als sei er nur für diesen Moment geboren worden, hob er das Schwert und warf es mit aller Kraft direkt gegen die Mitte des Dämons.

Er hatte das noch nie zuvor gemacht, höchstens ein paar kleinere Übungen unter Kelsens Aufsicht und auch da hatte er im besten Fall sein Ziel mit dem Griff des Dolches getroffen.

Doch das Schwarze Schwert flog durch die Luft wie von einer fremden Hand geleitet und bohrte sich mit der Spitze tief in den durchscheinenden Leib des Alten.

Skaidridt verharrte, flimmerte vor Ards Augen – und dann ertönte ein Geräusch, das sich mit keinem anderen vergleichen ließ, das Ard je gehört hatte; ein Klagen und Singen, Kreischen und Zischen, so entsetzlich und laut, dass er auf die Knie fiel und sich die Ohren zuhalten musste. Er kniff auch die Augen fest zu, aus Angst, sie würden ihm aus den Höhlen fallen … und dann, unerklärlicherweise, unbegreiflicherweise – war es vorbei.

***

Eine Stille legte sich über den See, die fast so unheimlich war wie das Kreischen des Dämons zuvor.

Ard keuchte, horchte auf das Pochen seines eigenen Herzens und starrte auf die Stelle, wo Skaidridts schimmernde Hülle auf den Boden gesunken war. Schon sah sie vertrocknet aus, wie etwas, was an Land gespült worden war und nicht hierhergehörte. Das herrliche Schillern war verschwunden, dafür breitete sich eine bräunliche Kruste darüber aus, von einem Knistern begleitet, als wäre das Ganze kurz davor, zu Staub zu zerfallen. Ohne nachzudenken trat er auf die Hülle des Alten zu und zog das Schwert heraus. Wieder verbrannte es ihn nicht.

Ein Stöhnen brachte ihn dazu herumzufahren; Rìa lag auf allen Vieren und versuchte sich auf einem Arm zu Kelsen hinüberzuziehen; ihr Gesicht war voller Blut, aber er wusste nicht, ob es von frischen Wunden stammte oder nicht.

Mit bleischweren Gliedern taumelte er zu Kelsen hinüber und brach an seiner Seite in die Knie. Auch die linke Hand des Jägers war jetzt schwärzlich, als wäre sie verfault, und sein Brustkasten war völlig zerfetzt. Noch atmete er, aber Ard hatte genug gesehen, um zu wissen, dass es nicht mehr lange dauern würde.

Seine Sicht trübte sich, in seinem Hals brannte ein Kloss und er bemerkte erschrocken, dass er weinte. Er wollte nicht weinen, Kelsen sollte ihn nicht so sehen und begreifen, dass es zu Ende war.

Ein heiserer, ächzender Laut kam aus Kelsens Kehle und er sah aus, als wollte er seine zerstörte Hand nach Ard ausstrecken. Auf halbem Weg jedoch verließ ihn die Kraft und sein Arm sackte auf die Erde zurück und von dem Aufprall lösten sich zwei Finger von seiner linken Hand.

Ard konnte nicht hinsehen, sah überall hin, nur nicht hinunter auf die zerbrochene Gestalt, die jetzt wieder ein erbärmliches Krächzen von sich gab.

»Alles gut.« Das, was von Rìas Gesicht nicht von Blut beschmiert war, war tränennass. Sie packte Kelsens anderen Arm und hielt ihn fest. »Alles gut.«

Ard machte seine Augen so fest zu, wie er konnte, spürte etwas Heißes über seine Wangen rinnen und wischte es weg. Dann zwang auch er sich, in Kelsens Gesicht zu sehen; es wirkte kaum noch lebendig

»Du hast es geschafft«, flüsterte er. »Du hast Skaidridt getötet. Wir können jetzt gehen, wohin wir wollen.«

Etwas, das fast wie ein Lächeln aussah, zupfte an Kelsens Mundwinkeln – dann brachen seine Augen und das Licht darin erlosch für immer.

***

Es war dunkel geworden, aber weder Ard noch Rìa rührten sich. Vielleicht würden sie hier sterben, aber Ard war es egal und er wusste, Rìa auch.

Vielleicht würden sie alle wieder zusammenfinden, alle, die sich zu der Mission aufgemacht hatten, da, wo auch immer man nach dem Tod hinkam. Sie würden zusammen lachen und Lylth würde singen und Udom L'k Geschichten erzählen. Und sie alle würden für immer glücklich sein.

Rìa sah auf, einen Herzschlag, bevor auch Ard das Geräusch hörte. Er sprang hoch, das Schwarze Schwert erhoben und bereit, alles damit niederzustrecken, was sich auf sie stürzen mochte.

»Vorsicht, Menschenkind – mit so einer Waffe geht man nicht leichtfertig um.«

Ambaryalàryakteyans Haar schimmerte im Sternenlicht, ansonsten sah man nur seine Augen, die silbern funkelten. Langsam drehte er den Kopf hin und her.

»So habt ihr eure Aufgabe also erfüllt. Ich dachte nicht, dass es möglich wäre. Aber ihr Menschen neigt immer wieder dazu, mich zu überraschen.«

»Lass uns in Ruhe«, sagte Rìa leise. »Du hast uns nichts als Unglück gebracht.«

»Das«, erwiderte Ambaryalàryakteyan ungehalten, »erscheint mir ein wenig ungerecht. Ich habe euch immer wieder gewarnt. Auch eure Freundin. Sie lag mir am Herzen – sie hat mir die Freiheit geschenkt, so etwas vergesse ich nicht. Aber sie hat meine Warnungen ignoriert. Sie konnte zusehen, wie ihre Stunden verstreichen, aber sie hat nichts darauf gegeben. Als sie ging, dachte ich, die Prophezeiung wäre falsch und eure Göttin hätte sich geirrt.«

»Die Prophezeiung war falsch«, erwiderte Rìa; ihre Stimme klang erstickt, als müsste sie sich beherrschen, um nicht zu weinen. »Der Erbe ist tot. Und er hat den Dämon nicht getötet, sondern Ard.«

Ambaryalàryakteyan schüttelte langsam den Kopf; der Mond trat hinter einer Wolke hervor und beleuchtete seine traurige Miene. »Keineswegs. Die Prophezeiung hatte Recht – Kelsen hat das Blut des Erben hierhergetragen. Ohne ihn wäre der letzte Nachfahre von Skeir dem Krähenkrieger niemals hierhergelangt.«

Ard hielt seinem Blick stand, als er ihn traf.

Er hatte es geahnt, in dem Moment, als seine Finger das Schwarze Schwert umschlossen. Irgendwo tief in seinem Inneren hatte er es vielleicht schon vorher gewusst.

Er spürte Rìas entsetzten Blick auf sich ruhen, sah sie jedoch nicht an.

Ambaryalàryakteyan schaute sich um und seufzte. »Dennoch ist die Gefahr nicht vorbei. Die Erde ist besonders alt hier – voller Magie und alter Flüche. Dieses Land braucht Menschen, die es bevölkern und verhindern, dass noch einmal so eine Kreatur emporsteigt und einen Platz einfordert, der ihr nicht mehr gebührt. Viel zu tun für den Erben und seine Begleiterin.«

Er nickte ihnen zu.

»Wir sollen … Menschen hierherbringen? *Hierher*?« Rìa starrte ungläubig auf die Hülle des toten Untiers, die nur einen Steinwurf von ihnen entfernt am Seeufer lag.

»Es wäre das Beste. Baut eine Festung. Einen Ort, an dem die Leute Zuflucht finden können und der das Alte fernhält.«

»Auch dich?«

Ambaryalàryakteyan lachte auf. »Ich bin ein Teil der Vergangenheit, Menschenkind. Auch ich werde vergehen, bis ich nur noch in den Träumen der Menschen weiterlebe. Aber das ist der Lauf der Dinge. So wie alles Leben endet.«

Da begriff Ard. Langsam blickte er auf, bis er die schimmernden Augen des Dämons fixierte.

»Du hast es gewusst«, flüsterte er. »Du hast gewusst, dass Kelsen sterben würde.«

Ambaryalàryakteyans Miene wurde sanft, beinahe mitleidig. »Wir alle wussten es, schöner Knabe. Auch die Göttin, die euch auf diese Reise geschickt hat. Manche Dinge sind vorherbestimmt. Als Unsterblicher weiß man das.«

Ards Finger fühlten sich taub an.

»Warum?« Rìas Stimme war kaum hörbar. »Warum musstet ihr … Wieso habt ihr nicht die Wahrheit gesagt? Dass Ard derjenige ist, der … dass Kelsen nicht …«

»Weil er sonst nicht die Kraft gehabt hätte, euch zu führen. Und weil du nicht die Kraft gehabt hättest zu kämpfen. Erst wenn ihr leidet, werdet ihr Menschen zu großen Taten fähig.«

Ard spürte es in seiner Kehle brennen, kämpfte das Gefühl aber nieder. Langsam schloss er die Augen und als er sie wieder öffnete und sprach, war er selbst überrascht, wie ruhig seine Stimme klang: »Dann lege ich hiermit ein Versprechen ab: Ich werde diesen Teil der Welt mit Menschen füllen, wie du es sagst. Ich werde hier, an diesem See, eine Stadt bauen, die auch in tausend und zehntausend Jahren noch steht. Aber niemals werden, solange ich lebe und solange einer aus meiner Blutlinie lebt, die Götter, egal ob aus der Ersten oder der Zweiten Welt, verehrt. Die Unsterblichen können bleiben, wo sie wollen und wissen, was sie wollen. Von hier haben sie nichts zu erwarten.«

Der Ausdruck in Ambaryalàryakteyans Gesicht verfinsterte sich. »Das ist ein trauriges Versprechen nach allem, was du gesehen hast. Nach allem, was du von meinesgleichen und deinen Göttern erfahren hast.«

Ard war erstaunt, dass er ein Lächeln zustande brachte. Es war ein böses Lächeln, ohne jeden Humor darin. »Nach allem, was ich von deinesgleichen und meinen Göttern erfahren habe, ist es das einzige Versprechen, das ihr verdient habt.«

Und damit drehte er dem Dämon den Rücken zu und ging davon. Rìa folgte ihm.

EPILOG

Zwanzig Jahre später

Die Festung trug den Namen *Arderath* – die von Ard geschaffen wurde. Sie war aus dem dunklen Stein der Feuerberge, der hier überall zu finden war, und glänzte wie ein Juwel in der Sonne. Das war durchaus passend, wenn man bedachte, dass ihr Bau einen großen Teil des Blutrubins verschlungen hatte, den sie damals dem Riesen abgenommen hatten. Ard und Rìa hatten lange gezögert, ihn zu verkaufen, aber seine ständige Gegenwart war ihnen mit der Zeit zu einer Last geworden, die keiner von ihnen mehr länger ertragen wollte oder konnte. Und außerdem war es die einzige Möglichkeit gewesen, an Geld zu kommen.

Finster waren diese Zeiten gewesen. Tage, die nie enden wollte und an denen Trauer klebte. Die Gewissheit, gesiegt zu haben, hätte schaler nicht schmecken können. In jener Zeit hatte Rìa oft an ihre Kindheit zurückgedacht; an ihren Vater, der ihre Mutter schlug und ihr vorhielt, mit anderen Männern zu schäkern, während er nachts hinter die Scheune schlich und Mädchen vögelte, die kaum älter waren als Rìa. An ihre Mutter, die nie in der Lage gewesen war, zu ihrer einzigen Tochter durchzudringen und stattdessen irgendwelche Kräuterfrauen vorgeschickt hatte, um ihr »den Dämon der Verstocktheit auszutreiben«, wie sie es genannt hatte. Und an die Verwandten, die Freunde, die vorgaben, nichts zu sehen und nichts zu hören. Diese Zeit war ihr ebenso endlos erschienen wie die Monde nach Kelsens Tod. Doch im Unterschied zu ihrer Kindheit hatte es ein Licht gegeben: Ard war für sie wie ein kleiner Bruder gewesen, ein Sohn und doch auch ein Freund, auf dessen Klugheit und Gewandtheit man vertrauen konnte.

Wie lange das alles her war.

Während Rìa zwischen den jungen Bäumen hindurchschlenderte, die man um die Festung gepflanzt hatte, ertönte von überallher das Geräusch reger Tätigkeit; der Turm, als der die Feste begonnen hatte, war in den vergangenen Jahren stetig ausgebaut und vergrößert worden – und die Bauarbeiten waren noch lange nicht fertig. Sie brauchten auch Platz, denn die hunderten Menschen, die mittlerweile hier lebten und arbeiteten, wollten untergebracht sein.

Langsam stieg Rìa eine Treppe hoch, die an der Außenfassade des Turms hinaufführte, bis sie mit schmerzenden Gelenken und außer Atem die Zinne erreichte. Das Alter, so merkte sie in letzter Zeit immer öfter, machte sich bemerkbar.

Es hatte gedauert, doch die Kunde vom Tod des letzten der Großen Alten hatte sich in die entlegensten Winkel der Welt verbreitet und von überallher waren Menschen gekommen, um Ard mit eigenen Augen zu sehen.

Den Erben.

Rìa und Ard hatten gemeinsam viel über diesen Umstand nachgedacht. Der dunkle Gott hatte – wie immer – nicht ganz gelogen: Normalen Sterblichen war es tatsächlich nicht möglich, Nàrdarell anzufassen. Nur Angehörigen derselben Blutlinie war es vergönnt, das zu tun. Und Ard – Ard war einer von ihnen.

Das machte Kelsens Tod in ihren Augen nicht weniger sinnlos. Selbst nach all den Jahren erwachte Rìa manchmal noch mit seinem Gesicht vor Augen. Hatte sie ihn geliebt, fragte sie sich dann. Und wenn ja, auf welche Weise? Und war sie nur deshalb mit ihm gegangen?

Sie dachte an Lylth und Udom L'k und all die Dinge, die geschehen waren. Was davon hätte man vermeiden können? Wie viel Leid? Wie viele Tode? Wäre es überhaupt möglich gewesen, etwas zu vermeiden, wenn doch alles vorherbestimmt gewesen war?

Wie oft hatte sie in zahllosen Nächten diese Gedanken gewälzt. Sie erinnerte sich an dieses Gefühl der Bestimmung, an die Gewissheit, dass diese Mission der Grund war, warum sie lebte. Sie alle hatten das gefühlt. Nur war keinem von ihnen klar gewesen, dass die Mission auch der Grund für ihren Tod sein würde.

Wie auch immer es war, Ard hatte sein Versprechen gehalten; in der ganzen Ansiedlung fand man keinen einzigen Schrein zu Ehren der Götter. Rìa war froh darüber. Von Göttern und Dämonen hatte sie genug.

Eine feine Narbe zog sich über ihr Gesicht, da, wo Skaidridts Brut sie damals verletzt hatte; alles andere war geheilt. Zumindest körperlich.

Lautes Lachen und Schreien riss sie aus ihren Gedanken und sie lehnte sich über die Brüstung; weit unter ihr tobten zwei Knaben durch die Gänge, gefolgt von zwei Mädchen, alle zwischen acht und zwölf Jahre alt. So alt wie Ard es damals gewesen war. Sie lachten und schrien unbeschwert, wie Kinder es in diesem Alter tun sollten. Alle vier hatten rabenschwarze Haare, doch nur zwei von ihnen hatten die helle Haut ihres Vaters geerbt. Die anderen beiden hatten den sandfarbenen Teint ihrer Mutter und auch deren dunkle Augen, so wie die meisten der Leute, die in diesem Teil der Welt lebten.

Es hatte lange gedauert, bis Ard endlich zugelassen hatte, dass eine Frau sein Herz berührte; manchmal hatte Rìa befürchtet, es würde niemals geschehen. Seine Seele wäre zu schwer beschädigt von all dem Bösen, das ihm widerfahren war.

Aber dann war Isra gekommen und hatte den Schleier der Finsternis von ihm genommen. Und sie hatte ihm Nachkommen geschenkt.

Nachkommen, deren Schicksal von nun an immer an das Schwarze Schwert gebunden sein würde, das hatten sie und Ard gespürt, von dem Moment an, als das Untier tot zu seinen Füßen gelegen hatte. Es hatte ihm Macht verliehen, große Macht, und große Verantwortung. Und sie beide wussten, dass die Kraft des Schwertes nicht frei vom Bösen war. So viel altes, dunkles Blut war davon aufgesogen worden, so viel Bosheit damit ausgelöscht, dass das nicht spurlos daran vorbeigehen konnte. Doch Ard war davon nicht besudelt worden. Und er würde nicht zulassen, dass sein Volk, seine Familie davon besudelt würde.

Rìa lächelte.

Das Geschlecht des Ard würde weiterleben. Und es würde eine glorreiche Zukunft haben.

Begriffs- und Figurenverzeichnis

Menschen, Magier und Riesen:

Kelsen, Jäger
Rìa, eigentlich Riona, Waldläuferin
Lylth, angehende Magierin
Udom L‘k, Wissenschaftler
Ard, einstiger Sklave beim Gebieter unter dem Berg

Yelin, die Zweigeborene
Der Gebieter unter dem Berg, letzter der Riesen
Der Kerzenmacher, Herr über den Jahrmarkt der Wandernden Dörfer

Dämonen und Götter der Ersten Welt:

Die Großen Alten:
Skemmdir, der Entfesselte
Ugnysch, der Verzehrer
Skaidridt, der Hundertarmige
Yggath-N'hû, die Unvorstellbare
Die Westlichen

Geringere Dämonen:
Ambaryalàryakteyan, Wanderer zwischen den Zeiten
Galateia, die Unersättliche
Yasu, er mit den tausend Gestalten, Sohn der Winde und des Vergessens.

Dämonen, Ungeheuer und andere Wesen des Zwielichts:

Dunkelelfen:

Menschenähnliche Wesen, meist etwas kleiner und filigraner als diese. Ihre Haut ist hellbraun, die Haarfarbe variiert zwischen Rot- und Violettönen bis zu schwarz oder silbern. Ihre Augen leuchten in der Dunkelheit gelb, im Sonnenlicht haben sie die Farbe von Bernstein. Mit ihren Zähnen können sie gewaltige Beutetiere reißen und Knochen zermahlen. Auch wenn sie keine Waffen brauchen, um zu jagen und zu töten, sind sie gute Bogenschützen. Sie beherrschen Magie, allerdings werden sie schwächer, je heller und wärmer es ist, deswegen halten sie sich mit Vorliebe in alten Wäldern oder nebligen Mooren auf. Wie fast alle Zwielichtwesen sind sie aus Träumen der Alten entstanden, stehen jedoch dem Schattengott sehr nahe. Es heißt, im Laufe der Zeit hätten sich viele in die Schattenwelt zurückgezogen, um mit ihm und seinen Dienern Gelage zu feiern.

Nrêks:

Zwei bis drei Metern große Ungetüme, entfernt menschenähnlich. Besitzen vier Gliedmaßen (zwei Arme und Beine) und sind am ganzen Körper behaart. Ihre Farbe variiert von Grau bis Dunkelbraun. Sie ernähren sich mit Vorliebe von Aas, sind aber auch nicht abgeneigt zu töten, wenn es sein muss. Fressen hauptsächlich Eingeweide und Weichteile ihrer Opfer, am liebsten Augen und Zunge. Nrêks sind vorwiegend nachtaktiv und leben in Wäldern oder dichten Gehölzen, manchmal auch auf Friedhöfen.

Àdral:

Fliegende, fledermausähnliche Ungetüme, die bis zu einem Meter groß werden können (Flügelspanne bis zu drei Metern). Ihre Beute besteht aus kleineren Tieren, aber auch Menschenkindern, wenn sie sie erwischen. Àdral saugen ihren Opfern Körpersäfte aus, Hauptsächlich Gallen- und Lymphflüssigkeit. Aber auch Blut verschmähen sie nicht.

Es gibt Berichte, dass in Gruppen jagende Àdral auch schon erwachsene Menschen angegriffen und getötet haben sollen.

<u>Götter der Zweiten Welt:</u>

Das Dreigeteilte Wesen (auch: Das Dreigeteilte, Das hehre Wesen, Das höchste Wesen, Das Eine oder Das eine Wesen):
Das Urwesen, die schöpfende Kraft, aus der alles Leben hervorging. Es beendete den Zustand der ursprünglichen Ersten Welt und vertrieb die ersten Götter und Dämonen, die sogenannten Alten, aus der Welt. Nur die Westlichen Wälder vergaß es bei seinem Tun und dort herrschen noch immer Alter und Grauen. Dem Dreigeteilten entspringt alles, das Gute, das Böse, der Ausgleich. Es ist die höchste Macht überhaupt und nur, was vor ihm war, steht außerhalb seines Einflussbereichs.

<u>Der Lichte</u>:
Eines der drei mystischen, göttlichen Wesen, die bis auf Weírth überall in Paradon gleichermaßen angebetet werden. Wie seine Geschwister Waage und Schatten entsprang er aus dem dreigeteilten Wesen. Er (oder es) wird in vielen Gestalten abgebildet, so zum Beispiel als Schneeeule oder weißer Wolf. Seine häufigste Erscheinungsform ist aber ein alter, bärtiger Mann in weißer Kutte, teils auch ein weißhaariger Junge. Fast in jeder Darstellung sind seine Charakterzüge männlich, allerdings gibt es auch Konvente, die dem entgegenstehen und weibliche Ordensvorsteher haben.

<u>Der Schatten</u>:
Inbegriff des Dunklen und Bösen, der Albträume und des Mordes. Für ihn stehen Grausamkeit, Krieg, Hass, Neid, Tücke, Verschlagenheit und über allem Finsternis. Die Konvente, die sich ihm verschrieben haben, sind meist geheim und zurückgezogen, es heißt, sie praktizierten schwarze Magie, die sie von ihrem Gott selbst erlernt hätten. In einigen Ländern

Paradons ist die offene Ausübung des Schattenkultes verboten, in den meisten ist er jedoch zumindest nicht gern gesehen. Dargestellt wird der Schatten als Panther, Rabe oder Krähe, in menschlicher Gestalt stets vermummt. Meist geht man jedoch davon aus, dass es sich um eine männliche Figur handelt.

Die Waage:
Ist das mittlere und mächtigste der göttlichen Geschwister. Die Aufgabe der Waage ist es, Gut und Böse, resp. Licht und Dunkel im Gleichgewicht zu halten. Je nachdem, welche Seite in der Welt überwiegt, senkt sie sich auf die eine oder andere Seite, um einen Ausgleich zu erwirken. Sie wird oft als Falke oder graues Pferd dargestellt, in ihrer Erscheinungsform als Mensch stellt sie immer eine Frau dar.